21世纪应用型本科金融系列规划教材

国际金融学

徐立平　主编

东北财经大学出版社
Dongbei University of Finance & Economics Press
大　连

图书在版编目（CIP）数据

国际金融学 / 徐立平主编．—大连：东北财经大学出版社，2016.8
（21世纪应用型本科金融系列规划教材）
ISBN 978-7-5654-2310-9

Ⅰ．国… Ⅱ．徐… Ⅲ．国际金融学-高等学校-教材 Ⅳ．F831

中国版本图书馆CIP数据核字（2016）第110216号

东北财经大学出版社出版
(大连市黑石礁尖山街217号 邮政编码 116025)
网 址：http：//www.dufep.cn
读者信箱：dufep@dufe.edu.cn
大连天骄彩色印刷有限公司印刷 东北财经大学出版社发行

幅面尺寸：170mm×240mm 字数：485千字 印张：22.25
2016年8月第1版 2016年8月第1次印刷

责任编辑：田玉海 魏 巍 石建华 周 慧
责任校对：郭海雷 李丽娟 刘慧美 杨紫旋
封面设计：张智波
版式设计：钟福建

定价：39.00元

教学支持 售后服务 联系电话：（0411）84710309

如有印装质量问题，请联系营销部：（0411）84710711

本书由

浙江财经大学金融工程专业——浙江省新兴特色专业建设项目资助

前　言

国际金融学是目前国内高校中金融、国贸专业的必修课，其他经济学专业的选修课。在当前世界经济全球化、一体化，国内经济“一带一路”的宏伟愿景以及人民币成功加入SDR等大背景下，重新梳理国际金融学的理论体系和相关内容，更加具有现实意义。

本书是应东北财经大学出版社之约，结合当前的国际形势以及国际金融发展现状与趋势，调整了国际金融学的有关理论体系编撰而成，特别是增加了人民币国际化的相关内容。全书力求体系完整、简明扼要、与时俱进。

本书共分为十一章，分别阐述了国际收支的内外均衡问题、汇率的决定及人民币升值问题、国际储备及结构调整问题、国际资本流动、国际金融风险及危机、国际金融衍生工具的产生及运用、风险规避及国际金融监管、人民币国际化等11个大问题的基础理论体系、操作内容、方法工具和理论实践等相关内容。除此之外，本书每章还特意编写了引例、本章小结、关键概念和综合训练等内容，同时提供电子课件及参考答案，使用本教材的教师可登录东北财经大学出版社网站(www.dufep.cn)查询和下载。

本书由浙江财经大学金融学院徐立平教授担任主编。部分研究生参加了本书引例、本章小结、关键概念和综合训练等内容的撰写工作，他们是：鲍一鸣、沈勇虎、王璐璐、沈禧、张茜茜、施娴勤、姜奕羊、董文绩、朱华青、苏敏、陈文俊（按章节撰写顺序排序）。本书由徐立平教授总纂定稿。

本书除作为高等院校经济学科教材外，还可作为从事国际金融和国际贸易及其他相关人士之参考读物。

由于作者编写水平及时间有限，如有不当之处，敬请读者批评指正。

编　者

2016年5月

目 录

第一章

国际收支

引例

中国服务贸易规模2020年将突破1.2万亿美元

商务部发文称，服务贸易已成为中国外贸的新亮点和重要增长点，2015年超过6 600亿美元。而在今后一段时间内，中国服务贸易的规模有望保持较快发展，2020年将突破1.2万亿美元。

一个值得注意的现象是，服务贸易出口增速首度超过进口。公开数据显示，2014年前5个月，中国服务进出口总额达2 376亿美元，同比增长14.5%。其中，服务出口941亿美元，同比增长15.9%；服务进口1 435亿美元，同比增长13.6%。此外，在今后一段时期，服务贸易规模有望保持较快增长，增速将继续快于货物贸易。商务部发布的数据显示，2014年1—5月，服务贸易逆差为494.5亿美元，同比增长9.4%，服务出口增速近年来首次超过服务进口增速，逆差增幅呈现收窄趋势。

2014年7月23日，国家外管局国际收支司司长管涛在新闻发布会上表示，服务贸易逆差反映了目前中国经济发展阶段的客观情况，服务行业整体上国际竞争能力不足，这使得服务贸易呈现逆差。据他介绍，2013年我国服务贸易逆差为1 245亿美元，占当年GDP的−1.4%，而国际收支口径货物贸易顺差占GDP的3.9%，货物加上服务以后的整个贸易顺差占GDP的2.5%，这对于我国经常项目平衡有很大帮助。

“逆差增幅缩小是件好事情，是我们非常愿意看到的现象，毕竟服务贸易逆差和这个外贸顺差大国的形象不符，但单就服务贸易而言，逆差说明我国服务贸易的国际竞争力不足，服务贸易出口能力有限，服务贸易竞争力还需要加快提升。”张建平说。

资料来源　佚名.中国服务贸易规模2020年将突破1.2万亿美元[EB/OL].[2014-07-25]. http://www.askci.com/news/chanye/2014/07/25/1538529ldh.shtml.

那么，什么是国际收支？什么是国际收支的顺差和逆差？国际收支平衡表有哪些内容？如何调节国际收支平衡？调节国际收支平衡有哪些方法？本章将进行相应的阐述。

第一节　国际收支概述

一、国际收支概念的产生及发展

对于“收支”这个概念，大家都比较熟悉，家庭、企业往往会对每月、每季甚至每年的收支情况进行逐次记录，目的是对货币收支的来龙去脉有一个清晰的了解，以便做到收支相抵，或略有盈余，如果入不敷出，则应分析原因、寻找对策。简单地说，国际收支（Balance of Payment）是上述概念在外延上的扩大，指的是一个国家或地区所有国际经济活动的收入和支出。具体而言，由于国际收支反映的对象——国际经济活动在内容和形式上随着世界经济的发展而不断发展，因此国际收支的内涵也在不断发展。

16世纪末至17世纪初，由于地理大发现和工业革命的胜利，以国际贸易为主的国际经济活动迅速发展。对于一国来说，为了能准确了解本国的国际经济活动情况，对国际贸易收支进行统计的要求就被提出来了，从而产生了贸易差额（Balance of Trade）的概念，它反映了一国在一定时期内对外商品贸易的综合情况。这个时期是国际收支概念的萌芽时期。

随着世界经济的发展，资本主义国家国际经济交易的内容和范围不断扩大，尤其是20世纪20年代之后，国际资本流动在国际经济中扮演着越来越重要的角色。显然，在这种情况下，“贸易差额”这个概念已不能全面反映各国国际经济交易的全部内容，于是就出现了外汇收支（Balance of Foreign Exchange）的概念。此时的国际收支概念指的是一定时期内外汇收支的综合。各国的经济交易只要涉及外汇收支，无论它是贸易、非贸易，还是资本借贷，或是单方面的资金转移，都属于国际收支的范畴。这也是目前许多国家仍在沿用的狭义的国际收支概念。

第二次世界大战结束之后，国际经济活动的内涵、外延又有了新的发展，易货贸易、补偿贸易、无偿援助和战争赔款中的实物部分、清算支付协定下的记账等一系列不涉及外汇收支的国际经济活动在世界经济中的影响力越来越大，狭义的国际收支已经不能反映实际情况了，因此国际收支的概念又有了新的发展，形成了广义的国际收支概念，即一个国家或地区在一定时期内（通常为一年）在同外国政治、经济、文化往来的国际经济交易中的货币价值的全部系统记录。目前，世界各国普遍采用广义的国际收支概念。

二、国际收支的具体内容

第二次世界大战后，国际货币基金组织（IMF）成立，该组织成立的宗旨之一就是通过贷款调整会员国国际收支的不平衡。因此，国际货币基金组织要求各会员国定期报送本国的国际收支资料。为使各会员国在报送国际收支资料时有一个明确而统一的标准，便于横向比较，国际货币基金组织对国际收支进行了深入而详细的探讨，并且对各国所呈递的国际收支资料应包含的内容一再修改，最后在1977年出版的《国际收支手册》中做出了统一规定：**“国际收支是一定时期内的一种统计报表，它主要反映：一国与他国之间的商品、劳务和收益等交易行为；该国所持有的货币黄金、特别提款权的变化以及与他国债权债务关系的变化；凡不需要偿还的单方面转移的项目和相对应的项目，由于会计上必须用来平衡的尚未抵销的交易，以及不易互相抵销的交易。”**

在IMF的定义中，这个概念具有以下三个层次的内涵：

首先，国际收支是一个流量概念。人们在提及国际收支时，必须指明其属于什么时段。这一报告期可以是一年，也可以是一个月或一个季度等，完全根据分析的需要和资料来源来确定。各国通常以一年为报告期。若弄不清国际收支的流量内涵，就容易将其与国际借贷相混淆。

其次，国际收支反映的内容是经济交易。**所谓经济交易，是指经济价值从一个经济单位向另一个经济单位的转移。**根据转移的内容和方向，经济交易可以划分为五类：金融资产与商品、劳务之间的交换；商品之间、劳务之间，以及商品与劳务之间的交换；金融资产之间的交换；无偿的、单向的商品和劳务转移；无偿的、单向的金融资产转移。

最后，国际收支中的“居民”和我们日常生活中理解的“居民”的概念不一样。日常生活中的“居民”通常指的是居住在一个国家（或地区）的个人。以中国为例，国际收支中的“居民”指的是：在中国境内居留一年以上（包括一年）的自然人，外国及中国的香港、澳门、台湾地区在境内的留学生、就医人员、外国驻华使领馆外籍工作人员及其家属除外；中国短期出国人员（在境外居留时间不满一年）、在境外留学人员、就医人员、中国驻外使领馆工作人员及其家属；在中国境内依法成立的企业事业法人（含外商投资企业及外资金融机构）及境外法人的驻华机构（不含国际组织驻华机构、外国驻华使领馆）；中国国家机关（含中国驻外使领馆）、团体、部队。对一个国家来说，除了“居民”，其他机构、个人、企业等均称为“非居民”。例如，美国通用电气公司在新加坡的子公司是新加坡的居民、美国的非居民，子公司与母公司的业务往来是新加坡和美国的国际收支内容。不过一个国家的外交使节、驻外军事人员，尽管在另一国家居住一年以上，仍是派出国的居民，而非居住国的居民。国际性机构，如国际货币基金组织、世界银行等都不是某一国家的居民，而是任何国家的非居民。居民与非居民均包括政府、个人、非营利团体和企业四类，国际收支之所以要强调“居民”与“非居民”的概念，目的是准确反映国际收支情况。国际收支的内容是各种国际经济交易，只有居民与非居民之间的各种经济交易才是国际经济交易。居民之间的各种经济交易则是国内交易，不属于国际收支范畴。

三、国际收支与国际借贷的区别和联系

人们常常把国际借贷（Balance of International Indebtedness）误认为国际收支，实际上它们之间既有联系又有区别。国际借贷，或称国际投资状况，是对一定时点上一国居民对外资产和对外负债的汇总，它是一个存量概念。国际上的债权债务在一定时期内必须进行清算和结算，此过程一定涉及国际货币收支问题，即债权国要在收入货币后了结债权关系，而债务国要通过支付货币来清偿债务，所以国际收支表示一个国家在一定时期内对外货币收支的综合情况，是一个流量概念。虽然这两个概念是有区别的，但它们之间又是密切相关的，因为有了国际借贷，才会产生国际收支，国际借贷是国际收支的原因，国际收支是国际借贷的结果。

第二节　国际收支平衡表

国际收支平衡表（Balance of Payments Statement），也称国际收支差额表，是系统记录一国在一定时期内所有国际经济活动收入与支出的统计报表。一国与别国发生的一切经济活动，无论是否涉及外汇收支，都必须记入该国的国际收支平衡表中。各国编制国际收支平衡表的主要目的是全面了解本国的涉外经济关系，并以此进行经济分析，制定合理的对外经济政策。

一、国际收支平衡表的主要内容

国际收支平衡表的内容十分繁杂，各国又大多根据各自的不同需要和具体情况来编制，因此各国国际收支平衡表的内容有很大差异，但其主要项目基本一致，大体上可分为四大类，即经常账户、资本和金融账户、储备资产账户、错误与遗漏账户。

（一）经常账户（Current Account）

经常账户，又称经常项目，是本国与外国交往中经常发生的国际收支账户，它反映了一国与他国之间真实资源的转移状况，在整个国际收支中占有主要地位，往往会影响和制约国际收支的其他账户。经常账户包括货物项目、服务项目、收益项目和经常转移项目四个子项目。

1.货物项目（Goods Account）

货物项目包括一般商品、用于加工的货物、货物修理、各种运输工具在港口购买的货物及非货币黄金。①一般商品是指居民向非居民出口或从非居民那里进口的可移动货物；②用于加工的货物包括跨越边境运到国外加工的货物的出口以及随之而来的再进口；③货物修理包括向非居民提供的或从非居民那里得到的船舶和飞机等运输工具上的货物修理活动；④各种运输工具在港口购买的货物包括非居民在岸上采购的所有货物，如燃料、给养、储备、物资；⑤非货币黄金包括不作为一国货币当局储备资产的所有黄金的进出口。

在国际收支平衡表中，货物收支统计数据的来源及商品价格的计算方式在各国不尽相同。按照国际货币基金组织的规定，货物进出口统计一律以海关统计为准，商品价格一律按离岸价格（Free on Board，英文缩写为FOB）计算。实际上，有许多国家对出口商品按离岸价格计算，而对进口商品按到岸价格（Cost，Insurance and Freight，英文缩写为CIF）计算。使用上述两种不同的价格条件计算进出口总值时，会产生一定的差异。例如，进口商品以CIF计价，其中运费和保险费属于劳务方面的支出，这样就会产生重复入账的项目，从而影响了国际收支平衡表的精确性。

2.服务项目（Service Account）

服务项目是指一个国家对外提供服务或接受服务所发生的收支。由于服务不像货物那样能够看得见、摸得着，因此服务项目又称为无形收支项目（Invisible Trade Account），它具体包括下列项目：

（1）运输通信收支。运输收支包括海、陆、空运商品和旅客运费的收支。有些国家还将运输工具的修缮费、港湾费、码头使用费、船舶注册费等纳入运输收支的项目。在通信方面，属于国际电报、电话、电传、卫星通信等服务项目引起的外汇收支都记人劳务账户。

（2）保险收支。如本国人向外国保险公司投保，则称为保险费的支出；如外国人向本国保险公司投保，则称为保险费的收入。

（3）旅游收支。它是指本国居民到国外旅游或外国居民到本国旅游而产生的餐饮费、交通费等服务性费用的收支。

（4）其他服务收支。这包括办公费、专利权使用费、广告宣传费、手续费、使领费等项目收支。

目前，劳务收支的重要性日趋突出，不少国家的劳务收支在该国的国际收支中占有举足轻重的地位，有的甚至超过了有形贸易收支。

3.收益项目（Income Account）

收益项目包括职工报酬和投资收益两大类。

（1）职工报酬，也称雇员报酬，主要是指在国外工作期限不超过一年的季节工人、边境工人，以及在外国使领馆及国际组织驻本国机构工作人员的外汇工薪收支。

（2）投资收益，是指居民因持有国外金融资产或承担对非居民的负债而形成的收入或支出。投资收益包括直接投资收益、证券投资收益和其他形式的投资收益。其中，其他形式的投资收益是指其他资本如贷款所产生的利息。应注意的是，资本损益是不作为投资收益记载的，所有由交易引起的已实现的资本损益都包括在金融账户下面。

4.经常转移项目（Current Transfer Account）

经常转移项目属于单方面转移项目的一类。单方面转移项目是指单方面、不对等的交易，即在国际上移动后并不产生归还或偿还问题的一些项目。贷方记录本国从外国取得的单方转移收入，借方记录本国向外国的单方面转移支出。单方面转移包括经常转移和资本转移，其中经常转移放在经常账户的经常项目中，资本转移放在资本与金融账户的资本项目中。经常转移项目包括所有非资本转移的转移项目，如各级政府的转移（政府间经常性国际合作、对收入和财产支付的经常性税收等）和其他转移（工人汇款等），即排除下面三项的所有转移项目：

（1）固定资产所有权的资产转移。

（2）同固定资产收买/放弃相联系的或以其为条件的资产转移。

（3）债权人不索取回报而取消的债务。

（二）资本和金融账户（Capital and Financial Account）

资本和金融账户，又称资本和金融项目，是指资本项目项下的资本转移、非生产/非金融资产交易以及其他所有引起某一经济体对外资产和负债发生变化的金融项目。资本和金融账户包括资本账户（Capital Account）和金融账户（Financial Account）两大部分，借方表示资产增加或负债减少，贷方表示资产减少或负债增加。

1.资本账户

资本账户下分列两个项目：

（1）资本转移（Capital Transfer）。资本转移是指固定资产所有权变更及债权债务减免等导致交易一方或双方资产存量发生变化的转移项目，主要包括固定资产转移、债务减免、移民转移和投资捐赠等。

具体来说，资本转移项目主要登记投资捐赠（Investment Grants）和债务注销（Debt Cancellation）的外汇收支。投资捐赠可以现金形式，也可以实物形式来进行（如交通设备、机器、机场、码头、道路、桥梁、医院等建筑物）。债务注销即债权国放弃债权，不要求债务国给予回报。需要指出的是，资本账户下的资本转移和经常账户下的经常转移不同。前者不经常发生，规模相对大；后者除政府无偿转移外，一般经常发生，规模相对小。一般来讲，除经常转移的战争赔款、军援外，两者均不直接影响捐助者和受援者的可支配收入和消费。

（2）非生产、非金融资产交易。非生产/非金融资产交易是指非生产性有形资产（土地和地下资产）和无形资产（专利、版权、商标和经销权等）的收买与放弃。

2.金融账户

金融账户包括一国对外资产和负债所有权变更的所有交易。根据投资类型或功能的不同，金融账户可分为直接投资、证券投资、储备资产和其他投资四类。与经常账户不同，金融账户并不按借贷方总额来记录，而是按净额记入相应的借方和贷方。

（1）直接投资（Direct Investment）。直接投资的主要特征是投资者对另一经济体拥有永久利益，这一永久利益意味着直接投资者和企业之间存在长期的关系，并且投资者对企业经营管理施加着相当大的影响。直接投资在传统上主要采用在国外建立分支企业的形式，目前，人们多采用购买一定比例股票的形式，并要求这一比例最低为10%。

（2）证券投资（Portfolio Investment）。证券投资是指为了取得一笔预期的固定货币收入而进行的投资。证券投资资本交易包括股票、中长期债券、货币市场工具和衍生金融工具（如期权）。投资的利息收支记录在经常账户中，本金还款记录在金融账户中。

（3）其他投资（Other Investment）。这是一个剩余项目，包括所有直接投资、证券投资或储备资产未包括的金融交易，如长短期的贸易信贷、贷款、货币和存款以及应收款项和应付款项等。

我们通常将经常账户、资本和金融账户总称为基本账户。

（三）储备资产账户（Reserve Assets Account）

储备资产是指一个国家的金融当局（如中央银行或其他官方机构）持有的储备资产及其对外债权，包括用作货币的黄金、外汇、分配的特别提款权和在国际货币基金组织的储备头寸四个子项目。储备资产账户是一个记录储备变化而不是流量状况的账户。每年年底把一个国家金融当局所持有的储备资产与上一年年底相比，而后把净差额记入储备资产账户中。另外，在处理这个账户的符号时，我们会遇到概念上的困难，因为出于平衡整个账户的需要，我们需要人为地把储备资产的增加用负号表示，把储备资产的减少用正号表示，而这恰恰与一般意义上正负号的含义相反。

（四）错误与遗漏账户（Errors and Omissions Account）

错误与遗漏账户，又称错误与遗漏项目，它是一个人为设计的平衡账户，尽管它在某些国家不是最后一个项目，但它需要作为余项在最后计算。对于经常账户、资本和金融账户、储备资产账户之和，如果没有错误与遗漏，那么借贷双方应该相等，但这种情形是不太可能的，因为每个国家国际收支平衡表的统计数据总会出现一些遗漏：

（1）资料来源不一。一国在编制国际收支平衡表时所汇集和应用的原始资料有许多来源，如海关统计、银行报告、企业报表等。

（2）资料不全。商品走私、资金外逃、私自携带现钞出入境等也属于国际收支范畴，难以掌握。例如，一个美国人从墨西哥以现金购买了价值1万美元的大麻（在途中未能通过海关官员的检查），结果这1万美元落到了墨西哥的银行系统中，并被按惯例计入储备变动项目，但是这笔交易的另外一方却中断了，因为政府当局怀疑这些货是大麻，而在没有可靠证据的情况下，这笔交易不能被记录。

(3) 资料本身有错漏。有关单位提供的统计数字不是百分之百准确无误，有的仅仅是估算数字。

二、国际收支平衡表的编制原则

国际收支平衡表是按照复式簿记法来编制的。复式簿记法是国际会计的通行准则，其基本原理是：任何一笔交易的发生，必然涉及借方（Debit）和贷方（Credit）两个方面，即有借必有贷、借贷必相等，因此任何一笔交易都要以同一数额记两次，一次记在借方，另一次记在贷方。凡是引起外汇收入或外汇供给的交易，即资产减少、负债增加都列入贷方，或称正号项目（Plus Items）；凡是引起外汇支出或外汇需求的交易，即资产增加、负债减少，都列入借方，或称负号项目（Minus Items）。

具体地说，凡属于下列情况均应记入贷方：

(1) 向外国提供商品或劳务（输出）；

(2) 外国人提供的捐赠与援助；

(3) 国内官方当局放弃国外资产或国外负债的增加；

(4) 国内私人放弃国外资产或国外负债的增加。

凡属于下列情况均应记入借方：

(1) 从外国获得的商品和劳务（进口）；

(2) 向外国政府或私人提供的援助、捐赠等；

(3) 国内官方当局国外资产的增加或国外负债的减少；

(4) 国内私人国外资产的增加或国外负债的减少。

每一笔交易都必须分别记入上述借贷双方项下有关的四个类别之中。为了便于理解，我们以美国为例，列举几笔交易，来说明国际收支的记账方法。

例1：英国商人从美国购买价值为50万美元的汽车50辆，付款方式是从英国银行提出美元存款支付货款。这笔交易涉及两项内容：其一，美国商品出口，应记录在贷方的贸易项目中；其二，英国商人的美元存款减少，也就是私人对外短期负债减少，应记入借方的金融项目的其他投资项目中，见表1-1（以下交易记录均同）。

例2：美国公司向中国购买100万美元的纺织品，用纽约银行的美元支票付款。这笔交易涉及两项内容：其一，美国从外国获得商品，应该记入借方的贸易项目下；其二，中国在纽约银行的美元存款增加，这也意味着美国私人对外短期负债增加，应记录在贷方项目的金融项目的其他投资项目下。

例3：德国人在美国旅游，支付了40万美元的费用，旅游者所需的美元是在美国银行用欧元兑换的。这笔交易涉及两项内容：其一，美国为外国居民提供了服务，为服务输出，应在贷方服务项目下记录；其二，美国银行的欧元存款增加，即美国私人对外短期资产增加，应在借方的金融项目的其他投资项目下记录。

表1-1　　　　　　　　　　**国际收支记账方法**　　　　　　　　　　单位：万美元

借方（-）		贷方（+）	
A.贸易项目			
2.进口	-100	1.出口汽车	+50
B.服务项目			
		3.旅游收汇	+40
C.经常转移项目			
4.政府捐赠	-80		
D.证券投资项目			
5.债券投	-300	6.发行债券	+500
E.其他投资项目			
1.私人对外短期负债	-50	2.私人对外短期负债	+100
3.私人对外短期资产	-40	5.私人对外资产	+300
6.私人对外负债	-500		
F.储备资产项目			
		4.官方储备	+80

例4：美国政府向墨西哥提供了80万美元的援助。这笔交易涉及两项内容：其一，美国政府的对外单方面转移，应在借方的经常转移项目下记录；其二，美国官方对外资产减少，应在贷方的储备资产项目下记录。

例5：美国公民购买加拿大某公司发行的加元债券，折合美元价值为300万元。这笔交易涉及两项内容：其一，美国的资本输出，即国外长期资产增加，应在借方的证券投资项目下记录；其二，美国公民支取加拿大银行的加元存款购买债券，因此美国私人对外资产减少，应在贷方的金融项目的其他投资项目下记录。

例6：法国公民购买500万美元为期10年的美国公司债券。这笔交易涉及两项内容：其一，美国的长期资本流入，应在贷方的证券投资项目下记录；其二，法国公民提取在美国银行的美元存款购买债券，是美国私人对外负债减少，应在借方的金融项目的其他投资项目下记录。

需要注意的是，经济交易记录的日期应以所有权变更日期为准。

在国际经济交易中，如签订买卖合同、货物装运、结算、交货、付款等，一般都是在不同日期进行的。为了统一各国的记录口径，国际货币基金组织明确规定，必须采用所有权变更原则。

按照国际货币基金组织的规定，国际收支平衡表中记录的各种经济交易应包括：

（1）在编表时期内已经全部结清部分。一笔经济交易如在国际收支平衡表编制时期内结清，则理所当然可以如实记录。

（2）在这一时期内已经到期必须结清部分（不管实际上是否结清）。例如，在国际收支平衡表编制时期内已经到期应予支付的利息，实际上并未支付，则应在到期日记录，未付的利息作为新的负债记录。又如，某项劳务虽已提供，但在国际收支平衡表编制时期内尚未获得收入，则应按劳务提供日期登记，未获得的收入作为债权记录。

（3）在这一时期内已经发生（指所有权已变更），但需要跨期结算部分。例如，涉及贸易信用的预付货款或延付货款。这类贸易发生时，所有权已变更，因而应在交易发生日期进行记录。就预付货款而言，应在借方记录货物债权，在贷方记录支付的货款。就延付货款而言，应在借方记录获得的货物，在贷方记录货款负债。收到货物或支付货款时，再冲转债权或货款负债。

三、国际收支平衡表实例

（一）国际货币基金组织规定的标准项目

国际货币基金组织为了正确和全面地掌握、研究、比较各个会员国的国际收支情况，对国际收支平衡表的编制规定了统一的标准项目。国际货币基金组织规定的标准项目见表1-2。

（二）中国的国际收支平衡表

我国从1981年开始按照国际货币基金组织的要求编制国际收支平衡表，由国家统计局和国家外汇管理局统一制定项目和填表格式，见表1-3。

四、国际收支平衡表是重要的经济分析工具

国际收支平衡表不仅综合记载了一国在一定时期内与世界各国的经济往来情况、在世界经济中的地位及其消长对比情况，还集中反映了该国的经济类型和经济结构，因此国际收支平衡表是重要的经济分析工具。分析国际收支平衡表，对编表国家或非编表国家都具有重要的意义。

对于编表国家来说，分析国际收支平衡表的意义如下：首先，有助于本国政府全面、及时掌握本国对外经济交易的综合情况，找出造成国际收支顺、逆差的原因，从而采取正确的调节措施。其次，有助于本国政府充分掌握自身外汇资金来源和运用方面的资料，特别是官方的储备变动情况，以便于编制切实可行的外汇预算计划。最后，有助于一国政府全面了解本国的国际经济地位，从而制定出与本国相适应的贸易、投资、经济援助、借贷等方面的对外经济政策。

对于非编表国家来说，分析国际收支平衡表同样具有重要的意义。随着世界经济一体化的不断发展，各国在经济、政治等方面的联系日益密切，一个国家不仅要了解自己，而且要了解其他国家的政治经济实力与对外经济政策的动向，以及世界经济的发展趋势。分析其他国家的国际收支平衡表，有助于预测编表国家的国际收支、货币汇率及对外经济政策动向，也有助于了解各国的经济实力和预测世界经济与世界贸易的发展趋势。

表 1-2 **国际收支标准项目**

项目（Item）	差额	贷方	借方
一、经常项目（Current Account）			
A.货物和服务（Goods and Service）			
a.货物（Goods）			
b.服务（Service）			
1.运输（Transportation）			
2.旅游（Tourism）			
3.通信服务（Communication Service）			
4.建筑服务（Construction Service）			
5.保险服务（Insurance Service）			
6.金融服务（Finance Service）			
7.计算机和信息服务（Computer and Information Service）			
8.专有权使用费和特许费（Fee for Patent or Royalty）			
9.咨询（Consultation）			
10.广告、宣传（Advertisement and Publicity）			
11.电影、音像（Movies and Audio-video Products）			
12.其他商业服务（Other Commercial Service）			
13.别处未提及的政府服务（Government Service not Elsewhere Classified）			
B.收益（Income and Profit）			
1.职工报酬（Compensation of Staff and Workers）			
2.投资收益（Profit from Investment）			
C.经常转移（Current Transfer）			
1.各级政府（Governments）			
2.其他部门（Other Departments）			
二、资本和金融项目（Capital and Finance Account）			
A.资本项目（Capital Account）			
B.金融项目（Financial Account）			
1.直接投资（Direct Investment）			
1.1本国在外国直接投资（Domestic Direct Investment Abroad）			
1.2外国在本国直接投资（Foreign Direct Investment）			
2.证券投资（Securities）			
2.1资产（Assets）			
2.1.1股本证券（Capital Stock）			
2.1.2债务证券（Liability Stock）			
2.1.2.1（中）长期债券（（Metaphase） Long-term Bonds）			
2.1.2.2货币市场工具（Money Market Tools）			
2.2负债（Liabilities）			

续表

项目（Item）	差额	贷方	借方
2.2.1股本证券（Capital Stock）			
2.2.2债务证券（Liability Stock）			
2.2.2.1（中）长期债券（（Metaphase） Long-term Bonds）			
2.2.2.2货币市场工具（Money Market Tools）			
3. 其他投资（Other Investment）			
3.1资产（Assets）			
3.1.1贸易信贷（Trade Credit）			
长期（Long Term）			
短期（Short Term）			
3.1.2贷款（Loans）			
长期（Long Term）			
短期（Short Term）			
3.1.3货币和存款（Currencies and Deposits）			
3.1.4其他资产（Other Assets）			
长期（Long term）			
短期（Short term）			
3.2负债（Liabilities）			
3.2.1贸易信贷（Trade Credit）			
长期（Long Term）			
短期（Short Term）			
3.2.2贷款（Loans）			
长期（Long Term）			
短期（Short Term）			
3.2.3货币和存款（Currencies and Deposits）			
3.2.4其他负债（Other Liabilities）			
长期（Long Term）			
短期（Short Term）			
三、储备资产（Reserve Assets）			
3.1货币黄金（Gold Reserves）			
3.2特别提款权（Special Drawing Rights）			
3.3在基金组织的储备头寸（China's Reserve in IMF）			
3.4外汇（Foreign Exchange）			
3.5其他债权（Other Creditor's Rights）			
四、净误差与遗漏（Net Error and Omission）			

表 1-3　　　　　　　　　　**中国国际收支平衡表（2014年）**

项目	差额	贷方	借方
一、经常项目	21 967 760	279 917 714	257 949 955
A.货物和服务	28 402 222	254 508 922	226 106 700
a.货物	47 599 163	235 414 489	187 815 327
b.服务	−19 196 940	19 094 433	38 291 373
1.运输	−5 791 502	3 824 278	9 615 780
2.旅游	−10 794 611	5 691 300	16 485 911
3.通信服务	−47 377	181 238	228 614
4.建筑服务	1 048 532	1 535 497	486 964
5.保险服务	−1 787 994	457 415	2 245 409
6.金融服务	−40 924	453 092	494 016
7.计算机和信息服务	989 841	1 836 054	846 213
8.专有权利使用费和特许费	−2 193 742	67 638	2 261 380
9.咨询	1 644 064	4 292 292	2 648 228
10.广告、宣传	116 032	496 352	380 320
11.电影、音像	−69 865	17 484	87 349
12.其他商务服务	−2 172 116	136 366	2 308 482
13.别处未提及的政府服务	−97 278	105 429	202 707
B.收益	−3 410 985	21 296 122	24 707 108
1.职工报酬	2 575 520	2 991 050	415 530
2.投资收益	−5 986 505	18 305 072	24 291 577
C.经常转移	−3 023 477	4 112 670	7 136 147
1.各级政府	−292 886	164 238	457 124
2.其他部门	−2 730 591	3 948 432	6 679 023
二、资本和金融项目	3 823 968	257 298 724	253 474 756
A.资本项目	−3 275	193 950	197 225
B.金融项目	3 827 243	257 104 774	253 277 532
1.直接投资	20 867 870	43 523 028	22 655 159
1.1我国在外直接投资	−8 041 849	5 552 935	13 594 784
1.2外国在华直接投资	28 909 718	37 970 093	9 060 375
2.证券投资	8 242 945	16 644 609	8 401 665
2.1资产	−1 081 474	2 932 630	4 014 104
2.1.1股本证券	−140 154	1 703 526	1 843 680
2.1.2债务证券	−941 320	1 229 104	2 170 424
2.1.2.1（中）长期债券	−922 642	1 227 886	2 150 529
2.1.2.2货币市场工具	−18 678	1 217	19 896
2.2负债	9 324 419	13 711 979	4 387 560
2.2.1股本证券	5 191 579	7 767 339	2 575 760
2.2.2债务证券	4 132 840	5 944 641	1 811 800

续表

项目	差额	贷方	借方
2.2.2.1（中）长期债券	4 095 895	4 971 290	875 395
2.2.2.2货币市场工具	36 945	973 350	936 405
3.其他投资	−25 283 572	196 937 136	222 220 708
3.1资产	−30 298 710	9 948 717	40 247 427
3.1.1贸易信贷	−6 875 562	2 820 628	9 696 190
长期	−137 511	56 413	193 924
短期	−6 738 051	2 764 216	9 502 267
3.1.2贷款	−7 378 738	1 770 437	9 149 175
长期	−4 554 770		4 554 770
短期	−2 823 968	1 770 437	4 594 405
3.1.3货币和存款	−15 968 170	5 142 184	21 110 354
3.1.4其他资产	−76 240	215 467	291 707
长期			
短期	−76 240	215 467	291 707
3.2负债	5 015 138	186 988 419	181 973 281
3.2.1贸易信贷	−207 938	1 535 823	1 743 761
长期	−3 639	26 877	30 516
短期	−204 299	1 508 946	1 713 245
3.2.2贷款	−3 432 928	174 641 305	178 074 233
长期	−573 062	5 114 285	5 687 347
短期	−2 859 866	169 527 020	172 386 886
3.2.3货币和存款	8 137 907	9 940 540	1 802 633
3.2.4其他负债	518 097	870 752	352 655
长期	575 591	637 502	61 911
短期	−57 494	233 250	290 744
三、储备资产	−11 778 012	3 122 790	14 900 802
3.1货币黄金			
3.2特别提款权	6 066	13 883	7 816
3.3在基金组织的储备头寸	97 714	133 450	35 737
3.4外汇	−11 881 792	2 975 457	14 857 249
3.5其他债权			
四、净误差与遗漏	−14 013 716		14 013 716

资料来源　中华人民共和国国家统计局.中国统计年鉴2015[M].北京：中国统计出版社，2015.

五、国际收支平衡表的几个差额

分析国际收支平衡表必须首先了解国际收支平衡表的结构，即弄清国际收支平衡表的项目构成及其相互关系。如前所述，国际收支平衡表由经常项目、资本和金融项目、储备资产项目、错误与遗漏项目构成，每个项目下又分为若干小项目。国际收支平衡表的每个项目都有借方、贷方和差额三栏数字，分别反映一定时期内各项对外经济活动的发生额。由于国际收支平衡表采用复式簿记法入账，因此借贷双方的总额是相等的，但其中某些项目或账户可能出现盈余或赤字，需要由其他项目或账户的赤字或盈余来抵销，这就形成了不同的项目差额。按照人们的传统习惯和国际货币基金组织的做法，项目差额主要有以下四种：

（一）贸易收支差额

贸易收支差额是指一国的进出口收支差额。尽管贸易项目仅仅是国际收支的一个组成部分，不能代表国际收支的整体，但是对于某些国家来说，贸易收支在全部国际收支中所占的比重相当大，因此人们经常把贸易收支作为国际收支的近似代表。此外，贸易收支在国际收支中还有其重要性。商品的进出口情况综合反映了一国的产业结构、产品质量和劳动生产率状况，也反映了该国产业的国际竞争能力。因此，即使资本项目比重相当大的发达国家，也非常重视贸易收支差额。

（二）经常账户差额

经常账户包括货物项目、服务项目、收益项目和经常转移项目，前两项构成了经常账户的主体。虽然经常账户的收支不能代表全部国际收支，但它综合反映了一个国家的进出口状况（包括服务贸易），因此被各国广泛使用，并被当作制定国际收支政策和产业政策的重要依据。同时，国际经济协调组织也经常采用这一指标对其成员的经济状况进行衡量，如国际货币基金组织就特别重视各国经常账户的收支状况。

（三）资本和金融账户差额

资本和金融账户差额反映了该项目下直接投资、证券投资和其他投资交易（包括贸易信贷、贷款和存款）及储备资产交易的差额（假设资本转移净额为零），它记录了世界上其他国家对本国的投资净额或贷款/借款净额。

一方面，通过资本和金融账户的规模可以看出一个国家资本市场的开放程度和金融市场的发达程度。一般而言，资本市场越开放，金融市场越发达，资本与金融账户的流量总额就越大。另一方面，资本和金融账户与经常账户之间具有融资关系，因此，资本和金融账户差额可以折射出一国经常账户的状况。根据复式簿记法，在国际收支中，一笔贸易流量通常对应一笔金融流量。可以说，经常账户中实际资源的流动与资本和金融账户中资产所有权的流动是一个活动的两个方面。因此，如果不考虑错误与遗漏，经常账户的余额与资本和金融账户的余额必然数量相等、符号相反。也就是说，经常账户的余额与资本和金融账户的余额之和等于零。

（四）综合账户差额或总差额

综合账户差额是指经常账户加上资本和金融账户中的资本转移、直接投资、证券投资、其他投资后的余额，也就是将国际收支项目中的官方储备剔除后的余额。由于综合账户差额必然导致官方储备的反方向变动，因此可用它来衡量国际收支对一国储备带来的压力。

当一国实行固定汇率制时，综合账户差额的分析意义更为重要。因为国际收支的各种行为将导致外国货币与本国货币在外汇市场上的供求变动，进而影响两个币种比价的稳定性，为了保持外汇市场汇率的稳定，政府必须利用官方储备介入市场以实现供求平衡，所以综合账户差额在政府有义务维护固定汇率制时是非常重要的。但是在浮动汇率制度下，政府原则上可以不动用官方储备而听任汇率变动，或是动用官方储备调节市场的任务具有弹性，这时综合账户差额的分析意义略有弱化。

六、国际收支平衡表的分析方法

国际收支平衡表的分析方法有静态分析法、动态分析法和比较分析法三种。为了对一国经济进行全面、正确、深入的分析，这三种分析方法必须结合起来运用。

（一）静态分析法

静态分析法用于计算和分析某国在某一时期（一年、一季或一个月）的国际收支平衡表中的各个项目及其差额，分析各个项目差额形成的原因及对国际收支总差额的影响。

采用静态分析法应注意的问题是：

第一，贸易收支。一国贸易收支出现顺差或逆差，受多个方面因素的影响，包括经济周期的更替、财政与货币政策变化决定的总供给与总需求的对比关系、气候与自然条件的变化、国际市场的供求关系、本国产品的国际竞争力、本国货币的汇率水平等。结合这些方面的资料进行分析，有助于找出编表国家贸易收支差额形成的原因。

第二，服务收支。服务收支反映了编表国家有关行业的发达程度与消长状况。例如，运费收支状况直接反映了一国运输能力的强弱，一般发展中国家的运费总是支出大于收入，一些经济发达国家由于拥有强大的商船队而运费收入颇丰；银行和保险业务收支状况反映了一个国家金融机构的完善程度。分析这些服务收支，对本国来说可以为寻找改进对策提供依据，对别国来说可以为选择由哪个国家提供相关业务的服务提供依据。

第三，在单方面转移收入中，重点研究官方转移收入。第二次世界大战以后，国际援助相对来说在不断增加，这种援助包括军事援助和经济援助两种，又可分为低息贷款和无偿援助两部分。在分析这个项目时，除了要考虑其数额大小外，还要分析这种援助的背景、影响及其后果。

第四，资本与金融账户中涉及许多子项目，如直接投资、间接投资、国际借贷和延期付款信用等，一般来说，前三项处于主要地位。直接投资状况反映了一国资本国际竞争能力的高低（对发达国家而言）或一国投资利润前景的好坏（对发展中国家而言）。国际借贷状况反映了一国借用国际市场资本条件的优劣，从而反映了该国的国际信誉高低。第二次世界大战以后，短期资本在国际上移动的规模与频繁程度都是空前的，它对有关国家的国际收支与货币汇率的变化都有重要影响，因此分析短期资本在国际上移动的流量、方向与方式，对研究国际金融动态和发展趋势具有重要意义。

第五，在官方储备项目中，重点分析国际储备资产变动的方向，因为它反映了一国应对各种意外冲击能力的变化。

第六，在错误与遗漏账户中，主要分析其数额大小的变化。因为错误与遗漏的规模一方面反映了一国国际收支平衡表的准确程度，错误与遗漏的规模越大，国际收支平衡表对该国国际经济活动的反映就越不准确；另一方面反映了一国经济开放的程度，一般来说，经济越开放，错误与遗漏的规模可能越大。

（二）动态分析法

国际收支平衡表虽然只反映某一特定时期的情况，但应看到，它不是孤立存在的，而是与以前或以后的发展过程紧密相连的。可以说，它既是前一时期演变的结果，又是后一时期状况的原因。因此，要研究一国的国际经济地位、国际金融状况，必须遵循动态性原则，连续分析不同时期的国际收支平衡表，掌握其长期变化情况。只有这样，才能得出比较准确的结论。

（三）比较分析法

比较分析法既包括对一国连续若干时期的国际收支平衡表进行比较分析，也包括对不同国家在相同时期的国际收支平衡表进行比较分析。后一种比较分析较为困难，因为各国的国际收支平衡表在项目的分类与局部差额的统计上不尽相同。利用联合国或国际货币基金组织的资料有助于克服这一困难，因为这两个机构公布的若干重要资料，都是经过重新整理后编制的，可以互相比较。

第三节　国际收支的调节

一、国际收支不平衡的原因

如前所述，国际收支不平衡的现象是经常的、绝对的，平衡的现象却是偶然的、相对的，因此国际收支的调节无时无刻不在进行着。为了顺利而有效地调节国际收支，我们必须首先研究国际收支不平衡的原因，然后才能采取与之相适应的措施进行调节。

各国发生国际收支不平衡的原因繁多而复杂，这些原因中既有一般原因，又有特殊原因。

（一）一般原因

西方经济学家根据发生国际收支不平衡的一般原因，将国际收支不平衡分为以下五种类型：

1.周期性不平衡（Cyclical Disequilibrium）

周期性不平衡是指一国经济周期波动引起该国国民收入、价格水平、生产和就业发生变化而导致的国际收支不平衡。周期性不平衡是世界各国国际收支不平衡常见的原因。因为在经济发展过程中，各国经济都不同程度地处于周期波动之中，周而复始地出现繁荣、衰退、萧条、复苏，而经济周期的不同阶段对国际收支会产生不同的影响。在经济衰退阶段，国民收入减少、总需求下降、物价下跌，会促使出口增长、进口减少，从而出现顺差；在经济繁荣阶段，国民收入增加、总需求上升、物价上涨，会促使进口增加、出口减少，从而出现逆差。比如，日本在1974年国民生产总值增长19.4%，国际收支却出现46.9亿美元的逆差；1976年日本经济萧条，国际收支却出现36.8亿美元的顺差。

2.货币性不平衡（Monetary Disequilibrium）

货币性不平衡是指一国货币增长速度、商品成本和物价水平与其他国家相比发生较大变化而引起的国际收支不平衡。这种不平衡主要是由于国内通货膨胀或通货紧缩而引起的，一般直观地表现为价格水平的不一致，故又称价格性的不平衡（Price Disequilibrium）。例如，一国发生通货膨胀，其出口商品成本必然上升，使用外国货币计价的本国出口商品的价格就会上涨，就会削弱本国商品在国际市场上的竞争能力，客观上起着抑制出口的作用。同时，由于国内商品物价普遍上涨，相比较而言，进口商品就显得便宜，鼓励了外国商品的进口，从而出现贸易收支的逆差。需要注意的是，通货膨胀还会引起该国货币一定程度上的贬值，但一般来说，此时货币贬值的幅度要比物价上涨的幅度小得多，因而其影响也小得多，货币贬值只能缓和但不会改变通货膨胀对国际收支的影响。货币性不平衡可以是短期的，也可以是中期的或长期的。

3. 结构性不平衡（Structural Disequilibrium）

结构性不平衡是指当国际分工结构（或世界市场）发生变化时，一国经济结构的变动不能适应这种变化而产生的国际收支不平衡。

世界各国由于地理环境、资源分布、技术水平、劳动生产率差异等经济条件和历史条件不同，从而形成了各自的经济布局和产业结构，以及各自的进出口商品和地区结构，各国的产业结构、进出口商品和地区结构综合构成了国际分工结构。假设在原有国际分工结构下，一国的经济结构尚能平衡，但如果在某一时期，世界市场对该国的出口需求或对该国进口的供给发生变化，则该国势必要改变其经济结构以适应这种国际变化，即原有的相对平衡的经济秩序受到了冲击。若该国不能灵活调整经济结构以适应国际分工结构的变化，就会产生国际收支的结构性不平衡。

例如，美国自20世纪70年代以来发生了持续性国际收支逆差，其原因是多方面的，但引起逆差的重要因素莫过于贸易出现大量逆差，以及传统出口产品在国际市场上的竞争能力减弱。众所周知，机械制造产品在美国传统出口产品中占主导地位，其中出口比重较大的机械制造产品是汽车，但美国汽车的耗油量较日本、意大利等其他国家汽车的耗油量要高，由于20世纪70年代石油价格猛涨，各国的消费者当然不愿意购买耗油量高的美国汽车，因此美国汽车无法与日本、意大利等国汽车竞争，从而导致美国贸易赤字越来越大，国际收支出现持续性逆差。

改变结构性不平衡需要重新组织生产，并对生产要素的使用进行重新组合，以适应需求和供给的新结构，否则这种不平衡现象将难以克服。但是生产的重新组合阻力较大、进展缓慢，因此结构性不平衡具有长期性，扭转起来相当困难。结构性不平衡在发展中国家尤其普遍，因为发展中国家的进出口贸易具有以下特点：其一，产品出口需求的收入弹性低，而产品进口需求的收入弹性高，因此出口难以大幅度增加，而进口能够大幅度增加；其二，产品出口需求的价格弹性大，而产品进口需求的价格弹性小，因此进口价格上涨快于出口价格上涨，贸易条件恶化。

4.收入性不平衡（Income Disequilibrium）

收入性不平衡是指由于各种经济条件的恶化引起国民收入的较大变动，从而产生的国际收支不平衡。收入性不平衡具有长期性。一般来说，国民收入大幅度增加，全社会的消费水平就会提高，社会总需求也会扩大，在开放型经济条件下，社会总需求的扩大通常不一定会表现为价格上涨，而表现为增加进口、减少出口，从而导致国际收支出现逆差；反之，当经济增长率较低时，国民收入减少，从而导致国际收支出现顺差。

5.临时性不平衡

临时性不平衡是指短期的由非确定或偶然因素引起的国际收支不平衡。例如，1990年伊拉克入侵科威特，国际社会对伊拉克实行全面经济制裁，世界各国曾一度中止与伊拉克的一切经济往来，伊拉克的石油不能输出，导致出口收入锐减，贸易收入恶化；相反，由于国际市场石油短缺，石油输出国扩大了石油输出，这些国家的国际收支就会得到改善。这种性质的国际不平衡，程度一般较轻，持续时间也不长，带有可逆性，因此可以认为是一种正常现象。

（二）特殊原因

如前所述，西方经济学家把引起国际收支不平衡的原因分为五种类型，但这些原因并不一定适合所有国家。实际上，不同类型的国家，如发达国家、发展中国家和计划经济国家的国际收支不平衡的原因是有差异的。

发达国家国际收支不平衡的原因主要包括：第一，商品、劳务、资本输入过多或不足的直接原因主要是国际竞争力、利润率和未经抵补的利息率的变化。第二，资本项目在国际收支中的地位日趋重要，资本输出、输入频繁且不稳定。第三，在高度一体化的国际金融市场上，资金对有资信的国家来说是充裕的，因此较易发生的是国际储备过多（而不是不足）的情形。

发展中国家国际收支不平衡的原因主要包括：第一，一些商品劳务输入不足与另一些商品劳务输入过多并存；商品、劳务的输出时而不足、时而过多，尤其是世界经济结构全面而深刻的变化，导致发展中国家的出口构成严重不合理。第二，资本净输入过多与不足相交替，国际储备水平经常处于适度水平线以下。第三，国际收支不平衡常常表现为过度逆差。

计划经济国家国际收支不平衡的原因主要包括：第一，出口构成不合理，大部分出口因缺乏国际竞争力而常常输出不足，小部分出口因支付逆差的需要而常常输出过多。第二，处于对外开放过程中的国家的国际收支不平衡往往表现为先是经常项目过度逆差、外资输入过多，然后是外汇储备不足、进口不足、外资输入不足。第三，由于货币不可自由兑换，因此能否通过进口来平衡货币供应和货币需求、总供给和总需求，受制于本国的外汇储备水平或对外借贷能力。

二、国际收支的调节方式

一国国际收支持续出现不平衡，不管是顺差还是逆差，对其经济的协调、健康发展都非常不利，因此各国政府都非常关心国际收支的调节问题。国际收支的调节方式大体上可分为两类：一类是自动调节；另一类是政策调节。

（一）国际收支的自动调节

国际收支的自动调节是指由国际收支不平衡引起的国内经济变量变动对国际收支的反作用过程。在商品经济条件下，一国国际收支不平衡时，受价值规律的支配，一些经济变量会出现相应变动，这些变动反过来又会使国际收支不平衡自动地得到一定程度的矫正。在不同的货币制度下，自动调节机制也有所差异。

1.国际金本位制下的自动调节机制

在国际上普遍实行金本位制的条件下，一个国家的国际收支可通过物价的涨落和现金（即黄金）的输出输入自动恢复平衡。这种自动调节机制称为“物价-现金流动机制（Price Specie-Flow Mechanism）”。它是在1752年由英国经济学家大卫·休谟（David Hume）提出的，所以又称“休谟机制”。“物价-现金流动机制”自动调节国际收支的具体过程如下：一国的国际收支如果出现逆差，则外汇供不应求、外汇汇率上升，若外汇汇率上升超过了黄金输送点，则本国商人不再用本币购买外汇付给商人，而是直接用黄金支付给外国出口商，这样黄金就会大量流出。黄金外流导致本国银行准备金降低，从而使流通中的货币量减少、物价下跌，而物价下跌使得出口成本降低，本国商品的出口竞争力增强，出口增加、进口减少，直至国际收支改善。这样，国际收支的不平衡完全能够自发调节，用不着任何人为的干预。如果一国国际收支出现顺差，其自动调节过程完全一样，只是各经济变量的变动方向相反而已。

物价-现金流动机制的自动调节过程可用图1-1表示。

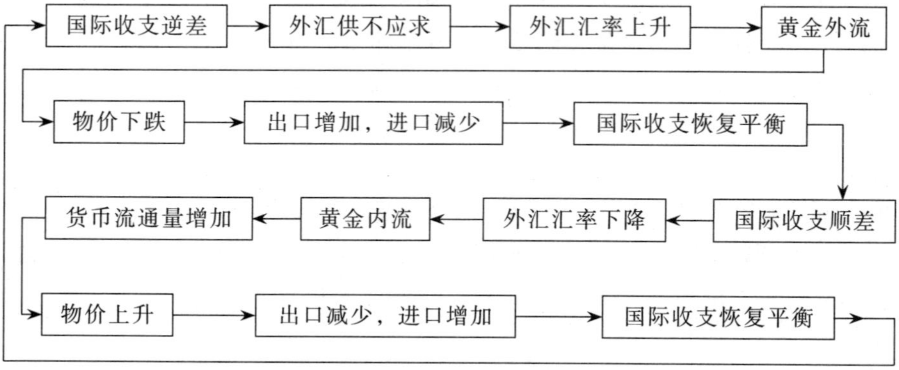

图1-1　物价-现金流动机制

休谟的“物价-现金流动机制”存在着一系列缺陷：第一，该机制是以货币数量论为依据的，因而得出物价仅因货币数量的变化而变化；第二，在金币流通的情形下，黄金流动不一定会引起物价变动，因为金属货币可以自发调节到必要的数量；第三，该机制强调相对价格的变动，忽视了产量和就业的变动；第四，黄金流动同恢复国际收支平衡自动联系起来，金融当局没有进行干预的余地。正是因为休谟忽略了上述四个方面的情况，所以过高估计了“物价-现金流动机制”对国际收支不平衡的调节作用。

2.纸币流通条件下的国际收支自动调节机制

在不兑现纸币流通的条件下，黄金流动虽已不复存在，但价格、汇率、利率、国民收入经济变量对于国际收支自动恢复平衡仍发挥着一定的作用。

（1）价格的自动调节机制

当一国的国际收支出现顺差时，由于外汇支付手段增多，容易导致国内信用膨胀、利率下降、国内需求量扩大，从而对货币形成一种膨胀性压力，使国内物价与出口商品价格随之上升，这进一步削弱了出口商品的国际竞争能力，导致出口减少而进口增加，使原来的国际收支顺差逐渐消除。

当一国的国际收支出现逆差时，由于外汇支付手段减少，容易导致国内信用紧缩、利率上升、国内需求量减少、物价下跌，使出口商品成本降低，从而增强了出口商品的国际竞争能力，导致出口增加而进口减少，于是国际收支逆差逐渐减少，直至恢复平衡。

（2）汇率的自动调节机制

汇率调节国际收支是通过货币的升值、贬值消除顺差或逆差，从而恢复国际收支平衡的。

当一国的国际收支出现顺差时，外汇供给大于外汇需求，本币汇率上升，进口商品以本币计算的价格下跌，而出口商品以外币计算的价格上涨，因此出口减少，进口增加，贸易顺差减少，国际收支不平衡得到缓和。

当一国的国际收支出现逆差时，外汇需求大于外汇供给，本币汇率下跌，出口商品以外币计算的价格下跌，而进口商品以本币计算的价格上涨，于是刺激了出口，抑制了进口，贸易收支逆差逐渐减少，国际收支不平衡得到缓和。

（3）国民收入的自动调节机制

国民收入的自动调节机制是指当一国国际收支不平衡时，该国的国民收入、社会总需求会发生变动，而这些变动反过来又会减弱国际收支的不平衡。

当一国的国际收支出现顺差时，其外汇收入将增加，从而产生信用膨胀，利率下降，总需求上升，国民收入也随之增加，国民收入的增加必然使进口需求上升，贸易顺差减少，国际收支恢复平衡。

当一国的国际收支出现逆差时，其外汇支出将增加，从而引起国内信用紧缩，利率上升，总需求下降，国民收入也随之减少，国民收入的减少必然使进口需求下降，贸易逆差逐渐缩小，国际收支不平衡也会得到缓和。

（4）利率的自动调节机制

利率的自动调节机制是指一国的国际收支不平衡会影响利率的水平，而利率水平的变动反过来又会对国际收支不平衡起到一定的调节作用。

当一国的国际收支出现顺差时，该国银行所持有的外国货币存款或其他外国资产增多、负债减少，因此产生银行信用膨胀，国内金融市场的银根趋于松动，利率水平逐渐下降，而利率的下降表明本国金融资产的收益率下降，从而对本国金融资产的需求相对减少，对外国金融资产的需求相对上升，资本外流增加、内流减少，资本项目顺差逐渐减少，甚至出现逆差。同时，利率下降使国内投资成本下降，消费机会成本下降，因而国内总需求上升，国外商品的进口需求也随之增加，出口减少，这样贸易顺差也会减少，整个国际收支趋于平衡。

反之，当一国的国际收支出现逆差时，该国银行所持有的外国货币存款或其他外国资产减少、负债增加，于是就会发生信用紧缩，银根相应趋紧，利率随市场供求关系的变化而上升，而利率上升必然导致本国资本不再外流，外国资本也纷纷流入本国以谋求高利，因此国际收支中的资本项目逆差就可以减少，甚至出现顺差。同时，利率提高会减少社会的总需求，导致进口减少、出口增加，这样贸易逆差也会逐渐减少，整个国际收支趋于平衡。

在纸币流通条件下，国际收支自动调节机制的正常运行具有很大的局限性，往往难以有效发挥作用，因为它会受到各方面因素的影响和制约。

第一，国际收支的自动调节只有在纯粹的自由经济中才能产生作用。政府的某些宏观经济政策会干扰自动调节过程，使其作用下降、扭曲或根本不起作用。自西方国家盛行凯恩斯主义以来，大多数国家都不同程度地加强了对经济的干预。

第二，国际收支的自动调节机制只有在进出口商品的供给和需求弹性较大时，才能发挥其调节功能。如果进出口商品的供给和需求弹性较小，就无法减少进口、扩大出口，或扩大进口、减少出口，从而无法改变入超或出超状况。

第三，自动调节机制要求国内总需求和资本流动对利率升降有较敏感的反应。如果国内总需求和资本流动对利率变动的反应迟钝，那么即使信用有所扩张或紧缩，也难以引起资本的流入或流出和社会总需求的变化。国内总需求和资本流动对利率反应的灵敏程度与利率结构相关联，也与一国金融市场业务的发展情况息息相关。

由于自动调节机制充分发挥作用要满足上述三个条件，而在当前的经济形势下，这些条件不可能完全存在，因此国际收支的自动调节机制往往不能有效发挥作用。当国际收支不平衡时，各国政府往往根据各自的利益采取不同的经济政策，以使国际收支恢复平衡。

（二）国际收支的政策调节

国际收支的政策调节是指国际收支不平衡的国家通过改变其宏观经济政策和加强国际经济合作，主动对本国的国际收支进行调节，以使其恢复平衡。人为的政策调节相对来说比较有力，但也容易产生不好的作用（如考虑了外部平衡而忽视了内部平衡），有时还会因时滞效应达不到预期目的。

1.外汇缓冲政策

外汇缓冲政策是指一国运用所持有的一定数量的国际储备（主要是黄金和外汇），作为外汇平准基金（Exchange Stabilization Fund），来抵销市场上超额外汇供给或需求，从而改善其国际收支状况。它是解决一次性或季节性、临时性国际收支不平衡问题的简便而有力的政策措施。

一国的国际收支不平衡往往会导致该国国际储备的增减，进而影响国内经济和金融。因此，当一国的国际收支发生逆差或顺差时，中央银行可利用外汇平准基金，在外汇市场上买卖外汇，调节外汇供求，使国际收支不平衡产生的消极影响止于国际储备，避免汇率上下剧烈波动，以保持国内经济和金融的稳定。但是动用国际储备实施外汇缓冲政策，不能解决持续性的长期国际收支逆差，因为一国的国际储备毕竟有限，长期性逆差势必会耗竭一国所拥有的国际储备，从而难以实现缓冲的效果，特别是当一国货币币值不稳定时，外汇缓冲政策会使人们对该国货币的信心动摇，引起大规模资金外逃，从而更难实现预期效果。

2.财政政策

财政政策是指采取缩减或扩大财政开支和调整税率的方式，来调节国际收支的顺差或逆差。

如果一国的国际收支发生逆差，那么可采取的财政政策包括：第一，削减政府财政预算、压缩财政支出。由于支出乘数的作用，国民收入减少，国内社会总需求下降，物价下跌，这使得出口商品的国际竞争力提高，进口需求减少，从而改善了国际收支逆差。第二，提高税率。国内投资利润率下降，个人可支配收入减少，导致国内投资和消费需求降低，在税收乘数的作用下，国民收入减少，国内物价下降，商品出口增加，进口减少，从而缩小了国际收支逆差。

可见，利用财政政策来调节国际收支不平衡主要是通过调节社会总需求及国民收入的水平来起作用的，这一过程最中心的环节是社会企业和个人的“需求伸缩”。在不同的体制背景下，财政政策作用的机制和反应的快捷程度是不一致的，这取决于其产权制约关系的状况。

3.货币政策

货币政策主要通过调整利率来达到政策实施目标。调整利率是指调整中央银行贴现率，进而影响市场利率，以抑制或刺激需求，影响本国的商品进出口，达到国际收支平衡的目的。当国际收支发生逆差时，政府可实行紧缩的货币政策，即提高中央银行贴现率，使市场利率上升，以抑制社会总需求，迫使物价下跌、出口增加、进口减少、资本流入，从而逐渐消除逆差，使国际收支恢复平衡；相反，当国际收支发生顺差时，政府可实行扩张的货币政策，即通过降低中央银行贴现率来刺激社会总需求，迫使物价上升、出口减少、进口增加、资本外流，从而逐渐减少顺差，使国际收支恢复平衡。

货币政策对国际收支的调节也存在着一些局限性：其一，利率的高低只是影响国际资本流向的因素之一，国际资本流向在很大程度上还要受国际投资环境的影响。例如，一国政治经济局势较为稳定，地理位置受国际政治动荡事件的影响小，在这里投资较安全，这里可能成为国际游资的避难所。此外，国际资本流向还与外汇市场的动向有关。因此，一国金融市场动荡，即使利率较高也难以吸引资本流入。其二，国内投资、消费要对利率升降反应敏感，而且进口商品的需求弹性、国外供给弹性要足够大，这时利率的调整才能起到调节国际收支不平衡的效果；反之，若国内投资、消费对利率升降反应迟钝，那么国际收支不平衡的状况也难以改善。其三，提高利率在短期内有可能吸引资本流入本国，起到暂时改善国际收支的作用，但从国内经济的角度来看，由于利率上升，经济紧缩，这势必会削弱本国的出口竞争力，从而不利于从根本上改善国际收支；相反，为了促进出口而活跃经济必须降低利率，这又会导致资本外流，从而加剧了国际收支的不平衡。因此，利率政策调节国际收支不平衡容易产生内外均衡的矛盾。

4.汇率政策

汇率政策是指一国货币当局通过调整汇率来调节国际收支的政策。这里的“调整汇率”是指一国货币当局公开宣布的货币法定升值与法定贬值，不包括金融市场上一般性的汇率变动。

汇率政策通过改变外汇的供需关系，并经由进出口商品的价格变化、资本融进融出的实际收益（或成本）的变化等渠道，来实现对国际收支不平衡的调节。当国际收支出现逆差时，实行货币贬值；当国际收支出现顺差时，实行货币升值。

同上述财政政策、货币政策相比，汇率政策对国际收支的调节无论是在经常项目、资本项目，还是储备项目上，都表现得更为直接、更为迅速。因为汇率是各国间货币交换和经济贸易的尺度，同国际收支的贸易往来、资本往来的“敏感系数”较大。同时，汇率调整也会给一国经济的发展带来很多负面影响。比如，贬值容易给一国带来通货膨胀的压力，从而使该国陷入“贬值→通货膨胀→贬值”的恶性循环；汇率调整还可能导致其他国家采取报复性措施，从而不利于国际关系的发展等。因此，只有当财政政策、货币政策不能调节国际收支时，才使用汇率政策。

需要说明的是，有时汇率政策对国际收支的调节不一定能起到立竿见影的效果，因为其调节效果还取决于现实的经济和非经济因素：第一，汇率变动对贸易收支的调节受进出口商品价格弹性和时间滞后的影响，这在前面已经分析过，这里不再重复。第二，汇率变动对资本收支的影响不一定有效，要看外汇市场情况而定。如果一国汇率下跌，同时人们预测汇率还会继续下跌，那么国内资金将会外逃，资本收支将继续恶化，并且资本输出或输入主要取决于一国的利率政策、融资环境等，这些都无法随汇率的变化而变化。第三，汇率变动对国际收支的调节还受制于各国对国际经济的管制和干预程度，这些管制和干预包括贸易壁垒的设置、外汇管制政策等。

5.直接管制政策

财政政策、货币政策和汇率政策的实施有两个特点：一是这些政策发生的效应要通过市场机制方能实现；二是这些政策的实施不能立即收到效果，其发挥效应的过程较长。因此，在某些情况下，政府还必须采取直接管制政策来干预国际收支。

直接管制政策包括外汇管制和贸易管制两个方面：

外汇管制主要是指通过直接管制外汇的买卖来控制外汇市场的供求，维持本国货币对外汇率的稳定。例如，对外汇实行统购统销，保证外汇统一使用和管理，从而影响本国商品及劳务的进出口和资本流动，调节国际收支的不平衡。

贸易管制的主要内容是奖出限入。在奖出方面，常见的措施有出口信贷、出口信贷国家担保制、出口补贴；在限入方面，常见的措施有提高关税、进口配额制和进口许可证制，以及许多非关税壁垒的限制措施。

实施直接管制措施调节国际收支，不仅见效快，而且选择性强，对局部性的国际收支不平衡可以采取有针对性的措施直接加以调节，不必涉及整体经济。例如，国际收支不平衡是由于出口减少造成的，这时可直接施以鼓励出口的各种措施加以调节。但直接管制会导致一系列行政弊端，如行政费用过大，官僚、贿赂之风盛行等，还会激起相应国家的报复，使其效力大大减弱，甚至起反作用。所以，在实施直接管制以调节国际收支不平衡时，各国一般都比较谨慎。

6.国际借贷

国际借贷就是通过国际金融市场、国际金融机构和政府间贷款的方式，来弥补国际收支的不平衡。国际收支逆差严重并且发生支付危机的国家，常常采取国际借贷的方式暂缓国际收支危机。但是在这种情况下的借贷条件一般比较苛刻，这势必又会增加将来还本付息的负担，使国际收支状况进一步恶化。因此，运用国际借贷方式调节国际收支仅仅是一种权宜之计。

7.国际经济、金融合作

如前所述，当国际收支不平衡时，各国根据本国的利益采取的调节政策和管制政策措施，有可能引起国家之间的利益冲突和矛盾。因此，除了实施上述调节措施以外，有关国家还试图通过加强国际经济、金融合作的方式，从根本上解决国际收支不平衡的问题。其主要形式有：

（1）国际债务清算自由化。第二次世界大战后成立的国际货币基金组织和欧洲支付同盟（European Payment Union，EPU）的主要任务是促使各国放松外汇管制，使国际债权债务关系在这些组织内顺利地得到清算，从而实现国际收支平衡。

（2）国际贸易自由化。为了调节国际收支，各国必须使商品在国际上自由流动，排除任何人为的阻碍，或订立国际协定，或推行经济一体化，如欧洲共同市场（European Common Market）、拉丁美洲自由贸易区（Latin American Free Trade Association）、石油输出国组织（Organization of Petroleum Exporting Countries，OPEC）等，从而使国际贸易得以顺利进行。

（3）协调经济关系。随着20世纪80年代全球性国际收支不平衡的加剧，西方主要工业国日益感到开展国际磋商对话、协调彼此的经济政策，以减少摩擦、共同调节国际收支不平衡的必要性和重要性。比如，自1985年起一年一次的西方七国财长会议，就是协调各国经济政策的途径之一。

三、选择国际收支调节方式的一般原则

从前文我们可知，国际收支的调节方式很多，但是每一种调节方式都有自己的特点，对国际收支调节的侧重点也不同，因此在具体调节一国国际收支时，选择适当的调节措施非常重要，一般来说应遵循以下三个原则：

（一）按照国际收支不平衡产生的原因来选择调节方式

国际收支不平衡产生的原因是多方面的，根据其产生原因的不同选择适当的调节方式，可以起到事半功倍的效果。例如，如果一国国际收支不平衡是经济周期波动所致，说明这种不平衡是短期的，这时可以用本国的国际储备或通过从国外获得短期贷款来弥补，以达到平衡国际收支的目的，但这种方式用于持续性巨额逆差的调整不能收到预期效果。如果国际收支不平衡是由货币性因素引起的，则可采取汇率调整方式。如果国际收支不平衡是由于总需求大于总供给而引起的，则可采用调节国内支出的措施，如实行紧缩的财政政策。如果发生结构性不平衡，则可采取直接管制和经济结构调整的方式来调节。

（二）选择国际收支调节方式应尽量不与国内经济发生冲突

国际收支是一国宏观经济的有机组成部分，调整国际收支势必会对国内经济产生直接影响。一般来说，要达到内外均衡是很困难的，调节国际收支的措施往往会对国内经济产生不利影响，而谋求国内均衡的政策又会导致国际收支不平衡。因此，各国必须按不同方面的轻重缓急，在不同的时期和经济发展的不同阶段分别做出抉择。当然，最一般的原则是尽量采用国内平衡与国际收支平衡相配合的政策。

（三）选择国际收支调节方式应尽可能减少来自他国的阻力

在选择国际收支调节方式时，各国都以自身的利益为出发点，各国利益的不同必然使调节国际收支的措施对不同国家产生不同的影响，有利于一国国际收支调节的措施往往有害于其他国家，从而导致这些国家采取一些报复措施，这不仅会影响一国国际收支调节的效果，还不利于国际经济关系的发展。因此，在选择国际收支调节方式时，应尽量避免损人过甚的措施，最大限度地降低来自他国的阻力。

课堂小讨论

资本和金融账户开放的意义和前提条件是什么？

第四节　国际收支调节理论

国际收支调节理论是国际金融理论的主要组成部分之一，是各国政府分析国际收支不平衡原因、适时调整调节政策以保持国际收支平衡的理论依据。世界各国经济的不断发展，推动了国际收支调节理论的发展。国际收支调节理论的发展可以分为五个阶段：早期国际收支调节理论；过渡时期国际收支调节理论；现代国际收支调节理论；国际收支危机理论；国际收支内外部均衡和政策配合理论。

一、早期国际收支调节理论

对国际收支进行论述的最初依据体现在重商主义和古典政治经济学的著作中。

尽管重商主义并没有一个完整的理论体系，各学派的观点也很不一致，但其理论研究都涉及了国际收支。重商主义的代表人物有托马斯·格雷欣、约翰·海尔斯、奥雷姆斯、博丹、马莱斯特罗特、马林斯等，他们对国际收支的认识主要隐含在对货币的论述中；米塞尔顿在对贸易收支进行论述时，首次采用了“贸易平衡”一词；晚期重商主义的杰出代表托马斯·孟在其著作《英国得自对外贸易的财富》中指出，影响一国对外贸易的不仅仅是贸易收支，还有非贸易收支和转移支付，并对资本项目和国际收支平衡表的编制进行了论述；晚期重商主义者甚至开始尝试编制对外贸易平衡表，该平衡表的结构和记账方式与现代国际收支平衡表大体一致。

大卫·休谟是英国古典政治经济学的主要代表人物之一，他在1752年出版的《政治论丛》中提出的“物价-现金流动机制”被公认为是最早形成的系统的国际收支调节理论。“物价-现金流动机制”论述了在金本位制下国际收支失衡的影响和国际收支如何自动达到平衡的机理，但休谟的国际收支分析只是一种国际收支静态均衡分析。此后，大卫·李嘉图以更为严谨的经济学术语，阐述了与休谟观点相似的国际收支自动调节思想，而约翰·穆勒、马歇尔则重申了国际收支自动均衡的观点。

19世纪，法国古典政治经济学的完成者西斯蒙第通过对社会收入和社会产品进行分析，得出了额外价值不能实现，资本主义必然发生危机，因而必须有国外市场以转嫁危机的结论，由此对国际收支问题进行了阐释。因此，他关于国际收支问题的论述同他关于资本主义危机的论述是联系在一起的。

可以看出，重商主义者和古典经济学家对国际收支问题的早期研究，虽未能形成系统的国际收支调节理论，但其为以后国际收支调节的研究奠定了基础。

二、过渡时期国际收支调节理论

如果说在自由资本主义时期发生经济危机仅是一种偶然现象，且破坏性相对较小的话，那么1929—1933年的资本主义大危机就是市场自动调节机制失灵的一种必然结果，并且造成了空前的萧条。在这样的背景下，解决国际收支平衡的问题很自然地成为国际金融研究的一个重点。这一时期的代表人物有马歇尔、威克塞尔、俄林、凯恩斯、哈罗德、金德尔伯格等。

马歇尔是新古典政治经济学的著名代表，他在分析国际收支问题时所采用的方法，对后来西方国际收支理论的发展具有重要影响。国际收支调节弹性理论最早是由马歇尔提出的，马歇尔对贸易差额产生的原因与因素、资本和劳务流动的国际收支效应、信用波动和利率变动对国际收支的影响、国际收支与微观商业活动等都进行了分析，并在国际收支平衡隐含假设下对贸易差额进行了分析，推出了国际收支平衡等式。

威克塞尔认为，贸易平衡只是国际收支平衡表的一个部分，一个完整的国际收支平衡表应包括资本项目，并指出了国际收支平衡的途径，即如果国际收支出现了逆差，那么使之恢复平衡的方法之一，就是将外国的超额债权进行短期或长期的延期，这等于同外国定了一个借款契约；方法之二是立即运送相应数额的贵金属，或可以因消费者和生产者所采取的措施而自动改善。

俄林认为，国际收支包括在一定时期中必须结清的全部国际交易，国际收支必须同一定时期的国际债务平衡区别开来。平衡国际收支的因素包括：持久的平衡因素（商品交易、无形项目）；几乎不起平衡作用的因素（长期资本流动）；暂时的平衡因素（短期资本流动、黄金流动）。

凯恩斯从第二次世界大战后的现实出发，认为国家只有利用货币政策和财政政策来调节经济，才能达到国际收支平衡的目标。

哈罗德最先对国际收支动态均衡理论进行了表述。他首先把各种动态因素排除在外，论述了简单条件下的国际收支均衡，认为此时的国际收支调节途径有两种，一是调节生产要素报酬，二是使生产要素闲置；其次，他分析了有活期存款情况下的国际收支均衡问题；最后，他又引入国际资本流动，对国际收支均衡做了进一步分析。

金德尔伯格认为，在解释国际收支调节问题时，必须考虑国际短期资本流动的影响。黄金和国际短期资本在国际收支调节中的地位是相当的。在固定汇率制度下，国际短期资本流动能够完成对国际长期资本借贷所引起的国际收支不平衡的调节任务，而根本不需要黄金的输出入和汇率的变动；在浮动汇率制下，黄金流动和国际短期资本流动不一定能发挥作用，而汇率的变动是国际收支调节的主要手段；除了共同的心理因素外，繁荣与萧条的波动经常通过国际收支的变动由一国传递到另一国。

可以看出，在19世纪后半期至20世纪30年代的早期，即西方国际金融研究向现代国际金融研究过渡的时期，经济学家尽管对国际收支调节的某些方面做了比较细致的分析，但他们的国际收支调节理论依然是不系统、不完整的。

三、现代国际收支调节理论

20世纪30年代的资本主义经济大危机和金本位制的崩溃，预示着“物价-现金流动机制”不再能够指导各国对国际收支的分析，在这种状况下，人们强烈呼吁新的国际收支调节理论的出现。现代国际收支调节理论正是在这样的背景下孕育并不断趋于完善的，它主要包括弹性理论、吸收理论、货币理论。

弹性理论着眼于价格变动引起的国际收支调整，其基本思路是货币贬值通过影响国内外相对价格体系，进而对国际收支发生作用。马歇尔最早运用局部均衡分析方法对货币贬值和贸易收支差额进行了分析，后来经过美国经济学家勒纳的发展，形成了马歇尔-勒纳条件，即在不考虑进出口商品供给弹性的前提下，货币贬值后，只有当出口商品的需求弹性和进口商品的需求弹性之和大于1时，贸易收支才能得到改善。而在现实经济生活中，即使在马歇尔-勒纳条件成立的前提下，贬值也不能马上改善贸易收支。相反，货币贬值后的开始一段时间，贸易收支还可能会恶化，必须经过一段时期，贸易收支才能得到改善，从而形成了J曲线效应。为何贬值对贸易收支的有利影响要经过一段时滞后才能反映出来呢？主要原因是存在以下时滞：①认识时滞。本币贬值后，出口产品价格下降的信息不能立即为进出口商所了解。②决策时滞。进出口商在认识到货币贬值带来的产品价格变动后，需要一定的时间来判断价格变化的重要性，进而做出改变进出口商品数量的决定。③生产时滞。面对出口商品需求的增加，国内生产商要获得足够的资金、人力资源，故增加出口商品和劳务的供给需要一定的时间。④取代时滞。进出口商在货币贬值前签订的合同不能被取消，对进出口商品的数量需要一段调整时间。正是由于这些时滞的作用，一国货币贬值后，其出口商品的数量不能立即增加，进口商品的数量也不能立即减少，并且相同数量本币的出口商品换回的外汇收入还会下降，因此在短期内，货币贬值之后有可能使贸易收支进一步恶化。

吸收理论以凯恩斯宏观经济理论为基础，从国民收入的产出及支出的关系出发考察了贸易收支失衡问题。吸收理论主张的国际收支调节政策，就是改变总收入与总吸收的政策。国际收支逆差表明一国的总需求超过总供给，即总吸收超过总收入，这时就应当运用紧缩性的财政政策和货币政策来减少对贸易商品（进口）的过度需求，以纠正国际收支逆差。但紧缩性的财政政策和货币政策在减少进口需求的同时，也会减少对非贸易商品的需求和降低总收入，因此还必须运用支出转换政策消除紧缩性财政政策和货币政策的不利影响，以便进口需求减少的同时收入能增加。这样，使贸易商品的供求相等，非贸易商品的供求也相等，在需求减少的同时收入增加，就整个经济而言，总吸收等于总收入，从而达到内部均衡和外部平衡。

货币理论是由美国芝加哥大学的哈里·约翰逊（Herry Johnson）和他的学生雅各布·弗兰克尔（Jacob Frenkel）等共同提出的。货币理论建立在20世纪70年代在美国兴起的货币主义学说的基础上，是从货币的角度而不是从商品的角度来考察国际收支失衡的原因并提出相应的政策主张。货币理论的核心是：在国际收支发生逆差时，应注重国内信贷的紧缩。

四、国际收支危机理论

20世纪60年代以来，国际收支危机频频爆发，货币危机理论迅速成为理论界关注的焦点之一，经济学家先后建立了三代国际收支危机模型（或称货币危机模型）。

20世纪70年代以前，学者们对货币危机的研究较少。萨兰特、亨德森和克鲁格曼等填补了这一理论空白，建立了第一代货币危机模型。萨兰特、亨德森（Salant & Henderson，1978）在研究黄金价格稳定机制的过程中，从理论上论证了这种价格稳定机制具有内在的不稳定性，且极易遭受毁灭性的投机冲击。克鲁格曼（Krugman，1979）首创理性投机攻击模型，分析了在固定汇率制下，由于基本面的失衡，致使国际储备枯竭，从而造成固定汇率制崩溃的货币危机。这是一种由实际经济决定的货币危机模型，体现了固定汇率制度与宏观政策的冲突。Flood & Garber（1984）用简化了的线性模型求出了具体的崩溃时间的解，并对此模型进行了完善。后来，许多经济学家从不同角度对第一代货币危机模型做了进一步扩展：Flood & Garber（1984）、Cumby & Wijbergen（1989）将不确定性引入模型；Obstfeld（1986）建立了一个随机模型，论证了自我实现危机的存在；Dellas & Stockman（1993）认为对固定汇率的攻击导致了央行进行资本管制时会产生多重均衡；Agenor、Bhandari & Flood（1992）从不完全替代和黏性价格角度进行分析，认为价格具有越高的灵活性，危机发生的时间就越早；Blanco & Garber（1986）、Grilli（1986）、Wyplosz（1986）研究了固定汇率制崩溃后的其他汇率安排；Wyplosz（1986）、Bachetta（1990）、Dellas & Stockman（1993）等发展了资本管制条件下的固定汇率投机攻击模型。

Obstfeld（1994）建立的模型是对克鲁格曼模型的进一步发展，通常被认为是第二代货币危机模型。他认为，必须存在某种机制来协调市场参与者的预期行为，才足以驱动经济从无攻击均衡点向攻击均衡点跳变，但多重均衡点的存在无法提供对协调机制的解释。后来，经过 Obstfeld（1996）、Drazen & Masson（1994、1995）、Ozkan & Sutherland（1995）、Bensaid & Jeanne（1997）等的不断完善，第二代货币危机模型成功地解释了1992年欧洲货币体系危机，即英镑危机。第二代货币危机模型主要是与实际经济基础无关的货币多重均衡模型。货币危机的发生完全是一种“自我实现”式的危机，即货币危机发生的时间是随机的，一场本不会发生的货币危机也会因市场预期的作用而发生；货币危机的发生并不是以经济的基本面状况是否恶化作为充要条件。20世纪90年代有三种阐明协调机制的理论对第二代货币危机模型进行了扩展。Morris & Shin（1995）用投机性博弈理论说明了在某些不确定性情况下，货币攻击将成为经济系统最终停留的唯一均衡点；Abhijit & Sushil、Hishleifer、Welch等（1992）提出了信息重叠理论；Calvo（1997）从全球市场中众多无差异投资者同时形成决策的假定出发，认为当存在信息摩擦时，一则不起眼的小消息就能诱发群体行为，使经济由无攻击均衡点向攻击均衡点进行跳变。

1997年东南亚金融危机的爆发及后续影响，使第三代货币危机模型产生。但从现有文献来看，第三代模型还很不成熟，它实际上包含了两种相互对立的假说。一是沿着第一代模型的逻辑，把货币危机的发生与一国的实际经济基本面相联系，但是其视角已经由原来的宏观基本面转向微观基本面，较为流行的是道德风险假说，它从信息不对称的角度出发，着眼于对银行体系和其他金融机构的分析，代表人物主要有麦金农、皮尔和克鲁格曼。二是沿着第二代模型的逻辑，形成流动性不足假说（Chang & Velasco，1998、1999），认为由于资本市场的不稳定性和“金融恐慌”心理（Diamond & Dyb-vig，1983），在羊群效应下，普通的流动性不足问题可能演变成大规模的货币危机（Radelet & Sachs，1998）。

五、国际收支内外部均衡和政策配合理论

在开放经济条件下，经济增长、充分就业、物价稳定和国际收支平衡是宏观调控的四大目标。前三者属于经济的对内平衡目标，国际收支平衡属于经济的对外平衡目标。真正的国际收支调节理论主要讨论了国际收支的自动调节机制，但在20世纪60年代产生的政策配合理论却将国际收支调节置于一个内外部平衡的综合性分析框架之内，这表明了国际收支调节实际上是一个政策搭配的过程。

1951年，米德在分析宏观经济管理政策时揭示了一种矛盾，即“米德冲突”。他指出，如果一国政府只运用开支变更政策，而不同时运用开支转换政策，不仅不能同时实现内外部平衡，还会导致内外部平衡之间发生冲突，见表1-4。因此，要同时实现内外部平衡，必须采取两种独立的政策，并进行适当的配合。

表1-4　　内部均衡与外部均衡的冲突

序号	内部经济状况	外部经济状况
1	经济衰退/失业增加	国际收支逆差
2	经济衰退/失业增加	国际收支顺差
3	通货膨胀	国际收支顺差
4	通货膨胀	国际收支逆差

1952年，丁伯根提出了经济政策理论，即“丁伯根原则”，他认为一国政府要实现几种经济目标，至少需要相同数目的独立有效的政策工具。所以，为了达到内外部平衡，除了开支变更和转换政策外，还必须寻找新的政策工具并进行合理配合。1960年，斯旺分析了浮动汇率制下支出增减政策与汇率政策的搭配。1968年，蒙代尔在米德和丁伯根研究的基础上，进一步提出了政策指派与有效市场分派原则，即“蒙代尔分派原则”。他指出，分配给财政政策实现内部平衡目标，分配给货币政策实现外部平衡目标，以同时实现内外部平衡。进而，蒙代尔和弗莱明根据凯恩斯主义IS-LM框架，纳入外汇市场均衡条件，建立了IS-LM-BP模型，并考察了财政政策与货币政策实现内外部平衡的有效性。表1-5为财政政策与货币政策的搭配。

表1-5　　财政政策与货币政策的搭配

区间	经济情况	财政政策	货币政策
Ⅰ	国际收支顺差，国内经济膨胀	紧缩性的	扩张性的
Ⅱ	国际收支逆差，国内经济膨胀	紧缩性的	紧缩性的
Ⅲ	国际收支逆差，国内经济衰退	扩张性的	紧缩性的
Ⅳ	国际收支顺差，国内经济衰退	扩张性的	扩张性的

内外部平衡总是存在着矛盾与冲突。解决这一问题可供选择的政策工具除了需求管理政策外，许多经济学家还从国际竞争力的角度，强调了汇率政策在调节国际

币；在美元标价法下，基准货币为美元，标价货币为其他各国货币。

第三节　汇率的种类及均衡

一、种类

（一）按国际货币制度的演变划分

1.固定汇率

固定汇率（Fixed Exchange Rate）是浮动汇率的对称，是在金本位制度下和布雷顿森林体系下通行的汇率制度，这种制度规定本国货币与其他国家货币之间维持一个固定比率，汇率波动只能限制在一定范围内，由官方干预来保证汇率的稳定。按照《布雷顿森林协定》，国际货币基金组织的会员国必须确认美国政府在1934年规定的35美元折合1盎司黄金的官价，美国政府承担各国按此价格用美元向美国兑换黄金的义务。当黄金官价受到国际金融市场上的炒家冲击时，各国政府要协同美国政府进行干预。

在布雷顿森林体系下，国际货币基金组织各会员国的货币必须与美元保持固定比价。美国政府根据上述黄金官价，规定1美元的含金量为0.888671克纯金，各会员国的货币兑换美元的汇率按各国货币的含金量与美元确定固定比价，或直接规定与美元的固定比价，但不得轻易改变。汇率波动幅度应维持在固定比价上下1%以内，如果货币含金量的变动幅度超过1%，必须得到国际货币基金组织的批准。布雷顿森林体系的双挂钩，使美元等同于黄金，各国货币只有通过美元才能与黄金发生联系，从而确立了美元在国际货币制度中的中心地位。在这一货币制度下，资本主义世界各国都用美元作为主要的国际支付手段，许多国家还以美元作为主要的外汇储备，有的甚至还用美元作为发行货币的准备金。因此，第二次世界大战以后的国际货币制度实际上是一种美元本位制。

2.浮动汇率

浮动汇率是固定汇率的对称，是根据市场供求关系自由涨跌，货币当局不进行干涉的汇率。在浮动汇率下，黄金平价已失去实际意义，官方汇率也只起某种参考作用。就浮动形式而言，如果政府对汇率波动不加干预，完全听任供求关系决定汇率，则称为自由浮动或清洁浮动。但是，各国政府为了维持汇率的稳定，或出于某种政治及经济目的，都会或多或少地对汇率的波动采取干预措施，这种浮动汇率在国际上通称为管理浮动或肮脏浮动。1973年，固定汇率制瓦解后，西方国家普遍实行浮动汇率制。

在浮动汇率制下，汇率并不是纯粹的自由浮动，政府在必要的时候会对汇率进行或明或暗的干预。有管理的浮动汇率制是指一国货币当局按照本国经济利益的需要，不时地干预外汇市场，以使本国货币汇率的升降朝有利于本国的方向发展的汇收支平衡中的重要性。近年来，经常项目收支失衡加剧是全球经济失衡的重要体现。其中，以美国为一极的发达国家的经常项目逆差急剧膨胀，而以部分新兴市场和能源出口国为另一极的发展中国家的经常项目顺差不断扩张。我国处于这一失衡的后一极，我国国际收支持续的双顺差现象，引起了国内外的广泛关注，并遭到了一些国家的批评与指责。然而，这并不是我国一国的问题，全球经济失衡问题的解决需要各国政策的协调。因为在开放经济条件下，一国所采取的经济政策不仅会影响到本国经济的运行，也会通过多种途径传递到其他国家。

国际收支系统地反映了一国在一定时期内与世界上其他地区的全部经济交易及相互联系。目前，国际收支调节机制仍然不健全，多种机制之间较难协调一致，从而使这种调节机制收效甚微，进而给国际贸易的正常运行和世界经济的健康发展带来了不利影响。所以，对国际收支调节理论的研究不仅在理论上具有重要意义，而且在解决内外部平衡问题上具有重要的现实意义，可以为一国制定内外部平衡调节政策提供基础和依据。

本章小结

1.国际收支是指一个国家或地区所有国际经济活动的收入和支出。国际收支与国际借贷之间密切相关但又有所不同。国际借贷是指一个国家在一定日期对外债权债务的综合情况，是一个存量概念。国际上的债权债务在一定时期内必须进行清算和结算，此过程一定涉及国际货币收支问题，即债权国要在收入货币后了结债权关系，而债务国要通过支付货币来清偿债务，所以国际收支表示一个国家在一定时期内对外货币收支的综合情况，是一个流量概念。

2.国际收支平衡表（Balance of Payments Statement），也称国际收支差额表，是系统记录一国在一定时期内所有国际经济活动收入与支出的统计报表。国际收支平衡表的内容十分繁杂，各国又大多根据各自的不同需要和具体情况来编制，因此各国国际收支平衡表的内容有很大差异，但其主要项目是基本一致的，大体上可分为四大类，即经常账户、资本和金融账户、储备资产账户、错误与遗漏账户。国际收支平衡表的分析方法有静态分析法、动态分析法和比较分析法三种。

3.国际收支平衡表按照复式簿记法入账，因此借贷双方的总额是相等的，但其中某些项目或账户可能出现盈余或赤字，需要由其他项目或账户的赤字或盈余来抵销，这就形成了不同的项目差额，包括贸易收支差额、经常账户差额、资本和金融账户差额、综合账户差额或总差额。

4.国际收支不平衡的现象是经常的、绝对的，平衡的现象却是偶然的、相对的。为了顺利而有效地调节国际收支，我们必须首先研究国际收支不平衡的原因，然后才能采取与之相适应的措施进行调节。各国发生国际收支不平衡的原因繁多而复杂。一般原因有周期性不平衡、货币性不平衡、结构性不平衡、收入性不平衡和临时性不平衡。除了这些一般原因，国际收支不平衡还有一些特殊原因。

5. 国际收支的调节方式大体可分为两类：一类是自动调节；另一类是政策调节。国际收支的自动调节机制包括国际金本位制下的自动调节机制和纸币流通条件下的国际收支自动调节机制。国际收支的政策调节包括：外汇缓冲政策、财政政策、货币政策、汇率政策、直接管制政策、国际借贷、国际经济、金融合作等。

6. 国际收支调节理论是国际金融理论的主要组成部分之一，是各国政府分析国际收支不平衡的原因、适时调整政策以保持国际收支平衡的理论依据。“物价-现金流动机制”论述了在金本位制下国际收支失衡的影响和国际收支如何自动达到平衡的机理，但休谟的国际收支分析只是一种国际收支静态均衡分析。

关键概念

国际收支　经济交易　国际借贷　国际收支平衡表　经常账户　资本和金融账户　错误与遗漏账户　复式簿记法　周期性不平衡　货币性不平衡　结构性不平衡　收入性不平衡　临时性不平衡　国际收支的自动调节　国际收支的政策调节　外汇缓冲政策　财政政策　国际收支调节理论

综合训练

1.1　单项选择题

1. 下列四项中，不属于经常项目的是（　　）。

A. 保险支付　B. 商品贸易　C. 证券投资　D. 职工薪酬

2. 投资收益在国际收支平衡表中应列入（　　）。

A. 经常账户　B. 资本账户　C. 金融账户　D. 储备与相关项目

3. 在一国的国际收支平衡表中，最基础、最重要的项目是（　　）。

A. 经常项目　B. 资本项目

C. 错误与遗漏项目　D. 官方储备项目

4. 国际收支平衡表的编制原则是（　　）。

A. 增减记账法　B. 复式簿记法　C. 收付记账法　D. 单向记账法

5. 周期性不平衡是由（　　）造成的。

A. 汇率的变动　B. 国民收入的增减

C. 经济结构不合理　D. 经济周期的更替

6. 对国际收支平衡表进行分析的方法有很多，对某国若干连续时期的国际收支平衡表进行分析的方法是（　　）。

A. 静态分析法　B. 动态分析法　C. 比较分析法　D. 综合分析方法

7. 收入性不平衡是由（　　）造成的。

A. 货币内在价值的变化　B. 国民收入的增减

C. 经济结构不合理　D. 经济周期的更替

8. 物价-现金流动机制是（　　）下的国际收支自动调节理论。

A. 金本位制　B. 固定汇率制　C. 浮动汇率制　D. 布雷顿森林体系

1.2 多项选择题

1．经常项目是国际收支平衡表中最基础和最重要的项目，记载的是经常发生的国际经济交易，该项目反映了一国与他国之间实际资源的转移，经常项目下包括（　　）。

A．服务　　B．货物　　C．经常性转移　　D．收益

2．服务项目也称劳务或无形贸易，以下各项中属于服务项目的是（　　）。

A．证券投资　　B．建筑　　C．旅游　　D．保险

3．有关国际收支平衡表的说法正确的是（　　）。

A．按复式簿记原则编制　　B．每笔交易都有借方和贷方

C．借方总额和贷方总额一定相等　　D．借方总额和贷方总额并不相等

4．列在国际收支平衡表借方的是（　　）。

A．货币支付项目　B．负债减少项目　C．资产增加项目　D．资本项目

5．调节国际收支不平衡的主要对策是（　　）。

A．财政政策　　B．货币政策　　C．汇率政策　　D．国际经济合作

6．列在国际收支平衡表的贷方的是（　　）。

A．投资收益　　B．直接投资　　C．证券投资　　D．短期资本流动

1.3 思考题

1．在国际收支平衡表中，资本与金融项目包括哪几项？

2．国际收支有哪些差额项目？它们之间存在什么关系？

3．国际收支失衡的原因有哪些？

4．当一国的国际收支出现持续逆差时，只用汇率政策进行调节有何局限性？

5．试述20世纪90年代以来我国国际收支经常项目余额与金融项目余额的结构特征及对我国货币均衡的影响。

第二章

外汇与汇率

引例

中国外汇储备余额居世界第一位

中国的外汇储备是以美国国债和机构债券为主要持有形式的美元资产。2006年2月底，中国大陆的外汇储备总额为8 536.72亿美元（不包括港澳的外汇储备），首次超过日本，居全球第一位。中国人民银行公布的数据显示，截至2014年3月末，国家外汇储备余额为3.95万亿美元，较2013年年末增长了1 300亿美元，我国外汇储备余额居世界第一位。

为增强人民币兑美元汇率中间价的市场化程度和基准性，2015年8月11日，中国人民银行决定完善人民币兑美元汇率中间价报价。在政策发布的当天早盘，人民币兑美元中间价被大幅下调1 136个基点，报6.2298，比前一个交易日贬值近2%，创历史最大降幅。而在2015年12月17日，美联储宣布上调利率25个基点，美元加息对全世界的经济都会产生巨大的影响。美元加息，人民币贬值，世界上最大的两个经济体之间的博弈悄然展开。

那么，到底什么是外汇？中国的外汇是怎么分类的？汇率是什么？决定汇率的理论有哪些？本章将进行相应的阐述。

第一节　外汇概述

一、外汇的概念

外汇的概念具有双重含义，即有动态和静态之分。外汇的静态概念，又分为狭义的外汇和广义的外汇。狭义的外汇指的是以外国货币表示的，为各国普遍接受的，可用于国际债权债务结算的各种支付手段。它必须具备三个特点：可支付性（必须是以外国货币表示的资产）、可获得性（必须是在国外能够得到补偿的债权）和可换性（必须是可以自由兑换为其他支付手段的外币资产）。广义的外汇指的是一国拥有的一切以外币表示的资产。国际货币基金组织（IMF）对此的定义是：“外汇是货币行政当局（中央银行、货币管理机构、外汇平准基金及财政部）以银行存款、财政部库券、长短期政府证券等形式保有的在国际收支逆差时可以使用的债权。”《中华人民共和国外汇管理条例》规定：“外汇，是指下列以外币表示的可以用作国际清偿的支付手段和资产：①外币现钞，包括纸币、铸币；②外币支付凭证或者支付工具，包括票据、银行存款凭证、银行卡等；③外币有价证券，包括债券、股票等；④特别提款权；⑤其他外汇资产。”外汇的动态概念，是指货币在各国间的流动，以及把一个国家的货币兑换成另一个国家的货币，借以清偿各国间债权、债务关系的一种专门性的经营活动。它是国际汇兑（Foreign Exchange）的简称。

二、外汇的分类

（一）按照外汇进行兑换时的受限制程度划分

按照外汇进行兑换时的受限制程度，可分为自由兑换外汇、有限自由兑换外汇和记账外汇。自由兑换外汇在国际结算中用得最多，是指在国际金融市场上可以自由买卖，在国际金融中可以用于偿清债权债务，并可以自由兑换其他国家货币的外汇，如美元、港币、加拿大元等。有限自由兑换外汇，是指未经货币发行国批准，不能自由兑换成其他货币或对第三国进行支付的外汇。国际货币基金组织规定，凡是对国际性经常往来的付款和资金转移有一定限制的货币，均属于有限自由兑换货币。世界上有一大半的国家的货币属于有限自由兑换货币，包括人民币。记账外汇，又称清算外汇或双边外汇，是指记账在双方指定银行账户上的外汇，不能兑换成其他货币，也不能对第三国进行支付。

（二）按照外汇的来源与用途不同划分

按照外汇的来源与用途不同，可分为贸易外汇、非贸易外汇和金融外汇。贸易外汇，也称实物贸易外汇，是指来源于或用于进出口贸易的外汇，即由于国际上的商品流通所形成的一种国际支付手段。非贸易外汇是指贸易外汇以外的一切外汇，即一切非来源于或用于进出口贸易的外汇，如劳务外汇、侨汇和捐赠外汇等。金融外汇与贸易外汇、非贸易外汇不同，是一种金融资产外汇，如银行同业间买卖的外汇，既非来源于有形贸易或无形贸易，也非用于有形贸易，而是用于各种货币头寸的管理。资本在国家之间的转移，也要以货币形态出现，或是间接投资，或是直接投资，从而形成了在国家之间流动的金融资产，特别是国际游资，其数量之大、交易之频繁、影响之深刻，不能不引起有关方面的重点关注。

（三）按照外汇汇率的市场走势不同划分

按照外汇汇率的市场走势不同，可分为硬外汇和软外汇。外汇就其特征意义来说，是指某种具体货币，如美元外汇是指以美元作为国际支付手段的外汇；英镑外汇是指以英镑作为国际支付手段的外汇；日元外汇是指以日元作为国际支付手段的外汇，等等。在国际外汇市场上，由于多方面的原因，各种货币的币值总是经常变化的，汇率也总是经常变动的，因此根据币值和汇率走势，我们可将各种货币归类为硬货币和软货币，或叫强势货币和弱势货币。硬货币是指币值坚挺、购买能力较强、汇价呈上涨趋势的可自由兑换货币。由于各国国内外的经济、政治情况千变万化，因此各种货币所处硬货币或软货币的状态也不是一成不变的，经常的情况是：昨天的硬货币变成了今天的软货币，昨天的软货币变成了今天的硬货币。

三、中国的外汇分类

（一）按外汇管制程度划分

1.现汇

《中华人民共和国外汇管理条例》所称的四种外汇均属现汇，可以立即作为国际结算的支付手段。

2.额度外汇

额度外汇是指国家批准可以使用的外汇指标。如果想把指标换成现汇，必须按照国家外汇管理局公布的汇率牌价，用人民币在指标限额内向指定银行买进现汇，并按规定用途使用。

（二）按交易性质划分

1.贸易外汇

贸易外汇是指来源于出口和支付进口的货款以及与进出口贸易有关的从属费用，如运费、保险费、推销费用等所用的外汇。

2.非贸易外汇

非贸易外汇是指进出口贸易以外收支的外汇，如侨汇、旅游、港口、民航、保险、银行、对外承包工程等收入和支出的外汇。

（三）按外汇使用权划分

1.中央外汇

中央外汇一般由国家发改委掌握，分配给中央所属部委，通过国家外汇管理局直接拨到地方各贸易公司或其他有关单位，但使用权仍属中央部委或其所属单位。

2. 地方外汇

地方外汇是指中央政府每年拨给各省、自治区、直辖市使用的固定金额外汇，主要用于重点项目或拨给无外汇留成的区、县、局使用。

3. 专项外汇

专项外汇是指根据需要由国家发改委随时拨给并指定专门用途的外汇。

（四）其他分类方法

1. 留成外汇

留成外汇是指为鼓励企业创汇的积极性，企业收入的外汇在卖给国家后，根据国家规定将一定比例的外汇（指额度）返回创汇单位及其主管部门或所在地使用的外汇。

2. 调剂外汇

调剂外汇是指通过外汇调剂中心相互调剂使用的外汇。

3. 自由外汇

自由外汇是指经国家批准保留的靠企业本身积累的外汇。

4. 营运外汇

营运外汇是指经外汇管理局批准的可以用收入抵支出的外汇。

5. 周转外汇额度和一次使用外汇额度

一次使用外汇额度是指在规定期限内没有使用完，到期必须上缴的外汇额度；周转外汇额度在使用一次后还可继续使用。

6. 居民外汇和非居民外汇

境内的团体、企事业单位，以及住在境内的中国人、外国侨民和无国籍人所收入的外汇属于居民外汇；驻华外交代表机构、领事机构、商务机构、国际组织机构和民间机构，以及这些机构的常驻人员从境外携入或汇入的外汇，都属于非居民外汇。

第二节　汇率及标价

“汇率”亦称“外汇行市”或“汇价”，是一国货币兑换另一国货币的比率，是以一种货币表示另一种货币的价格。由于世界各国货币的名称不同、币值不一，因此一国货币对其他国家的货币要规定一个兑换率，即汇率。从短期来看，一国的汇率由对该国货币兑换外币的需求和供给所决定。外国人购买本国商品、在本国投资以及利用本国货币进行投机会影响本国货币的需求；本国居民想购买外国产品、向外国投资以及利用外汇进行投机会影响本国货币的供给。从长期来看，影响汇率的因素主要有：相对价格水平、关税和限额、本国商品相对于外国商品的偏好以及生产率。

为了确定两种不同货币之间的比价，必须先确定以哪个国家的货币作为标准。由于确定的标准不同，因此便产生了不同的外汇汇率标价方法。

一、直接标价法

直接标价法，又叫应付标价法，是指以一定单位（如1个单位或100个单位）的外国货币为基准，折算为一定数额的本国货币的方法。目前，世界上大多数国家包括中国在内，都采用直接标价法。在国际外汇市场上，日元、瑞士法郎、加元等均采用直接标价法，而美元除了与英镑兑换时采用直接标价法外，其他情况下都采用间接标价法，即1单位美元可兑换多少单位外币。

采用直接标价法时，若一定单位的外币折合的本币数额多于前期，则说明外币币值上升或本币币值下跌，称为外汇汇率上升；反之，如果用比原来少的本币就能兑换到同一数额的外币，说明外币币值下跌或本币币值上升，称为外汇汇率下跌。外币的价值与汇率的涨跌成正比，本国货币的价值与汇率的涨跌成反比。

在直接标价法下，数额较小的为外汇买入价，数额较大的为外汇卖出价，二者相差2～5个点，有些标价只标中间价。

二、间接标价法

间接标价法又称应收标价法，是指以一定单位（如1个单位或100个单位）的本国货币为基准，来计算应收若干单位的外国货币的方法。在国际外汇市场上，欧元、英镑、澳元等均采用间接标价法。在间接标价法下，本国货币的数额保持不变，外国货币的数额随着本国货币币值的变化而变化。如果一定数额的本币能兑换的外币数额比前期少，这表明外币币值上升，本币币值下降，即外汇汇率下跌；反之，如果一定数额的本币能兑换的外币数额比前期多，则说明外币币值下降、本币币值上升，即外汇汇率上升。外币的价值与汇率的涨跌成反比。

世界上只有少数发达国家采用间接标价法，如英国、美国。由于直接标价法和间接标价法表示的汇率涨跌的含义正好相反，因此在引用某种货币的汇率和说明其汇率高低涨跌时，必须注明采用哪种标价方法，以免混淆。

三、美元标价法

美元标价法，又称纽约标价法，是指以一定单位（如1个单位或100个单位）的美元为基准，来计算应兑换多少其他货币的方法。美元标价法由美国在1978年9月1日制定并执行，目前是国际金融市场上通行的标价法。

采用美元标价法的目的是简化报价并广泛比较各种货币的汇价。例如，瑞士苏黎世某银行面对其他银行的询价时，报出的货币汇价为：1USD=1.3428CAD（2016年3月3日）。

人们将各种标价法下数量固定不变的货币叫作基准货币（Base Currency），把数量变化的货币叫作标价货币（Quoted Currency）。显然，在直接标价法下，基准货币为外币，标价货币为本币；在间接标价法下，基准货币为本币，标价货币为外率制度。在有管理的浮动汇率制下，汇率在货币当局确定的区间内波动，这有助于消除短期因素的影响，当区间内的汇率波动仍无法消除短期因素对汇率的影响时，货币当局会再进行外汇市场干预，以消除短期因素的影响。

从浮动方式来看，浮动汇率又可分为单独浮动和联合浮动。单独浮动是指一国货币的汇率自行浮动，其汇率变动与其他货币的汇率无关。联合浮动是指在若干国家实行某种经济联合的条件下，对汇率波动所做的内外有别的安排。对内，参加经济联合的几个国家为它们的货币兑换规定中心汇率，彼此间货币汇率的浮动不能超过一定的范围，若超过一定的范围，参加联合浮动的有关国家的中央银行就要进行干预；对外，这几个国家的汇率则统一浮动。除了上述两种浮动方式外，还有一种钉住浮动，即有些国家由于历史上的原因或出于自身进出口贸易结构的需要，将本国货币的汇率与某一种或几种关键货币挂钩，然后随该货币的汇率浮动。

（二）按制定汇率的方法划分

1.基本汇率

各国在制定汇率时必须选择某一国货币作为主要对比对象，这种货币称为关键货币。根据本国货币与关键货币实际价值的对比，制定出对关键货币的汇率，这个汇率就是基本汇率。美元是国际支付中使用较多的货币，各国都把美元当作制定汇率的主要货币，把对美元的汇率作为基本汇率。

2.套算汇率

套算汇率是指各国按照基本汇率套算出的直接反映本国货币与其他货币之间价值比率的汇率。套算汇率又称交叉汇率，是指两种货币都通过各自对第三国的汇率计算出来的汇率。世界外汇市场只公布按美元标价计算的外汇汇率，不能直接反映其他外币之间的汇率，要换算出其他各种货币的汇率，就要用各种货币兑美元的汇率进行套算。例如，1美元=113.6日元，1美元=6.5312人民币元，则1日元=0.0575人民币元。

（三）从银行买卖外汇的角度划分

1.买入汇率

买入汇率，也称买入价，即银行向同业或客户买入外汇时所使用的汇率。采用直接标价法时，外币折合本币数较少的那个汇率是买入价，采用间接标价法时则相反。

2.卖出汇率

卖出汇率，也称卖出价，即银行向同业或客户卖出外汇时所使用的汇率。采用直接标价法时，外币折合本币数较多的那个汇率是卖出价，采用间接标价法时则相反。

买入与卖出之间有个差价，这个差价就是银行买卖外汇的收益，一般为1%～5%。银行同业之间买卖外汇时使用的买入汇率和卖出汇率也称同业买卖汇率，实际上就是外汇市场的买卖价。

3.中间汇率

中间汇率是买入价与卖出价的平均数。西方国家报道汇率消息时常用中间汇率，套算汇率也用有关货币的中间汇率套算得出。

4.现钞汇率

一般国家都规定，不允许外国货币在本国流通，只有将外币兑换成本国货币，才能够购买本国的商品和劳务，这时便产生了买卖外汇现钞的兑换率，即现钞汇率。按理现钞汇率应与外汇汇率相同，但由于需要把外币现钞运到各发行国去，而运送外币现钞要支付一定的运费和保险费，因此银行在收兑外币现钞时的汇率通常要低于外汇买入汇率，银行在卖出外币现钞时使用的汇率则高于其他外汇卖出汇率。

（四）按银行外汇的付汇方式划分

1.电汇汇率

电汇汇率是指经营外汇业务的本国银行在卖出外汇后，立即以电报委托其国外分支机构或代理行付款给收款人所使用的一种汇率。由于电汇付款速度快，银行无法占用客户资金头寸，同时各国间的电报费用较高，因此电汇汇率较一般汇率高。但是电汇调拨资金速度快，有利于加快资金周转，因此电汇在外汇交易中占有很大比重。

2.信汇汇率

信汇汇率是指银行开具付款委托书，用信函方式通过邮局寄给付款地银行转付收款人所使用的一种汇率。由于付款委托书的邮递需要一定时间，银行在这段时间内可以占用客户的资金，因此信汇汇率比电汇汇率低。

3.票汇汇率

票汇汇率是指银行在卖出外汇时，开立一张由其国外分支机构或代理行付款的汇票交给汇款人，由其自带或寄往国外取款所使用的汇率。由于票汇从卖出外汇到支付外汇有一段间隔时间，银行可以在这段时间内占用客户的头寸，因此票汇汇率一般比电汇汇率低。票汇有短期票汇和长期票汇之分，其汇率也不同。对于长期票汇，由于银行能更长时间运用客户资金，因此长期票汇汇率较短期票汇汇率低。

（五）按外汇买卖的交割期限划分

按外汇买卖的交割期限划分，汇率可分为即期汇率与远期汇率。所谓交割，是指买卖双方履行交易契约，进行钱货两清的授受行为。外汇买卖的交割是指购买外汇者付出本国货币、出售外汇者付出外汇的行为。由于交割日期不同，汇率就会有差异。

1.即期汇率

即期汇率也称现汇率，是交易双方达成外汇买卖协议后，在两个工作日以内办理交割的汇率。即期汇率由当场交货时货币的供求状况决定。在外汇市场上挂牌的汇率，除特别标明远期汇率以外，一般指即期汇率。在我国，即期汇率通常是指中国人民银行公布的当日人民币外汇牌价的中间价。

2.远期汇率

远期汇率又称期汇汇率，是指在未来一定时期进行交割，事先由买卖双方签订合同、达成协议，到了交割日期，由协议双方按约定的汇率、金额进行钱汇两清的汇率。远期外汇买卖是一种预约性交易，是由于外汇购买者对外汇资金需要的时间不同，以及为了避免外汇汇率变动风险而引起的。远期汇率与即期汇率相比是有差额的，这种差额叫作远期差价。远期差价有升水、贴水、平价三种情况，升水表示远期汇率比即期汇率贵，贴水表示远期汇率比即期汇率便宜，平价表示两者相等。

（六）按对外汇管理的宽严划分

1. 官方汇率

官方汇率是指国家机构（财政部、中央银行或外汇管理当局）公布的汇率。官方汇率又可分为单一汇率和多重汇率。多重汇率是指一国政府对本国货币规定一种以上的对外汇率，它是外汇管制的一种特殊形式，目的在于鼓励出口、限制进口，以改善国际收支状况。

2. 市场汇率

市场汇率是指在自由外汇市场上买卖外汇的实际汇率。在外汇管制较松的国家，官方宣布的汇率往往只起到中心汇率的作用，实际外汇交易按市场汇率进行。

（七）按银行营业时间划分

1. 开盘汇率

开盘汇率，又叫开盘价，是指外汇银行在一个营业日刚开始营业时进行外汇买卖使用的汇率。

2. 收盘汇率

收盘汇率，又称收盘价，是指外汇银行在一个营业日的外汇交易终了时使用的汇率。

课堂小讨论

汇率变动对经济的影响有哪些？

第四节　汇率决定理论

一、汇率决定的基础

汇率作为两种货币之间的交换比率，其本质是两国货币各自所代表或所具有的价值的比率，因此各国货币所代表或所具有的价值是汇率决定的基础，但由于在不同的货币制度下，货币的发行基础、货币的种类和形态各异，因此汇率决定的基础——各国货币价值的具体表现形式也不一样。下面我们按照不同的货币制度，分别研究汇率决定的基础。

（一）金本位制度下汇率决定的基础

金本位制度（Gold Standard）的实施从1816年英国政府颁布条例、发行金币开始，一直到第二次世界大战爆发前夕，它具体又可分为以下两个阶段：

1.典型金本位制阶段——金币本位制阶段

在金币本位制下，流通中的货币是以一定重量和成色的黄金铸造而成的金币，各国货币的单位价值就是铸造该金币所耗用的黄金的实际重量，我们把各国货币的单位含金量称为该国货币的铸币平价（Mint Parity）。当时，两国货币汇率的确定，就是由两国货币的铸币平价来决定的，即汇率决定的基础是铸币平价，用公式表示如下：

A国货币与B国货币之间的汇率=A国货币的铸币平价÷B国货币的铸币平价

例如，1925—1931年，1个英镑金币的重量为123.27447格令，成色为11/12，即含有113.0016格令纯金；1个美元金币的重量为25.8格令，成色为9/10，即含有23.22格令纯金，于是英镑与美元之间的汇率是113.0016/23.22=4.8666，即1英镑等于4.8666美元。

由铸币平价所确定的汇率通常称为法定平价，法定平价不会轻易变动，它并不是市场买卖外汇的实际价格，而是市场买卖外汇实际价格变动的中心。

2.蜕化的金本位制

第一次世界大战以后，许多国家通货膨胀严重，银行券的自由兑换和黄金的自由流动遭到破坏，于是金币本位制陷于崩溃。各国分别实行两种蜕化的金本位制，即金块本位制和金汇兑本位制。在这两种货币制度下，国家用法律规定货币的含金量，货币的发行以黄金或外汇作为准备金，并允许在一定限额以上与黄金、外汇兑换，各国货币的单位价值由法律所规定的含金量来决定。此时，我们称各国单位货币所代表的含金量为该货币的黄金平价（Gold Parity）。显然，在这个时期，汇率是由各国货币的黄金平价来确定的，即汇率决定的基础是各国货币的黄金平价。

（二）布雷顿森林体系下汇率决定的基础

第二次世界大战结束以后，资本主义各国为了稳定汇率，在1944年建立了布雷顿森林体系。布雷顿森林体系是在国际货币基金组织的监督下以美元为中心的固定汇率制，其核心是双挂钩：一是美元与黄金挂钩，确定1盎司黄金等于35美元的黄金官价；二是其他国家货币与美元挂钩，即不规定含金量而规定与美元的比价，直接与美元挂钩，或者规定含金量，同时按美元的含金量与美元建立固定比价，间接与美元挂钩。在这种货币制度下，各国货币的价值分别通过黄金或美元来表示。由于这一货币制度是在国际货币基金组织的监督下协调运转的，因此国际上把各国单位货币的美元价值或黄金价值称为国际货币基金平价（IMF Parity），简称基金平价。这时，汇率是由各国货币的基金平价的比值来确定的，即汇率决定的基础是基金平价。

（三）现行国际货币制度下汇率决定的基础

随着布雷顿森林体系的崩溃，资本主义各国纷纷放弃了与美元的固定比价，普遍实行浮动汇率制。在这种汇率制度下，各国货币基本上与黄金脱钩，即不再规定货币的法定含金量。汇率已经不再由各国货币的基金平价或含金量来决定，而是由各国纸币所代表的实际价值来决定。

那么，纸币所代表的实际价值是什么呢？在金本位制或布雷顿森林体系下，纸币代表了一定的含金量，从而代表了一定的价值量，即单位纸币所代表的价值量显然取决于它所代表的那部分黄金“本身所具有的价值量”。而黄金同其他商品一样，只能通过其他商品来表现自己的价值量，即黄金的价值只能通过其他商品表现出来。黄金作为货币商品具有特殊的价值表现形式，它可以表现在各式各样的商品上，即1单位黄金=X数量的商品A（或Y数量的商品B，或Z数量的商品C……）

显而易见，黄金的价值表现为一个无限的商品系列，这样，由于纸币代表一定量的黄金，而一定量黄金的价值又表现在一系列商品上，因此纸币所代表的价值实际上也表现在一系列的商品上。从这里可得出结论，在实际经济生活中，单位纸币所代表的价值通常表现为一定量的商品，特殊情况则表现为一定的含金量。我们把单位纸币所代表的一定量的商品称为该纸币的购买力平价，它实际上是商品价格的倒数。在这种情况下，通过比较两国纸币的购买力平价，就可以得出两国纸币相互间交换的比例，即汇率。也就是说，在浮动汇率制下，两国货币汇率决定的基础是购买力平价。

这里需要强调的是，通过购买力平价确定汇率有一个前提条件，那就是两国同种商品的价值量应当相同。如果两国同种商品的价值量不同，那么两国货币购买力不同就可能不是由于纸币所代表的价值量不同，而是由于商品在两国间具有不同的价值量。

然而，现实的经济情况是，除了少数例外情况，大部分国家的生产条件、劳动强度、劳动生产率等都相差甚大，因此在不同的国家，生产同样产品所消耗的单位劳动不同，从而同种同量商品所包含的价值量在客观上也存在着差别。此外，基于历史的原因或社会经济制度方面的原因，不少国家相互间的价格机制和价格体系也存在着很大的不同，在这种情况下，通过直接比较两国纸币的购买力得出两国货币的比价，自然就不那么适宜了。

解决这一问题的方法在于选择适当种类的可比较的商品，这些商品在两国具有相同的价值或被算作具有相同的价值。十分明显，这些商品应该是那些能够进入世界市场，从而进行国际交换的商品，因为在世界市场上，具有不同国别价值的同种商品被看成具有相同的国际价值量。这时各国货币对这些具有相同国际价值量的商品的交换比价的不同，实际上体现了各国货币本身所代表的价值量的不同，两国货币各自所包含的贸易商品的国际价值量的比值就是两国货币之间的汇率。

综上所述，货币的购买力平价是指单位货币能购买到的国际商品的价值量，这才是现行国际货币制度下汇率决定的基础。

二、主要汇率决定理论

汇率决定理论是国际金融的主要理论基础之一。在国际经济学体系中，国际贸易和国际金融是两个基本分支。从学科发展的历史来看，国际金融理论的发展比国际贸易理论的发展要晚一两百年。国际金融理论的发展有两个方面的基础：一方面，它是近几百年以来国际金融实践发展的需要和产物，是为了解释国际金融现象并阐述其规律而产生的；另一方面，作为理论体系，它建立在发展较早的国际贸易理论的基础上，并且一直作为国际贸易理论的一个组成部分。直到20世纪60年代以后，国际金融才真正兴起并成为独立的新兴学科。汇率决定理论作为国际金融的主要理论基础之一，其发展贯穿了整个国际金融的发展史。汇率决定理论和国际收支理论结合在一起，成为国际金融发展的基石。

汇率决定理论的发展大体上可以分为三个阶段：一是金本位制时期的汇率决定理论，主要包括英国经济学家休谟的“物价-现金机制”、英国学者戈森（George Goschen）的国际借贷说、瑞典学者卡塞尔（Cassel）的购买力平价理论、英国学者凯恩斯（John Maynard Keynes）的利率平价理论和法国学者阿夫达里昂（A. Aftalion）的汇兑心理说；二是布雷顿森林体系建立后的汇率决定理论，主要包括弹性论、吸收论、蒙代尔-弗莱明模型和货币论；三是布雷顿森林体系瓦解，进入纸币本位制之后的汇率决定理论，主要包括现代利率平价理论、汇率目标区理论、资产市场分析方法。

（一）国际借贷说（The Theory of International Indebtedness）

国际借贷说的出现和盛行与当时的金本位制度背景密切相关，其理论渊源可追溯到14世纪。英国学者戈森于1861年在其《外汇理论》一书中较为完整地提出了国际借贷说。国际借贷说认为，汇率是由外汇市场上的供求关系决定的，而外汇供求又源于国际借贷。戈森把金本位制度下汇率变动的原因归结为国际借贷关系中债权与债务关系的变动，从而成为汇率决定理论的先驱，他提出的国际借贷说也成为整个20世纪经济学家研究汇率决定理论的主要课题之一。由国际借贷说可知，当国际收支处于均衡状态时，其经常项目的收支差额应等于自主性资本流出流入的差额，用公式表示为：

$$r=h(Y_a,\ Y_b,\ P_a,\ P_b,\ i_a,\ i_b,\ i_e)$$

式中：Y_a、Y_b、P_a、P_b 分别为本国国民收入、外国国民收入、本国物价水平、外国物价水平；i_a、i_b、i_e 分别为国内利率、国外利率、对未来汇率的预期值。

其基本含义是：

（1）外汇汇率取决于外汇的供给与需求状况。

（2）外汇供给与需求的产生源于国际借贷，即由国与国之间存在的借贷关系所引起，除了商品的输出与输入外，债券买卖、利润收支、捐赠收支、旅游收支和资本交易等，也会产生国际借贷关系。

（3）国际借贷分为固定借贷和流动借贷两种。前者是指借贷关系已形成，但未进入支付阶段的借贷；后者是指已进入支付阶段的借贷。只有国际借贷中的流动借贷的变化，才会对外汇的供给与需求产生影响，而尚未进入支付阶段的固定借贷，不会影响外汇供求的变化。

（4）国际借贷作用于汇率变动的一般过程是：若一国的流动借贷中流动债权高于流动债务，即供给超过需求，那么外汇汇率会下跌、本币会升值，反之外汇汇率会上升、本币会贬值；若一国的流动借贷中流动债权与流动债务相等、外汇收支也相等，那么汇率将处于均衡状态，不会发生变动。

国际借贷说用国际借贷引起的外汇供求变化来说明汇率，特别是短期汇率的变动，具有一定的实际意义，但是仅以国际借贷关系解释外汇供求变化是不全面的，因为引起外汇供求变化的因素是多方面的，如通货膨胀、国家宏观调控力度等。

（二）购买力平价理论（The Theory of Purchasing Power Parity）

第一次世界大战的爆发导致各国终止了银行券与黄金的自由兑换，禁止黄金出口，这标志着盛行了多年的国际金本位制的瓦解。

随着第一次世界大战的结束，国际资本流动已有相当规模，国际资本流动对西方各国国际收支的均衡及国家间的依存与联系产生着越来越重要的影响。1923年，英国剑桥学派的创始人马歇尔（Alfred Marshall）提出了进口需求弹性的概念。1937年，英国经济学家琼·罗宾逊（Joan Robinson）在马歇尔微观经济学和局部均衡分析方法的基础上，从国内、国外的供给与需求、进口与出口等方面分别考察了在需求弹性不同的条件下一国汇率变动对进出口双方的影响，并着重研究了当一国采取本币贬值政策时，进出口供求弹性对于调节国际收支平衡的作用。

购买力平价理论的历史可以追溯到16世纪处于当时国际贸易中心地位的西班牙。西班牙的萨拉曼长卡学派（Salamanca School）根据货币供给增加和物价水平提高的现象，结合西班牙与其他一些国家相对物价水平的变化及其对西班牙货币币值的影响，提出了具有购买力平价思想的某些观点。杰勒德·德·马利尼斯（Gerard de Malynes）于1601年在英国发表了有关购买力平价的论著。瑞典、法国的拜金主义者在18世纪后半叶及19世纪初也提出过有关购买力平价的说法。19世纪，古典经济学家李嘉图（Ricardo）、穆勒（Miller）、戈森（Gossen）及马歇尔（Marshall）都曾肯定并发展了类似购买力平价理论的观点。李嘉图在他的《政治经济学及赋税原理》一书中曾论述："在谈到不同国家货币的汇兑率和相对价值时，我们决不可依据货币在各国用商品估计的价值。汇兑率绝不是由按谷物、毛呢或任何一种商品估价的货币的相对价值来确定的，而是由和他国通货估价的一国通货的价值来确定的，也可以用把它和两国共有的某种标准相比较的办法来确定。如果在英国兑付的100英镑汇票和在汉堡兑付的100英镑汇票在法国或西班牙所能购买的货币数量相等，那么英国和汉堡之间的汇兑就是平价。"在这段论述里，李嘉图明确指出汇兑率即现在所说的汇率，是由两国的相对物价水平所确定的。

虽然以上古典经济学家在他们的著作中都或多或少地涉及购买力平价理论，但真正把这一理论建成模型并加以实证分析的却是瑞典经济学家古斯塔夫·卡塞尔。1916年，卡塞尔的《外汇现状》（The Present Situation of the Foreign Exchange）一文发表于英国《经济学杂志》（The Economic Journal）。在这篇文章里，他提出了汇率的通货膨胀理论，并利用美国及瑞典的物价水平及汇率资料首次加以论证。1918年，卡塞尔在英国《经济学杂志》发表了一篇名为《在国际交换中出现的不正常偏离》的文章，进一步分析了第一次世界大战期间的汇率变动。1919年，卡塞尔在

《1914年以后的货币与外汇理论》一书中，系统地论证了购买力平价理论，正式提出了“购买力平价”这一概念，即“战争期间普遍出现的通货膨胀降低了各国货币的购买力，尽管程度不一致；汇率偏离旧平价的程度与各国的通货膨胀率成比例。在每一时点上，实际平价可由一国货币购买力与另一国货币购买力的商数来表示，我提议把这个平价叫作“购买力平价”。只要诸多商品的自由流动以及相当广泛的国与国之间的贸易现象继续存在，实际的汇率就不可能偏离购买力平价太大。”购买力平价理论的核心要点是：汇率由两种货币的购买力所决定，即取决于本国价格水平和外国价格水平的比率；汇率的变化率由本国通货膨胀率和外国通货膨胀率之差决定；一国货币对内贬值也必然意味着对外贬值，对外贬值也意味着对内贬值。

购买力平价理论包括绝对购买力平价理论和相对购买力平价理论，前者在绝对意义上以静态的观点分析了汇率的决定，后者在相对意义上以动态的观点分析了汇率的决定及其变化，前者是后者的基础，后者是对前者的发展。从理论基础来看，购买力平价是以货币数量论为前提的。卡塞尔认为，两国纸币的交换取决于纸币的购买力，因为人们是根据纸币的购买力来评价纸币价值的。在这样的前提下，货币性经济变量支配了实际性变量而成为影响汇率变动的主要因素。购买力平价理论可以用货币主义学说很好地解释和说明，即对于汇率的决定而言，货币仍然是最重要的，通过调控货币供给量影响物价水平和通货膨胀率，进而影响汇率，换句话说，决定汇率最重要的因素是货币供给量。下面我们将分别阐述绝对购买力平价理论和相对购买力平价理论。

1.绝对购买力平价理论

绝对购买力平价理论分析了汇率的决定因素。卡塞尔认为，汇率取决于两种货币的购买力，可以用外币购买力与本币购买力之比来表示，货币的购买力与社会平均物价水平成反比。因此，汇率可以用公式表示为：

$$R=\frac{\text{外币购买力}}{\text{本币购买力}}=\frac{\frac{1}{P^*}}{\frac{1}{P}}=\frac{P}{P^*}$$

式中：P 为本国价格水平；P^* 为外国价格水平（*表示外国，以下同）；R 为绝对购买力平价理论下的均衡汇率。

进一步，从上式还可得到：

$$P=RP^*$$

这就是著名的一价定律，表明在自由贸易条件下，同样的商品在各国的价格必然相等，均等于 RP^*；如果不相等，就会存在无止境的商品套购活动，直到价格相等为止。

由均衡汇率公式还可以得到以下公式：

$$\frac{M}{P}=Md(i,y)$$

$$\frac{M^*}{P^*}=Md^*(i^*,y^*)$$

式中：P、P^* 为外国的价格水平；Md、Md^* 分别为本国的货币需求量、外国的货币需求量；i、i^* 分别为本国的利率水平、外国的利率水平；y、y^* 分别为本国的国民收入水平、外国的国民收入水平：$\frac{M}{P}$、$\frac{M^*}{P^*}$ 分别为本国的实际货币供给量、外国的实际货币供给量。

在短期内，货币需求具有以下特点：货币需求与利率水平负相关，与国民收入水平正相关；本国的价格水平由本国货币供给与货币需求决定，外国的价格水平由外国货币供给与货币需求决定。

可见，汇率由本国和外国的货币供给量、本国和外国的货币需求量共同决定。这是由于，按照购买力平价理论，汇率由两种货币的购买力决定，而购买力又取决于两国的一般价格水平，一般价格水平又取决于两国货币的供给量和需求量的大小。当一国货币的供给量大于需求量时，该国的价格水平必然上升，反之则下降。

各因素对汇率变动的具体影响为：

（1）在其他条件（本国、外国的货币需求和货币供给，下同）既定时，本国货币供给量增加，汇率上升，即本币贬值，本国物价水平上升；反之，本国货币供给量减少，汇率下降，即本币升值，本国物价水平下降。

（2）在其他条件既定时，外国货币供给量增加，汇率下降，即外币贬值，外国物价水平上升：反之，外国货币供给量减少，汇率上升，即外币升值，外国物价水平下降。

（3）在其他条件既定时，外国利率上升，汇率下降，即本币相对升值；外国利率下降，汇率上升，即本币相对贬值。

（4）在其他条件既定时，外国国民收入增加，汇率上升，即本币相对贬值；外国国民收入减少，汇率下降，即本币相对升值。

（5）在其他条件既定时，本国利率上升，汇率上升，即本币相对贬值；本国利率下降，汇率下降，即本币相对升值。

（6）在其他条件既定时，本国国民收入增加，汇率下降，即本币相对升值；本国国民收入减少，汇率上升，即本币相对贬值。

我们还可以得出下列结论：假定两国的货币供给量始终保持同步，同时假定两国的需求函数保持形式上的一致，则影响汇率的因素就被简化为两国的利率水平和两国的国民收入水平。进一步还有，凯恩斯主义和货币主义的结论发生冲突，有关推导过程比较繁复，在此从略。

2.相对购买力平价理论

相对购买力平价理论进一步研究了影响汇率变动的因素以及汇率是如何变动的。

（1）差分分析法。根据绝对购买力平价理论，均衡汇率由两国的物价水平决定，即 $R=\frac{P}{P^*}$，随着经济条件的变化，汇率也会发生变化，我们分别给出不同时期的汇率表达式：

基期：$R_0=\frac{P_0}{P_0^*}$

报告期：$R_i=\frac{P_i}{P_i^*}$

式中：P_0、P_0^*为本国基期价格水平、外国基期价格水平；P_i、P_i^*为本国报告期价格水平、外国报告期价格水平；i、i^*为本国物价指数和外国物价指数；R_0、R_i表示基期的均衡汇率和报告期的均衡汇率。

汇率可用基期汇率、本国物价指数和外国物价指数来表示。汇率与本国物价指数成正比，与外国物价指数成反比。

进一步还有：

$R=P-P^*$

这说明，汇率的变化率由两国的通货膨胀率所决定，具体等于本国通货膨胀率和外国通货膨胀率之差。

（2）微分分析法。对“$LnR=LnP-LnP^*$”取微分后可得：

$$\frac{dR}{R}=\frac{dP}{P}-\frac{dP^*}{P^*}$$

或 $R=P-P^*$

式中：$R=\frac{dR}{R}$，表示汇率的变化率；$P=\frac{dP}{P}$，表示本国通货膨胀率；$P^*=\frac{dP^*}{P^*}$，表示外国通货膨胀率。当本国通货膨胀率大于外国通货膨胀率时，汇率的变化率为正，即汇率上升、本币贬值；反之，汇率的变化率为负，即汇率下降、本币升值，这与差分分析法得出的结论是一致的。

进一步可得到：

$R=(M-M^*)-(Md-Md^*)$

该式表明，两国汇率的变化率是由两国货币供给量的变化率之差与两国货币需求量的变化率之差决定的。如果前者大于后者，则汇率变化率为正，即汇率上升、本币贬值；反之，汇率的变化率为负，即汇率下降、本币升值。

这一结论具有重要意义，它告诉我们，汇率的决定及变化不仅取决于本国货币的供求，而且取决于外国货币的供求。在开放经济条件下，一国要维持汇率的稳定，不仅要对本国的货币供求加以控制，而且要充分了解外国货币供求状况的变化。换句话说，在开放经济条件下，世界各国的经济依赖性大大加强了，一国货币当局很难依靠调节本国货币供求来使汇率朝着有利于自己的方向变动。因此，经济一体化带给我们的是摇摆不定的汇率和难以管理的货币供求。

（3）国民收入、利率与汇率的关系。首先，我们给出如下假设：①两国的货币需求函数Md、Md^*既定不变，都是各自利率和国民收入的函数；②货币需求与利率负相关，与国民收入正相关。

显然，这样的假设与实际情况有一定的出入，但是我们的目的不在于十分精确地反映国民收入和利率对汇率的影响，换句话说，只要能从总体上把握汇率变动的因素，这样的假设就是有意义的。

进一步可以得到：

$$R=(M-M^{*})-\alpha(y-y^{*})+\beta(i-i^{*})$$

可见，汇率变化率由两国货币供给变化率之差、两国国民收入变化率之差和两国利率变化率之差所决定。

3.购买力平价理论评析

购买力平价理论的逻辑基础是单一价格规律。平价意味着平等，购买力是指货币的价值，所有货币的1个单位在每个国家都应该有相同的实际价值。从购买力平价理论来看，名义汇率通过物价水平调整之后形成实际汇率，而且实际汇率为1，这一结论是以等值、等量的国内生产总值为纽带建立等式的，而“等值、等量”的要求中隐含了“相同劳动生产率”和“生产与消费结构大体相同”的假设。

（1）相同劳动生产率。就算两个国家有相同的生产和消费结构，如果劳动生产率存在差异，那么根据劳动价值论，商品和劳务的内在价值就会不相同，劳动生产率较高的国家，商品和劳务的内在价值就相对较低。尽管两个国家有相同的商品及商品结构，实际的国内生产总值仍然不相同，这就违背了单一价格规律。因此，要想让购买力平价理论从经济意义中获得解释，就必须假设两个国家有相同的劳动生产率。

（2）生产与消费结构大体相同。上述两个国家劳动生产率无差异性的假设，是在生产和消费结构大体相同的前提下提出的，如果离开这一前提，情况就会变得更加复杂，单一价格规律与现实之间就会有更大的差距。另外，在编制购买力平价指数的过程中，需要从基本分类中确定有代表性的商品和劳务，并以这些商品和劳务为桥梁来联系两国货币的内在价值。购买力平价理论要求这些商品和劳务对每个国家都有代表性，显然也隐含了“生产与消费结构大体相同”的假设。购买力平价理论以单一价格规律为基础，而单一价格是通过套利者的套利行为来实现的。在套利行为推动市场价格趋于一致的过程中，该理论隐含了以下假设前提：

①没有交易费用，并且信息是完全的。购买力平价理论忽略了套利行为过程中产生的交易费用和信息不完全等问题。在现实中，如果套利者在通过不同市场定价差异的信息进行套利活动并获取价差收益的同时，需要支付交易费用，那么交易费用增加了市场的摩擦；如果套利者从套利活动中获得的收益无法弥补交易费用，就不存在套利动机，套利行为终止，价格差异继续存在。这就否定了单一价格规律，因此该理论隐含了“没有交易费用”的假设。另外，如果套利者要支付一定的成本来获取关于市场价差的信息，那么信息搜索成本也会增加市场的摩擦，从而进一步减小套利收益的可能性而限制套利行为，因此该理论也必须隐含“信息完全”的假设。

②贸易条件相同。国际套利行为涉及国际贸易领域，一个国家常常使用关税和配额等形式限制进口，以保护本国产业；出口国也常常使用出口退税等形式补贴出

口商，目的是增强其商品的国际竞争力。这些贸易条件的差异，扭曲了进出口商品和劳务的价格，也限制了套利的动机和行为。“贸易条件相同”的假设，排除了因这些贸易条件的差异而破坏该理论成立的可能性。

③没有外汇管制。购买力平价理论的前提之一是浮动汇率制，国家外汇管制也直接扭曲了购买力平价理论的逻辑基础，因此“没有外汇管制”也是假设之一。

④所有商品都是可贸易的。在购买力平价理论中，所有市场的商品和劳务价格单一，是通过套利行为实现的，套利者在价格偏低的市场上购入商品并在价格偏高的市场上售出，而这一套利过程的实质也是商品交易的过程。同时，购买力平价理论并不只强调某部分商品和劳务，而是包括了所有商品和劳务（通常选择有代表性的商品和劳务），因此该理论要求“所有商品都是可贸易的”。

⑤不同国家的同一种商品和劳务是可以完全替代的。消费者对同一种商品和劳务往往有不同的偏好，如果消费者偏爱的是德国啤酒而不是其他国家生产的啤酒，那么消费者对德国啤酒就会有更高的支付意愿。尽管市场上存在价格差，也没有有利的套利机会，因为消费者并不认为这两种商品是相同的。为了简化具体情况，该理论隐含了“可以完全替代”假设。

（三）利率平价理论（The Theory of Interest Rate Parity）

利率平价理论的理论渊源可追溯到19世纪下半叶，早在1889年，劳兹（Lotz）在观察维也纳远期外汇市场的交易时就考虑到用利差来解释即期汇率和远期汇率之间的关系。第一次世界大战结束了国际金本位制度下各国货币汇率相对稳定的黄金时期，货币开始大幅贬值和剧烈波动。在这种国际形势下，1922年，英国经济学家凯恩斯首先提出了“利率平价”的概念。凯恩斯抛开了从国际收支、购买力平价等角度研究汇率的传统观点，从国际资本流动出发，认为汇率的本质是由两国货币资产的相对价格决定的，远期汇率取决于利差并向利差做自动调整。凯恩斯把汇率决定从实物经济部门转向货币经济部门，其开创性的研究奠定了利率平价理论研究的基础。在其1923年出版的《货币改革论》一书中，凯恩斯第一次系统地阐述了利率和汇率之间的关系，即利率平价理论。利率平价理论认为，两国之间的即期汇率与远期汇率的差价与两国的利率有密切联系，国与国之间的利差导致资本的国际流动，利差对汇率，尤其是短期汇率，具有决定性的作用。两国利率之差引起的投资收益的差异，诱使投资者进行套利活动，其结果是使远期汇率固定在某一特定的均衡水平上。同即期汇率相比，利率低的国家的货币远期汇率会下跌，而利率高的国家的货币远期汇率会上升，远期汇率同即期汇率的差价约等于两国间的利率差。该理论的主要出发点是投资者投资于国内所得到的短期利率收益应该与按即期汇率折成外汇在国外投资并按远期汇率买回本国货币所得到的短期投资收益相等。因此，对投资者来说，在比较两种金融资产的收益时，不仅要考虑两种金融资产所提供的收益率，还要考虑远期汇率变动结果造成的收益差。如果两种金融资产的利率差异为远期汇率变动结果所抵销，就可以说实现了利率平价理论。利率平价理论的一个重要前提条件是：国际资本市场可以自由流动，资金供给充分，货币可以自由兑换，套利资金的供给弹性无穷大，投资者充分的套利行为使得国际金融市场上以不同货币计价的相似资产的收益率趋于一致。利率平价可分为抵补的利率平价（Covered Interest Rate Parity，CIRP）和非抵补的利率平价（Uncovered Interest Rate Parity）。

1.抵补的利率平价

进出口商在从事国际贸易时，常常达成在未来某时刻交割外汇的合约，同样情形也出现在国际证券投资组合中，在外汇交付前存在着因汇率波动而引起的风险。远期外汇市场提供了预先依某一远期汇率在未来交割期将本币（外币）换为外币（本币）的途径。

凯恩斯的远期汇率理论分析了远期汇率 f_t 与即期汇率 S_t 之差（ $f_t - S_t$ ）的变动，并探讨了其原因。假定 r_t 和 r_t^* 分别表示A国（本国）和B国（外国）的利率，S_t、f_t 分别表示即期汇率和远期汇率。令 $S_t = \log(S_t)$， $f_t = \log(f_t)$，则存在两种投资方式。

第一种投资方式为：1单位B币在 t 期兑换为 S_t 单位的A币投资于A国，在 $t+1$ 期可获得 $S_t(1+r_t)$单位A币。

第二种投资方式为：1单位B币投资于B国，在 $t+1$ 期可得（$1+r_t^*$）单位B币，并在 t 期卖出（$1+r_t^*$）单位B币的远期合约，在 $t+1$ 期可得 f_t（$1+r_t^*$）单位A币。这两种投资方式在 $t+1$ 期所得的结果必然一样，否则就会发生套利行为，即：

$$f_t(1+r_t^*) = S_t(1+r_t)$$

由此可得：

$$f_t/S_t = (1+r_t)/(1+r_t^*) = 1+(r_t - r_t^*)/(1+r_t^*) \approx 1+(r_t - r_t^*)$$

$$(f_t - S_t)/S_t \approx \ln[(f_t - S_t)/S_t + 1] = f_t - S_t \approx r_t - r_t^*$$

上述两个等式就是抵补利率平价的条件。 $f_t - S_t$ 称为远期升水或贴水（Forward Premium or Discount）。其经济含义是：汇率的远期升水或贴水等于两国货币利率之差。在抵补利率平价成立时，如果A国利率高于B国利率，则A国远期汇率必将升水，A国货币在远期市场上将贬值，反之亦然。汇率的变动会抵销两国间的利率差异，从而使金融市场处于平衡状态。抵补利率平价成立所需的条件有以下三点：

第一，必须有足够的套利资金，也就是说，某个或更多的套利者可以利用“自由”资金以驱使相应的比率达到均衡。这里的“自由”不仅仅表示通常意义上的流动，而且表明资金的流动不受限制。

第二，要有一个有组织、意义明确的即期和远期外汇市场，且市场的信息流通非常有效，交易者能够消除可能出现利润的机会。事实上，这些条件在主要硬通货市场上是当然成立的，因为在这些市场上，许多金融机构和外汇交易经营者及跨国公司的财务部门时刻注意交易中出现的任何获利机会并进行交易。

第三，要假定交易成本很低，基本可以忽略。

2.非抵补的利率平价

抵补的利率平价是比较第一种投资方式和第二种投资方式而得出的。假定还存在第三种投资方式，就是1单位B币投资于B国，但是在 t 期不卖出远期外汇合约，在 $t+1$ 期依 S_{t+1} 兑换为A币，故在 $t+1$ 期得 $S_t(1+r_t^*)$ 单位A币。在将B币兑换成A币之前，投资者不知道 t 期至 $t+1$ 期的汇率风险是无抵补的。

无抵补的利率平价假说假定市场使得投资者无抵补投资的报酬与最初将B币兑换成A币的投资方式所获得的报酬相等。抵补利率平价和无抵补利率平价在 t 期至 $t+1$ 期之间的任何存续期（Duration）均成立。因此，如果在所有期间无抵补的利率平价成立，则由远期汇率、即期汇率及本国、外国的期限结构，可推断出即期汇率预期未来的时间途径。其经济含义是：远期汇率的预期变动率等于两国货币利率之差。在非抵补的利率平价成立时，如果A国利率高于B国利率，则意味着市场预期A国货币在远期将贬值。

3.艾因齐格的利率平价动态理论

英国经济学家艾因齐格将凯恩斯的利率平价静态理论发展成为利率平价动态理论，从而完成了古典利率平价体系，并为现代利率平价理论的发展开辟了新道路。艾因齐格给出的利率平价的定义是：如果远期利率相当于两个金融中心的短期利率之差，那么这一利率差异就是利率平价。利率差异与利率平价的含义不同，后者不仅表明存在一个算术差异，还存在一个均衡汇率，即远期汇率具有向利率差异调整的趋势。在此基础上，艾因齐格给出了抵补利率平价原理的数学表达式：

$$1+r_t=f_t(1+r_t^*)$$

或 $P=r_t-r_t^*$，$P=(f_t-S_t)/S_t$

式中：f_t 为外汇远期汇率；S_t 为外汇即期汇率；P 为外汇远期升贴水率；r_t、r_t^* 分别为国内货币利率水平、国外货币利率水平。

上式表明，远期外汇升贴水大致等于两国货币的利差。一旦外汇远期升贴水偏离利率平价，就会发生套利和套汇活动。套利者为了避免汇率风险，往往将套利与掉期业务结合进行，结果是低利率货币现汇汇率下浮、期汇汇率上浮，高利率货币则相反。随着抵补套利的不断进行，远期汇差不断扩大直至与两国利差相等，利率平价成立。

抵补的利率平价公式表明，远期汇率、即期汇率和利差之间是相互影响的。由于国际贸易方面的原因，有关国家的外汇管制及套利资金存在机会成本，远期汇率在长期内被高估或低估，无法调整到利率平价的均衡水平，远期汇率与利率平价之间有一个持久的偏差，其调整过程并不是迅速、自动的完全补偿过程。套利活动的存在使远期汇率具有向利率平价调整的趋势，套利资金的转移也影响利率平价，利率平价受远期汇率的制约。即期外汇买卖不影响远期汇率，但有可能改变对外汇市场的预期，远期汇率趋向于调整到预期的即期汇率水平。远期汇率对即期汇率产生影响是由于买卖远期外汇会增减外汇的总供给，同时银行必须通过即期交易对冲其远期交易的敞口头寸。

4.利率平价理论评析

从以上利率平价理论的分析可以看到，利息平价理论作为西方汇率决定理论的重要组成部分，是汇率决定理论上的大发展与重要创新。其主要贡献可以概括为以下几个方面：

（1）以往的汇率决定理论主要研究即期汇率的决定问题，而利率平价理论将重点放在了远期汇率水平是如何来决定的，研究了远期汇率波动的一般规律，使得远期汇率问题和以后的远期外汇交易与预测日益受到重视和快速发展。

（2）利率平价理论将汇率的决定同利率的变化有机联系起来，利率与汇率是金融资产的两种价格，用利率的变化来解释远期汇率的运动，这在理论上和实践上具有重大应用价值。

（3）利率平价理论为各国对汇率的调节和干预提供了重要的依据，各国货币当局往往通过适当调节国内利率水平来稳定外汇市场的汇率。

半个多世纪以来，利率平价理论一直被西方国际经济学界所推崇，甚至被说成是一种客观规律。但是，从国内、国际经济学界近些年出版的一些有关著作所反映的情况来看，利率平价理论并非完美无缺。利率平价理论主要用来说明远期汇率决定，而远期汇率决定很复杂，这对一般人来说简直像“相对论”一样，神秘莫测。原因是影响远期汇率决定的因素很多，套利只是其中的一个因素，而利率平价理论在说明远期汇率决定时，将套利看成了影响远期汇率决定的唯一因素。利率平价理论没有考虑到“投机”这一因素：估计到某种外币币值前景趋跌而卖出远期外汇，或者估计到同种货币币值前景趋涨而买进远期外汇，都是投机性交易。投机者不只是为了本息，而是着眼于资本增值，因此多倾向于外汇价格波动的高风险投资。一般来说，投机买卖频繁，持续时间相对短暂，并且取决于外汇价格变动的速率。此外，在影响远期汇率决定的因素中还有供求因素，而利率平价理论在说明远期汇率决定时忽略了这一因素。凯恩斯认为，“远期汇率的变动会在外汇供求的实际变动之前就发生”。利率平价理论在说明远期汇率决定时，侧重于远期差额与利率差额的二维均衡分析，因此在远期外汇的供求方面，着重于供给与需求的均衡分析。也就是说，在分析方法上，利率平价理论只分析远期差额与利率差额之间新的均衡的建立所需具备的条件，而不涉及达到新的均衡所经历的过程。实际上，外汇的资本项目都是动态的，并且时间因素在分析上至关重要。这可以从两个方面加以说明：一方面，在一定的时间内，远期汇率处于变动之中，从而使汇率趋于升值或贬值。对于短期资本来说，其升值以后，以升值货币计值的金融资产的相对价值就会上升，从而可以激发大量短期资本为谋取套利利益而流入国内；其贬值以后，以贬值货币计值的金融资产的相对价值就会下降，从而可以激发大量短期资本为谋取套利利益而流向国外。另一方面，在一定的时间内，利率的高低会影响一国金融资产的吸引力。一国利率上升，会使该国金融资产对投资者产生吸引力，从而导致短期资本内流；一国利率下降，会使该国金融资产对投资者的吸引力降低，从而导致短期资本外流。这两个方面的情况都会对远期外汇供求产生影响，使该供求处于变动之中，影响远期差额与利率差额之间新的均衡的建立，从而给远期汇率决定带来影响。

除此之外，利率平价理论在说明远期汇率的决定上，还存在另一些缺陷，这些缺陷并未得到现代远期汇率理论的纠正或弥补。第一，没有考虑到交易成本。计算套利收益，应该是在支付了交易成本以后。交易成本的种类很多，信息成本就是其中之一。交易成本还必须包括外汇买卖价差。第二，忽略了机会成本。套利也有机会成本。对投资者来说，机会成本是由于未能执行某项经营活动而损失的潜在利益。任何一项经营活动都会有所得失，执行某一方案得到了相应的收入，同时也意味着放弃了另外一项收入。一个方案得失相抵后所得的净额，便是另一个方案的机会成本。第三，舍弃了资本利得税。如果远期合约的收益被课以资本利得税，那么税收也会变得非常重要。从利率平价理论本身来说，所有这些缺陷都说明，在实际外汇市场操作中，远期差额与利率差额间的关系与利率平价理论所表述的情况并不完全相符。第四，假定不存在资本流动障碍。在现实经济中，许多国家实施较为严格的外汇管制，一些国家货币在资本项目下是不可自由兑换的。资本在国际上的流动会受到外汇汇率管制和外汇市场不发达等因素的阻碍。第五，假定套利资本规模是无限的，这在现实世界中很难成立。第六，利息平价理论只能作为解释短期汇率波动的一种工具，事实上，市场汇率波动还会受到其他多种因素的影响，短期汇率决定也是一个复杂的过程，利率变动只是其中一个重要的影响因素。第七，未能说明汇率决定的基础，只解释了在某些特定条件下汇率变动的原因。第八，没有区分经济正常状态下的情况与经济危机下的情况。在发生货币危机的情况下，不是利率平价决定汇率，而是即期汇率与远期汇率之间的差距反过来决定利率的水平。第九，忽视了利率结构问题。一国的利率结构本身会由于多种原因而变动，因此利率平价理论过于简单化。

正是由于存在以上缺陷和不足，利率平价理论在提出以后，许多经济学家就汇率与两国货币资产相对收益之间的关系进行了日益深入的探讨，并对利率平价理论进行了修正，使之趋于完善并成为国际金融学的基本理论之一。

（四）汇兑心理说（Psychological Theory of Exchange）

汇兑心理说是建立在奥地利学派的边际效用价值论基础上的汇率学说，它由法国经济学家阿夫达里昂（A.Aftalion）于1927年提出。**汇兑心理说认为，人们之所以需要外国货币，只是出于特定的支付需要，是为了满足欲望，如满足购买、投资、外汇投机、资本外逃等欲望，这种欲望是使外国货币具有价值的基础，因此外国货币的价值取决于个人对外国货币的主观评价，而这一主观评价又是由外国货币的边际效用来决定的。**也就是说，外国货币的价值不依从任何规则，而是取决于外汇供求双方对外国货币边际效用所做出的主观评价。由于每个人使用外国货币有不同的边际效用，因此人们对外国货币的主观评价也各不相同。这种主观评价包括对每一种外国货币质的方面和量的方面的评价。质的方面包括该外国货币对特定商品的购买力、该国偿债能力、政治稳定性、资本外逃情况、外汇投机状况等；量的方面包括国际借贷和国际资本流动的数量。

各种不同的主观评价构成了该外国货币的供给和需求状况，供给和需求相等时所产生的价格就是均衡汇率。

按照汇兑心理说，货币量的增加使得流入企业家手中的货币增多，从而引起了人们对货币的重新评价，这种重新评价导致了商品价格的变化。由此可见，汇兑心理说是从主观心理因素方面解释货币量变动对经济的影响以及外汇供求变化的，它试图以此阐明汇率的决定和变动，为后来将理性预期引入汇率决定理论分析开创了先例。

（五）现代利率平价理论

现代利率平价理论是以艾因齐格的利率平价动态理论为基础发展起来的，由于传统利率平价原理设定的前提条件过于严格，与国际金融市场的实际情况相异，因此必须对其加以修正，于是产生了修正的利率平价原理。

在高度发达的国际货币市场上，两种货币的汇率和利率都会根据各自的供求变化和预期做出迅速调整。在无抵补套利的情况下，投资者是风险中立的，即他们只关心预期收益而不在乎风险，也就是说，他们是投机者。如果所有投资者的预期都相同，就没有人会持有低于平均收益的资产，因此所有的资产就会有同样的预期收益，国内外资产完全替代。在市场均衡条件下有：

$$1+i=\frac{E_t^*(1+i^*)}{E}$$

或 $$\Delta E=\frac{E_t^*-E}{E}$$

式中：$1+i$ 为预期的 t 期即期汇率；ΔE 为预期汇率变化率。

上式表明，投资于外国资产不仅要考虑国内外两种资产所提供的收益率，还要考虑汇率变动产生的收益变动。也就是说，对外投资不仅是对外国货币资产一定收益的投资，还是对外国货币的投资。在市场均衡状态下，预期汇率变化率等于利差，这个关系也称为无偏差利差原理。

现代利率平价理论是第二次世界大战以后，特别是20世纪70年代以后，货币主义因素对国际金融经济领域产生的日益重大的影响在理论上的反映。在国际金融一体化背景下，规模巨大、流动迅速的国际资本正日益脱离实体经济基础而独立运行。因此，在开放经济中，汇率主要取决于有垄断力量的基金如套利基金、共同基金等，在追逐货币资产收益的过程中不断调整其资产组合而产生的外汇供求。也就是说，资产组合变化导致的国际资本流动是决定汇率的最主要因素。在这个意义上，现代利率平价理论对各国制定和调整利率、汇率政策，保持汇率稳定，防止货币危机发生提供了理论基础。

（六）资产市场分析方法（The Asset Market Approach）

20世纪70年代之前，国际货币制度实行的是固定汇率制，各国货币直接或间接地与黄金挂钩，汇率维持稳定的基础“金平价”依然存在，平价关系仅仅在出现国际收支根本性不平衡时才进行调整，因此，当时的汇率问题与国际收支调节是紧密相连的。70年代以后，随着布雷顿森林体系的解体，汇率维持稳定的基础“金平价”不存在了，西方主要的发达国家均采用了浮动汇率制度。与此同时，各国政府纷纷实行金融自由化政策，逐步取消了短期资本流动的限制，大量的短期资本在国际市场上进行套利活动，国际游资频繁移动与汇率的波动交互影响，纯粹的跨国金融交易在数量上已经大大超过国际贸易而占据主要地位。因此，经济学家对汇率进行理论分析的重点从固定汇率制下国际收支的决定或由于汇率调整而导致国际交易的调整开始转移到汇率短期和长期均衡的决定方面，凯恩斯主义经济理论逐渐失去了统治地位，货币主义占据了主流。与此相适应，汇率决定理论也更多地体现着货币主义色彩。由于国际经济的背景发生了巨大变化，传统的汇率理论无法对现实经济做出解释，因此经济学家转而从新的角度对汇率理论进行研究。在此后的几十年里，国际金融环境发生了很大变化，随着国际金融市场一体化的空前发展和国际资本流动的大量增加，资本账户的交易远远超过了经常账户的交易，经常账户的模型不再适合国际环境的实际情况，也无法解释汇率的短期波动，且传统的自主性交易和补偿性的定义不再适用，经济学家的注意力也更多地集中在资本项目上。资本流动在汇率决定模型中的作用日益重要，汇率被看作资产的价格，由资产的供给和需求决定。资产市场说逐渐成了汇率决定理论的主流。

可见，资产市场分析方法是在传统汇率决定理论的基础上发展而来的，但在分析方法上，其与传统汇率决定理论有着重大区别，前者是存量分析，而后者是流量分析。资产市场分析方法更强调资产市场的存量均衡对汇率的决定性作用，它从资产市场的角度来考察汇率，认为汇率变动是为了实现两国资产市场的存量均衡，均衡汇率即当两国资产存量的供求都达到均衡时两国货币的相对价格。基于这一分析思路，资产市场分析方法有如下一些基本假定：（1）完全的资本流动性，不存在任何资本跨国流动的限制；（2）理性预期，投资者对某一变量未来值的主观预期，等于以当前所有信息为条件的数学期望值；（3）高度发达的资产市场，资产市场包括本外币货币市场、本外币债券市场、本外币股票市场，为了简化分析，这里以债券作为非货币资产的代表形式，而不考虑交易成本。这些都是资本市场分析法共同的理论前提。

货币模型假定，资产具有完全流动性和完全替代性，那么，各种资产就是同质的，在分析中就可以丢开非货币市场，而集中于货币市场。根据定义，汇率是一国货币用另一国货币表示的相对价格，当两国的货币市场达到均衡时，即货币存量与货币需求平衡时，汇率相应被决定。从这一思路出发，货币模型可分为弹性价格货币模型和黏性价格货币模型。

1.弹性价格货币模型（Flexible-Price Monetary Model）

弹性价格货币模型的代表人物有Jacob Frenkel、 Michael Mussa、 Pentti Kouri、

John Bilson等。弹性价格货币模型之所以如此命名，是因为它的分析体现了以自由主义为特征的货币主义的基本思想，即商品价格和资产价格都是完全弹性的，通过价格的灵活变动，各个市场处于均衡状态。弹性价格货币模型的推导直接建立在两个重要假定上，即稳定的货币需求函数和购买力平价条件。弹性价格货币模型由卡甘（Cagan）的货币需求函数、货币市场均衡条件及购买力平价理论三者推导出。它依赖于购买力平价条件，假定充分就业，工资、价格及所有商品的价格是完全弹性的，在既定的货币需求函数条件下，只需考虑货币市场的均衡，即汇率由两国货币的相对需求和供给来决定。其基本模型是：

$$\ln e=(\ln Ms-\ln Ms^{*})+\alpha(\ln y^{*}-\ln y)+\beta(\ln i^{*}-\ln i)\quad \alpha,\ \beta>0$$

汇率由三组变量决定：本国货币供给相对于外国货币存量的增加使外汇汇率上升（本币贬值），本国实际收入的相对下降导致外汇汇率上升，本国利率水平的相对上升也导致汇率上升。弹性价格货币模型认为，在长期内，经济变量是稳定的，因此汇率也在长期内保持稳定。

2.黏性价格货币模型（Sticky-Price Monetary Model）

弹性价格货币模型关于汇率在长期内保持稳定性的结论与现实汇率的易变性存在着很大的差距，为了克服这一缺陷，美国著名学者多恩布什（Rudiger Dornbusch）将弹性价格货币模型向前推进了一步，他于1976年在《预期与汇率动态》一文中首先提出了汇率超调（Overshooting）思想，其后，又由弗兰克尔（Jeffery Frankel）、布伊特（Willem Buiter）和米勒（Marcus Millet）等作了发展。汇率超调思想基于这样一个基本假定：货币市场失衡后，由于价格黏性，货币市场供求均衡的恢复依据金融市场上的利率调整来完成，套利行为促使本币汇率及时发生调整，资产市场上的价格（即利率）不论在长期或短期都是弹性的，因此资产市场的调整是瞬时进行的；而商品市场上的价格是黏性的，在短期内它近乎固定不变，在长期内它的调节功能才会显现出来，商品市场的调整速度相对资产市场要缓慢得多。商品市场由于利率、汇率的变动而发生调整，价格缓慢变动。随着价格的调整，实际货币存量出现回调，由此，利率和汇率也相应出现回调。给定一个外部扰动，由于商品市场反应迟缓，因此资产市场的迅速调整使汇率做出先上后下或先下后上的行为特征，其过度反应使其偏离长期均衡值，即汇率超调，这就是短期内汇率容易波动的原因。由于该模型的分析是基于商品价格是黏性的这一特性，因此该模型也被称为黏性价格货币模型。黏性价格货币模型弥补了弹性价格货币模型缺乏短期分析的不足，解释了汇率的短期波动性，从而大大丰富了汇率决定的货币模型。在具体分析中，多恩布什将无抵补利率平价与回归性预期方程式、货币供求均衡方程式结合起来，较完美地说明了汇率决定的机制。

多恩布什的汇率超调分析是开创性的，在此基础上，其他经济学家又做了进一步发展，其中弗兰克尔的分析具有一定的代表性。弗兰克尔认为，多恩布什的分析忽略了国内外通货膨胀之差对汇率的影响，对此他进行了补充。他认为，经济当事人对汇率变动的预期应该由两部分构成：一是短期内多恩布什所称的汇率超调后的恢复；二是长期内对汇率变动所做的预期，用通货膨胀之差来表示，于是有：

$$\Delta s=\theta(s-s^{*})+(\pi-\pi^{*})$$

式中：θ 为汇率超调后恢复均衡的调整系数；s 为长期均衡汇率的对数形式；π 为通货膨胀率。

这就是说，弹性价格货币模型可以看成黏性价格货币模型的一个特例。

3.资产组合平衡模型（Portfolio Balance Model）——资产组合分析法

货币模型假定，国内外资产具有完全的替代性，但在现实中，却存在着种种导致国内外资产不完全替代的因素，如流动性水平、税赋待遇、违约风险、政治风险等。基于这一认识，在资产组合理论的基础上，产生了汇率决定的资产组合平衡模型，它最早于1975年由布朗森（Will Jam Branson）提出，其后又有考雷（Kouri）、艾伦与凯南（Polly Allen and Peter Kenen）、多恩布什（Dorn Busch）、费希尔（Stanley Fischer）等加盟。资产组合平衡模型放松了货币模型对资产替代性的假定，认为国内非货币资产之间是不完全替代的，投资者根据对收益率和风险性的考察，将财富分配于各种可供选择的资产，并确定自己的资产组合。资产组合达到了稳定状态，也即国内外各资产市场供求达到了均衡，同时汇率也相应被决定。

资产组合平衡模型将一国私人部门（包括个人和企业）持有的财富（W）划分为三种形式：本国货币（M）、本币债券（B）和外币债券（F）。因为本、外币资产不完全替代，未抵补的利率平价条件不成立，所以增加了风险报酬因素，投资者根据收益和风险两因素调整资产组合。当各资产市场达到均衡时，有：

$$W=M+B+F$$

当三个资产市场中的两个达到均衡时，第三个市场必定也处于均衡。

当资产供给既定时，通过对不同资产需求的调整，资产组合达到平衡，各个资产市场实现均衡，由此决定出一个均衡汇率。当资产供给发生变动时，汇率在资产市场的动态调整及资产组合的动态平衡过程中被决定。具体来说，资产供给的变化有两种情况：一是资产供给总量的变化；二是资产存量结构的变化。前者对汇率的影响称为财富效应，后者对汇率的影响称为替代效应。

资产供应总量的变化可细分为三种情况，它们对汇率产生影响的结果各不相同：

（1）货币供应量增加。这由央行增发货币引起，将导致投资者持有的货币存量上升。为使资产组合重新达到平衡，投资者会增加对本币债券和外币债券的购买，本币债券价格上升，外币资产需求增加，其结果是国内利率下降、汇率上升（本币贬值）。

（2）本币债券供应量增加。这由政府增发债券弥补财政赤字引起，将对汇率产生两种不同的影响：一是由于财富总量扩大，投资者增加对外币债券的需求，其结果是汇率上升（财富效应）；二是本币债券供应增加使本币债券价格下跌，国内利率上升会相对削弱对外币债券的需求，导致汇率下降（替代效应）。

（3）外币债券供应增加。这源于国际收支中的经常项目盈余，将使外币债券市场出现超额供给，导致汇率下降。

资产存量结构的变化一般由央行的公开市场操作引起，这又有两种具体情况：

（1）本币债券与本国货币互换。这是央行在国内货币市场上的公开市场操作，央行抛货币购本币债券，直接导致利率下降，利率下降使人们对外币债券的需求上升，通过替代效应使汇率上升。

（2）外币债券与本国货币互换。这是央行在外汇市场上的公开市场操作，央行抛货币购外币债券，将使国内利率下降且人们对外币债券的需求增加，两者同时推动汇率上升。

以上考察的是资产市场上短期均衡汇率的决定及其变动，而没有涉及商品市场，当汇率处于均衡时，经常项目可能为顺差，也可能为逆差。在完全自由浮动的汇率制度下，经常项目顺差意味着资本项目逆差和外币资产存量的增加，而外币资产存量的变动反过来又影响汇率，从而形成存量与流量相互作用的动态调节过程，直到外币资产存量不再变动，经常项目差额为零，此时的汇率水平代表了长期均衡汇率。那么，资产组合调整能否减少经常项目盈余呢？根据前述分析，当外币资产增加时，汇率将下降（本币升值），在满足马歇尔-勒纳条件的前提下，本币升值将减少经常项目盈余。由此可得出结论，资产市场对短期均衡汇率的动态调节会使短期均衡汇率最终接近长期均衡汇率。

本章小结

1．狭义的外汇指的是以外国货币表示的，为各国普遍接受的，可用于国际债权债务结算的各种支付手段。它必须具备三个特点：可支付性、可获得性和可换性。广义的外汇指的是一国拥有的一切以外币表示的资产。广义的外汇指的是一国拥有的一切以外币表示的资产。

2．外汇的动态概念，是指货币在各国间的流动，以及把一个国家的货币兑换成另一个国家的货币，借以清偿各国间债权、债务关系的一种专门性的经营活动。

3．汇率，是一国货币兑换另一国货币的比率，是以一种货币表示另一种货币的价格。从短期来看，一国的汇率由对该国货币兑换外币的需求和供给所决定。从长期来看，影响汇率的因素主要有：相对价格水平、关税和限额、本国商品相对于外国商品的偏好以及生产率。

4．为了确定两种不同货币之间的比价，必须先确定以哪个国家的货币作为标准。由于确定的标准不同，因此便产生了不同的外汇汇率标价方法。直接标价法是指以一定单位（如1个单位或100个单位）的外国货币为基准，折算为一定数额的本国货币的方法。间接标价法是指以一定单位（如1个单位或100个单位）的本国货币为基准，来计算应收若干单位的外国货币的方法。美元标价法是指以一定单位（如1个单位或100个单位）的美元为基准，来计算应兑换多少其他货币的方法。

5．汇率按国际货币制度的演变可分为固定汇率和浮动汇率，按制定汇率的方法不同可分为基本汇率和套算汇率，从银行买卖外汇的角度可分为买入汇率、卖出汇率、中间汇率和现钞汇率，按银行外汇的付汇方式不同可分为电汇汇率、信汇汇率和票汇汇率，按外汇买卖的交割期限不同可分为即期汇率和远期汇率，按对外汇管理的宽严可分为官方汇率和市场汇率，按银行营业时间不同可分为开盘汇率和收盘汇率。

6.汇率作为两种货币之间的交换比率，其本质是两国货币各自所代表或所具有的价值的比率。而在不同的货币制度下，汇率决定的基础也不一样。在金币本位制下，汇率由铸币平价来决定。在蜕化的金本位制下，汇率由各国的黄金平价来决定。在布雷顿森林体系下，汇率由各国货币的基金平价的比值来决定。在现行国际货币制度下，汇率由各国纸币所代表的实际价值来决定。

7.汇率决定理论是国际金融的主要理论基础之一。一是金本位制时期的汇率决定理论；二是布雷顿森林体系建立后的汇率决定理论；三是布雷顿森林体系瓦解，进入纸币本位制之后的汇率决定理论。

关键概念

外汇　汇率　直接标价法　间接标价法　固定汇率　浮动汇率　基本汇率　套算汇率　买入汇率　卖出汇率　中间汇率　现钞汇率　即期汇率　远期汇率　官方汇率　市场汇率　国际借贷说　汇兑心理说

综合训练

2.1　单项选择题

1.以下表述中，(　　)是错误的。

A.外汇是一种金融资产

B.外汇必须以外币表示

C.用外汇表示的货币不一定具有充分的可兑性

D.用外汇表示的货币必须具有充分的可兑性

2.采用间接标价法的国家是(　　)。

A.日本　　B.美国　　C.法国　　D.中国

3.浮动汇率制度下，汇率由(　　)决定。

A.货币的含金量　　B.外汇市场供求状况变动的幅度

C.中央银行　　D.市场供求

4.购买力平价理论表明，决定两国货币汇率的基础是(　　)。

A.含金量　　B.价值量　　C.购买力　　D.物价水平

5.本币汇率下跌会引起(　　)。

A.出口减少，进口增加　　B.出口增加，进口减少

C.进出口不发生变化　　D.进出口同时增加

6.各国中央银行往往在外汇市场上通过买卖外汇对汇率进行干预，当外汇汇率(　　)时，卖出外币，回笼本币。

A. 过高　　B. 过低　　C. 不一定　　D. 以上都不是

2.2　多项选择题

1. 外国货币作为外汇的前提是（　　）。

A. 可偿性　　B. 可接受性

C. 可转让性　　D. 可兑换性

E. 一致性

2. 我国规定，外汇包括（　　）。

A. 外国钞票　　B. 外国铸币

C. 外币有价证券　　D. 外币支付凭证

E. 特别提款权

3. 在间接标价法下，外币数额减少，表示（　　）。

A. 本币币值不变　　B. 本币贬值

C. 外汇汇率上涨　　D. 本币汇率上涨

E. 外汇汇率下降

4. 在外汇市场上，汇率是经常变动的，影响汇率变动的主要因素有（　　）。

A. 利率差异和经济增长差异　　B. 国际收支和市场预期的差异

C. 各国物价上涨率的差异　　D. 各国宏观经济政策的差异

E. 经营主体的差异

5. 一国价格水平上涨，将导致国际收支（　　），该国的货币汇率（　　）。

A. 顺差　　B. 逆差

C. 上升　　D. 下降

E. 不变

2.3　思考题

1. 什么是外汇？其基本特征有哪些？

2. 简述影响汇率变动的主要因素。

3. 简述不同货币制度下汇率的决定基础。

4. 试比较浮动汇率制度与固定汇率制度的优劣。汇率市场化是否意味着实现完全浮动汇率？

5. 汇率的波动对一国经济和金融会产生什么样的影响？

6. 简述购买力平价理论的基本内容。

第三章

外汇市场与外汇交易

引例

小摩和汇丰疯狂提取黄金　清空库存背后有何深意?

2015年8月6日，据外媒报道，摩根大通和汇丰银行从纽交所取出大量黄金，这种单次提出如此庞大数量黄金的事情已经很久没有出现过了。

CME（芝加哥商业交易所）报告显示，7月31日，摩根大通从可交割金库中提出200 752盎司黄金。7月30日，摩根大通黄金总库存量已经降至1 197 462盎司，单日内黄金总库存量下降了近15%，而摩根大通注册黄金库存只有115 754盎司，这是即将被交割的黄金，而提出200 752盎司黄金将会完全清空摩根大通的注册黄金库存。7月31日，汇丰银行也提出了72 022盎司黄金。这次黄金大量被提出也引发了实体黄金和白银购买量的大幅增加。7月，鹰牌金币售出了17万盎司，鹰牌银币售出了550万盎司（即使美国铸币局暂停销售了白银鹰币两周）。

资料来源　佚名.小摩和汇丰疯狂提取黄金　清空库存背后有何深意?[EB/OL].[2018-08-06].http：//business.sohu.com/20150806/n418289125.shtml.

为何两家银行会大量提出黄金清空库存？这会给外汇市场造成何种影响？应如何利用外汇交易来应对此举带来的异动？在本章中，我们将学习外汇市场与外汇交易。

第一节　外汇市场概述

一、外汇市场的概念

外汇市场（Foreign Exchange Market）是进行外汇买卖和货币兑换的市场。

外汇市场的主体是外汇的供应者、需求者和供需中介；外汇市场的客体是外汇交易的载体或各种形式的外汇市场工具；外汇市场的交易对象是不同国家的货币。

国际交易中的商品、劳务价格的收付，资本的跨国界流动，都有一个本币与外币、外币与本币、一种外币与另外一种外币的买卖兑换问题，这就产生了外汇买卖。我们要注意外汇市场与进行国际资金存贷的国际货币市场、国际资本市场的区别。

商业银行在经营过程中不可避免地要出现外汇买卖数量上的不平衡。如果买进多于卖出，则为"多头"（Long Position）；如果卖出多于买进，则为"空头"（Short Position）。为避免因汇率波动造成损失，商业银行在经营外汇业务时，通常遵循"买卖平衡"的原则。这就是说对于每种外汇，如果出现"多头"，则将多出部分的外汇卖出；如果出现"空头"，则将短缺部分的外汇买进。当然，这并不意味着商业银行在买卖外汇后要立即进行平衡，商业银行往往根据自身资金实力、各国金融状况和对汇率变动趋势的预测，来决定立即平衡还是推迟平衡。推迟平衡也就是进行投机（Speculation）。

二、外汇市场的特征

（一）外汇市场是由现代化电子通信网络组成的无形市场

从目前的情况来看，国际上的外汇市场大部分是场外交易市场，交易商们坐在世界各主要商业银行的办公室里（大银行都设有专门的交易室），通过电话、电报、电传、多通道语音记录仪（电话录音机）、互联网和其他通信渠道进行联系。这使得供求双方的反应极快，成交时间也极短，以光和电的速度传递的信息流和资金流常使外汇市场趋于单一的价格。因此，外汇市场一般没有具体的场所。

（二）大量的外汇交易集中于各国际金融中心

外汇市场一般分布于各国的主要金融中心，世界外汇市场又由各国际金融中心的外汇市场构成，从而形成了一个庞大的体系。目前，交易量大且具有国际影响力的外汇市场主要有伦敦、纽约、法兰克福、苏黎世、巴黎、东京、米兰、蒙特利尔、阿姆斯特丹、布鲁塞尔、多伦多、巴林、香港、新加坡。其中，伦敦和纽约外汇市场起主导作用。对于较大数量的外汇交易，各国往往选择较大的外汇市场进行。

（三）全球外汇市场是一个高度一体化的市场

随着通信技术的发展，外汇交易由局部性交易发展成为全球性交易，从而形成了一个紧密联系的复杂网络。借助于现代化电子通信手段，各主要外汇市场随时向世界各地通报市场行情，并随时承接来自世界各地的外汇交易。由于在统一市场上交易货币的同质性（Homogeneity），同种外汇交易价格的差异趋于缩小。

（四）汇率波动性大

外汇行市受多种因素影响，汇率瞬息万变。当货币比价之间有差异时，就会出现大规模的套汇行为。当然，外汇资金的频繁流动往往会熨平汇率波动，但由于各种原因，还会发生新的波动。

（五）外汇市场昼夜不停地运转

西欧市场从早上开始营业，当下午2时结束营业时，纽约外汇市场正好开始营业；当纽约市场结束营业时，东京市场开始营业；东京市场收盘时间又与西欧市场营业时间衔接。如此周而复始，一天24小时可连续不断在世界各个外汇市场进行交易。

（六）外汇市场上交易的币种相对集中

并非所有货币都可以进行交易，外汇市场上的绝大多数交易都是以美元、英镑、日元、加拿大元这几种货币进行的。近年来，新加坡元、港币、欧元在外汇交易中也显著增加。其他货币也有买卖，但为数较少，并无国际意义。

（七）外汇交易量巨大

英国《金融时报》（Financial Times）曾报道，从1979年到1984年，全世界外汇市场的交易规模扩大了近1倍，日交易额在1990年达到7 000亿美元。在巨额的外汇流量中，绝大部分外汇流量发生在银行同业之间，实际贸易和投资的外汇流量占流动外汇总额的比重很小。

三、外汇市场的种类

（一）按交易主体或交易额度划分

1.外汇批发市场

外汇批发市场是指银行同业（Inter-Bank）之间的外汇买卖市场，具体包括同一市场上各银行之间、不同市场上各银行之间、中央银行同商业银行之间，以及各国中央银行之间的外汇交易。银行同业间外汇交易的作用在于弥补银行与客户交易产生的买卖差额，目的在于避免汇率风险。这种市场的特点是交易量大、起点高。

2.外汇零售市场

外汇零售市场是指银行与一般客户之间的外汇交易，如银行与进出口商、非贸易外汇供求者等之间的外汇买卖。相对银行同业市场而言，这种交易的特点是规模小。

广义的外汇市场包括外汇批发市场和外汇零售市场；狭义的外汇市场则专指外汇批发市场。人们一般所说的外汇市场多指狭义的外汇市场。

（二）按市场性质或交易范围划分

1.国内外汇市场

国内外汇市场是受本国货币当局管制较严的市场，多见于发展中国家。这种市场的特点是市场主体仅限于本国居民，交易对象仅限于本币与少数几种外汇，外汇管制比较严格。

2.国际外汇市场

国际外汇市场可以进行多种货币（包括非本国货币）之间的自由买卖，各国居民都可参加自由交易（包括利用现代通信手段的跨国交易），而不必受所在国金融制度的限制。伦敦、纽约、东京、苏黎世、新加坡及香港等市场都是国际外汇市场。

从历史上看，国际外汇市场都是从国内外汇市场发展而来的。随着我国经济的发展及金融管制的解除，国内外汇市场可望逐渐成长为自由的、具有国际性的外汇市场。

（三）按照交割时间划分

1.即期外汇市场

即期外汇市场也称现汇市场，是指在外汇交易的当日或在交易完成后的两个营业日内进行交割的市场。由于国际上的外汇交割涉及时差问题，因此习惯在成交之后的两个营业日内进行交割。若交易的通货在同一时区，如美元兑加拿大元、美元兑墨西哥元，或者在小型封闭市场，则即期交易在交易的次日清算。在我国香港外汇市场，港元兑美元的即期交易当天交割，港元兑日元、新加坡元、马来西亚元、澳大利亚元在次日交割，其他货币则在第三日交割。即期外汇市场的基本功能是进行货币兑换，在最短的时间内实现国际购买力的转移。

2.远期外汇市场

远期外汇市场是指进行远期外汇交易的市场。远期外汇市场的基本功能是避免汇率风险，锁定进出口贸易和国际借贷的成本。

（四）按组织形态划分

1.欧洲大陆式的外汇市场或“有形市场”

这种外汇市场有固定形式的具体交易场所，一般在证券交易所的建筑物内或在交易大厅的一角设立外汇交易所（FX Bourse），由从事外汇经营业务的各银行代表在每个营业日的规定时间内，集合在此地从事外汇交易。目前，欧洲大陆式的外汇市场除了瑞士外汇市场外，多数在外汇交易所内进行交易，如法国的巴黎外汇市场、德国的法兰克福外汇市场、意大利的米兰外汇市场等。

2.英美式的外汇市场或“无形市场”

这种市场没有具体的交易场所和固定的时间，也无规章，是一种抽象的通信交易网络。在这种市场中，所有的买卖交易都通过联结银行与外汇经纪人或客户的电话、电报、电传以及其他通信工具组成的网络进行。例如，纽约某银行的一个外汇交易商以美元兑换英镑，于是他们在电话上商定价格，然后每个交易商都进入银行的计算机或其他记录咨询系统的交易程序，开始进行交易活动。实际的货币调拨过程并不需要交易商费心，一个交易过程最多只有几秒钟。随后，两家银行互发载有交易细节的确认书，并对交易合同的清算做出安排，纽约的银行便将在纽约某银行的一笔美元存款转给伦敦的银行，伦敦的银行也将在伦敦的某银行的一笔英镑存款转给纽约的银行。伦敦外汇市场、纽约外汇市场、加拿大外汇市场、东京外汇市场、苏黎世外汇市场等都属于这种市场。

目前，大部分新发展起来的外汇市场都属于无形市场，而传统的欧洲市场正逐步缩小、衰退。但有形市场也有优点：一是由于交易双方的外汇银行通过讨价还价替客户进行买卖，使汇率在一种“竞价”的环境中形成，不受任何一家银行左右。二是“外汇市场”是公开发布的，工商企业可以利用这种定价直接结算其债权债务关系。因此，有形市场在有些国家仍然发挥着较好的作用。

（五）按外汇管制程度划分

1.自由外汇市场

自由外汇市场是指没有外汇管制的市场。在自由外汇市场中，政府、机构和个人可以买卖任何币种、任何数量的外汇，汇价随行就市。政府或货币当局介入这种市场，主要是为了稳定汇率。这类市场主要存在于发达国家。

2.官方市场

官方市场是指按照政府的外汇法令进行管制的外汇市场。发展中国家公开的外汇市场，其外汇交易的范围、规模乃至汇率水平都受到较严格的控制。

3.外汇黑市

外汇黑市是指非法进行外汇买卖的市场。由于发展中国家普遍实行外汇管制，因此有些外汇供求无法满足，于是外汇黑市应运而生。由于价值规律的作用，外汇黑市很难被取缔。有的政府还参与买卖，进行干预，以缓解公开外汇市场的供求矛盾，从而使外汇黑市成了代替市场（Alternative Market）或平行市场（Parallel Market）。

四、外汇市场的结构

（一）外汇市场的主体结构

外汇市场的主体是指从事外汇交易的当事人。

1.外汇银行

外汇银行又叫外汇指定银行，是指经中央银行批准，可以经营外汇业务的商业银行和其他金融机构。外汇银行主要包括三种类型：专营或兼营外汇业务的本国商业银行；在本国的外国商业银行分行；经营外汇业务的其他金融机构，如信托公司、财务公司等。发达资本主义国家的商业银行一般都可从事外汇业务。

商业银行主要从两个方面的经营活动中获得利润：①充当外汇买卖中介。商业银行通过代客户买卖外汇并提供全面的服务，从中获得利润。当客户询问银行某一外汇的买卖报价时，银行的交易商会首先查询市场现价。若可行，则在此之上加一个价差（利润）。交易金额小，价差高；交易金额大，价差低。由于当今外汇市场竞争激烈，因此商业银行的报价应尽量接近市场价格，有时甚至要比市场价格优惠，以吸引客户。②以银行自己的账户直接进行外汇买卖。这种交易的目的在于调整外汇头寸，保持外汇存贷在合理的水平上；或者利用外汇市场上汇价的地区差异、时间差异获得利润。外汇交易商的主要任务之一是判断市场波动和走势，如估计日元会升值，预计某日日元有一定的需求量，便提前购买，积存日元以满足客户的需求。一旦客户要货，银行交易商的报价便处于有力的竞争地位。外汇交易商在本银行的方针和限额内，会购进看涨的货币，预期在日后的交易中获利。

外汇银行是外汇市场上最主要的参与者，它通常与以下几类对象发生交易：①经纪人。但银行之间的交易也可以不通过经纪人而直接进行。②其他外汇银行。银行之间进行交易主要是为了调整头寸和保值。③工商企业。④中央银行。

2.外汇经纪人

外汇经纪人是专门介绍外汇买卖成交的中间人。外汇经纪人是一种具有代理性质的专门职业，其一般不负担外汇交易的盈亏风险，不得利用差价图利，需经所在地国家中央银行批准才能取得经营资格。

外汇经纪人可分为两类：一是一般经纪人，即一方面充当外汇买卖中介，赚取佣金；另一方面又以自有资金参与外汇交易，自负盈亏。这时，外汇经纪人又是自营商（Dealer），这类外汇经纪人一般是资本雄厚的商人。二是跑街经纪人（Running Broker），即专代客户买卖外汇，收取佣金，不承担任何风险，又称为“掮客”。

目前，经纪人业务已被大经纪商所垄断，这些大经纪商或是公司，或是合伙组织，规模很大，利润也十分可观。

外汇经纪人的主要任务是提供正确、迅速的交易情报，联络买卖双方，促进外汇交易顺利进行。外汇经纪人通过联系整个外汇市场，包括海外办事处和代理机构的专线通信网络，在世界范围内同有关方面保持业务联系，对瞬息万变的外汇行情做出最新的出价和要价，如发现合适的价格，立即通知客户成交。

在一个市场内部进行交易一般不通过经纪人，而由买卖双方直接洽谈成交。大商业银行为了节省手续费，也越来越倾向于彼此直接成交。但各地的情况不一样，有时差别还会很大。比如，在伦敦外汇市场，商业银行间的所有外汇交易几乎都通过联结经纪商事务所的专线电话进行，这些经纪商事务所的外汇经纪人就充当着银行的中介人角色，伦敦外汇市场基本上是外汇经纪商导向的市场。纽约外汇市场与伦敦外汇市场十分相似，约有8家大的外汇经纪商占主导地位，其在全美各主要金融中心都设有分支机构。但由于计算机系统使得银行间的通信直接快捷，而不必使用电话、电传，因此经纪人的作用正逐步被削弱。

3.中央银行

中央银行在外汇市场上的活动包括三个方面：

一是作为普通参加者参与外汇交易活动。中央银行作为政府的银行参与外汇市场，为政府机构和重要的国有企业进行外汇交易。在某些国家，中央银行往往还买卖一些次要的货币，以满足进出口商对一些冷僻货币的需求。此时，中央银行所起的作用与一般商业银行无异。在从事外汇交易时，中央银行应尽量减少自身行为对外汇市场的影响。另外，各国中央银行之间、中央银行与国际金融机构之间也有外汇买卖的发生。

二是通过买卖外汇的经济手段干预市场，维护汇率的稳定。为了管理和控制本国货币供应量，稳定外汇市场和本币的对外汇率，当本国的汇率剧烈波动并朝着不利于本国的方向发展时，中央银行就会参与外汇市场，大量抛售或购入某种外汇，使本币的对外汇率稳定或朝着有利于本国经济的方向变化。

三是监督和管理市场。中央银行通过制定和颁布一系列法令，预防外汇市场上的违法行为，维护外汇市场的秩序。对于不允许汇率自由浮动的货币，中央银行所起的作用相当大。

4.非金融机构和个人

非金融机构主要是指进出口商、政府机构和跨国公司等。进出口商是外汇市场上外汇的实际需求者。跨国公司由于生产和经营的国际化，要在国际上调拨资金，这使其交易活动与外汇交易密不可分。跨国公司参与市场的目的包括：一是满足进出口收付款的需要；二是清算对外投资产生的债权债务关系；三是利用各种外汇交易手段回避风险；四是参与投机活动的需要。

个人参与外汇市场的活动主要是非贸易方面的活动，如出国旅游、探亲、留学、个人汇款等。

5.证券公司与贴现公司

证券公司主要是指专门从事外币有价证券买卖，赚取外币利息、红利或股息的公司。目前，证券公司的业务范围已远远超过外币证券的买卖以及企业兼并和收购，其对外汇市场的渗透越来越深、越来越广。

贴现公司也叫贴现商号，是以买卖远期票据为主要业务的公司。在票据贴现业务中，外国汇票的贴现占主要部分。在需要资金时，贴现商号可以将汇票进行再贴现，但必须拥有自有资金。贴现公司在国内和国际清算中具有重要作用。

6.外汇投机者

外汇投机者是指通过对汇率涨跌趋势的预测，利用汇率的时间差异和地域差异，低买高卖，赚取投机利润的市场参与者。外汇投机者是外汇市场上不可缺少的大规模外汇资金的供求者。外汇投机者在以买空卖空方式进行外汇交易、凭借对汇率走势的判断谋取暴利的同时，也承担了市场风险。外汇投机交易的规模十分庞大，已经成为影响汇率走势、造成市场汇率剧烈波动的重要因素。从事外汇投机活动的有商业银行、其他金融机构、各种大的贸易公司、跨国公司，也有一些比较富有的个人参与者。

7.国际金融组织

在外汇市场上，国际金融组织起着重要的调节作用。

国际货币基金组织对世界外汇市场和货币汇率体系起着重要的支撑作用。国际货币基金组织决定向某个国家贷出货币，常常被视为对某个国家信誉的认可。国际货币基金组织的宗旨之一就是稳定国际汇兑，它的行为能影响人们对某种货币的信心。

国际清算银行通过对各成员国中央银行的借贷活动，调节货币流向，进而调节外汇市场和汇率的稳定。

（二）外汇市场的客体结构

外汇市场的客体是指当事人进行外汇交易的媒介和载体。

1.客户市场（Customer Market）

参加交易的客户主要是各类非金融机构和个人。客户出于贸易、投资、外币存款、保值和投机的需要，同商业银行进行外汇买卖。这些交易包括即期交易、远期交易、掉期交易等。客户用汇时，向银行买入外汇；客户收汇时，向银行卖出外汇。

2.银行同业市场（Inter-Bank Market）

银行同业市场的参与者主要是商业银行、各类财务公司、投资公司和证券公司。银行之间进行交易的目的包括：一是平衡同客户进行交易的外汇头寸；二是外汇投机。银行在客户市场上与一般客户进行交易时，往往会出现多头或空头的现象，当银行需要轧平头寸时，就需要通过银行同业市场向其他银行买卖外汇。

银行同业市场的交易额度大，普通交易为100万～500万美元，多者超过1 000万美元。银行同业市场交易也包括即期交易、远期交易和掉期交易等。人们一般所指的狭义的外汇市场或国外有关文献中所指的外汇市场，就是银行同业市场。

在外汇交易中，银行同业市场约占95%。在其余的5%中，商品交易者占45%以上，石油公司占10%，非银行金融机构（养老基金、证券公司等）占10%，其他行业占30%。跨国公司（不包括石油业）的外汇交易活动约占全部国际外汇交易活动的1.5%。

3.中央银行与银行间的交易市场

中央银行参与外汇市场上的交易可以直接同商业银行进行，也可以同经纪人进行。中央银行在管理外汇储备时，常常要通过商业银行进行外汇买卖，以调整储备货币的结构。中央银行为稳定汇率而进行的干预活动，也需要与商业银行进行外汇交易。

（三）外汇市场的交易结构

在银行同业市场上，外汇交易一般采取直接交易和间接交易两种形式。

1.直接交易

直接交易一般适用于国际外汇市场，是指国内银行与国外银行通过电话、电传及计算机网络进行的外汇买卖。这种交易以互惠互利原则为基础，双方随时准备组织市场和为对方提供市场。直接交易的优点是可以确保找到交易市场并完成买卖。其缺点是：①随时要为对方提供市场，银行在一定程度上失去了对外汇头寸的控制。②外汇交易规模不同，很难保证互惠互利原则彻底贯彻。③在选择交易伙伴时面临信誉评估问题，要承担一定的信用风险。

2.间接交易

间接交易一般适用于国内市场，是指银行间通过经纪人进行的交易。通过经纪人进行外汇交易的好处是：①银行可以获得较为有利的市场地位，不为一家交易伙伴银行所控制。②避免直接交易时的信用风险。③不同规模的银行可以在经纪人市场上直接进行公平交易。其缺点是必须支付佣金，从而提高了交易成本，且不能保证银行所委托的买卖必然成功。

第二节　外汇交易

一、外汇交易的概念

外汇是伴随着国际贸易而产生的，外汇交易是国际上的一种汇兑活动，是为了结算或支付的需要而进行外汇买卖的活动。政府、工商企业、金融机构以及个人对非本国货币的需求与供应，体现在有形商品的进出口、金融资产的投资、劳务的输出入以及其他投资等各种商业活动上，需要通过国际结算、国际投融资、外汇保值等各种业务来完成。近年来，外汇交易不仅在数量上成倍增长，在实质上也发生了重大变化，外汇交易的种类也随着外汇交易性质的变化而日趋多样化。

二、传统的外汇交易

（一）即期外汇交易

即期外汇交易（Spot Exchange Transaction）又称现汇交易，是指外汇交易双方按当天外汇市场的即期汇率成交，并在外汇交易的当日或在交易完成后的两个营业日内进行交割的外汇交易。

1.即期外汇交易中交割日的确定

在即期外汇交易中，交割日（也称起息日）的确定规则是：

（1）即期外汇交易中的标准交割日为成交后的第二个工作日或营业日（T+2）。根据需要，交易双方也可将交割日约定为成交当日或成交次日，二者均为超短期的即期交易。例如，在中国香港外汇市场用美元兑换港元的即期外汇交易，就采取当日交割的形式；加拿大则规定成交后的第一个营业日为即期外汇交易中的交割日。

（2）即期外汇交易中的交割日必须是收款地和付款地共同的营业日，至少应该是付款地市场的营业日。

（3）在即期外汇交易中，若成交后的第一、二日不是营业日，则交割日必须顺延。

2.即期外汇交易的方式

即期外汇交易的方式通常有三种，即电汇、信汇和票汇。

（1）电汇（Telegraphic Transfer，T/T）是指汇款人向当地外汇银行交付本国货币，由该行用电报或电传通知国外分行或代理行立即付出外币。

在浮动汇率制下，由于汇率不稳，经常大幅度波动，而电汇收付外汇的时间较短，在一定程度上可减少汇率波动的风险，因此出口商在贸易合同中经常要求进口商以电汇方式汇款。在电汇方式下，银行在国内收进本国货币、在国外付出外汇的时间相隔一般不超过1~2日。由于银行几乎不能利用顾客的汇款，再加上国际电汇费用也较高，因此电汇汇率最高。在即期外汇交易中，采用最多的是此种交易方式。

（2）信汇（Mail Transfer，M/T）是指汇款人向当地银行交付本国货币，由银行开具付款委托书，用航空邮寄交国外代理行，办理付出外汇业务。

信汇凭证即信汇委托书，其内容与电汇委托书的内容相同，只是汇出行在信汇委托书上不加注密押，而以负责人签字代替。

（3）票汇（Demand Draft，D/D）是指汇出行应汇款人的申请，代汇款人开立以汇入行为付款人的即期汇票，列明收款人的姓名、汇款金额等，交由汇款人自行寄送给收款人或亲自携带出国，以凭票取款的一种汇款方式。

票汇的凭证为银行汇票。票汇的特点包括：一是汇入行无须通知收款人取款，而由收款人上门自取；二是收款人通过背书可以转让汇票，因此到银行领取汇票的，很可能不是汇票上列明的收款人本人，而是其他人。在国际贸易实务中，进出口商的佣金、回扣、寄售货款、小型样品与样机、展品出售和索赔等款项的支付，通常采取票汇方式。

3.即期外汇交易的市场报价

在即期外汇市场上，一般把提供交易价格的机构称为报价者，外汇银行通常充当这一角色；与此相对应，一般把向报价者索价并在报价者所提供的即期汇价的基础上与报价者成交的其他外汇银行、外汇经纪人、个人和中央银行等称为询价者。

（1）双向报价法。在外汇市场上，报价银行在报出外汇交易价格时一向采用双向报价法，即同时报出银行外汇买入价和卖出价。在直接标价法和间接标价法下，报价是不相同的。例如，英镑兑美元的汇率为GBP/USD=1.8210/20。

（2）美元标价法。全球各外汇市场一般采用美元标价法，在路透社、美联社等主要系统报出的即期外汇行情中，除了英镑、澳大利亚元、新西兰元等少数货币兑美元汇率是完整报出基准货币、报价货币名称外，其他汇率均只报出报价货币名称。例如，东京银行2016年4月18日报出日元的开市价是111.15/25，这一价格就是指日元与美元的即期买卖价格。

4.即期外汇交易的功能

（1）即期外汇买卖可以满足客户临时性的支付需要。通过即期外汇买卖业务，客户可将手上的一种外币即时兑换成另一种外币，用以应付进出口贸易、投标、海外工程承包等的外汇结算或归还外汇贷款。

（2）即期外汇买卖可以帮助客户调整手中外币的币种结构。例如，某公司遵循“不要把所有的鸡蛋放在同一个篮子里”的原则，通过即期外汇买卖，将其全部美元外汇的15%调整为欧元、10%调整为日元，此种组合可以分散外汇风险。

（3）即期外汇买卖还是外汇投机的重要工具。这种投机行为既有可能带来丰厚的利润，也可能造成巨额亏损。

（二）远期外汇交易

远期外汇交易（Forward Exchange Transaction），又称期汇交易，是指交易双方在买卖成交后并不立即交割，而是签订远期合约，约定在未来的某日按约定的汇率办理交割的外汇交易。期汇交易与即期外汇交易的主要区别在于交割日的不同，凡是交割日在两个营业日以上的外汇交易均属于期汇交易。期汇交易的交割期限一般有1个月、2个月、3个月、6个月，有时也长至12个月，其中3个月最普遍。远期交割日是以即期交割日加上交割期限。

1.采用远期外汇交易的目的

人们进行期汇交易的具体目的是多方面的，总体归纳起来不外乎是避险保值和投机获利。

（1）避险保值。在国际贸易往来中，进出口商或外币资金借贷者为了避免在商业或其他金融交易中由于汇率变动而带来的损失或不确定性而进行远期外汇交易，以实现避险保值。避险保值是指以远期外汇对现在商业及金融交易中形成的未来的外汇债权（多头）或未来的外汇债务（空头）的汇率风险支付一定的成本进行防范。在国际贸易往来中，贸易双方签订合约之后到货款清算之间还有相当长的一段时间，由于汇率变动的瞬息变化和不确定性，在这段时间内，进出口商可能会因为合约规定的计价货币的汇率变动而蒙受损失。为了避免这些汇率风险，进出口商可以预先向银行买入或卖出远期外汇，这样到支付或收进货款时，就可以按原先约定的汇率办理交割。例如，某进口商向银行按约定的远期汇率买进3个月的美元期汇，3个月后用美元期汇支付货款，从而避免了美元汇率上升所带来的损失。同样的道理，国际上的货币借贷者也可卖出或买进相同期限的期汇以防范外汇风险。

（2）投机获利。外汇投机者利用汇率变动的差价进行期汇交易，以谋取利益。这里的外汇投机是指投机者根据对汇率变动的预期，有意持有外汇多头或空头，希望从汇率变动中赚取利润的行为。

2.远期外汇交易的交易方式

根据交割日的不同，可以将远期外汇交易分为固定交割日的远期外汇交易和选择交割日的远期外汇交易。

（1）固定交割日的远期外汇交易，是指交易的交割日期是确定的，即交易双方约定在某个确定的日期办理外汇的实际交割，既不能提前也不能推后。在国际贸易往来中，交易商为了防范从合约签订到货款实际收付日这段时间的外汇风险，通常选择固定交割日的远期外汇交易，以套期保值。

（2）选择交割日的远期外汇交易，是指交易没有固定的交割日期，交易一方可在从成交日的第三天起至约定期内的任何一个营业日，要求银行按事先约定的远期汇率办理货币收付的交割。这类交易由于在交割日上具有很大的灵活性，因此比较适用于难以确定收放款日期的贸易。由于银行要承担汇率波动的风险和资金调度成本，因此银行在报价中会选择对自己有利的价格。

（三）套汇交易和套利交易

1.套汇交易

套汇交易（Arbitrage Transaction）又称地点套汇，是指利用同一时间、不同地点两种货币间汇率的不一致，以低价买入某种货币，同时以高价卖出，以谋取利润的一种外汇交易。套汇的核心就是做到贱买贵卖，赚取汇率差价。

套汇交易在客观上能够调节外汇市场上的供求关系，消除不同地点上的汇率差，使它们在世界范围内的汇率趋向一致。但随着现代通信技术和计算机网络的应用，世界各地外汇市场上的汇率差异正在缩小、存在的时间正在缩短，套汇交易的实际操作空间也缩小了。

套汇交易有直接套汇和间接套汇两种。

（1）直接套汇

所谓直接套汇（Direct Arbitrage），也称双边套汇（Bilateral Arbitrage）或两地套汇（Two-Point Arbitrage）、两角套汇，是指利用同一时间两个外汇市场之间存在的汇率差异进行套汇。直接套汇是一种简单的套汇形式，它清楚地表明了某种货币在哪一市场贵、在哪一市场便宜，很容易判断是否存在套汇机会并进一步确定交易方向。

（2）间接套汇

所谓间接套汇（Indirect Arbitrage），又称多边套汇（Multilateral Arbitrage）或交叉套汇（Cross Arbitrage），它是指利用同一时间至少三个外汇市场上的汇率差异进行贱买贵卖，从中赚取汇率差的行为。

间接套汇中最简单的是三地套汇（Three-Point Arbitrage），三地套汇也称三角套汇。在三角套汇中，判断三个外汇市场之间有无套汇机会相对直接套汇而言比较复杂。判断方法有以下两种：

判断方法一：假设从某一个外汇市场开始卖出1个单位某一种货币，再通过第二个市场交易，最后在第三个市场买进该种货币。如果最后买进的该种货币仍然为1个单位，说明没有套汇机会；如果不是1个单位，则有套汇机会存在。如果大于1个单位，则按此线路套汇；如果小于1个单位，则按此线路的相反方向套汇。

判断方法二：通过计算套算汇率进行判断。

2.套利交易

套利交易（Interest Arbitrage）又称利息套汇，是指利用两国市场的利率差异，把短期资金从利率低的市场调到利率高的市场投放，以赚取利息差额收入的外汇交易活动。套利活动将外汇市场与货币市场紧密联系在一起。根据是否对外汇风险进行防范或采取套期保值措施，套利活动可分为非抛补套利和抛补套利。

（1）非抛补套利

所谓非抛补套利（Uncovered Interest Arbitrage），是指利用两国市场的利率差异，把短期资金从利率较低的市场调到利率较高的市场进行投资，以谋取利息差额收入。例如，某人有100万美元的3个月期美国国库券，利率为8%，可获得本利共108万美元。如果即期市场汇率为1英镑=2.00美元，3个月英镑利率为10%，则他在即期市场卖出100万美元，可获得50万英镑。他将50万英镑调往伦敦并投资于3个月期英国国库券，则3个月后可获利55万英镑（50×（1+10%））。这时，若美元兑换英镑的汇率没有发生变化，那么，他将在伦敦投资的收益55万英镑换成美元，则为110万美元，这比他不进行套利交易多赚2万美元。

（2）抛补套利

所谓抛补套利（Covered Interest Arbitrage），是指套利者在把资金从甲国调入乙国以获取较高利息的同时，还通过在外汇市场上卖出远期的乙国货币以防范风险。援引上例，套利者不将100万美元投资于美国国库券以谋取8%的利息收入，而是在即期市场上将这笔美元卖出以换得英镑，随后在伦敦投资于利率为10%的3个月英国短期国库券，由此他在3个月后可获得55万英镑。在这同时，套利者马上在远期外汇市场上订立契约，卖出3个月的55万英镑以买进美元。为简便计算，仍设汇率为1英镑=2.00美元，这样3个月后他可稳获110万美元的收入。投资者之所以要在将英镑调入伦敦的同时，在外汇远期市场上售出英镑、购买美元，其原因是防止美元升值。一般来说，在浮动汇率体系下，汇率在3个月内不发生变化几乎是不可能的，因此，套利者在套利的同时又进行抛补，才是既可以防范汇率风险又可以获得利息收入的安全之策。

（四）掉期与择期交易

1.掉期交易

（1）掉期交易的概念

掉期交易（Swap Transaction）可以看成由两笔交易金额相同、起息日不同、交易方向相反的外汇买卖组成，因此一笔掉期外汇交易具有一前一后两个起息日和两项约定的汇率水平。在掉期外汇买卖中，客户和银行按约定的汇率水平将一种货币转换为另一种货币，在第一个起息日进行资金的交割，并按另一项约定的汇率将上述两种货币进行方向相反的转换，在第二个起息日进行资金的交割。

（2）掉期交易的种类

掉期交易依交割日的不同可分为以下三种类型：

①即期对远期的掉期交易（Spot-Forward Swap Transaction）。最常见的掉期交易是把一笔即期交易与一笔远期交易合在一起，等同于在即期卖出甲货币买进乙货币的同时，反方向地买进远期甲货币、卖出远期乙货币的外汇买卖贸易。例如，某日，泰国银行公布的即期外汇汇率1美元=30泰铢，1个月的远期汇率为1美元=35泰铢，泰铢贬值17%。这时，外汇投机商可做一笔掉期交易：首先，投机商以即期汇率1美元=30泰铢买入1亿美元，卖出30亿泰铢；然后，投机商以远期汇率卖出1亿美元，买入35亿泰铢。该交易对投机商来讲，就是即期对远期的掉期交易。

②即期对即期的掉期交易（Tomorrow-Next Swap Transaction），是指成交后一笔在第一个营业日交割、另一笔在第二个营业日做反方向交割的一种交易。这种即期

对即期的掉期交易主要用于银行同业间的隔夜资金拆借。

③远期对远期的掉期交易（Forward-Forward Swap Transaction），是指对不同交割期限的外汇远期交易双方做金额相同、方向相反的两个交易。这种交易方式只会偶尔使用。

（3）掉期交易的功能

①防范风险。若客户目前持有甲货币而需使用乙货币，但在经过一段时间后又收回乙货币并将其换回甲货币，也可通过做掉期外汇交易来锁定换汇成本，防范风险。

例如，一家日本贸易公司向美国出口产品，收到货款500万美元。该公司需将货款兑换为日元用于国内支出。同时，公司需从美国进口原材料，并将于3个月后支付500万美元的货款。此时，公司可以做一笔美元兑换日元的掉期外汇交易：即期卖出500万美元，买入相应的日元；3个月远期买入500万美元，卖出相应的日元。通过上述交易，公司可以轧平其中的资金缺口，达到规避风险的目的。

②调整起息日。客户做远期外汇买卖后，因故需要提前交割的，或者由于资金不到位或其他原因不能按期交割、需要展期的，都可以通过做外汇掉期交易对原交易的交割时间进行调整。

例如，一家美国贸易公司在1月份预计4月1日将收到一笔日元货款，为防范汇率风险，公司按远期汇率水平同银行做了一笔3个月远期外汇交易，买入美元卖出日元，起息日为4月1日。但到了3月底，公司得知对方将推迟付款，在5月1日才能收到这笔货款。于是，公司可以通过一笔1个月的掉期外汇交易，将4月1日的头寸转换至5月1日。

2.择期交易

（1）择期交易的概念

择期交易（Optional Forward Exchange）是指远期外汇的购买者（或卖出者）在合约有效期内的任何一天，都有权要求银行实行交割的一种外汇业务。

择期与期权不同：期权是在合约有效期内或合约到期日，要求银行交割或放弃执行合约；择期则不能放弃合约的履行，但可在合约有效期内的任何一天要求银行交割。择期和远期的外汇合约也不同：远期外汇合约到期时才能交割；择期外汇合约在有效期内的任何一天均可交割。

（2）择期汇率的确定

由于择期外汇合约在有效期内的任何一天均可交割，因此银行在确定择期远期外汇汇率时一般应掌握以下原则：

①银行卖出择期远期外汇且远期外汇升水时，银行可按最接近择期期限结束时的远期汇率计算；若远期外汇贴水，则银行可按最接近择期开始的汇率计算。

②银行买入择期远期外汇且远期外汇升水时，银行可按最接近择期期限开始时的汇率计算。

此外，也有的银行在买入升水的择期远期外汇时，不计升水，而在卖出升水择期远期外汇时，向客户收取最大的升水；在买入贴水的择期远期外汇时，扣除最大的贴水，而在卖出贴水的择期远期外汇时，不计贴水。

因为在择期外汇交易中，客户处于有利地位，而银行处于被动地位，所以为了弥补这种不利情况，银行采取上述计算原则。

（3）择期交易的作用

在国际贸易实务中，一般情况下，进口商的支付条件是单据到国内及时付汇，但单据到国内的具体日期不能确定，而只能估计为某一特定日期的前后10天左右。进口商为了防止汇率风险，不与银行签订购买某种货币的远期外汇合约，而签订择期合约，即可绕过远期外汇合约交割期固定的约束。

三、外汇衍生交易

（一）外汇期货交易

1.外汇期货交易的概念

外汇期货（Foreign Exchange Futures）交易，又称货币期货交易或外币期货交易，是指买卖双方在期货交易所通过有会员身份的经纪人进行的，按照交易所的规定交付保证金，并按固定价格预买预卖标准化远期外汇合约的交易活动。外汇期货交易是在原有商品期货交易的基础上，于1972年首先在美国芝加哥国际货币市场（IMM）出现的。

2.外汇期货合约的基本内容

各个外汇期货交易所都有自己的标准化合约格式，但其基本内容都是一样的。这些基本内容包括：

（1）交易单位，即每份合约所含交易的货币金额。例如，IMM规定，日元合同的交易单位为12 500 000日元。

（2）最小价格波动幅度，即交易场内经纪人的出价或叫价比上个交易价格上升与下降的幅度。

（3）每日停板额，即期货合约在一个营业日之内比前一个营业日的结算价高或低的最大变动限额。

（4）交割月份与交割日，即未平仓合约实际交割的月份。在IMM，交割月份为3月、6月、9月和12月，交割月份的第三个星期三为交割日。

3.外汇期货交易的作用

（1）套期保值。外汇期货的套期保值分为卖出套期保值和买入套期保值。

①卖出套期保值。出口商、从事国际业务的银行预计未来某一时间会得到一笔外汇，为了避免外汇对本币贬值造成的损失，就可以采用卖出套期保值。卖出套期保值又称空头套期保值，即预期某一货币汇率下跌时，在期货市场上先卖出外汇期货合约，一段时间后，再买进相同币种、数量、期限的期货合约。

②买入套期保值，又称多头套期保值，即预期某一货币汇率上涨时，在期货市场上先买入外汇期货合约，一段时间后，再卖出相同币种、数量、期限的期货合

约。套期保值者通过期货市场与即期外汇市场间的盈亏抵补来规避风险。

（2）投机获利。就投机而言，交易者以较小金额的保证金，就可以从事超过保证金金额数倍或者数十倍的交易，以赚取利润。外汇期货交易缴纳的保证金通常为合约金额的2%～3%，这样低的保证金率，意味着只要有2万元到3万元就可以买/卖100万元的期货合约，这就是所谓的“以小博大”，由于其经济效益较好，风险必然也较大。

（二）外汇期权交易

1.外汇期权的概念

外汇期权（Foreign Currency Option），又称货币期权，它是一种货币买卖合约，赋予了期权买方在规定的日期或在此之前按照事先约定的价格购买或出售一定数量某种货币的权利。在外汇期权交易中，期权购买者向期权出售者支付一定费用购买期权，期权购买者就获得了按期权合约规定的价格在合约到期前或到期日购买或出售一定数量某种货币的权利，而出售者在收取期权费后就承担了按购买者的要求卖出或买入某种货币的责任。对于期权购买者而言，期权是一种权利，而不是一种义务或责任。也就是说，当外汇市场变化使期权购买者按期权合约买入或卖出某种货币比在即期市场上交易更有利时，期权购买者就会行使这种权利；否则，期权购买者就可放弃这种权利，而不须承担任何责任和义务，因此期权也称为选择权。

2.外汇期权交易的特点

（1）外汇期权交易具有更大的灵活性

外汇期权合约的买方购买的是一种权利，即选择权。在合约有效期内，或约定的到期日，如果汇率对合约买方有利，买方即可行使期权，按约定汇率买进或卖出外汇；如果汇率对合约买方不利，买方就可放弃期权。因此，外汇期权交易弥补了远期外汇交易的某些弱点，更具有灵活性。

外汇期权交易是对原有几种外汇保值方式的发展和补充。它既为客户提供了外汇保值的方法，又为客户提供了从汇率变动中获利的机会，从而具有较大的灵活性。

（2）期权费不能收回，且费率不固定

期权费也叫权利金或保险费，即外汇期权的价格。期权交易的买方获取选择权，意味着卖方出售了这种权利，所以卖方要收取一定金额作为补偿。期权费在期权交易成交时由合约买方支付给合约卖方，无论买方在有效期内是否行使期权，期权费均不能收回。期权费率可根据多种因素综合确定，且不固定。

决定期权费的主要因素有三个：期权期限的长短；市场即期汇率与期权合约中约定的汇率之间的差别；汇率预期波动的程度。

（3）外汇期权交易的对象是标准化合约

在外汇期权交易中，外汇期权合约的内容具有标准化的特点，如货币数量、到期日等。在费城股票交易所，每个外汇期权合约的金额分别为62 500瑞士法郎、5 000加元、31 250澳元，外汇期权合约的到期日分别为每年的3月、6月、9

月、12月。

3.外汇期权的种类

（1）按照行使期权的时间可分为：①欧式期权（European Option），是指只能在到期日执行的期权。②美式期权（American Option），是指在到期日或到期日之前任何一天都可以执行的期权。

可见，当到期日相同时，美式期权比欧式期权具有更大的灵活性，因此，美式期权通常要求更高的期权费。

（2）按照购买者的买卖方向可分为：①买进期权（Call Option），又称看涨期权，简称买权，是指合约的购买方有权在到期日或到期日之前按协定汇率从期权出售者手中买入一定数量的某种货币，也有权不买。进口商或投资者预测某种货币有上涨趋势，为避免支付增加或投资成本增加，而按约定汇率买进外汇，以避免汇率上涨风险，因此这种期权称为看涨期权。②卖出期权（Put Option），又称看跌期权，简称卖权，是指合约的购买方有权在到期日或者到期日之前按协定汇率向期权出售者卖出一定数量的某种货币，也有权不卖。出口商或有外汇收入者预测某种货币有下跌之趋势，为避免收入减少，而按约定汇率卖出外汇，以避免汇率下跌风险，因此这种期权称为看跌期权。

（三）互换交易

互换（Swap）交易是指两个交易主体之间私下达成协议，按照事先约定的方式在将来彼此交换现金流。它可以被看成一系列远期合约的组合，常见的互换交易有利率互换（Interest-Rate Swap）交易和货币互换（Currency Swap）交易两种。

1.利率互换交易

利率互换交易是指交易双方同种货币不同利率形式的资产或者债务的相互交换。利率互换交易是常用的债务保值方法，主要用于管理中长期利率风险。交易者通过利率互换交易可以将一种利率形式的资产或负债转换成另一种利率形式的资产或负债。债务人根据国际资本市场利率的走势，通过利率互换交易，可将自身的浮动利率债务转换为固定利率债务，或将固定利率债务转换为浮动利率债务。利率互换交易不涉及债务本金的交换，即客户不需要在期初和期末与银行互换本金。一般而言，当利率看涨时，可将浮动利率债务转换为固定利率债务；当利率看跌时，可将固定利率债务转换为浮动利率债务。这样有利于债务人规避利率风险，降低债务成本。

2.货币互换交易

货币互换交易是指交易双方在一定期限内将一定数量的货币与另一种一定数量的货币进行交换。货币互换交易也是常用的债务保值方法。虽然早期的“平行贷款”和“背对背贷款”也具有类似的功能，但是“平行贷款”和“背对背贷款”仍然属于贷款行为，在资产负债表上将产生新的资产和负债。而货币互换交易作为一项资产负债表外业务，能够在不对资产负债表造成影响的情况下，实现债务保值的目的。

课堂小讨论

汇率开放对经济发展的意义是什么？

第三节　外汇风险管理

一、外汇风险管理的概念

外汇风险管理是指外汇资产持有者通过风险识别、风险衡量、风险控制等方法，预防、规避、转移或消除外汇业务经营中的风险，从而减少或避免可能的经济损失，实现在风险一定条件下的收益最大化或收益一定条件下的风险最小化。

（一）外汇风险管理的原则

1.保证宏观经济原则

在处理企业、部门的微观经济利益与国家整体的宏观利益的问题上，企业、部门通常是尽可能减少或避免外汇风险损失，而将风险损失转嫁到银行、保险公司甚至国家财政上去。在实际业务中，应把两者利益尽可能很好地结合起来，共同防范风险损失。

2.分类防范原则

对于不同类型和不同传递机制的外汇汇率风险损失，应该采取不同的适用方法来防范，但切忌生搬硬套。对于交易结算风险，应以选好计价结算货币为主要防范方法，并辅以其他方法；对于债券投资的汇率风险，应采取以保值为主的防范方法；对于外汇储备风险，应以储备结构多元化为主，并适时进行外汇抛补。

3.稳妥防范原则

该原则从其实际运用来看，包括三个方面：

（1）使风险消失。

（2）使风险转嫁。

（3）从风险中避损得利，这是人们追求的理想目标。

（二）外汇风险管理的策略

1.完全抵补策略

完全抵补策略即采取各种措施消除外汇敞口，固定预期收益或固定成本，以达到避险的目的。对银行或企业来说，完全抵补策略就是对持有的外汇头寸进行全部抵补。一般情况下，采用这种策略比较稳妥，尤其是对于实力单薄、涉外经验不足、市场信息不灵敏、汇率波动幅度大等情况。

2.部分抵补策略

部分抵补策略即采取措施消除部分外汇敞口，保留部分受险金额，试图留下部分赚钱的机会，当然也留下了部分赔钱的可能。

3.完全不抵补策略

完全不抵补策略即任由外汇敞口暴露在外汇风险之中。这种情况适合于汇率波动幅度不大、外汇业务量小的情况。在面对低风险、高收益、外汇汇率看涨的情况时，企业也多选择这种策略。

（三）外汇风险管理的过程

1.识别风险

企业在对外交易过程中要了解：究竟存在哪些外汇风险，是交易风险、会计风险，还是经济风险；面临的外汇风险哪一种是主要的、哪一种是次要的，哪一种货币风险较大、哪一种货币风险较小；外汇风险持续时间的长短。

2.衡量风险

衡量风险即预测汇率走势，对外汇风险的程度进行测算。外汇敞口越大，汇率波动越大，风险就越大。因此，企业应经常测算各时期的外汇敞口有多少，汇率的预期变化幅度有多大。

3.驾驭风险

驾驭风险即在识别和衡量风险的基础上采取措施控制外汇风险，以免产生较大损失。

二、外汇风险管理的一般方法

（一）企业在经营中的外汇风险管理

1.选好或搭配好计价货币

（1）选择本币计价

选择本币作为计价货币不涉及货币的兑换，因此没有外汇风险。

（2）选择可自由兑换货币计价

选择可自由兑换货币作为计价结算货币，便于外汇资金的调拨和运用，一旦出现外汇风险，可以立即兑换成另一种有利的货币。

（3）选择有利的外币计价

注意货币汇率的变化趋势，选择有利的货币作为计价结算货币，这是一种根本性的防范措施。其基本原则是“收硬付软”。由于计价货币的选择，与货币汇率走势及与他国的协商程度、贸易条件等有关，因此在实际操作中，企业必须全面考虑，灵活掌握，真正选好有利币种。

（4）选用“一篮子”货币

通过使用两种以上的货币计价，来消除外汇汇率变动带来的风险。比较典型的“一篮子”货币有SDR。

（5）软硬货币搭配

软硬货币此降彼升，具有负相关性。对其进行合理搭配，能够减少汇率风险。交易双方在选择计价货币难以达成共识时，可采用这种折中的方法。例如，对于机械设备的进出口贸易，由于时间长、金额大，因此可以采用这种方法。

2.采用平衡法、组对法、借款法、投资法

（1）平衡法，亦称配对法，是指交易主体在一笔交易发生时，再进行一笔与该笔交易在货币、金额、收付日期上完全一致，但资金流向相反的交易，从而抵销两笔交易面临的汇率变化影响的方法。

平衡法具体包括两种：

一是单项平衡法。单项平衡法是指在外汇交易中做到收付币种一致，借、用、收、还币种一致，以避免或减少风险。这种方法又可分为两种：严格意义上的单项平衡和一般意义上的单项平衡。

二是综合平衡法。综合平衡法是指在交易中使用多种货币，使软硬货币相结合，由此使多空两相抵销或在一个时期内使各种收付货币基本平衡。综合平衡法比单项平衡法更具灵活性，效果也较显著。

（2）组对法，是指交易主体通过利用两种资金的流动对冲来减少风险的方法。

组对法与平衡法相比，其特殊点在于：平衡法是基于同一种货币的对冲，而组对法则是基于两种货币的对冲。组对法比较灵活，也易于运用，但若组对不当，反而会产生新的风险。因此，企业必须注意对组对货币的选择。

（3）借款法，是指有远期外汇收入的企业通过向银行借入一笔与远期收入相同币种、相同金额和相同期限的贷款，以防范外汇风险的方法。

借款法的特点在于能够改变外汇风险的时间结构，把未来的外币收入现在就从银行借出来，以供支配，这就消除了时间风险，届时外汇收入进账，正好用于归还银行贷款。不过该法只消除了时间风险，尚存在着外币对本币价值变化的风险。

（4）投资法，是指当企业面对未来的一笔外汇支出时，将闲置的资金换成外汇进行投资，待支付外汇的日期来临时，用投资的本息（或利润）付汇的方法。

企业投资的市场一般是短期货币市场，投资的对象为规定到期日的银行定期存款、存单、银行承兑汇票、国库券、商业票据等。这里要注意，投资者如果用本币投资，仅能消除时间风险；只有把本币换成外币再投资，才能同时消除货币兑换的价值风险。

投资法和借款法都是通过改变外汇风险的时间结构来避险，但两者各具特点，前者是将未来的支付移到现在，后者则是将未来的收入移到现在。

3.利用国际信贷

（1）外币出口信贷

外币出口信贷是指在延期付款的大型设备贸易中，出口商把经进口商承兑的、5年以内的远期汇票无追索权地卖断给出口商所在地的金融机构，以提前取得现款的资金融通方式。外币出口信贷有以下特点：①贷款限定用途，只能用于购买出口国的出口商品；②利率较市场利率为低，利差由政府补贴；③属于中长期贷款；④出口信贷的发放与信贷保险相结合。外币出口信贷包括两种形式：一是卖方信贷（Supplier's Credit），即由出口商所在地银行对出口商提供的贷款；二是买方信贷（Buyer's Credit），即由出口商所在地银行对外国进口商或进口方的银行提供的贷款。出口商可以利用卖方信贷避免外汇风险。

（2）福费廷（Forfaiting）

福费廷是指改善出口商现金流和财务报表的无追索权融资方式。在这种交易中，出口商可及时得到货款，并可及时将外汇换成本币。它实际上转嫁了两笔风险：一是把远期汇票卖给金融机构，立即得到现汇，消除了时间风险；二是以现汇兑换本币，消除了价值风险。福费廷是一种卖断行为，即把到期进口商不付款的信用风险转嫁给了金融机构，这也是福费廷交易与一般贴现的最大区别。

（3）保付代理（Factoring）

出口商在对收汇无把握的情况下，往往会请保理商叙作保付代理业务。该种业务的结算方式很多，最常见的是贴现方式。在保付代理情况下，由于出口商能够及时收到大部分货款，因此不仅避免了信用风险，还减少了汇率风险。

在以上三种国际信贷中，外币出口信贷与福费廷属于中长期融资，保付代理则是短期贸易信贷的一种，其特点是：①不能向出口商行使追索权；②保理商提供广泛、综合的服务；③保理商预支货款。保理商在该业务中具有重要的作用。

4.运用系列保值法

（1）合同中加列保值条款

保值条款是指贸易双方经过协商，同意在贸易合同中加列分摊未来汇率风险的货币收付条件。在保值条款中，交易金额以某种比较稳定的货币或综合货币单位保值，清算时按支付货币对保值货币的当时汇率加以调整。企业在长期合同中，往往采用这种方法。保值条款主要包括：①黄金保值条款；②硬币保值条款；③“一篮子”货币保值条款。

（2）调价保值

调价保值包括加价保值和压价保值等。在国际贸易中，出口收硬币、进口付软币是一种理想的选择，但在实际操作中，有时只能是“一厢情愿”。在某些场合，出口不得不收取软币，而进口被迫用硬币。此时就要考虑实行调价保值，即出口加价或进口压价，以尽可能降低风险。

5.开展各种外汇业务

（1）即期合同法

即期合同法是指具有近期外汇债权或债务的公司与外汇银行签订出卖或购买外汇的即期合同，以消除外汇风险的方法。

在即期交易中，企业为了防范外汇风险，需要实现资金的反向流动。企业若在近期有出口收汇，就应卖出相应的外汇头寸；企业若在近期有进口付汇，则应买入相应的即期外汇。

（2）远期合同法

远期合同法是指具有外汇债权或债务的公司与银行签订卖出或买进远期外汇的合同，以消除外汇风险的方法。

具体做法是：出口商在签订贸易合同后，按当时的远期汇率预先卖出合同金额和币别的远期外汇，在收到货款时再按原定汇率进行交割；进口商则预先买进所需远期外汇，在支付货款时再按原定汇率进行交割。这种方法的优点在于：一方面，将防范外汇风险的成本固定在一定的范围内；另一方面，将不确定的汇率变动因素转化为可计算的因素，有利于成本核算。该方法能在规定的时间内实现两种货币的风险相抵，能同时消除时间风险和价值风险。

（3）期货交易合同法

期货交易合同法是指具有远期外汇债务或债券的公司，委托银行或经纪人购买或出售相应的外汇期货，以消除外汇风险的方法。这种方法又包括：①多头套期保值；②空头套期保值。

（4）期权合同法

期权合同法与远期合同法相比，更具有保值作用。因为远期合同法必须按约定的汇率履约，保现在值不保将来值，但期权合同法可以根据市场汇率变动做任何选择，既可履约，也可不履约，最多损失期权费。进出口商利用期权合同法的具体做法是：①进口商应买进看涨期权；②出口商应买进看跌期权。

（5）掉期合同法

掉期合同法是指具有远期债务或债权的公司，在与银行签订卖出或买进即期外汇合同的同时，买进或卖出相应的远期外汇，以防范风险的一种方法。掉期合同法常用于短期投资或短期借贷业务外汇风险的防范上。

（6）利率互换法

利率互换法包括两种形式：一是不同期限利率的互换；二是不同计息方式（一般是固定利率与浮动利率）的互换。

（7）其他规避风险措施

其他规避风险措施主要包括：①易货贸易；②提前或延期结汇。

（二）银行在经营中的外汇风险管理

银行是外汇市场的主要参与者，它不但可为客户买卖充当经纪人，还可自营买卖，赚取差价利润。因此，加强外汇风险管理对银行来说十分重要。

1.内部限额管理

内部限额管理主要是为了防范外汇买卖风险，包括自营外汇业务风险和代客户买卖风险。当银行在代理客户买卖中形成敞口头寸时，风险也随之降临。

（1）影响交易限额规模的因素。银行在制定交易限额时，必须分析影响交易限额规模的各种因素，具体包括：

①外汇交易的损益期望。

在外汇交易中，风险与收益成正比。银行最高领导层对外汇业务收益的期望越大，对外汇风险的容忍程度越高，其交易限额也就越大。

②对亏损的承受能力。

在外汇交易中，控制亏损程度要比达到盈利目标容易一些。银行对亏损的承受能力取决于其资本规模的大小。银行对亏损的承受能力越强，其交易限额就越大。

③银行在外汇市场上扮演的角色。

银行参与外汇市场活动，可以是一般参加者（Ordinary Participant），也可以是市场活跃者（Jobber），甚至可以是市场领导者（Market Leader）。银行在外汇市场上扮演的角色不同，其交易限额的大小也不同。

④交易的币种。

交易的币种越多，交易的笔数和交易量越大，银行允许的交易限额也应当越大。

⑤交易人员的素质。

交易人员的水平越高、经验越丰富，银行允许的交易限额也应当越大。

（2）交易限额的种类

在上述基础上，银行应确定交易限额的种类，具体包括：

①即期外汇头寸限额（Spot Foreign Exchange Position Limit）。

这种限额一般根据交易货币的稳定性、交易的难易程度、相关业务的交易量等因素确定。

②同业拆放头寸限额（Money Market Position Limit）。

这种限额的制定要考虑交易的难易程度、拆放期限的长短、拆放货币利率的稳定性等。

③掉期外汇交易限额（Swap Foreign Exchange Position Limit）。

该限额的制定，必须考虑期限的长短和利率的稳定性；同时，还应制定不对称远期外汇买卖限额。

④敞口头寸限额（Open Position Limit）。

敞口头寸是指由于没有及时抵补（Covered）而形成的某种货币买入过多（Long Position）或某种货币卖出过多（Short Position）。敞口头寸限额一般需要规定敞口头寸的金额和允许的时间。

⑤止蚀点限额（Cut-Loss Limit）。

2.外部限额管理

外部限额管理主要是为了规避交易中存在的清算风险、信用风险和国家风险。

外部限额管理的具体措施有：

（1）建立清算限额

建立清算限额是指银行为了防范清算风险和信用风险，根据同业银行、客户的资本实力、经营作风、财务状况等因素，制定能够给予的限额，并根据情况变化对该限额进行周期性调整。

（2）建立拆放限额

建立拆放限额是指银行根据同业银行的资产和负债、经营状况和财务状况，确定拆放额度。对于不同的同业银行，拆放的额度是不一样的。拆放额度应根据情况的变化进行调整，交易人员必须根据规定的额度进行拆放，超额拆放则视为越权。

（3）建立贷款限额

建立贷款限额是指银行一般根据不同地区、国家的银行同业设立限额，从而使信贷资金有一个合理的分布比例。银行除了要对贷款总额进行控制外，还应通过调整贷款费用进行风险补偿，即区分不同的对象，分别采用不同的贷款利率和费用。

（三）外汇储备风险管理

外汇储备风险管理是一国金融宏观管理的重要组成部分。储备货币汇率的变动同样对银行影响巨大，如果储备货币发生货币危机，则会给以这种货币作为国家储备资产的国家带来极大的损失。因此，对外汇储备进行风险管理意义非常重大，对发展中国家来说更是如此。

外汇储备风险管理的方法可归纳为以下四种：

（1）质量管理，重点在于选择最佳储备货币；

（2）数量管理，核心是测量出一定时期内一国应持有的最佳或最适储备量；

（3）结构管理，关键在于对有关储备货币进行有效组合，使外汇储备资产保值；

（4）投资管理，即设立专门化的经营与投资机构，依法对外汇储备资产进行投资，使其尽可能在保值的基础上增值。

三、外汇风险管理的综合方法

（一）BSI法

BSI法，即借款-即期合同-投资（Borrow-Spot-Invest）法，是指在存在外汇应收账款的情况下，借入与应收外汇相同数额的外币，再将这笔外币卖给银行换回本币进行投资，从而既消除了外汇的时间风险，又消除了价值风险的方法。

在有应收账款的情况下，首先借入与应收外汇相同数额的外币，将外汇风险的时间结构转变到现在办汇日（Spot Date）；借款后时间风险消除，但货币风险仍然存在，此风险可通过即期合同法消除，即借入外币，卖给银行换回本币，外币与本币的价值波动风险不复存在；消除风险虽有一定的费用支出，但若将通过即期外汇交易得到的本币存入银行或投资，就可以赚得的投资收入冲抵一部分采取防险措施的费用支出。

（二）LSI法

LSI法，就是提早收付-即期合同-投资（Lead-Spot-Invest）法，是指具有应收外汇账款的公司，在征得债务方的同意后，请其提前支付货款，并给其一定折扣的方法。对于有应收账款的出口商或债权人来说，LSI包括三个步骤：首先，征得交易对方的同意，请其提前支付款项，并给予一定的折扣；然后，通过即期外汇交易，将收回的外汇款项兑换成本币；最后，为了获得一定的利息补偿折扣，将换回的本币在货币市场上投资生息。

第四节　外汇管制

一、外汇管制的概念和目的

（一）外汇管制的概念

外汇管制（Foreign Exchange Control）亦称外汇管理（Foreign Exchange Management）。从广义上来看，它是指国际上所有能够影响到外汇在国与国之间正常运动的政策措施；从狭义上来看，它是指一个国家在外汇的收、支、兑等方面实施的具有限制性意义的法令、规定、制度及措施等。具体地说，外汇管制是指一国政府出于政治和经济目的，而授权某一政府机构（如中央银行、外汇管理局或财政部）运用各种手段对其境内或管辖范围内的本国及外国机关、团体、企业和个人的外汇收付、买卖、借贷、转移、投资、国际结算以及本币汇率和外汇市场活动等实行的限制性管理。这个概念的内容非常广泛，涉及一国外汇管制的目的、类型、方式、机构、对象、内容等。

（二）外汇管制的目的

1.促进国际收支平衡

对于国际收支长期存在逆差的国家，其国际储备会大量流失，本币汇率不断下降，国际地位也将不断下降；国内资本的大量外流将导致国内投资严重不足，经济长期停滞甚至衰退，从而加剧本国国际收支的逆差。实行外汇管制，可以防止国内资本外逃，鼓励国际资本流入，改善贸易差额，缓解国际收支逆差，促进国际收支平衡。

对于国际收支长期顺差的国家，其币值坚挺会削弱本国商品的国际竞争能力；大量的国际资本流入，又会使本国货币投放增加，诱发或加剧通货膨胀，而且可能使本国经济命脉受制于外国投资者。实行外汇管制，限制外国资本流入，可减少外资对本国经济的冲击。

在1997年爆发的亚洲经济危机中，泰国等一些重灾区的国家不得不恢复外汇管制。早在1994年就成功预测了亚洲金融危机的克鲁格曼教授，也向国际货币基金组织呼吁，建议重灾区国家临时性恢复外汇管制，并力陈在当时的情况下外汇管制对受灾国的好处。

2.维持本币汇率稳定

实行外汇管制有利于改善国际收支，这本身就有稳定汇率的作用。当国际收支失衡时，通过汇率管制使官方汇率在一定时期内保持不变，有利于外贸成本的核算和促进经济发展；通过规定不同类别的复汇率，可以限制一般产品的进口，鼓励紧缺技术和原材料的进口，促进经济发展。

二、外汇管制的类型和方式

（一）外汇管制的类型

1.严格的外汇管制

严格的外汇管制是指对贸易、非贸易和资本项目，在数量和汇率上均严加管制。实行这类管制的国家，一般经济比较落后，外汇资金短缺，国际收支有一定的困难，如广大发展中国家，因此其不得不实行严格的外汇管制。我国在1994年1月1日外汇体制改革前也采取这种类型的外汇管制。

2.部分外汇管制

部分外汇管制是指只对资本项目进行管制，对经常项目不实行管制。实行这类管制的国家主要是工业发达国家（如澳大利亚、新西兰、丹麦、挪威等）和一些经济、金融状况较好的发展中国家（如南非、中国等），其货币一般是有限度的可自由兑换货币。

3.取消外汇管制

取消外汇管制是指对经常项目和资本项目的收付均不加限制或原则上不加限制，其货币是可自由兑换货币。属于这一类的国家主要是美国、英国、德国、瑞士等发达国家，或者是发展中国家中部分富裕的石油输出国，如沙特阿拉伯、科威特、阿联酋等。

（二）外汇管制的方式

1.直接管制

直接管制是指对外汇买卖和汇率进行直接干预和控制。

（1）行政管制。行政管制是指政府以行政手段对外汇买卖、外汇资金的来源和运用实行监督和控制。具体做法是政府垄断外汇买卖、管制外汇资产、管制进出口外汇、控制资本的输出入。

（2）数量管制。数量管制是指政府对外汇收支数量进行控制。在经常项目上，对贸易外汇实行外汇配额制、外汇分成制，对非贸易外汇实行限额制；在资本项目上，对资本输出入和银行账户存款进行审批管理；在外汇交易方面，限定外汇市场的交易数额，对超过限额的交易予以限制。

（3）价格管制。价格管制亦称成本管制，其主要形式有：一是规定法定的差别汇率，对关系国计民生的必需品的进口给予优惠汇率；对奢侈品的进口实行较高的汇率。二是制定外汇转移制度，出口商结汇时可以得到一部分汇率上的补贴。三是实行复汇率，部分外汇收入按要求向银行结汇，同时允许其余部分按更高的汇率在自由市场上出售。上述3种外汇管制方式实质上都是直接管制框架下不同形式的复汇率制。

2.间接管制

间接管制是指通过其他途径，如采用外汇缓冲政策，间接控制外汇收支与稳定汇率，进而影响外汇供求或交易数量。例如，中央银行建立外汇平准基金（Exchange Equalization Fund）或外汇稳定基金（Exchange Stabilization Fund），通过公开市场操作影响外汇供求。这种管制对调节国际收支短期性逆差的效果较好，对长期逆差的调节效果则不明显。

三、外汇管制的机构和对象

（一）外汇管制的机构

外汇管制的机构是外汇管制的主体或执行者。目前，世界各国的外汇管制机构主要有3种类型：一是由国家设立专门的外汇管理机构，如法国、意大利设立了外汇管理局，负责外汇管制的决策和执行。二是由国家授权中央银行负责外汇管制，如英国的外汇管制主体就是英国的中央银行——英格兰银行。三是由国家行政部门直接负责外汇管制，如日本的大藏省负责资本方面的管制，产业省负责审批进出口许可证等。

不同国家的外汇管制机构的任务也不尽相同，但基本上都是负责制定和监督执行外汇管制的法令、政策、规章和条例，并采取不同措施，控制外汇收支活动。

（二）外汇管制的对象

外汇管制的对象是指外汇管制法规和政策等作用的客体，具体可分为对人和对物两大类，有的国家还以地区作为管制对象。

1.对人的外汇管制

“人”在这里是法律术语，包括自然人（Natural Person）和法人（Legal Person）。自然人是指在民事上享有权利和承担义务的公民；法人是指根据法律在本国境内设立的享有民事权利和承担民事义务的组织。

实行外汇管制的国家，通常根据自然人和法人的国籍及居住地的不同将其划分为居民和非居民。居民（Resident）是指在外汇管制国境内居住1年以上的本国和外国的自然人和法人，以及本国驻外领事和派往国外的有关工作人员。非居民（Non-Resident）是指在外汇管制国以外居住和营业的自然人和法人，以及外国派驻本国的领事、商务代表和工作人员等。

各国对居民与非居民外汇管制的宽严程度不同。一般而言，由于居民的外汇收支对本国的国际收支影响较大，因此多数国家都对居民实行较为严格的外汇管制，而对非居民的外汇管制较为宽松。

2.对物的外汇管制

这里的“物”是指外汇收支中所用的各种支付手段和外汇资产，主要包括外钞、外国铸币、外汇支付工具（如汇票、本票、旅行支票、旅行信用证等）、外币有价证券（外币股票、外币公债、外币公司债券、外币人寿保险单及外币存折等）、贵金属（黄金、白银、钻石等）。此外，本国货币的携出入境也属于外汇管制的范围。

3.对地区的外汇管制

一是在一国境内实施外汇管制，或者对境内的不同地区实行不同的外汇管制措施，如我国深圳率先开办了“岸外业务”；二是在一个货币区内共同对外实施外汇管制，如英镑区等区内的成员国之间办理国际结算基本自由，而对货币区内的居民与区外居民之间的汇兑、结算及资金转移的需要，同时进行以“人”和“地区”为对象的管理。

四、外汇管制的内容

外汇管制主要是针对本国的国际收支项目和本国的货币汇率采取一定的管理措施，其具体内容如下：

（一）对贸易外汇的管制

贸易外汇收支在国际收支中占有最重要的地位。大多数出现国际收支逆差的国家，都从管制贸易外汇入手，并把其当成外汇管制的重点内容，以谋求改善国际收支。

1.对进口外汇的管制

这种管制的目的在于：一是可以减少本国外汇支出，防止贸易逆差的增大；二是可以防止外汇商品大量涌入，保护民族经济。其中，与关税无关的各种限制进口的政策和措施，又称为非关税壁垒。

（1）进口许可证制度（Import License System），即进口商品必须获得国家有关部门批准的进口许可证方可办理进口。有些国家规定，进口商必须凭国家批准的进口许可证才能向指定银行购买进口所需的外汇。进口许可证分为两类：一是有定额的进口许可证，即进口国有关机关预先规定有关商品的进口数额，对配额内的进口商核发许可证。二是无定额的进口许可证，即进口许可证不与进口配额相结合，进口国有关当局预先不公布进口配额，但每种商品都必须提出申请，经批准发许可证后才能进口。政府在颁发进口许可证时，通常会收取一定的捐税和手续费。实际上，这是一种变相征收的进口附加税，有时还可能高于正常的进口关税。

（2）进口配额制度（Import Quota System），即在一定时期内，一国政府对某些商品的进口规定一个数额加以限制，在配额以内的货物可以进口，超过配额则不准进口，或者征收较高的关税、附加税或罚款后才能进口。这种非关税壁垒的作用的大小取决于配额的高低。

①绝对配额（Absolute Quota），即在一定时期内，一国政府对某些商品的进口规定最高限额，超过最高限额即禁止进口。绝对配额有两种方式：一是全球配额（Global Quota），即商品不论来自哪一个国家，只要不超过规定限额，都可以进口，故也称为总配额。二是国别配额（Country Quota），它是按国别规定某种商品的限额，超过规定的配额便不准进口。这种配额因国别而异，也称为双边配额，它是西方国家贸易战中一种有效的斗争手段。

②关税配额（Tariff Quota），即规定某种商品在一定时期内的进口配额，在限额内进口可按低税率或优惠税率征税；超过限额仍可进口，但必须征收较高的关税。这种配额又可细分为优惠性关税配额和非优惠性关税配额。

（3）预缴进口保证金制度，即规定进口商必须事先向国家指定的银行按进口贷款的一定比例无息存入一定数额的外汇才允许进口。存款数额一是根据进口商品的类别或性质，按进口贷款总额的一定比例收取；二是根据进口商品所属的国别或地区，按进口贷款总额的一定比例收取。

（4）征税制度，即进口商购买外汇时会被征收一定的外汇税，或进口附加税、反倾销税等，以限制进口。

（5）进口用汇制度，即规定进口所需外汇必须向国家管汇部门申请，经批准后方可向指定银行购买。

（6）进口专营制度，即所有进口或规定范围内的进口统一由国家指定的机构办理，其他企业不得参与。

（7）规定进口支付条件制度。一是限制进口商对外支付时使用的外汇种类；二是调整开立信用证的押金额（提高或降低）；三是进口时必须取得外国提供的出口信贷等。

2.对出口外汇的管制

（1）出口许可证制度。企业在获得出口许可证后，方可开展出口业务。出口商在申请出口许可证时必须填明出口商品的价格、金额、收汇方法等，并交验信用证。出口许可证制度的功能有：一是控制出口收汇，防止隐匿外汇收入与外汇资金外逃。二是出于保护本国利益的考虑，对国内供不应求的原材料、半成品或商品，列为自由出口的商品但国内一时供不应求、禁止或限量出口的商品，战略物资或尖端技术、贸易制裁对象需求的商品等的出口均要进行管制。

（2）出口外汇结汇制度。出口商收汇后，必须及时向外汇管理当局申报，并把所得外汇全部或部分按规定汇率结售给指定银行。

（3）外汇留成制度。出口企业可按规定的留成比例获得一定留成外汇，并允许将这些留成外汇按市场的汇率高价转售他人或留作本企业进口之用。

（4）鼓励出口制度。除少数特殊商品外，各国对出口都采取鼓励性措施，如对出口商发放优惠贷款、出口传统商品的远期外汇收入可以提前结汇等。国际货币基金组织要求其会员创造条件，解除对经常项目的外汇管制。有些国家表面上不违反上述规定，却采取变相的做法，在经常项目上奖出限入。常用的方法有：对某些出口商品给予补助；出口退税；以优惠利率贴现出口商的汇票；政府为出口商承保汇率风险等。

（二）对非贸易外汇的管制

对非贸易外汇的管制是指对贸易外汇收支和资本输出入引起的外汇收支以外的各项外汇收支的管制，主要是对劳务收支和转移收支的管制。这种管制的目的在于集中该项目的外汇收入，限制该项目的外汇支出。对于非贸易外汇收入，一般要求卖给国家指定银行，但可以给予一定的优惠。有些国家对个人用汇，如旅费、留学生活费用等规定一定的限额，在限额内指定银行直接供给外汇。非贸易外汇的范围广而分散，管制较困难。一般而言，收入管制较松，支出管制较严；发达国家管制较松，发展中国家管制较严。

（三）对资本输出入的管制

一般而言，经济状况较好的国家、国际收支顺差的国家，都注重限制资本流入，鼓励资本流出；经济状况较差的国家、国际收支逆差的国家，都鼓励外资流入，限制资本流出。

1.资本输入的管制

发达国家对资本输入的管制较严，尤其是20世纪70年代以来，一些货币坚挺、国际收支持续顺差的国家更是如此。其管制方法也五花八门，主要措施有以下几种：

（1）对外资流入的限制。一是规定输入资本的额度、期限与投资部门。二是限制非居民购买本国的有价证券，如日本从1972年10月起，禁止非居民增加其有价证券的持有额；瑞士在20世纪70年代初期规定，非居民出售瑞士股票及债券所得的瑞士法郎要扣较多的手续费。

（2）对借款的限制。一是国外的借款要在一定期限内以一定比率存放在管汇银行。二是规定借款部门的利率和附加利率的水平。三是实行借款额度审批制度，如德国曾规定从1973年2月起，凡借入外国资本或贷款超过5 000德国马克者必须经过中央银行批准。

（3）对银行负债的限制。一是银行从国外借款不能超过其资本与准备金的一定比例。二是银行吸收外国居民存款要缴付较高的存款准备金，如德国规定银行吸收外国居民存款应缴纳90%～100%的存款准备金。

（4）对非居民存款的限制。20世纪70年代以后，许多国际收支顺差国对非居民存款倒收利息（Negative Interest Rate）。如瑞士规定，外国居民在瑞士以瑞士法郎存贷，其数额超过10万瑞士法郎的，要按季收10%的手续费。

一些发展中国家出于预防债务危机等方面因素的考虑，在特定时期也对资本输入采取某些管制措施。比如，对从国外借款要进行审批和规模控制；对未偿债务加强控制；对外国投资股份有一定比例要求，以使一些行业外商投资企业中的本国股份占有一定的比例；对国外资本和利润的调回限定一些条件，规定一定时期内允许调出在国外的资产或利润的最高限额或分批调回的期限等。

近年来，各国对资本输入的管制有放松的趋势，尤其是发展中国家，对外资的流入采取了包括税收、土地使用、劳动工资等方面的优惠政策，有些发展中国家还允许外国资本参与国内资本市场等。

2.资本输出的管制

这种管制的范围包括禁止购买外汇作为资本输出国外；禁止有价证券、黄金等的输出；有限度地限制本国货币、投资利润和股息的携出和汇出；限制对国外公司乃至本国的跨国公司提供信贷等。

20世纪80年代以来，由于国际金融市场放松了管制，发达国家对资本流动管理的主要趋势是取消或放松，以促进资本流动。例如，丹麦、法国、挪威对非居民的证券投资放宽管制；日本放宽了发行欧洲日元债券的标准，对非居民的欧洲日元贷款实行自由化，取消对持有欧洲日元债券的非居民课征利息收入提存税；日、德两国对外国银行参与本国金融市场活动的规定都有所放松；意大利、西班牙非居民的证券投资完全自由化。发展中国家对资本输出管制的主要倾向也是放松。

（四）对非居民存款账户的管制

在广泛实行非现金结算制度的环境下，国际结算大多是通过银行转账进行的。居民与非居民之间存款账户往来对外汇收支有直接的影响。一般而言，对非居民存款可设立以下三种账户来管制：

1.自由账户

自由账户的持有者有权使用账户款项，可以办理国内外一切支付或转至其他非居民账户下。这个账户资金的主要来源是非居民出售黄金的收入和其他外汇收入。

2.有限制账户

有限制账户包括国内与国外两个账户。非居民在国内的收入，事先没有约定可汇出境的，只能转入国内账户或转账账户，只能用于在国内购买商品或用于其他支付。转账账户内的资金可以转入其他非居民持有的转账账户里。

3.封锁账户

非居民在该账户的款项不能换成外币并汇出国外，也不能用于购买本国的长期债券或不动产，以及支付在国内的旅游费用。一般的非居民在国内的一切收入都应记入封锁账户内。居民借非居民的债务，只能用本国货币持缴该账户予以清偿。

第二次世界大战初期，英国的账户管制具有一定的代表性。英国把在英国银行的英镑存款账户，按照国别和存款来源划分为：①美元区和加拿大账户，这种账户上的英镑存款可以向任何地区和各种账户上调拨。②英镑区账户，这种账户上的英镑存款只限于在同一货币区内调拨。③封锁账户，这种账户上的存款只限于购买以英镑付款的英国有价证券。

（五）对黄金及现钞的管制

实行外汇管制的国家一般禁止私人输出黄金，也不允许黄金用于国际上的买卖和借贷。由于国际收支的需要而必须输出黄金时，也只能通过本国的中央银行或指定银行办理。有的国家对黄金输出采取征收黄金税的措施。对于携带贵金属饰品及工艺品出境也有一定数量的限制。

本币现钞的输出实质上是资本输出的一种辅助形式，而过量的本币现钞输出会导致本币对外汇率下降，同时也会导致资本外逃。因此，许多国家对本币现钞的输出都有一个最高限额。例如，美国规定每次携带的限额为5 000美元，超过限额的现钞需向海关申报。对本币现钞的输入，有的国家规定限额，有的国家则不加管制，但规定输入的现钞必须用于指定的用途。对外币现钞的输入，各国都有限制，一般应向海关申报；携带外币出境时，必须出示有关文件，证明携出的外币是合法所得或是在入境时携入的。

（六）对汇率的管制

实行汇率管制能够达到改善国际收支和稳定汇率的目的。

1.法定汇率制度（Official Rate System）

外汇管理部门根据本国的经济政策和国际收支状况等，以法令形式制定、调整对外汇率，并规定本国的有关外汇收付必须采用官方汇率，否则均属非法。但由于官方汇率与千变万化的市场价格有可能脱节，因此会形成官方汇率与市场汇率并存的现象，成为一种变相的复汇率制度。

2.复汇率制度（Multiple Rate System）

复汇率制度盛行于固定汇率时期。1973年，各国普遍推行浮动汇率制度后，复汇率有所减少。1985年以后，复汇率制度则普遍减少。

（1）双重汇率。官方汇率与市场汇率混合使用，以达到对某些行为的鼓励与限制。例如，对鼓励出口的大部分商品，允许收汇后全部或部分按市场汇率高价卖出，使出口商获得更多的收入；对限制出口的少量商品，规定出口商必须把外汇按官方汇率卖给指定银行，这会减少其出口收入；对限制进口的大部分商品，规定进口商全部或部分从自由市场高价购汇，使进口商支付更多的交易成本；对鼓励进口的国内紧缺商品，允许进口商按官方汇率购汇，这会降低其进口成本。

（2）多重汇率。根据不同交易，规定不同的优惠性或限制性汇率，使多种汇率并存。例如，对出口商品而言，国际竞争能力强的商品用低汇率结汇，国际竞争能力弱、需要扶植的商品用高汇率结汇。对限制进口、鼓励出口的商品采用较高汇率进行调节；对鼓励进口、限制出口的某类商品采用较低的汇率进行调节。

此外，有些国家为了抵制游资的侵扰与流入，还采用贸易汇率与金融汇率分开的双重汇率。其中，贸易汇率（Trade Rate）由官方制定，适用于本国进出口贸易及其从属费用结算；金融汇率（Finance Rate）适用于资本流动和非贸易结算。这是多重汇率体系中的两种汇率。

（3）外汇转移证制度。出口商按官方汇率向指定银行结算时，除了会获得本币外，还会取得一张外汇转移证。这种转移证在市场上出售会取得收益，它实际上是变相的出口优惠汇率。相反，进口商向指定银行购汇前需买入外汇转移证，这实际上是变相地对进口商采取了不利的汇率。

根据《国际货币基金外汇管制年报》的分类方法，凡外汇管制国家采取下述措施者，均可视为广义的复汇率：①课征外汇税；②给予外汇津贴；③实行不支付利息的预付进口存款制度；④对未偿付债务应保有相应存款；⑤官方汇率背离市场汇率而不及时调整等。

本章小结

1.外汇市场是进行外汇买卖和货币兑换的市场。外汇市场的特征包括：外汇市场是由现代化电子通信网络组成的无形市场，大量的外汇交易集中于各国际金融中心，全球外汇市场是一个高度一体化的市场，外汇市场昼夜不停地运转，外汇市场上交易的币种相对集中，外汇交易量巨大。

2.外汇交易是为了结算或支付的需要而进行外汇买卖的活动。传统的外汇交易包括即期外汇交易、远期外汇交易、套汇交易和套利交易、掉期交易和择期交易。外汇衍生交易包括外汇期货交易、外汇期权交易和互换交易。

3.外汇风险管理是指外汇资产持有者通过风险识别、风险衡量、风险控制等方法，预防、规避、转移或消除外汇业务经营中的风险，从而减少或避免可能的经济损失，实现在风险一定条件下的收益最大化或收益一定条件下的风险最小化。

4.外汇风险管理的原则包括保证宏观经济原则、分类防范原则和稳妥防范原则。

5.外汇管制又称外汇管理，外汇管制的目的是促进国际收支平衡及维持本币汇率稳定。外汇管制的类型包括严格的外汇管制、部分外汇管制和取消外汇管制三种，外汇管制的方式包括直接管制和间接管制两种。

关键概念

外汇市场　外汇批发市场　外汇零售市场　即期外汇市场　远期外汇市场　外汇投机者　即期外汇交易　远期外汇交易　套汇交易　直接套汇　非抛补套利　抛补套利　掉期交易　外汇期货　外汇期权　互换交易　BSI法　LSI法　外汇管制

综合训练

3.1　单项选择题

1.外汇市场的主体是（　　）。

A.外汇银行　B.外汇经纪人　C.中央银行　D.客户

2.按交易期限的不同，外汇市场可分为（　　）。

A.传统的外汇市场和衍生外汇市场　B.即期外汇市场和远期外汇市场

C.有形外汇市场和无形外汇市场　D.自由外汇市场和平行市场

3.起息日是指（　　）。

A.合同签订日　B.交易达成日

C.交割日　D.交易谈妥后第一个工作日

4.同时报出买价和卖价，这种做法被称为（　　）。

A.双重汇率制　B.复汇率制　C.双向报价法　D.以上说法都不对

5.直接套汇是在（　　）交易中进行的。

A.即期外汇　B.远期外汇　C.货币期货　D.掉期外汇

6.比较常见的套利方法是（　　）。

A.直接套汇　B.间接套汇　C.抛补套利　D.非抛补套利

7.外汇期权的买方在合同有效期内，有按照协定汇价买入一定数量某种货币的权利，这种期权属于（　　）。

A.看涨期权　B.看跌期权　C.欧式期权　D.美式期权

8.欧式期权和美式期权划分的依据是（　　）。

A.行使期权的时间　B.交易的内容

C.交易的场所　　D.协定价格和现汇汇率的差距

3.2　多项选择题

1.中央银行既是外汇市场的管理者，也是外汇交易的参加者，它参加外汇市场交易活动的目的是（　　）。

A.贯彻执行汇率政策，干预汇率　　B.外汇投机

C.进行货币结构的管理　　D.套期保值

2.外汇期货合约的基本内容包括（　　）。

A.交易单位　　B.最小价格波动幅度

C.最大价格波动幅度　　D.每日停板额

3.构成外汇期权合约的要素有（　　）。

A.合约相关外汇币种　　B.合约到期日

C.保险费　　D.远期价格

4.下列关于外汇期权的说法，不正确的是（　　）。

A.合约有效期越长，保险费越低

B.交易相关币种的汇率变动越剧烈，保险费越高

C.交易相关币种的利率越高，保险费越高

D.协定价格越低，保险费越高

5.外汇市场的主要参加者包括（　　）。

A.外汇银行　　B.外汇经纪人

C.中央银行　　D.客户

E.投机者

6.外汇期货交易的特点包括（　　）。

A.期货合约金额标准化　　B.交割日期固定化

C.外汇期货市场实行会员制　　D.实行保证金制度

E.绝大部分期货合约都通过对冲方式了结

3.3　思考题

1.简述外汇市场的构成及特征。

2.如何判断有利的套汇机会？

3.外汇期货交易和外汇期权交易的异同点是什么？

4.简述外汇风险管理的综合方法。

5.如何运用远期外汇交易进行保值和投机？请举例说明。

第四章

国际储备

引例

我国的国际储备概况

我国是国际货币基金组织的成员国，因此，我国的国际储备由黄金储备、外汇储备、在国际货币基金组织的储备头寸和特别提款权四部分组成。

我国国际储备的鲜明特征是总量增长迅速，结构变化显著。黄金储备曾在2001年和2003年做过两次调整，分别从394吨调整到500吨和600吨；2009年4月底达到1 054.1吨，此后没有新的增长数据。外汇储备则快速增长，1979—1992年，我国的外汇储备由国家外汇库存和中国银行外汇结汇构成，为了与国际货币基金组织关于外汇储备的规定保持一致，从1993年起，我国将外汇储备的统计口径改为仅指国家外汇库存，当时只有210多亿美元，此后逐年快速增长，2000年年底超过1 600亿美元，2006年年底突破1万亿美元，2010年年底达到2.85万亿美元；2011年3月底超过3万亿美元，达到3.04万亿美元；2013年年底达到3.82万亿美元。由于在国际货币基金组织的储备头寸和特别提款权的数额是由国际货币基金组织给定的，因此其变化很小。

我国国际储备的迅速增长成为国内外关注的焦点，焦点的核心是外汇储备的总量是否过多，外汇储备的货币结构和资产结构是否合理。主流观点认为，我国的外汇储备总量无疑已经过多，负面影响已经显现；外汇储备的货币结构不合理，美元储备占比过高，因美元贬值使外汇储备价值不断缩水；外汇储备的资产结构不合理，美元国债占比过高。

到底什么是国际储备？国际储备由哪些部分组成？各组成部分发挥着什么样的作用？如何增加或减少国际储备？我国应如何管理国际储备？对于上述问题，本章将进行详细阐述。

第一节　国际储备概述

在封闭条件下，各国的政策目标着重于实现内部均衡（经济增长、充分就业、物价稳定）。而当今社会，随着全球经济一体化浪潮的到来，国际经济往来合作越来越频繁，越来越多的国家逐渐打开大门，迎接国际化带来的机遇和挑战，外部均衡（国际收支均衡）日益受到人们的关注。国际储备对调节国际收支、实现国际收支均衡、维护汇率稳定有重要作用。

一、国际储备的概念、特征及与国际清偿力的关系

（一）国际储备的概念

国际储备（International Reserve）是指一国货币当局持有的，可用于应对紧急国际支付、平衡国际收支和维持本国货币汇率稳定，为世界各国普遍接受的一切资产。世界银行对国际储备的定义为："一国货币当局所占有的那些在国际收支出现逆差的时候，可以直接或通过有保障的机制兑换成其他资产，以稳定该国汇率的资产。"国际货币基金组织将国际储备解释为"中央货币当局实际直接有效控制的那些储备资产"，并明确了国际储备的构成，即"储备资产由黄金、外汇、特别提款权、在基金组织的储备头寸、使用基金组织的信贷和非居民现有的债权组成"。

（二）国际储备的特征

根据以上定义，国际储备必须具备以下三个特征：

（1）可得性（Availability）。国际储备必须是一国政府或货币当局直接掌控的，可随时、方便、无条件被政府动用的资产，而非官方金融机构、企业和私人持有的资产不能称为国际储备。正是这个特征将国际储备和国际清偿力区分开来，国际储备也因这一点被称为官方储备（Official Reserve）

（2）流动性（Liquidity）。作为国际储备的资产必须具有充分的流动性，即无损变现能力。这包括两个要点：第一，国际储备能方便迅速地转换成现金；第二，这种转换不需要付出代价或只需付出较少的代价。存放在国外银行的活期可兑换外汇存款、短期有价证券等都是具有流动性的资产，当一国需要调节国际收支或稳定本币汇率时，可以随时动用这些资产。

（3）普遍接受性（Acceptability）。在外汇市场上或政府间清算国际收支差额时，国际储备必须被世界各国普遍认同和接受，如果一种资产只能局限在某一区域或范围内使用，那么即使该种资产具有可得性和流动性，也不能充当国际储备。

（三）国际储备与国际清偿力的关系

对于国际储备的定义，学术界一直存在着狭义和广义的分歧，直到20世纪60年代中期以后，才逐步统一成从狭义的角度来定义国际储备。**而从广义的角度理解的国际储备，即国际清偿力（International Liquidity），又称国际流动性，是指一国**

在不需要采取任何变动本国经济政策、影响本国经济运行的情况下，即能平衡国际收支逆差和维护本币汇率稳定的能力。

国际清偿力主要包括无条件的国际清偿力和有条件的国际清偿力。前者是指一国调节国际收支、维持本币汇率稳定的现实能力，即国际储备；后者是指一国融资的潜在能力，即向外借款的最大能力。表4-1简要概括了国际储备与国际清偿力的关系。

表4-1　　　　**国际储备与国际清偿力的关系**

<table>
<tr><td rowspan="3">国际清偿力
（广义的国际储备）</td><td>无条件的国际清偿力
（国际储备、狭义的国际储备、第一线国际储备）</td><td>1.黄金储备
2.外汇储备
3.在IMF的储备头寸
4.特别提款权</td><td>自有储备</td></tr>
<tr><td rowspan="2">有条件的国际清偿力
（第二线国际储备）</td><td>1.备用信贷
2.互惠信贷协定
3.借款总安排</td><td>借入储备</td></tr>
<tr><td>一国商业银行的短期对外可兑换货币资产</td><td>诱导性储备</td></tr>
</table>

具体来说，国际清偿力与国际储备的关系是：

第一，国际清偿力的范围大于国际储备。国际清偿力不仅包括一国政府和货币当局直接掌握的国际储备，还包括国际金融机构向一国提供的贷款，以及该国私人部门所持有的外汇资产和潜在的借款能力。

第二，国际清偿力的可得性弱于国际储备。国际储备是一国政府和货币当局直接掌握的资产，其使用是无条件的；国际清偿力除去国际储备以外部分的使用则是有条件的。因此从总体上讲，一国国际清偿力的使用是有条件的。

第三，国际清偿力的数量总和大于国际储备。国际清偿力是一国政府在国际经济活动中能动用的一切外汇资源，而国际储备只是其中一部分。

二、国际储备的构成

根据IMF的统计口径，一国的国际储备主要由以下四种形态的资产构成：

（一）黄金储备（Gold Reserve）

黄金储备是一国政府或货币当局直接控制的货币性黄金。黄金作为储备资产的作用和地位随着世界政治经济格局的变化也发生了根本性的改变。在金本位制度下，黄金是最重要的国际储备形式，是各国发行纸币的准备金。在金本位制度前期，黄金在国际储备中占据垄断地位；从金本位制度中后期开始，黄金和某一特定的外汇共同构成了国际储备；金本位制度崩溃以后，黄金不再兑换纸币，不再作为纸币发行的准备金，但即使是在布雷顿森林体系下，黄金仍然是货币汇率制定的基础和主要的国际储备资产、国际结算支付手段。1973年布雷顿森林体系彻底崩溃，1976年牙买加体系建立，国际货币基金组织理事会通过的《国际货币基金组织协议》第二次修正案规定了“黄金非货币化”，即取消黄金的货币职能，使其与货币完全脱离联系，黄金不再成为货币制度的基础，也不准用于政府间国际收支差额的清算。20世纪80年代，黄金储备在国际储备中的份额降到10%以下。

虽然黄金在国际储备中的地位下降，但仍然被世界各国作为国际储备的重要内容。主要原因有以下几点：第一，世界黄金市场仍然发达，黄金的交易和买卖十分方便和迅速，各国可以根据自己的需求很方便地将黄金兑换成外汇；第二，黄金是价值实体，完全属于国家主权范围，不受任何超国家权力的干预，持有黄金储备是维护本国主权的一个重要手段；第三，在纸币本位制下，黄金是最可靠的保值手段，它可以避免通货膨胀带来的贬值风险，当国际金融市场上的某种货币出现疲软趋势时，各国就会纷纷抛售该货币，购进较坚挺的货币和黄金来保值，因此黄金在现阶段仍然是理想的储备资产。

（二）外汇储备（Foreign Exchange Reserve）

外汇储备是指政府持有的流动性高的外汇资产。其主要形式为国外银行活期存款和外国政府债券，商业汇票、银行支票等也属于外汇资产的范畴，而政府长期贷款、投资等则不计入其中。20世纪70年代以后，随着黄金地位的不断下降，外汇资产逐渐成为当今国际储备中的主体。说它是主体，第一个原因是外汇储备的数量大于其他储备资产，第二个原因是外汇的使用规模和频率是所有储备资产中最高的。黄金在非货币化以后很少在交易中使用，即使使用也需要将黄金先兑换成外汇，而储备头寸和特别提款权由于自身的性质，其使用范围和规模也远远小于外汇储备。

外汇储备的优势体现在：首先，外汇的使用十分方便快捷，各国可随时随地直接动用外汇储备来平衡国际收支逆差或稳定汇率，而不需要像黄金一样变现后才能使用；其次，外汇储备不需要承担保管成本，以外国银行活期存款或有价证券的形式存在的外汇资产还能获得一定的收益。同时，外汇储备也有一定的缺点而需要各国政府加强管理：首先，外汇非常容易受到汇率波动的影响，尤其是在储备资产结构单一的情况下，更容易蒙受损失；其次，外汇资产不是价值实体，因此容易受到储备货币发行国的干预和制约，在特殊情况下，黄金储备的作用要大于外汇储备。

被各国用作外汇储备的货币称为储备货币。储备货币具有以下三个特点：第一，该货币在国际货币体系中占据重要地位；第二，能自由兑换成其他储备资产；第三，具有稳定的内在价值，国际上对其购买力充满信心。因此，一国要想成为储备货币的发行国，必须具有强大的经济实力。

英镑是最早充当国际储备的货币。20世纪30年代以后，美国经济的迅速发展使得美元与英镑共同成为储备货币。第二次世界大战以后，世界政治经济格局发生了巨大改变，新的国际货币体系——布雷顿森林体系建立，美国取代英国而在世界经济体系中占据中心地位，因此美元取代英镑成为最重要的储备货币。从20世纪70年代开始，储备货币自身存在的难以协调的矛盾使美元开始爆发危机，美国的信用不断恶化，而日本和德国的经济逐步恢复，经济实力不断增强，储备货币开始呈现多元化的趋势。进入21世纪以后，主要储备货币有美元、欧元、日元等，而其中占优势地位的仍然是美元。

（三）在IMF的储备头寸（Reserve Position in IMF）

在IMF的储备头寸又称普通提款权（General Drawing Right），是指IMF成员国在IMF的普通账户中可自由提取使用的资产。

1.储备头寸的内容

（1）成员国在IMF的份额中以可兑换货币缴纳的部分

IMF类似于一个带有股份制性质的储蓄互助会。一国加入IMF时，必须按规定缴纳一笔资金作为入股基金，这称为份额。份额一共分为五个档，每25%的份额为一档。按照IMF的规定，第一档必须以黄金缴纳，当1978年黄金非货币化以后，这部分份额必须以可兑换货币或特别提款权缴纳，称为储备档头寸；剩余75%则以本币缴纳，称为信用档头寸。其中，储备档头寸的使用可不经批准，成员国可随时提取；信用档头寸的提取则带有条件，且随着档次的升高，条件也越发严格。

（2）IMF已使用的本币份额部分

IMF的宗旨是向成员国融资，以弥补其国际收支赤字。因此，当某个成员国出现国际收支赤字时，IMF就会将顺差国以本币缴纳的份额贷款给赤字国。这样的结果是使顺差国在IMF的本币份额低于75%，这一部分的差额构成了顺差国储备头寸的一部分，该部分的提用是无条件的，顺差国可自由提取使用。

（3）IMF在该国借款的净额

IMF在该国借款的净额也是该成员国的债权；同样，该国也可以无条件提取，用于国际收支逆差的支付。

2.储备头寸的特点

（1）储备头寸主要用于解决IMF成员国收支不平衡的问题，但不能用于经常项目的支付。

（2）成员国出现收支逆差想提用信用档头寸时，必须以本币向IMF申请换购所需的外币，而还款也必须以外币买回本币。

（3）储备头寸使用的对象仅限于IMF成员国政府或政府财政、金融部门。

（4）储备头寸的使用额度与成员国的缴存份额成正比，但最高不得超过所缴份额的125%。

（四）特别提款权（Special Drawing Right，SDR）

特别提款权是国际货币基金组织在1969年设立的无形货币资产。它是IMF赋予成员国的在原有普通提款权之外的特别的提款权利，因此被称为特别提款权，它是成员国的账面资产。特别提款权同样具有弥补收支逆差、稳定汇率等作用，但是不能用于贸易或非贸易结算。IMF指定了15个官方机构，如亚洲开发银行、非洲开发银行、非洲发展基金、阿拉伯货币基金和国际清算银行等，这些机构也能持有特别提款权，虽然它们无法参与SDR的分配，但是可以与成员国通过SDR进行交易。

三、国际储备的作用

一国持有国际储备对于本国经济的持续健康发展具有十分重要的作用，具体可概括为以下三个方面：

第一，弥补国际收支逆差，保证对外支付能力。这是一国国际储备的首要作用，也是一国持有国际储备最主要的目的。当一国发生国际收支逆差时，若是临时性的、短期的收支恶化，则可以通过动用国际储备来平衡收支，而不需要采取影响国内经济正常运作的调节措施；当发生了长期性的、结构性的收支不平衡时，一国政府则不可避免地要采取支出增减或转换型措施，虽然动用国际储备已经无法从根本上解决问题，但此时也可利用国际储备先进行缓冲，以此来争取宝贵的时间，在有充分准备的前提下进行有条理、有步骤的调控，尽量将调控带来的不利影响降到最低。在固定汇率制下，汇率无法发挥调节国际收支的作用，因此需要国家通过动用国际储备来平衡收支，在浮动汇率制下这一作用则相对下降。

第二，干预外汇市场，稳定本币汇率。一国的国际储备量在一定程度上代表了该国干预外汇市场的能力。当一国货币的汇率出现波动时，尤其是当波动是由投机性因素所引起的时候，一国动用国际储备可以有效调节汇率波动，或者根据自身需要改变汇率波动的方向，以稳定本币的汇率。一般来说，当本币汇率下降，本币贬值时，一国政府或货币当局会在外汇市场上大量抛售外汇，买入本币，以调节本币的供求关系，从而促使本币汇率上升，此时就要求有充足的国际储备；反之，当本币汇率上升，本币升值时，一国政府或货币当局便可在外汇市场上抛售本币，买入外汇，促使本币汇率下跌，以保证币值的稳定。值得注意的是，由于一国的国际储备数量是有限的，因此一国对汇率的干预只能是短期的、暂时的，若要使国际储备的运用有效，必须保证本国经济结构合理、金融体系机制健全、货币政策适当，否则即使耗尽了国际储备，也无法达到稳定汇率的目的。以1997年亚洲金融危机中的泰国为例，以索罗斯为首的国际对冲基金开始接连对泰铢发动攻击，泰国政府为了稳定币值不惜花血本入市，但由于泰国本身的经济结构不合理，因此拥有200多亿美元外汇储备的泰国中央银行终感力不从心，最终放弃了钉住美元而使泰铢汇率自由浮动。

第三，维持本币资信，充当信用保证。充足的国际储备一方面可维持国内外公众对一国货币的信心，有利于保持本币币值的稳定；另一方面，国际储备可以作为政府对外借款和筹资的信用保证。一国的国际储备越充足，按时还款的可能性越高，其对外借款的能力越强。此外，充足的国际储备还增强了一国对外国投资者的吸引力。1998年8月，国际炒家开始了对港元的第四次冲击，并且对大获全胜充满了信心，认为中国香港政府必将放弃港元的联系汇率。但是，由于香港具有完善发达的金融体系机制、强大的经济实力，最重要的是拥有雄厚的外汇储备，因此中国香港政府成功地应对了这次冲击，保证了港元币值的稳定，也使得世界各国对港元充满了信心。

第二节　国际储备体系及其发展

国际储备体系是指在一种国际货币体系下，确立国际储备资产的结构及各种资产间相互关系的法律制度和安排的总称。其核心问题是在不同的货币体系下以何种货币作为主要的储备货币，并将该储备货币与其他储备货币的关系调整到最佳状态。

一、国际储备体系的演变

随着国际货币体系从金本位制发展到牙买加体系，国际储备体系也从单元化的储备体系演变为如今多元化的储备体系。这种演变的过程实质上是主要储备货币在国际经济贸易中的延伸与扩展。

（一）金本位制下的黄金-英镑储备体系

19世纪80年代，世界上主要的资本主义国家都先后实行了金本位制，只有金币能完全执行货币职能，因此此时也只有黄金能充当储备货币。此后，英国逐渐在资本主义世界占据统治地位，于是英镑和黄金一起成为主要储备货币，此时的储备体系被称为黄金-英镑储备体系，在这个体系中，黄金仍然占主导地位。

（二）非典型金本位制下的过渡性储备体系

第一次世界大战前夕，国际金本位制出现崩溃迹象，一战爆发以后，国际金本位制宣告崩溃。一战结束后，虽然世界各国着力恢复金本位制，但也仅有美国实行了完整的金本位制，其他资本主义国家实行的都是金块本位制或金汇兑本位制。与此同时，随着美国、法国等国家的经济实力日益增强，法国法郎和美元也开始成为储备资产的组成部分，此时的国际储备体系是一种过渡性的储备体系，预示着国际储备体系开始向多元化的方向发展。

（三）布雷顿森林体系下的美元-黄金储备体系

19世纪30年代的资本主义大危机到来后，国际金本位制在国际流动资金的冲击下彻底崩溃。第二次世界大战爆发后，西方主要资本主义国家间的力量对比发生了巨大变化，美国取代英国，在世界经济体系中占据了霸主的地位，由此确立了美国居于统治地位的布雷顿森林体系。在该体系下，美元成为支配国际储备的关键性货币，黄金的地位有所下降，但仍然是重要的国际储备资产。

这一储备体系与金本位制下储备体系的根本区别是：金本位制下储备体系的中心货币是实体货币——黄金，而从美元-黄金储备体系开始，国际储备体系的中心货币均为信用货币。美元-黄金储备体系的建立是以美国强大的经济实力和美国承诺以美元兑换黄金的信用保证为基础的，所以当美国出现经济危机，美元的价值开始下跌时，美元的地位就会发生动摇，这一体系便开始瓦解了。

（四）牙买加体系下的多元化储备体系

20世纪70年代以后，布雷顿森林体系瓦解。1976年4月，IMF理事会通过了《国际货币基金组织协议》的第二次修订案，牙买加体系正式形成。随着黄金非货币化的实行，外汇储备成为国际储备的主体，储备体系也正式从单一化的储备体系发展成为多元化的储备体系。美元占绝对优势地位的局面被打破，日元、欧元等货币也成为主要的储备货币。

二、多元化储备体系形成的原因

（一）美元-黄金储备体系具有不可克服的内在缺陷

在布雷顿森林体系下，美国的外部均衡目标不同于其他国家。美国为了保证美元币值的稳定，保证美元与黄金之间的固定比价和可兑换，必须控制美元的输出量，避免国际收支逆差的出现；其他国家为了保证国际清偿力，必须持有一定数量的美元储备，而各国的美元储备是通过美国的国际收支逆差输出的。这显而易见的矛盾是储备货币自身带有的，并且是不可调和的。这一矛盾由美国耶鲁大学教授罗伯特·特里芬（Robert Triffin）在20世纪50年代首先提出，因此也称为特里芬难题。

特里芬难题是布雷顿森林体系崩溃的根本原因，也是美元-黄金体系必然被取代的内在原因。随着各国经济的快速发展，人们对美元的需求越来越大，美元的输出日益增加，美国的国际收支逆差不断加剧，人们对美元与黄金之间的可兑换性开始产生怀疑。当人们对美元的信心动摇时，就会不断抛售美元，抢购黄金和其他处于上升趋势的硬通货，最后导致美元危机爆发。

（二）资本主义国家经济力量的对比发生变化

储备货币的三大特点决定了一国强大的经济实力是该国货币成为储备货币的前提基础。当连续多年的收支逆差给美国经济带来严重的不良影响时，日本、西欧等国的经济则得到了很好的恢复和发展，经济的崛起使这些国家的货币被人们看好并成为硬通货。频频爆发的美元危机使人们对美元的信任度越来越低，越来越多的国家开始将美元兑换成日元、马克等，从而使国际储备资产分散化。

（三）美国和西方主要工业国的储备意识发生变化

储备货币发行国可以直接用本国货币对外支付和偿还债务，还可以发放贷款和进行国际投资来获取收益，也可以通过控制其他国家的国际储备来控制他国经济，因此在美元危机爆发前，美国一直坚持维护美元作为储备货币的垄断地位，上述西方国家则因为不愿意完全开放本国的金融市场、追求汇率稳定和货币政策的独立性等原因而一直拒绝本国货币成为储备货币。

美国强硬的态度在美元危机爆发以后有所转变，美国感受到了巨大的经济压力，因此美国表示愿意放弃美元的垄断地位，并与其他国家一起分享作为储备货币发行国的利益。20世纪70年代末的石油危机使得日本、西欧各国的储备意识发生了变化。石油危机使得这些国家的国际收支一直逆差，资金外流，货币汇率不断下跌，于是政府和货币当局终于选择了放弃严格的外汇管制，实施鼓励外资流入的政策，这些政策加速了储备货币多元化的进程。

（四）规避汇率风险的需要

1973年，大多数西方国家开始实行浮动汇率制，这使得外汇市场上汇率的波动越来越频繁，波动幅度越来越大，外汇资产的汇率风险越来越高。为了达到外汇资产保值增值的目的，各国开始有意识地将储备货币分散化、多元化，从而将风险分散化，以保证资金安全。

三、多元化储备体系的影响

多元化储备体系的形成对世界经济的发展具有重大影响，在推动世界经济健康快速发展的同时，也带来了许多新的难题、新的挑战。

（一）多元化储备体系对世界经济的积极影响

1.打破了美元的垄断地位

多元化的国际储备提供了多种储备货币，使世界各国得以摆脱对美元的依赖，从而打破了一直以来美元的垄断地位。这样的改变对美国和其他各国都十分有利。对美国来说，世界各国的国际储备不再单一依赖美元，这有效缓解了特里芬难题给美国经济带来的负面影响，外汇市场对美元的需求下降，美国连年逆差的局面可以得到有效控制。对于其他各国来说，它们不必再担心美国通过控制或操纵储备货币的发行量来实行金融霸权主义，各国都可以更自由地选择储备货币，而不必在特殊时期通过储备黄金来免受超国家权利的干预。

2.增加了储备货币的供给

在单一化的国际储备体系下，常常因为供给来源单一而出现国际储备资产供不应求的矛盾，这不仅使美国承受了巨大的逆差压力，还使其他各国因国际储备不足而产生了各种问题，不利于世界各国经济的发展。而在多元化储备体系下，储备资产由美国、日本等多个发达国家的硬通货组成，扩大了储备资产的供给来源，供给总量也相应大大增加，从而在很大程度上缓解了供需矛盾。多样化的储备资产也为各国提供了多样化的选择，有利于政府和货币当局运用国际储备来达到本国外部均衡的目的。

3.分散了外汇资产的汇率风险

当汇率变动时，单一的储备货币可能会遭遇贬值，从而导致各国的国际储备缩水，因为各国无法提前采取有效的防范措施。而在国际储备多元化的情况下，各国可以根据国际汇率的走势选择处于上升中的硬通货来保值和增值。当一国的国际储备由多种货币组成时，由于充当储备货币的是主要几个经济发达国家的货币，或者说是在国际贸易中使用量最大的货币，因此即使其中一种或几种货币贬值，其他货币的相应升值也会与贬值带来的损失相抵，保证外汇资产的安全。

4.促进了各国金融领域内的合作和协调

在多元化国际储备体系下，各国的国际储备不再依赖于美元，各国储备货币之间相互竞争，任何一国都不能将本国的经济危机转移到其他国家，因此国际货币纪律得到了加强。此外，保证多元化国际储备体系的实行就是一个国际化的问题，只有各国积极合作，共同干预和管理，才能促进多元化储备体系的健康发展，保证国际金融形式的稳定。

（二）多元化储备体系带来的难题与挑战

多元化储备体系给世界经济带来的积极作用在两次石油危机、两次世界性的资本主义经济危机以及发展中国家严重的债务危机等严峻的考验中得到充分体现，但它在带来积极作用的同时，也给世界带来了新的难题和挑战。

1.加大了储备资产管理的难度

在多元化储备体系之前，各国要进行储备资产的管理，只要密切关注美元的汇率变化和黄金的价格走向即可，相对来说管理难度较低。在储备货币多元化以后，各储备货币发行国经济的发展状况、各国对储备货币需求的变化，以及各国经济贸易发展上的不平衡，都会引起储备货币地位的变化和汇率的涨跌，这要求各国必须密切关注多个储备货币发行国的经济政治动态，密切关注多种储备货币的汇率变化，再根据各种货币的地位和汇率的变化不断调整本国储备货币的数量和结构。在这个过程中，既需要高新技术来支持发达的通信系统，还需要具备灵敏的判断力和熟练的操作技巧的人才，因此可以说，储备货币的管理难度大大提高了。

2.加剧了国际金融市场的动荡

在多元化的国际储备体系下，国际储备的供给数量增加了，同时各种投机资本也在不断成倍增长。这些流动速度极快的国际资本天生具有趋利性和投机性，在金融工具层出不穷的国际金融市场上光速移动，寻找可乘之机。当储备货币中的一种货币表现出明显的升值趋势时，各国为了外汇储备资产的保值增值便会竞相购买该种货币，而大量抛售其他储备货币。这将导致外汇汇率的剧烈波动，而国际游资的投机活动在创新金融工具的乘数效应下影响国际金融市场的力度翻倍增强，加剧了国际金融市场的动荡，增加了各国稳定外汇的难度。

3.特里芬难题仍然存在

特里芬难题是储备货币同时充当世界储备资产和本国货币两种身份时不可避免的冲突。当只有美元充当储备货币时，美元无法克服满足世界不断增长的储备需求和保证美国收支顺差、提高美元清偿力之间的矛盾，这也是单一化国际储备体系崩溃、多元化国际储备体系形成的内在原因。但是多元化国际储备体系只是在一定程度上缓解了特里芬难题，却没有从根本上解决这一难题。每一种国际储备货币仍然面临两难的抉择，而且仍然没有制定出有约束力、有权威性的规则来监督和协调储备货币的供应。各发行国决定发行量多是建立在本国货币政策和国际收支现状的基础上。当维护世界金融秩序和维护本国经济目标发生冲突时，谁都无法保证各发行国会采取一致的措施来维护世界金融秩序。

（三）多元化储备体系中的南北矛盾

发达国家与发展中国家之间的矛盾在多元化国际储备体系中也有所体现，这主要表现在储备货币的来源、流通和特别提款权的分配两个方面。

1.储备货币来源、流通的不对称

在多元化国际储备体系下，虽然储备货币呈分散化格局，打破了美元垄断的局面，但其实作为储备货币发行国的必定是发达国家，发展中国家仍处于相对弱势的不利地位。发行储备货币能给一国带来至少两个方面的好处：首先，当市场对储备货币的需求增加时，必须通过发行国的收支逆差来增加供给，但对发行国来说，逆差意味着国外资源的流入，适当数量的逆差不仅不会给发行国国内经济带来不利影响，反而能促进其经济发展；其次，发行储备货币可以取得一定的铸币税收入，这也是美国最初不愿与他国分享储备货币发行权的一部分原因。发展中国家处于不利地位主要有两个方面的表现：首先，当发展中国家需要增加国际储备量时，必须以本国资源来换取储备资产，这会造成资源的净流出，而发行国只需增加本币发行量即可；其次，一般来说，发展中国家向外借款筹资的能力较低，因此相对而言其会持有较多的自有储备，当汇率波动影响储备资产价值时，发展中国家就会成为风险的主要承担者。

2.特别提款权分配的不对称

特别提款权的分配数量是根据成员国上缴的份额来确定的，发达国家上缴的份额要远远高于发展中国家，因此发达国家可以得到更多的SDR。拥有适量的SDR，能够缓解储备资产不足的困难，还能用于偿付收支逆差和归还IMF的贷款。发展中国家的储备资产需求远远高于发达国家，对SDR的需求也高于发达国家，却只能得到少量的SDR，这对发展中国家来说是十分不利的，同时也造成了金融资源的浪费。

第三节　国际储备管理

国际储备管理是指一国政府或货币当局根据一定时期内本国国际收支的状况及经济发展的要求，对国际储备进行调节与控制，从而达到国际储备规模的适度化、结构的最优化及储备资产运用的高效化等目标的过程。一般来讲，国际储备管理主要集中在国际储备的总量管理（水平管理）和结构管理两个方面。

一、国际储备规模管理

国际储备规模管理即量的管理，是指选择和确定最佳的国际储备规模，使国际储备持有量最有利于调节国际收支，维护汇率稳定。若一国的国际储备规模过小，不仅其自有储备无法满足弥补赤字和进行国际支付的要求，国际金融市场对其货币的信心也不高，则该国的对外借款能力也会受到影响。那么，是否持有越多的国际储备，对一国的经济越有利呢？答案显然是否定的。我国近几年来高额的外汇储备一直备受争议，因为持有过多国际储备也有可能产生不利影响。首先，持有过多国际储备存在机会成本，过多的国际储备意味着过多的资源被闲置，这部分资产若选择高收益的投资项目，则能够有效刺激经济增长，而大部分国际储备资产都以降低风险为目标，从而无法避免地造成了资源浪费；其次，持有过多国际储备存在汇率风险，储备资产中的外汇资产最容易受到汇率波动的威胁，若一国储备了大量美元，当美元汇率下跌时，该国的国际储备将不可避免地遭受损失，虽然在现今多元化的国际储备体系下，汇率风险已经大大降低，但仍然无法完全避免；最后，持有过多国际储备会带来通胀压力，若一国想要持有大量的国际储备，就必须提高货币发行量以购入外汇，这将使该国承受一定的通胀压力。由此可见，必须进行国际储备规模管理，使国际储备保持在最佳储备范围内。

（一）国际储备的供给

国际储备的供给主要有以下几个渠道：

1.国际收支顺差

国际收支顺差是国际储备最主要的来源，其包括两个方面，经常项目顺差和资本项目顺差。首先，在汇率稳定的情况下，经常项目顺差是国际储备中的外汇储备最稳定的来源，其中最重要的是贸易顺差，劳务顺差的地位也在不断上升，许多国家都选择利用劳务顺差来弥补贸易收支逆差甚至所有的国际收支逆差。在不考虑资本流动的情况下，若一国的贸易收支为顺差，则该国的国际储备必然增加；若贸易收支为逆差，则国际储备必然减少。其次，国际收支中的资本项目顺差也是重要的国际储备来源。在不考虑经常项目的情况下，借贷资本的净流入形成资本项目顺差，国际储备增加；借贷资本的净流出形成资本项目逆差，国际储备减少。由借贷资本净流入形成的顺差在偿还之前可作为国际储备使用，到期则必须偿还，因此由于还本付息和短期资本的频繁流动，资本项目顺差形成的国际储备不具备稳定性和长久性。

2.收购黄金

黄金收购主要有两个途径：（1）从国内收购黄金；（2）在国际金融市场上收购黄金。其中，只有从国内收购黄金才能增加国际储备，因为从国际金融市场上收购黄金必须动用外汇储备，在增加黄金储备的同时减少了外汇储备，这样只改变了国际储备的结构比例，国际储备的总量并没有增加。黄金在各国的贸易来往中并不经常使用，加上黄金产量也十分有限，目前大部分国家都采取保持黄金储备稳定的政策。

3.干预外汇市场

一国政府或货币当局在干预外汇市场时，会引起外汇储备持有量的变化：当国际市场上本币供给小于需求、本币汇率上升时，政府就会选择投放本币、购入外汇来稳定本币币值，此时购入的外汇就构成了外汇储备的一部分；反之，当本币供给大于需求、本币汇率下跌时，政府就会抛售外汇、购入本币，以保证本币币值的稳定，此时外汇储备相应减少。但这样增加国际储备的行为往往是被动的，因为本币汇率上升，一般来说，意味着该国国际收支顺差较多，政府不会主动再购进外汇来增加已经过多的国际储备，只是出于干预外汇市场的需要，而被动地购入外汇。

4.在IMF的储备头寸和SDR

在IMF的储备头寸和SDR的增加只能由IMF决定，分配的数额主要按成员国缴纳的份额来确定，因此这部分储备比较固定。

（二）国际储备的需求

国际储备的需求是指付出一定代价来换取所需国际储备的意愿程度。由于不持有储备的边际成本也是持有储备的边际收益，因此需求的定义也可引申为在持有储备和不持有储备之间的平衡。大部分国外金融理论是从交易性需求、预防性需求和盈利性需求三个角度来分析持有国际储备的需求动机的。（1）交易性需求。这是指持有国际储备可满足一国对外经济往来时，对外支付的需求。（2）预防性需求。这是指持有国际储备可满足一国应对突发性事件和在外汇市场出现波动时稳定本币汇率的需求。（3）盈利性需求。这是指持有国际储备可满足在国际金融市场上进行投资来换取收益的需求。也有一种相对虚无的理论认为，一国政府决定国际储备的规模完全是出于一国的主观偏好，这种理论就是"马赫卢普夫人的衣橱理论"，著名经济学家马赫卢普把货币当局热衷于增加国际储备的行为比喻为他太太对衣橱中更多新衣服的追求，按照这种理论来说，国际储备需求与任何经济变量不存在直接联系。

具体来说，影响一国国际储备需求的因素主要有以下几个方面：

1.国际收支情况

调节国际收支是持有国际储备的主要目的之一，因此一国的国际收支情况对该国的储备需求有决定性的影响。首先，一国的储备需求和国际收支逆差的规模和频率呈正相关关系。一国收支逆差发生的规模越大，就越需要更多的国际储备来弥补，以平衡国际收支，同时发生的频率越高，说明收支状况越不稳定，对国际储备的需求也越高；反之，若一国收支逆差发生的规模较小或频率较低，则说明相对较少的国际储备就可以满足平衡国际收支的需求。其次，一国的储备需求和国际收支逆差的性质也有关系。若一国的收支逆差多是短期性、暂时性、非结构性的，则该国对国际储备的需求要大于收支逆差多是长期性、持续性、结构性的国家。因为对于长期性、持续性、结构性的收支逆差，一国主要通过支出变更政策和支出转换政策来解决，国际储备仅作为缓冲。最后，一国的储备需求还与政府调节机制和政策的效率有关。若一国政府的调节机制和政策效力大、速度快，可以在较短的时间内有效平衡国际收支，则该国的储备需求较小；相反，则需要较多的储备资产进行缓冲。

2.经济规模

从理论上来说，对于不是货币发行国的国家来说，一国的经济规模越大，对国际储备的需求也越大；反之经济规模越小，对国际储备的需求也越小。因此，一般可以说，国际储备的需求量与一国经济规模的大小成正比。

3.外汇管制程度和汇率制度

首先，一国的外汇管制程度对该国的储备需求有一定影响。若一国对外开放程度低，对外实行严格的外汇管制，一切外汇活动和国际收支规模等都按国家制订的计划来，那么该国的外汇使用量必定相对较少，汇率比较稳定，汇率波动的风险较小，对国际储备的需求也相对较小；相反，若一国对外开放程度高，对外汇管制的程度低，外汇金融资产可以自由交易，那么该国要承受的汇率风险就要大得多，对国际储备的需求也较大。其次，不同汇率制度下的国际储备需求也不同。在实行固定汇率制度的国家，政府要想将汇率稳定在一个固定的水平上，就需要动用大量的国际储备，以应对突发性的国际收支逆差或大规模的国际投机活动引起的汇率波动；反之，从理论角度上来说，若一国实行的是完全浮动汇率制度，则政府不需要动用任何国际储备来干预外汇市场，随着汇率的自由波动，国际收支最终会趋于平衡，因此其对国际储备没有需求。但在实际生活中，大部分国家都选择实行有管理的浮动汇率制度，因此仍然需要一定数量的国际储备。

4.资信等级和对外筹资能力

一国的储备需求与资信等级和对外筹资能力呈负相关关系。发达国家的资信等级高，融资能力强，当需要对外支付或应对突发状况时，可以方便且迅速地在国际金融市场上筹到资金，而不需要动用自有储备，因此其对国际储备的需求较小。相对而言，发展中国家的资信等级低，对外融资能力也相当薄弱，只能依靠持有大量的国际储备来满足对外支付等需求。

5.国际储备的持有成本

持有国际储备是成本与收益的统一。国际储备带来的收益分为两个方面：一方面，国际储备能够平衡国际收支、维持汇率稳定；另一方面，国际储备以存放在国外银行的存款或外国政府债券等形式存在，同样可以带来一定的收益。持有国际储备的成本主要是机会成本，若放弃持有国际储备，则可以运用这部分资金购买外国进口消费品，或通过进口生产资料来推动经济增长等，而选择持有国际储备则损失了由此带来的收益，这部分损失就是机会成本。若一国持有国际储备的机会成本相对较高，则该国对国际储备的需求就较低；反之，机会成本相对较低，该国对国际储备的需求就较高。

6.一国货币的地位

若一国是储备货币的发行国，则其对国际储备的需求就相对较低，因为该国可以直接用本国货币来平衡国际收支，稳定外汇市场或应对突发状况；反之，若一国的货币地位较低，则其必须持有大量的国际储备。美国现今仍然是最重要的储备货币发行国，因此虽然美国的开放程度极高，外汇使用量也极大，但其国际储备的数量并不是最多的。

7.国际金融合作程度

若一国与他国政府或国际性金融机构的合作程度高，可以签订较多的互惠信贷或备用协议等，或者当一国发生收支逆差时，其他货币当局或金融机构能帮助其共同干预外汇市场，则该国对储备货币的需求就较低；反之，对外国际金融合作程度较低的国家在大多数情况下必须动用自有储备，因此其需要持有较多的国际储备。

（三）最佳国际储备量的决定

过多或者过少的国际储备量对一国的经济发展都有不利影响，因此如何确定和维持最佳储备量一直是各国政府十分关心的问题。关于什么是最佳储备量以及什么是适度的储备增长率，许多经济学家提出了不同的看法。弗莱明提出："如果储备库存量和增长率使储备的缓解程度最大化，则该储备存量和增长率就是适度的。"巴洛提出："在资源存量和储备水平既定的条件下，如果储备增长能促进经济的增长率最大化，则该储备的增长率是适度的。"阿格沃尔等也提出，最佳国际储备量即"使发展中国家能够在既定的固定汇率条件下，为一个计划期中出现的短期和非预期的国际收支逆差融通资金，同时使这个国家持有的储备获得的收益等于其机会成本"的储备量。综合以上定义，我们认为，最佳国际储备量是能使国际储备的边际收益等于边际成本的储备量。

目前，确定最佳国际储备量的方法主要有以下五种：

1.比率分析法

比率分析法是一种较为简易的测量储备水平的方法，仅需将储备量与其他一个或几个相关的量相比，得出比率即可。19世纪初，人们已经开始利用此法来研究国际储备需求量的相关问题。1802年，亨利·桑顿在其著作《大不列颠票据信用的性质和作用的探讨》中表明，一国的黄金储备应该用于对贸易提供融资，这样就把储备量和贸易量联系了起来；当金本位制在全世界范围内确立起来以后，人们便将储备与货币供应量紧密联系在一起；第二次世界大战之后，人们又将目光转向了储备与贸易之间的关系上。1947年，美国经济学家特里芬正式提出了测度各国最佳国际储备量的比率分析法。特里芬认为，旧的货币制度的崩溃、新的货币制度的建立，以及二战之后各国政策目标选择的变化、政策手段的变化，都对各国选择最佳国际储备量和测度储备水平产生了巨大影响，因此他提出了一套新的测度国际储备的方法和衡量储备水平的标准。他提出，影响一个国家在某一时期的最佳储备量的因素有很多，一个数学公式无法将所有影响因素囊括在内，同时出于一些数据的可得性和计算简便性的考虑，比率分析法是比较合适的测度储备水平的方法。一国的国际储备量与该国的进口额之间存在着一定的比例关系，而且IMF会提供给各成员国这方面的现成数据，加上大多数国家的国际收支不平衡是由于贸易收支不平衡引起的，因此用储备量与进口额的比例来决定一国的最佳储备水平是符合现实要求的。在《黄金与美元危机》一书中，特里芬再次强调了这一论点，并且提出了影响广泛的"特里芬法则"：一国的国际储备量应满足3个月的进口额。因此，特里芬提出的比率分析法也称为储备-进口比率法。20世纪60年代，这个方法被世界上大多数国家所接纳。不过，虽然这个方法简便易行也有其科学依据，但仍然存在着不足，因此其也受到了不少科学家的批评。比如，这个方法只单一地考虑了贸易收支的影响，而忽略了资本项目收支对国际储备需求的影响；只考虑了单向的进口额，而忽略了资金的对流；其他影响储备量变动的因素，如国民收入、货币供应量、政府政策偏好等都没有被考虑在内；忽视了储备使用的规模经济，可能会高估国际储备量。

2.回归分析法

20世纪60年代后半期以来，以弗兰克尔为代表的一些西方经济学家利用回归技术，建立了许多经济计量模型，并对影响一国最佳储备量的诸多因素进行了回归分析。回归分析法克服了比率分析法的缺陷，对最佳储备量的研究不仅仅局限在其与进口额的比例关系上，同时将许多其他影响因素也考虑在内，引入了诸多独立经济变量，从单纯的规范分析转向了实证分析，从而对最佳储备量水平的研究更加全面和准确。回归分析法引入的经济变量包括国民收入、货币供应量、国际收支变量、进口水平、边际进口倾向或平均进口倾向、持有储备的机会成本等。同时，回归分析法通过建立滞后调整模型，使得对最佳储备量的研究从静态分析转向了动态分析。

虽然回归分析法在一定程度上克服了比率分析法的局限，但是其本身仍然存在一定的缺陷，主要表现在三个方面：首先，回归模型主要建立在过去的经验数据之上，也就是根据以前的国际储备变动的趋势来预测未来的储备水平，这就需要有两个隐含的假定成立，即过去的储备量是最佳储备量和过去的储备水平变动趋势同样适用于未来的变动，但我们并不能保证这两个假设一定能成立；其次，经济学家选择的解释变量和被解释变量不一定一致，因此建立的经济计量模型也各不相同，这使得衡量的标准无法得到统一；最后，由于需要考虑的影响因素很多，在使用回归分析法研究最佳储备水平的时候，还有可能会遇到多重共线性的问题，这也在一定程度上影响了回归分析法的使用。

3.成本-收益分析法

成本-收益分析法是20世纪60年代以来一些西方经济学家用来研究最佳储备量的全新方法。该方法可以从两个角度加以运用，即全球的角度和一国的角度，一般来说，后一个角度更常用。这个方法从持有国际储备是成本与收益的统一这一特点出发，研究持有国际储备的边际成本与边际收益之间的均衡，主要代表人物是海勒和阿加沃尔，并分别形成了两种主要的分析模式，即海勒模式和阿加沃尔模式。

持有国际储备的收益表现为利用国际储备弥补国际收支差额和稳定外汇市场而节约下的融资成本和调节成本。在图4-1中，MB线代表持有国际储备的边际收益，该曲线向右下方倾斜，表明斜率为负，其反映了国际储备边际收益递减规律，即随着持有国际储备数量的增加，持有国际储备的边际效用在下降。持有国际储备的成本表现为一国的投资回报率和储备资产收益率之差，MC线代表持有国际储备的边际成本，该曲线向右上方倾斜，表明斜率为正，其反映了国际储备边际成本递增规律，即持有国际储备数量越多，持有国际储备的成本越高，且边际成本也随着储备数量的增加而增加。

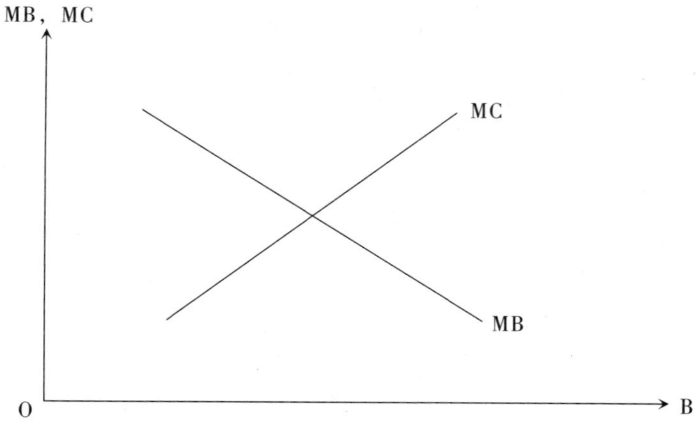

图4-1　持有国际储备的收益与成本

当MB>MC时，即持有储备的边际收益大于边际成本时，扩大储备量是有利的，因此政府倾向于增加国际储备，随着持有储备量的增加，边际收益不断下降，而边际成本则不断升高，最终在边际收益与边际成本相等的时候，政府会停止增加储备量；同样，当MB<MC时，即持有储备的边际收益小于边际成本时，减少储备量是有利的，而随着政府不断减少国际储备，边际收益会不断上升，边际成本会不断降低，最终在边际收益与边际成本相等的时候，政府会停止减少储备量。因此，只有当持有储备的边际收益等于边际成本时，即MB=MC时，才会达到最佳国际储备量。

成本-收益分析法同样克服了比率分析法采用单一变量的片面性，因此其准确性要高于比率分析法；成本-收益分析法也同样采用回归分析法的技术建立经济模型，因此其有较高的准确性和全面性。但成本-收益分析法也存在着不足之处：计算方法复杂，涉及的经济变量过多，部分数据难以取得，因为宏观经济中的一些变量无法像微观经济中的一些变量一样，成本和收益有明确的界限，只能测算综合成本和综合收益，这使得该方法计算结果的准确性受到了一定的影响。

4.区间分析法

许多经济学家认为，在实际中，要将国际储备量保持在一个稳定的水平上是很难实现的，因此人们更倾向于选择一个目标区间，使储备量在这个区间内以较小的幅度波动。储备量包括四种情况：一是最低储备量，是指当一国出现收支逆差时，仅仅利用调节政策或借入储备来实现收支均衡，而不动用国际储备，即国际储备为零；二是最高储备量，是指当一国出现收支逆差时，仅仅利用国际储备来弥补逆差，即维持汇率稳定所需要的国际储备量；三是保险储备量，是指既能满足一国弥补收支逆差、维持汇率稳定的需要，又能保证一国国内经济增长所需的实际资源投入的储备量；四是经常储备量，是指一国保证国内正常经济增长所必需的进口不会因为储备不足而受影响的储备量。

适度储备量区间以保证一国最低限度进出口贸易总量所需的储备量（经常储备

量）为下限，以一国经济增长幅度最大时可能出现的进出口贸易量与其他国际支付所需的储备量（保险储备量）为上限，在此区间内以较小幅度波动的储备量都被认为是适宜的。

5.定性分析法

以上分析方法均属于定量分析法，鉴于确定最佳国际储备量十分复杂，在理论上和实践上要得出一致的结论也十分困难，因此IMF在评估成员国的国际储备需要时，会采用若干客观指标来衡量各国的国际储备情况，这是应用定性分析法的具体表现。定性分析法的基本思路是，国际储备的不足或过多都会对某些关键的经济变量和政策倾向产生直接影响，因此考虑这些经济变量和政策倾向的变动就可以判断该国的储备量是否不足或过多。

IMF常用的指标主要有以下几项：

（1）在国内实行高利率政策

采取高利率政策旨在利用高于国际利率水平的优势防止资本外流，鼓励国际资本内流，以保证储备的需要。

（2）加强对国际贸易的管制

一国加强对国际贸易的管制，主要是为了减少国际收支赤字的增加。国际储备的不足使得政府必须加强对国际贸易和资本流动的限制。

（3）把积累储备作为主要政策目标

当一国的国际储备不足时，该国会将增加储备积累作为主要政策目标，这事实上是一种重商主义的储备管理政策。

（4）持续的汇率不稳定

这是储备不足的明显表现和必然结果，由于没有充足的储备，当该国汇率出现波动时，无法动用储备干预外汇市场、稳定汇率，因此该国汇率会表现出持续的不稳定状态。

（5）新增储备主要来源于借款

若一国的新增储备主要来源于信用安排，即对外借款，而不是来源于经常账户下的收支盈余或资本账户的顺差，则表明该国储备不足。由于储备供给不足，因此该国被迫通过国外借款来弥补国际储备缺口。

除了以上五种常用指标外，IMF还会利用实际储备增减趋势、特里芬的国际储备与进口比例、国际储备与国际收支总差额比率的增减趋势等指标来加以综合测评，以确定成员国的储备规模是否适度。

这些客观指标产生的背景是，该国政府已经确定了本国的最佳储备水平，只有在明确了最佳储备水平之后，该国政府采取高利率政策或对国际收支加强限制等来减少收支逆差，才意味着该国存在储备不足的问题，并且该国政府已经意识到了这一问题。

定性分析法有其存在的合理性，如极大地丰富了储备适度规模理论的研究，但是它只能粗略地判断储备的适度性，而不能精确地测算出一个确定的储备量，同时用来反映储备是否适度的经济变量和政策趋势的变化也有可能是其他原因引起的，因此定性分析法在具体实践中的指导作用还不够明显。

以上是从一国的角度来研究最佳储备水平，而从世界的角度来研究最佳储备水平也是十分重要和必要的。因为国际储备水平是否适度，也会影响到世界经济的发展与稳定，以及国际货币体系改革的方向。在这方面的研究上，以下三个西方理论比较具有代表性：

第一，特里芬的供给决定论。特里芬提出，在布雷顿森林体系建立之后，美元是世界主要外汇储备货币，美元的供给主要取决于美国国际收支赤字减去各国增加的储备中用来兑换黄金的部分。

第二，阿里伯尔和麦金农的需求决定论。他们认为，各国都有一种期望的储备增长率，美元的收支逆差是世界各国积累储备的愿望所决定的剩余数，因此IMF控制SDR创造率的能力并不等于控制总储备增长率的力量，它只是影响储备构成的力量。

第三，阿伯施拉的派生资产论。阿伯施拉把黄金和在基金组织的储备头寸看成储备货币，外汇储备是派生的流动资产，一定量的基础货币会产生一定量的派生的流动资产，就像银行存款倍数一样。

二、国际储备结构管理

国际储备的构成是多种多样的，大部分国家包括黄金储备、外汇储备、在国际货币基金组织的储备头寸和特别提款权，而在外汇储备中，储备货币的构成种类也是多元化的。国际储备结构管理，就是对这些资产的管理，既包括四种储备资产之间最优构成比例的确定，也包括外汇储备中储备货币的选择和各种储备货币之间最优比例的确定。在现行浮动汇率制和储备货币多元化的背景下，各种储备货币的汇率波动频繁，并且大幅度波动出现的频率较高；在国际金融市场上，市场利率动荡不定，各种储备货币的汇率也波动频繁；在黄金市场上，黄金的价格波动频繁，不利于黄金储备的保值和增值。这样的大环境要求一国政府或货币当局必须进行有效的国际储备结构管理。

（一）国际储备结构管理应遵循的原则

一般来说，国际储备结构管理应遵循三个原则，即安全性、流动性、盈利性。

1.安全性原则

安全性原则是指合理安排资产结构，保证资产价值不因通货膨胀或汇率等因素遭受损失的原则。安全性是首要考虑的原则，因为国际储备作为一种资产，其职能是在一国出现贸易收支逆差时弥补逆差，在汇率出现波动时干预外汇市场、稳定汇率，若由于通货膨胀或汇率波动等原因使储备资产的价值受损，那么一国对逆差的偿还能力和该国的还款信用也必将受损。大多数国家为了保证储备资产的安全性，会采用分散风险的方式，不仅在储备资产种类的选择上要多元化，在外汇储备的储备货币的选择上也要多元化，即各种货币在储备资产中都要占一定的比例，而且每一种货币都要选择不同的投资方式，这种“不把所有的鸡蛋都放在同一个篮子里”的做法能有效分散风险。马科维茨的投资组合理论认为，多样化混合资产的风险要小于其中任何一种单一资产的风险，因此上述做法具有一定的理论依据。在多样化的基础上，各国还要随着国际金融市场的动态变化、储备货币的汇率变化和通货膨胀率的走向经常性地转换货币和资产的搭配，以便使收益最大化或损失最小化。

2.流动性原则

流动性原则是指储备资产要有较高的无损变现能力，政府能随时随地将其兑换，并且调拨灵活的原则。只有具备高度的流动性，才能满足对外支付或干预外汇市场的需求。为了满足流动性的要求，在币种的选择上，大部分国家采用将流动性较高的储备的持有与进口支付及政府干预市场需要使用的货币保持一致的方式，而在投资期限的选择上，各国在安排外汇资产时，会根据本国本年度外汇支付的时间、金额和币种等因素将外汇资产做短期、中期、长期等不同期限的投资，这样才能使各信用工具的期限与国际经贸往来中对外支付的日期相衔接。

3.盈利性原则

盈利性原则是指在遵循安全性和流动性原则的前提下，尽可能地使储备资产获得高收益，实现资产的保值和增值的原则。在浮动汇率制下，储备货币的汇率波动频繁，而且波动幅度时大时小，当持有的储备货币汇率上升时，持有者会增加收益，而当汇率下降时，持有者会遭受损失；同时，持有主要以国外银行存款等形式存在的外汇储备资产还能获得一定的利息收益。因此，一种储备货币的外汇资产收益率的大小主要取决于储备货币汇率和利率的变动，具体公式为：

储备货币资产收益率=汇率变化率+名义利率

根据这一公式所得的收益率，各国政府会选择适当的储备资产组合来实现本国储备资产的保值和增值。

值得注意的是，虽然以上三个原则都是进行储备结构管理的基本原则，但在实际操作中，这三个原则之间往往存在矛盾。安全性原则和流动性原则可以认为是正相关关系，而安全性原则、流动性原则和盈利性原则却是负相关关系，因为根据高风险高收益、低风险低收益的规律，当一种资产选择了较高安全性和流动性的投资方式时，其可得的收益必定小于高风险性、低流动性的投资方式。例如，外汇资产通常选择外国政府债券的形式，这种形式很好地保证了安全性和流动性的要求，但其盈利性较低。一国在进行储备结构管理时，应首先考虑安全性和流动性，在这两个原则得到保证的前提下争取最大的利益。

（二）储备资产的结构管理

1.储备资产结构管理概况

（1）黄金储备

从国际储备结构管理的三大原则的角度考虑黄金储备的结构管理：首先，黄金的安全性高，其内在价值与其他三种资产相比较为稳定且具有独立性；其次，黄金的流动性较低，因为自“黄金非货币化”以来，黄金已经无法再直接用于国际支付，必须先在黄金市场上出售，兑换成货币之后才能使用；最后，从盈利角度来说，持有黄金储备需要支付较高的管理费用且没有利息收入，黄金价格的频繁波动也使得黄金的盈利性大大降低。综上所述，黄金是具有较高安全性而缺乏流动性和盈利性的资产，大多数国家对黄金储备都采取保守的态度，倾向于保持现有的储备水平。

（2）外汇储备

外汇储备能弥补黄金储备流动性不足、盈利性低的缺点，因此外汇储备在各国国际储备中所占比例最大。可以说，国际储备的结构管理主要是外汇储备的结构管理。外汇储备比例的确定主要包括两方面的内容：一方面是外汇储备在总体国际储备中所占比例的确定；另一方面是各个储备货币在外汇储备中所占比例的确定。前者的确定较为明确，因为黄金储备所占比例在很长一段时间内都趋于稳定，在IMF的储备头寸和SDR的比例都是由成员国所缴份额决定，剩下的就是外汇储备所占比例；后者的确定过程比较复杂，各国政府在进行国际储备管理时应重点关注。

（3）在IMF的储备头寸及特别提款权

各成员国所持有的储备头寸和特别提款权的数量都取决于各国向IMF所缴纳的份额，并且部分份额的使用仍然要受到国际货币基金组织的管制，因此该部分资产在储备资产中所占比例一直是最小的。20世纪80年代以来，这两种储备资产加起来所占比例也一直低于9%，而黄金储备和外汇储备则高于90%。

2.外汇储备中储备货币的结构管理

（1）储备货币应与对外支付所需货币保持一致。一国持有外汇储备可以看成在为对外进行贸易支付和金融支付做准备。首先，贸易收支的逆差需要动用一定的外汇储备来弥补，因此在分析本国的贸易逆差来源于与哪些国家的贸易、与哪些商品的贸易，以及该贸易国以何种货币计价后，将本国对外支付的储备货币调整至该种货币，有利于本国降低弥补赤字的成本，提高平衡国际收支的效率，同样也能减少由于汇率变化带来的结算风险；其次，金融账户下一国对外债务大于债权的净债务部分同样需要动用外汇储备，因此将储备货币调整至净债务的计价货币也有利于低成本、高效率地偿还债务。

（2）储备货币应满足干预外汇市场的需求。在一国货币汇率波动过于频繁时，利用外汇储备干预外汇市场、稳定汇率，是一国持有外汇储备的重要原因，这要求应有一种或几种储备货币与干预外汇市场所需的货币相一致。

（3）应选择多样化的储备货币。将外汇储备资产分散在多种货币上，能有效降低汇率风险。通常在同一时间，几种货币的汇率此升彼降，从而使外汇储备价值趋于稳定，减少损失。

（4）软硬货币合理搭配。一般来说，一国应尽可能持有硬通货，即处于升值趋势的货币，但是过多的硬货币也会带来负面影响。首先，硬货币的利率一般要低于软货币，持有过多的硬货币会损失一定的利息收入；其次，若全部持有硬货币，当对外支付需要软货币时，则必须先将硬货币兑换成软货币，这样有可能由于汇率变化而面临结算风险，还要支付一定的兑换费用；最后，软硬货币只是在一定时期内相对而言，若一直持有一种或某种硬货币，那么在硬货币贬值时，外汇资产就会遭受损失。因此，一国应根据汇率波动情况全面考察，合理搭配软硬货币。

3.外汇储备资产形式的管理

外汇储备资产形式的管理主要是确定不同流动性资产之间的比例。根据流动性的不同，储备资产可以分为三级：

（1）一级储备，即流动性最高的现金或准现金，如活期存款、短期的国库券或者商业票据等，这几种资产的盈利性是最低的。

（2）二级储备，即各种定期存单和政府中期债券等，其流动性和盈利性都处于中等水平。

（3）三级储备，主要是长期债券、AAA级欧洲债券等，这类资产的流动性是最差的，而盈利性是最高的。

从储备的职能出发，为了及时应付对外支付和干预外汇市场的需要，一国必须持有足量的一级储备。而为了应付战争、自然灾害等偶尔出现的情况，一国还必须持有一定量的二级储备。只有在前两级储备都达到要求之后，一国才可以考虑通过持有三级储备来进行长期投资。

第四节　特别提款权

一、特别提款权设立的背景

第二次世界大战之后，布雷顿森林体系由于频繁爆发的美元危机而逐步走向崩溃，正是在这时，特别提款权应运而生。从20世纪60年代中期开始，国际货币基金组织为了挽救这一体系，开始讨论国际储备的问题。整个讨论的过程也是特别提款权酝酿的过程，美国提出创立一种新的国际储备货币，作为美元和黄金的补充，以解决世界各国储备资产不足的问题，而以法国为首的西欧六国则认为国际货币体系的症结在于过多的美元造成的通货膨胀，而不是流通手段不足，因此其主张必须提高黄金价格，使黄金重新代替美元，结束美元独霸的局面，使金本位制重新回到历史舞台。经过几年的激烈讨论，1968年，国际货币基金组织在十国集团斯德哥尔摩会议上达成协议，1969年第24届年会通过协议，正式创立特别提款权。《国际货币基金协定》第十五条第一节规定："当发生需要时，基金有权将特别提款权分配给参与特别提款权账户的会员国，以补充现有储备资产的不足。"

二、特别提款权的定值

在创立初期，国际货币基金组织规定要用黄金保证特别提款权的价值。1单位SDR对1美元，相当于0.888671克黄金，但是不能直接兑换成黄金，因此也被称为

"纸黄金"。在布雷顿森林体系崩溃之后，由于美元与黄金之间的固定比率也无法维持，因此在1974年7月10日之后，特别提款权的定值与黄金脱钩，开始采用加权平均法来确定价值。第一阶段使用的是16种货币组成的货币篮子，可是过多的货币使得计算十分复杂。从1981年1月1日开始的第二阶段主要是使用5种货币的加权，包括美国美元、德国马克、日本日元、英国英镑和法国法郎，以这5个国家各自对外贸易在本国总贸易中所占的比例作为权数，再分别乘以5国货币计算当日（或前一天）在外汇市场上兑换美元的比价，得出特别提款权当日的美元价值，最后用市场汇率套算出特别提款权兑换其他货币的比价。每5年调整一次权数，1996年1月1日特别提款权的定值见表4-2。

表4-2　**1996年1月1日特别提款权的定值**

币种	权重
美元	39%
德国马克	21%
日元	18%
英镑	11%
法国法郎	11%

特别提款权定值的具体公式是：

$$\text{SDR的美元价值}=1\times39\%+\text{美元/德国马克比价}\times21\%+\text{美元/日元}\times18\%+\text{美元/英镑}\times11\%+\text{美元/法国法郎}\times11\%$$

由于以上5种货币是世界上主要的货币，因此以此定值的特别提款权的价值也相对比较稳定，与之相对应的特别提款权的利率也是用这5种货币的市场利率加权平均后求得的。

1999年欧元启动后，依据欧洲理事会在1998年12月31日宣布的欧元和德国马克、法国法郎之间的固定兑换率，将德国马克和法国法郎在SDR篮子中的数量兑换成等量的欧元。2015年11月30日，人民币加入SDR货币篮子，权重为10.92%，新的SDR篮子2016年10月1日生效，具体调整见表4-3。

表4-3　**欧元启动后SDR货币篮子中主要货币的权重（%）**

币种＼权重＼时间	2001—2005年	2006—2010年	2011—2016年9月30日	2016年10月1日
美元	45	44	41.9	41.73
欧元	29	34	37.4	30.93
日元	15	11	9.4	8.33
英镑	11	11	11.3	8.09
人民币	0	0	0	10.92

三、特别提款权的作用

特别提款权就其本质而言，是国际货币基金组织为弥补国际储备货币的不足而创立的具有补充性质的国际储备工具，其基本作用在于为成员国及国际货币基金组织提供国际支付工具和货币定值单位，同时也可在国际货币基金组织成员国之间兑换为可自由使用的外汇。特别提款权作为储备资产不仅可以防止多元化储备体系带来的一些弊端，更重要的是能使国际货币兑换过程大为简化，而且其币值相对稳定，可以为世界经济的发展提供较有利的环境。

特别提款权的具体作用主要有以下六个方面：第一，当成员国发生国际收支逆差时，可以动用SDR向国际货币基金组织的其他成员国换取可兑换货币来偿付逆差；第二，成员国可以与其他成员国通过达成协议，用SDR换取对方持有的本国货币；第三，成员国还可以动用SDR清偿与国际货币基金组织之间的贷款和支付应付利息；第四，利用SDR来缴纳份额；第五，向国际货币基金组织捐款或贷款；第六，将SDR作为本国货币汇率的基础。

四、特别提款权的运作

特别提款权的分配是无偿的，但是成员国在享有使用SDR的权利的同时也要承担相应的义务，即支付相应的利息。国际货币基金组织设有专门的特别提款权部，参与的成员国均设有特别提款权账户。在IMF需要时，被IMF指定的成员国应无条件接受SDR，并将SDR兑换成相应的货币。一般来说，只有在国际收支和国际储备方面处于强势地位的国家才会被指定接受SDR。当某成员国发生国际收支困难而需要动用SDR时，IMF就会按有关章程，通过协调指定另一成员国接受SDR。例如，甲、乙两国各自分配到5亿SDR，当甲国发生收支逆差需要动用1亿SDR来弥补逆差时，IMF指定乙国接受1亿SDR，并在甲国SDR账户的借方记录1亿，在乙国账户的贷方记录1亿。与此同时，乙国的中央银行会将等值的可兑换货币转账给甲国的中央银行，甲国就可以动用这笔可兑换货币来弥补国际收支逆差了。

五、特别提款权发展中面临的障碍

布雷顿森林体系崩溃以后，虽然发展中国家要求改革国际货币体系的呼声强烈，但是特别提款权问题的实际进展仍相当有限，主要原因有两点：一是特别提款权本身具有缺陷，严重阻碍了其自身的发展；二是国际货币基金组织无力独自推动特别提款权的发展，而发达国家对改革的热情不高。

（一）特别提款权本身的缺陷

首先，特别提款权创立以来，始终没有大的变化，根本原因是其分配机制的不合理性。特别提款权的主要份额一直由西方发达国家把持，美、欧、英、日注入资金的比例大，因此它们对特别提款权改革最有发言权。同时，国际货币基金组织对特别提款权的发行限制也过于严格，难以满足国际储备手段增长的需求，尤其是无法满足发展中国家对特别提款权的需求，往往是最需要特别提款权的国家得不到充足的份额，而大量的份额闲置在对其需求不高的发达国家手中，这大大限制了特别提款权发挥作用的空间，也限制了特别提款权发展的可能性。

其次，特别提款权仅仅是一种账面资产，其价值缺少相对应的实物价值为其进行担保，因而特别提款权容易受到各方面因素的影响，即特别提款权的定值存在局限性和不合理性。特别提款权中任何一种货币价值的变化都会影响到特别提款权定值的稳定。在浮动汇率制下，各种经济因素和政治因素都会使特别提款权发生贬值。

再次，特别提款权的数量有限。特别提款权迄今为止的分配总额在世界储备资产总额中所占的比例很小，比重还不到5%，发展中国家分配到的就更少。分配新的特别提款权是国际货币基金组织的重大问题，需要85%的多数票才能通过，美国有将近20%的投票权，一家就能否决议案，这对于提高特别提款权的数量十分不利。

最后，特别提款权的使用范围相当有限。要成为世界主要的国际储备资产，重要条件之一是储备资产能够广泛使用于银行和私人之间的交易。特别提款权没有流通手段的职能，不是一种完全的世界货币。

（二）推动特别提款权改革的动力不足

首先，仅仅依靠国际货币基金组织独自推动特别提款权的改革显然力不从心。IMF作为国际金融组织，各种人力、物力资源都来自各成员国，没有众多成员特别是主要成员的支持，IMF难以成事。20世纪60年代末期以来，IMF提出的有关发挥特别提款权作用的提议几次夭折，过去几年IMF推行的对5个经济体的汇率监督也同样不了了之，这些都是因为一些国家对提议强烈反对，而IMF对此毫无办法应对。

其次，具有一票否决权的美国在一定限度内可能会支持特别提款权的改革，以使特别提款权发挥更大的作用，但对于会触及自身利益、可能较大地影响美元霸权和美国在国际经济中主导地位的改革措施，美国必然予以否决。其他主要发达国家也许有较强的改革国际货币体系、提升特别提款权作用的意愿，但由于自身实力有限，而且各国之间利益不尽一致，因此合作推动特别提款权发展的可能性目前尚不明确。

第五节　我国的国际储备

改革开放以来，我国经济迅猛发展，对外经济往来越来越频繁，对外贸易量及国际储备不断上升。1994年，我国进行了外汇体制改革，实行以市场供求关系为基础的有管理的浮动汇率制，放松了对外汇的管制，此后我国的外汇储备一直保持着高增长态势。国际储备的增长，尤其是高额的外汇储备不仅对我国的对外经济活动产生了影响，对我国国内经济的运行也产生了深刻影响，我国的国际储备问题已经备受国内外的关注。如何加强与完善我国的国际储备管理，确定我国的最佳储备水平以及最优储备结构，已经成为我国宏观经济管理以及对外金融体制改革中的重要问题。

一、我国国际储备的构成

我国是国际货币基金组织的创始国，因此我国的国际储备同样由黄金储备、外汇储备、储备头寸和特别提款权四个部分组成。1979—2015年我国的国际储备构成见表4-4。

表4-4 1979—2015年我国的国际储备构成

年份	黄金（万盎司）	外汇（亿美元）	储备头寸（亿SDR）	SDR余额（亿SDR）
1979	1 280	21.5	—	—
1982	1 267	111.3	—	19.4
1984	1 267	144.2	2.61	4.14
1987	1 267	152.4	3.03	4.51
1990	1 267	285.9	3.03	3.95
1994	1 267	526.2	5.19	3.69
1996	1 267	1 050.5	9.71	4.27
1999	1 267	1 546.8	16.84	5.40
2000	1 267	1 655.7	14.62	6.13
2002	1 929	2 864.1	31.88	8.20
2003	1 929	4 032.5	25.56	7.41
2004	1 929	6 099.3	33.20	12.44
2005	1 929	8 188.7	13.91	12.49
2006	1 929	10 663.4	10.80	11.13
2007	1 929	15 282.5	8.40	11.92
2008	1 929	19 460.3	20.31	11.99
2009	3 389	23 991.5	43.82	125.10
2010	3 389	28 473.4	63.97	123.45
2011	3 389	31 811.5	97.85	118.56
2012	3 389	33 115.9	81.75	113.56
2013	3 389	38 213.2	70.60	111.73
2014	3 389	38 430.2	56.93	104.50
2015	5 666	33 303.6	45.47	102.84

二、我国国际储备规模的变化及其原因

我国的黄金储备一直很稳定，而储备头寸和特别提款权都是由我国在国际货币基金组织上缴的份额决定的，由国际货币基金组织分配，且这两项在我国国际储备总额中所占比例非常小。因此一般来说，我国国际储备规模的变化是指外汇储备规模的变化。

我国的外汇储备主要来源于国家外汇库存和商业银行的外汇结存。国家外汇库存主要是指国家通过商业银行购入和卖出的外汇相抵之后的余额；商业银行的外汇结存是指商业银行的运行资金，主要包括商业银行的外汇自有资金和商业银行在国外吸收的外币存款，还包括商业银行在国际金融市场上借入的外汇资金减去贷出的外汇资金和在国外的外汇投资的余额。1993年以前，我国仍然处于改革开放的初期，采取的是“量入为出”的方针政策，进出口受到一定的限制，且人民币的价格由官方决定，不需要大量外汇来干预外汇市场，因此那时的外汇储备规模较小。1993年，为了与IMF的统计口径相一致，我国将外汇的统计口径改为仅指国家外汇库存，而不包括商业银行的外汇结存，因此那段时间我国的外汇储备稍有下降。

1994年，我国进行了外汇体制的重大改革，实行人民币经常项目下有条件可兑换，其主要内容有：（1）取消各类外汇留成、上缴和额度管理制度，对境内机构经常项目下的外汇收支实行银行结汇和售汇制度。（2）人民币官方汇率与市场汇率并轨，实行以市场供求为基础的、单一的、有管理的浮动汇率制。人民币汇率由市场供求决定，中国人民银行公布每日汇率，外汇买卖允许在一定幅度内浮动。（3）建立统一的、规范化的、有效率的外汇市场，中国人民银行根据宏观经济政策目标，对外汇市场进行必要的干预，以调节市场供求，保持人民币汇率稳定。（4）对境内机构实行银行结售汇制度时，对外商投资企业的外汇收支仍维持原来办法，准许保留外汇，外商投资企业的外汇买卖仍需要委托外汇指定银行通过当地外汇调剂中心办理，统一按照银行间外汇市场的汇率结算。（5）境内禁止以外币计价、结算，境内禁止外币流通。

通过上述各项改革，我国顺利实现了人民币经常项目下有条件可兑换，而外汇储备也随之大幅度增加。在随后的几年内，我国由于持续大量的国际收支盈余而积累了超大规模的外汇储备，很快便成为仅次于日本的外汇储备大国。

2001年我国加入WTO，与世界的关系更加紧密，国际贸易往来更加频繁，且经济前景被看好，因此人民币升值预期提高，对外投资以及进出口总额都大幅度提升，外汇储备再一次迅猛增长，并于2006年首次超越日本成为世界外汇储备第一大国。

1979—2015年我国外汇储备规模的变化具体如图4-2所示。

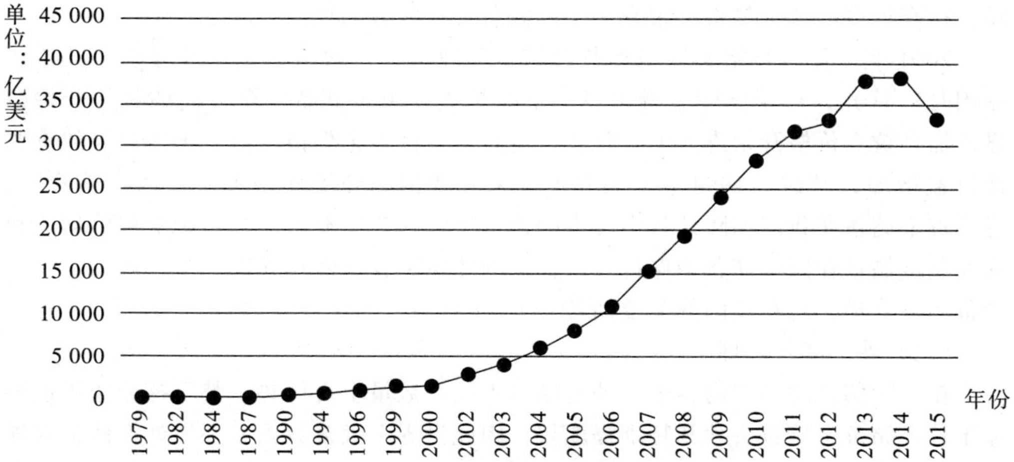

图4-2　1979—2015年我国外汇储备规模的变化

我国外汇储备快速增长的主要原因有以下几点：

首先，根本性的原因是我国经济持续快速增长。自改革开放以来，我国的国民经济就一直处于高速发展的状态。国内生产总值成倍增长，1978年我国的GDP为3 645.20亿元，而2015年我国的GDP达到67.67万亿元。而外汇储备作为一种存量，反映了一国对外经济往来的流量累计结果。因此，伴随着我国经济的快速发展以及对外经济交往的扩大，我国外汇储备规模也日益扩大。

其次，我国积极鼓励经济对外开放，不断完善我国的经济结构。我国实施的对外开放政策和投资环境的改善也大大提高了我国对外资的吸引力，特别是在我国加入WTO之后，我国的经济运行方式日趋国际化、自由化和市场化，从而吸引了国际上著名的跨国公司竞相进入我国市场，由此带来了我国金融与资本账户项下巨大的顺差，进而也推动了我国对外贸易的不断扩大。

最后，人民币升值预期以及热钱的涌入。热钱的大量涌入是我国这几年外汇储备激增的重要原因。在国际金融市场上，外资可选择的投资渠道较少，而人民币汇率快速升值以及我国与美国之间的利差扩大等原因，使得国际金融市场上以投机获利为目的快速流动的短期资本不断涌入我国市场。

三、我国国际储备的管理

我国国际储备的管理主要包括黄金储备管理和外汇储备管理两个部分。在遵循国际储备管理一般性原则的前提下，根据我国经济发展的实际需要，我国在一些政策的选择上保持了自己的特色。

（一）黄金储备管理

1978—2000年，我国主要采取稳定黄金储备的政策。1980年，我国恢复了在IMF的合法席位，确定划出400吨黄金作为储备资产，此后我国的黄金储备就一直稳定在这个量附近，仅有过几次小幅度的增减。采取稳定黄金储备政策是因为持有黄金无法取得利息，还会产生一定的保管费用，并且这段时期内黄金价格长期下跌，持有过多的黄金储备会带来一定的储备资产贬值的风险。

2001年，我国开始实行增加黄金储备的政策，该政策一直持续至今。其主要原因是：首先，由于国际金融市场的不断扩大，黄金储备安全性高的优势开始凸显，加之黄金价格开始进入上升阶段，持有黄金储备来保值增值、抵御风险的重要性日益增加；其次，1994年外汇改革以来，我国的外汇储备进入飞速增长阶段，造成黄金储备在我国国际储备中所占的比例下降。为了充分发挥黄金的保值功能和确保黄金储备在国际储备中保持一个稳定的比例，我国经过几次调整，增加了黄金储备的持有量，现在我国的黄金储备约为1 054吨，居世界前10位。

（二）外汇储备管理

在国际储备的构成内容中，外汇储备不仅在数量上占优势，其发挥的作用也要大于黄金储备、储备头寸和特别提款权，因此世界上大多数国家都把外汇储备管理作为国际储备管理最重要的部分，我国也不例外。我国的外汇储备管理分为外汇水平管理和外汇结构管理两个方面，确定和保持最佳外汇储备量是有效发挥外汇储备作用的关键。

从我国现阶段的外汇储备规模来看，我国外汇储备的各项指标都已经远远超出了国际认定的适度标准，也远远高于世界上发展中国家的平均水平。充足的外汇储备一方面显示了我国不断增强的经济实力，但另一方面也会给我国经济带来不良影响：

（1）过多的外汇储备会加剧国内通货膨胀的压力。外汇储备与人民币的发行是息息相关的，只有大量人民币的投放才能形成巨额的外汇储备，外汇储备越多，说明人民币的投放越多。因此，过多的外汇储备在一定时期内势必会影响我国国内的货币流通、物价水平，甚至有可能进一步引发恶性的通货膨胀，危害我国经济安全。与此同时，外汇储备是一国存放在其他国家银行的资产，难免会受到其他国家通货膨胀的影响，过多的外汇储备还会使我国的资产承受国外通货膨胀带来的贬值风险，给国内货币的稳定和经济发展带来压力。

（2）过多的外汇储备会造成资源浪费。首先，外汇储备的主要来源是贸易收支的顺差，也就是说，必须要有等值的商品出口才能换来外汇资金的增加，我们可以将外汇储备看成以资金形式存放在国外的国内物资。外汇储备越多，说明从国内抽出的物资也越多，这是一种变相的物资闲置，因为增加外汇储备相当于在人为地减少国内对物资的有效利用。其次，外汇储备过多，说明我国对外支付减少，即没有进口该进口的物资，这些原来应该进口的可以有效转化为现实生产力的物资变成了闲置在国外银行且收益率低的外汇资金，从而不利于我国经济的发展。最后，出于安全性和流动性的考虑，拥有外汇储备，就要放弃通过投资获得高收益率的机会，这也是资源浪费的表现。

因此，保持适度的外汇储备规模意义重大，我国必须重视对外汇储备的管理。然而，要确定一个最佳外汇储备量实属不易，将外汇储备维持在最佳储备规模区间内更是难上加难，这就要求我国要有一套切实可行的管理措施与办法，具体如下：

（1）建立健全外汇储备管理体系，强化外汇管理机构的职能。为了保证外汇储备保持在最佳储备规模或处于适度储备区间内，建立一个有效的外汇储备资产管理体系十分必要。同时，我国应强化外汇管理机构的管理职能，使外汇储备数额的确定和变动真正受到重视。此外，我国应该注重专业人才的培养，建立一支高素质的专业管理队伍，强化有关部门对外汇储备的管理作用。

（2）完善有关外汇储备管理的法律法规。我国应该完善有关外汇储备管理的法律法规，对外汇储备的使用加以约束，并提高外汇储备管理的透明度，对外汇储备的使用和管理的效果建立相应的问责机制。我国应该进一步加快相关立法进程，出台《外汇资产管理法》，详细规定外汇储备经营活动的基本原则、决策程序、操作规则、投资方向等，以规范和控制外汇储备的管理和运用。

（3）逐渐放开资本账户。逐渐放开资本项目下的资本流出管制，既能减轻人民币升值的压力，又能让外汇流出境外，从而更好地进行海外投资。

（4）进一步改革外汇管理体制。大部分西方发达国家实行浮动汇率制度，我国也应该逐步放弃外汇管制，增加汇率的浮动幅度，具体可以从以下几个方面进行改革：首先，改革结售汇制度，解除对私人与企业结售汇的强制性要求，使得私人部门可以根据自身的意愿持有外汇而不是被迫持有，这样不但能分散过多的外汇集中于央行的汇率风险，还能便利私人部门的外汇投资。其次，建立发达的外汇市场。只有建立了发达的外汇市场，才能通过在外汇市场上收购外汇抛售本币，并在国债市场上抛出短期国债回笼本币，使国内的货币流动性不会因为外汇市场的操作而过剩，这有利于减轻外汇干预对货币政策的不利影响。

课堂小讨论

国际储备与国际清偿力的关系。

本章小结

1.国际储备是指一国货币当局持有的，可用于应对紧急国际支付、平衡国际收支和维持本国货币汇率稳定，为世界各国普遍接受的一切资产。国际储备由黄金、外汇、在IMF的储备头寸和特别提款权组成，其必须具备三个特征，即可得性、流动性、普遍接受性。

2.国际储备的作用有以下三个：第一，弥补国际收支逆差，保证对外支付能力；第二，干预外汇市场，稳定本币汇率；第三，维持本币资信，充当信用保证。

3.国际储备体系是指在一种国际货币体系下，确立国际储备资产的结构及各种资产间相互关系的法律制度和安排的总称。国际储备体系经历了四个演变历程，即金本位制下的黄金-英镑储备体系、非典型金本位制下的过渡性储备体系、布雷顿森林体系下的美元-黄金储备体系和牙买加体系下的多元化储备体系。多元化储备体系打破了美元的垄断地位，增加了储备货币的供给，分散了外汇资产的汇率风险，促进了各国金融领域内的合作和协调，但同时也加大了储备资产管理的难度，加剧了国际金融市场的动荡，还是无法解决特里芬难题。

4.国际储备的供给有五个渠道：国际收支顺差、收购黄金、干预外汇市场、在IMF的储备头寸和SDR。国际储备的需求包括：交易性需求、预防性需求和盈利性需求。影响一国国际储备需求的因素主要有：国际收支情况、经济规模、外汇管制程度和汇率制度、资信等级和对外筹资能力、国际储备的持有成本、一国货币的地位、国际金融合作程度。

5.目前，确定最佳国际储备量的方法主要有比率分析法、回归分析法、成本-收益分析法、区间分析法和定性分析法。

6.国际储备结构管理，既包括四种储备资产之间最优构成比例的确定，也包括外汇储备中储备货币的选择和各种储备货币之间最优比例的确定。一般来说，国际储备结构管理主要遵循三个原则，即安全性、流动性和盈利性。

7.特别提款权就其本质而言，是国际货币基金组织为弥补国际储备货币的不足而创立的具有补充性质的国际储备工具，其基本作用在于为成员国及国际货币基金组织提供国际支付工具和货币定值单位，同时也可在国际货币基金组织成员国之间兑换为可自由使用的外汇。特别提款权作为储备资产不仅可以防止多元化储备体系带来的一些弊端，更重要的是能使国际货币兑换过程大为简化，而且其币值相对稳定，可以为世界经济的发展提供较有利的环境。

8.我国国际储备的管理主要包括黄金储备管理和外汇储备管理两部分。

关键概念

国际储备　国际清偿力　黄金储备　外汇储备　国际储备体系　国际储备管理　安全性原则　流动性原则　盈利性原则

综合训练

4.1　单项选择题

1.目前，在世界各国的国际储备中，最重要的组成部分是（　　）。

A.黄金储备　　B.外汇储备

C.在国际货币基金组织的储备头寸　　D.特别提款权

2.布雷顿森林体系崩溃以来，国际储备最明显的变化是（　　）。

A.美元是唯一的储备货币　　B.英镑是唯一的储备货币

C.黄金是最重要的储备资产　　D.国际储备资产多元化

3.一国增加外汇储备最可靠、最稳定的来源是（　　）。

A.国外借款　　B.干预外汇市场

C.国际收支顺差　　D.黄金货币化

4.储备资产按照（　　）的高低可分为三级。

A.安全性　　B.流动性　　C.盈利性　　D.稳定性

4.2　多项选择题

1.国际储备包括（　　）。

A.黄金　　B.在国际货币基金组织的储备头寸

C. 特别提款权　　D. 商业银行持有的外汇资产

2. 一种货币要充当国际储备货币，必须具备（　　）三个特征。

A. 由官方持有　　B. 普遍接受性

C. 很强的经济实力　　D. 流动性

3. 增加一国国际储备的途径有（　　）。

A. 对储备货币发行国来说是黄金的国际交易

B. 对非储备货币发行国来说是黄金的国际交易

C. 对储备货币发行国来说是黄金的国内交易

D. 对非储备货币发行国来说是黄金的国内交易

E. 国际收支顺差

4. 影响一国国际储备需求的因素有（　　）。

A. 持有国际储备的成本　　B. 国外筹集资金的能力

C. 对外贸易状况　　D. 本币的国际地位

E. 外汇管制的程度

5. 特别提款权的用途包括（　　）。

A. 偿还国际货币基金组织的贷款　　B. 只能用于贸易支付

C. 弥补国际收支赤字　　D. 只能用于非贸易支付

E. 既能用于贸易支付，又能用于非贸易支付

4.3　思考题

1. 什么是国际储备？国际储备的构成和基本特征是什么？

2. 什么是国际清偿力？简述国际清偿力与国际储备的联系和区别。

3. 什么是国际储备体系？简述国际储备体系的演变过程。

4. 多元化储备体系形成的原因有哪些？它的形成带来了怎样的影响？

5. 简述影响国际储备需求的因素。

6. 如何确定国际储备的适度规模？

第五章

国际金融机构

引例

国际金融机构中国面孔越来越多 沉默者转为积极参与者

华盛顿时间1月11日，世界银行宣布任命杨少林担任世界银行首任常务副行长兼首席行政官，主管世界银行的机构战略、预算、风险管理、廉政、员工职业操守、信息化等业务。杨少林的任命于2016年2月29日起生效。

一直以来，世界银行行长来自美国，国际货币基金组织总裁来自欧洲，国际货币基金组织和世界银行高管位置被欧美“垄断”似乎成了一种惯例。可是近年来，世界银行、IMF（国际货币基金组织）和亚洲开发银行，国际三大金融机构中，来自中国的面孔越来越多。从1995年中国人章晟曼担任世界银行常务副行长，到2008年世行任命林毅夫为世行首席经济学家兼负责发展经济学的高级副行长，经历了13年的时间。之后，中国人的名字开始频繁出现在中西方媒体的头条。

最早“走向世界”的章晟曼曾经说过：“中国人在国际经济组织中起步晚了，但这不等于说我们不能改变这些东西，我算是作尝试，为后来人开路，有一些参考。”从林毅夫到朱民，林建海到蔡金勇，再到金立群，一个又一个中国人在国际多边金融机构中占据关键地位，除了是中国国力提升的表现，也是国际格局变化的客观反映。近些年来，中国人已经逐步从国际经济规则“沉默的”接受者，向着国际经济规则“积极的”影响者和参与者角色转变。此外，中国在G20峰会中的地位、在金砖国家开发银行和亚投行等新兴机构中所扮演的领导角色，都显示出中国未来在国际经济架构上将会具有更大的影响力。

作为世界第二大经济体以及最大的发展中国家，中国在国际社会中的重要性与日俱增，中国在国际事务中的主动权和话语权也在不断提升，中国日益从“沉默的角色”转化为“积极的角色”。

那么什么是国际金融机构？全球有哪些大型的国际金融机构？各大国际金融机构的资金从何而来？不同国际金融机构各自发挥着什么作用？本章将进行相应的阐述。

第一节　国际金融机构概述

国际金融机构是指从事国际金融管理和国际金融活动的超国家性质的组织机构，能够在重大的国际经济金融事件中协调各国的行动；提供短期资金缓解国际收支逆差、稳定汇率；提供长期资金促进各国经济发展。按范围可分为全球性国际金融机构和区域性的国际金融机构。为适应国际经济发展的需要，曾先后出现各种进行国际金融业务的政府间国际金融机构，其发端可以追溯到1930年5月在瑞士巴塞尔成立的国际清算银行。第二次世界大战后建立了布雷顿森林国际货币体系，并相应地建立了几个全球性国际金融机构，作为实施这一国际货币体系的组织机构。从1957年到20世纪70年代，欧洲、亚洲、非洲、拉丁美洲、中东地区的国家和地区为发展区域经济的需要，通过互助合作方式，先后建立起区域性的国际金融机构，如泛美开发银行、亚洲开发银行、非洲开发银行等。

国际金融机构大致可以分为三种类型：(1) 全球性的，如国际货币基金组织和世界银行。(2) 半区域性的，如国际清算银行、亚洲开发银行、泛美开发银行、非洲开发银行等，它们的成员主要在区域内，但也有区域外的国家参加。(3) 区域性的，如欧洲投资银行、阿拉伯货币基金组织、伊斯兰发展银行等，它们完全由地区内的国家组成，是真正区域性的国际金融机构。

1947年，国际货币基金组织和世界银行与联合国正式签订了建立相互关系的协定，从此国际货币基金组织和世界银行成为联合国11个专门机构中独立经营国际金融业务的机构。目前这两个全球性的国际金融机构，是所有国际金融机构中规模最大、成员最多、影响最广泛的，它们对加强国际经济和货币合作、稳定国际金融秩序，发挥着极为重要的作用。

第二节　国际货币基金组织

1944年7月1日，“联合国货币金融会议”在美国布雷顿森林举行。在这次会议上，签订了布雷顿森林决议，决定成立国际货币基金组织（International Monetary Fund，IMF）与世界银行。1946年3月国际货币基金组织正式成立，1947年3月开始办理放款业务。它是联合国的一个专门机构，总部设在美国首都华盛顿。

“国际货币基金协定”规定，国际货币基金组织的宗旨是：（1）成立一个永久性的国际货币机构，促进货币合作。（2）促进国际贸易的扩大和平衡发展，借以提高和维持就业与实际所得于较高的水平之上，并开发各会员方的生产资源。（3）促进汇率的稳定，维持会员方之间的正常汇兑关系，避免竞争性的货币贬值。（4）协助会员方建立国际收支中经常业务的多边支付制度，并消除阻碍国际贸易发展的外汇管制。（5）在适当的保障下，基金组织对会员方提供资金，树立改善国际收支失调的信心，从而避免采取有损于本国或国际繁荣的措施。在其宗旨的五个要点中，向会员方提供短期贷款，以平衡国际收支的暂时不平衡和监督汇率稳定、消除外汇管制是其最基本的内容。

IMF由理事会、执行董事会、总裁和众多的业务机构组成，另外还任命若干常设委员会或临时委员会，具体负责某项专门工作或临时任务。理事会和执行董事会决议的通过和执行，原则上是以各国在IMF的投票权多少为依据。

按照“国际货币基金协定”，凡是参加1944年布雷顿森林会议，并在协定上签字的国家，称为创始会员方。在此以后参加基金组织的国家称为其他会员方。两种会员方在法律上的权利和义务并无区别。国际货币基金组织成立之初，只有44个会员方，至1997年年底，已发展到184个会员方。我国是创始会员方之一。参加基金组织的每一个会员方都要认缴一定的基金份额。基金份额的确定，与会员方利益密切相关，因为会员方投票权的多寡和向基金组织取得贷款权利的多少取决于一国份额的大小。IMF的最高决策机构是理事会，它由各会员方选派一名理事和一名副理事组成，任期5年，其任免由会员方本国决定。执行董事会是负责处理基金组织日常业务的机构，共由23人组成。理事通常由各国财政部长或中央银行行长担任，副理事只有在理事缺席时才有投票权。理事会的主要职权是批准接纳新会员方、修订基金条款与份额、决定会员方退出IMF、讨论决定有关国际货币制度等重大问题。理事会每年召开一次会议，必要时可召开特别会议。由于理事会过于庞大，无法根据国际金融形势发展随时讨论一些重大而又具体的问题，在1974年又设立了临时委员会，由22个部长级成员组成，每年举行3~4次会议。临时委员会实际上是重要的决策机构，在大多数情况下，临时委员会的决议就等于理事会的决定。国际货币基金组织的资金来源，除会员方缴纳的份额以外，还有向会员方借入的款项和出售黄金所获得的收益。

国际货币基金组织的主要业务是：发放各类贷款；商讨国际货币问题；提供技术援助；收集货币金融情报；与其他国际机构的往来。国际货币基金组织于1980年4月17日正式恢复我国的合法席位。我国向基金组织委派理事、副理事和正、副执行董事。当时，我国在基金组织的份额为12亿特别提款权，后增至33.85亿特别提款权。各会员方份额大小由理事会决定，要综合考虑会员方的国民收入、黄金与外汇储备、平均进出口额的变化及出口额占GNP的比例等多方面的因素。对各会员方应缴的份额，每隔5年重新审定一次，并对个别国家的份额进行调整。

份额的单位原为美元，后改为SDR计算。IMF刚创立时，会员方认缴的份额总值76亿美元，目前已达901.07亿SDR。在1975年以前，会员方份额的25%以黄金缴纳，其余部分以本国货币缴纳，存放于本国的中央银行，IMF需要时可以随时动用。自1976年牙买加会议后，IMF废除了黄金条款，份额的25%改为以SDR或自由兑换货币缴纳。会员方在IMF的投票权按照其缴纳份额的大小来确定。根据平等原则，每个会员方有250票基本投票权。此外再按各国所缴纳的份额，每10万SDR增加一票，两者相加，就是该会员方的实际投票权。美国在IMF认缴份额最多，它拥有20%左右的投票权，所以它在IMF的各项活动中，始终起着决定性的作用。

一、IMF的基本业务

最初创建IMF的目的是作为一个核心机构来维持布雷顿森林体系的运行，其业务活动主要是汇率监督与政策协调、储备资产的创造与管理以及贷款业务。目前IMF的业务活动，仍然是围绕这三个方面展开。

（一）汇率监督与政策协调

为了使国际货币制度能顺利运行，保证金融秩序的稳定和世界经济的增长，IMF要监督各会员方，保证它们与基金组织和其他会员方进行合作，以维持有秩序的汇率安排和建立稳定的汇率制度。具体来说，IMF要求各会员方做到：（1）努力以自己的经济和金融政策来达到促进有秩序的经济增长这个目标，既有合理的价格稳定性，又适当照顾自身的境况；（2）努力通过创造有秩序的基本的经济和金融条件和不会产生反常混乱的货币制度去促进稳定；（3）避免操纵汇率或国际货币制度来妨碍国际收支的有效调整或取得对其他会员方不公平的竞争；（4）奉行同本节所规定的保证不相矛盾的外汇政策。

在布雷顿森林体系条件下，会员方要改变汇率评价时，必须与IMF进行磋商并得到其批准。在目前浮动汇率条件下，会员方调整汇率不需要征求IMF的同意，但IMF的汇率监督职能并没有因此而丧失，它仍然要对会员方的汇率政策进行全面估价，这种估价要考虑其国内和对外政策对国际收支调整及实现持续经济增长、财政稳定和维持就业水平的作用。

IMF是通过在多边基础上和在个别基础上对会员方汇率政策实行监督的。在多边基础上，IMF主要分析工业化国家国际收支和汇率政策的相互作用，并预测这些政策在何种程度上能促进一个健康的世界经济环境。多边监督以执行董事会和理事会临时委员会提出的《世界经济展望》为依据，强调对国际货币制度有重要影响国家的政策协调和发展。IMF要参加主要西方工业国家在七国首脑会议基础上的进一步讨论，以促进工业化国家在国际货币金融领域的合作和加强其宏观经济政策的协调。对个别国家的监督主要是通过检查会员方的汇率政策是否与上述第（4）条所规定的义务相一致。IMF要求所有会员方将其汇率安排的变化通知它，以便它能够及时进行监督和协调。

除了对汇率政策的监督以外，IMF在原则上还应每年与各会员方进行一次磋商，以对会员方经济和金融形势及经济政策作出评价。这种磋商的目的是使IMF能够履行监督会员方汇率政策的责任，并有助于它了解会员方的经济发展状况和采取的政策措施，从而能迅速处理会员方申请贷款的要求。在20世纪70年代，世界经济长期处于滞胀的局面，石油危机更使诸多会员方的国际收支失衡，从而形成严重的国际收支调整问题。80年代发展中国家发生了债务危机。这些全球性的问题更需要会员方，特别是主要工业化国家从国际的角度来协调国内经济政策，这使IMF的监督和协调作用显得更为重要。为此，IMF每年都派出由经济学家组成的专家小组，到会员方搜集统计资料，听取政府对经济形势的估计，并同一些重要的国家进行特别磋商。事实证明，IMF在协调各国政策，稳定国际金融形势，特别是在缓解国际债务危机方面所起的作用是不可忽视的。

（二）储备资产的创造与管理

IMF在其1969年的年会上正式通过了“十国集团”提出的SDR方案，决定创设SDR以补充国际储备的不足。SDR于1970年1月正式发行。会员方可以自愿参加SDR的分配，也可以不参加，目前除个别国家外，多数会员方都是SDR账户的参加国。

SDR由基金组织按会员方缴纳的份额分配给各参加国，分配后即成为会员方的储备资产，当会员方发生国际收支赤字时，可以动用SDR，用于偿付收支逆差或偿还IMF的贷款。

（三）IMF的贷款业务

根据IMF协定，当会员方发生国际收支暂行性不平衡时，IMF向会员方提供短期信贷。IMF的贷款提供给会员方的财政部、中央银行或外汇平准基金等政府机构，贷款限于贸易和非贸易的经常性支付，贷款的额度与会员方的份额成正比。贷款的提供方式采取由会员方用本国货币向IMF申请换购外汇的方法，一般称为购买，即用本国货币购买外汇。会员方的还款方式是以外汇或特别提款权购回本国货币，贷款无论以什么货币提供，都以SDR计值，利息也用SDR缴付。IMF主要有以下几种贷款：

1.普通贷款

普通贷款是IMF最基本的贷款，又称为基本信用设施，是IMF利用各会员方认缴的份额所形成的基金对会员方提供的短期信贷，期限不超过5年，利率随期限而递增。

会员方借取普通贷款的累计数不得超过其份额的125%。IMF对普通贷款采取分档政策，即将会员方的提款权分为储备部分贷款和信用部分贷款，后者又分为4个不同的档次，并对每个档次规定不同的贷款条件。

2.储备部分贷款

按照IMF协定的最初条款，会员方份额的25%需用黄金缴付，会员方申请这部分贷款，实际上是提用原来认缴的黄金部分，所以这部分贷款又称为黄金档贷款。IMF协定第二次修正案于1978年4月生效后，会员方份额的25%改以SDRs和指定的外汇缴纳，这部分贷款的提取仍是有足够保证的，所以称为储备部分贷款。会员方提用这部分贷款是无条件的，不须批准，也不付利息。当IMF持有的某国货币，由于会员方的购买而降到其份额的75%以下时，形成超黄金档或超储备贷款，也可以无条件提取。会员方没有使用的黄金档和超黄金档的提款权就是它在IMF普通账户中的储备头寸。

3.信用部分贷款

普通贷款的最高限额为会员方份额的125%，其中25%为储备部分贷款，其余的100%则为信用部分贷款。它又分为4个档次，每档占其份额的25%。会员方使用了黄金档贷款后，可以依次使用第1到第4档的信用部分贷款。信用部分贷款的借款是有条件的，而且信用档次越高，附加的条件也越苛刻。

另外，如前所述，如果IMF持有的某国货币少于其份额的75%，即形成该国的超储备部分贷款。如果IMF持有的某国货币接近于零，即可援用“稀少性货币条款”，宣布该国货币为稀少性货币，其他会员方可以对该国实行进口限制。

4.补偿与应急贷款

其前身是1963年设立的出口波动补偿贷款。当一国出口收入下降或因谷物进口增大而发生临时性国际收支困难时，可向IMF申请普通贷款以外的这项贷款。出口收入减少或谷物进口支出增加的贷款额各为其份额的83%，但两者同时借取则不得超过其份额的105%。1989年1月IMF以补偿与应急贷款取代出口波动补偿贷款，贷款最高额度为其份额的122%，其中应急贷款和补偿贷款各为40%，谷物进口成本补偿贷款为17%，其余25%由会员方任意选择，作为以上两者的补充。贷款条件是：出口收入下降或谷物进口支出增加应是暂时性的，而且是由会员方本身无法克服的原因造成的，同时借款国还必须同意与IMF合作执行国际收支的调整计划。

5.缓冲库存贷款

这是1969年5月设立的以帮助初级产品出口国建立缓冲库存以稳定价格为目的的一种贷款。IMF认定适用缓冲库存贷款的初级产品有锡、可可、糖、橡胶等。会员方可以使用该贷款的数额为其份额的45%，贷款期限为3~5年。

6.中期贷款，又称扩展贷款

这是专门为解决具有较长期结构性国际收支赤字，且所需资金量又比普通贷款所能借取的额度大的会员方的困难而设立的贷款，于1974年9月设立。其最高借款额可达借款国份额的140%，期限为4~10年，备用安排期为3年。但此项贷款与普通贷款两项总额不得超过借款国份额的165%。

7.补充贷款

这种贷款设立于1977年8月，总计为100亿美元，其中由石油输出国提供48亿美元，有盈余的7个工业国家提供52亿美元。在会员方遇到严重国际收支赤字、借款总额早已达普通贷款高档信用部分而又仍需大额和更长期限资金时，可以申请此项贷款。最高借款额可达会员方份额的140%。补充贷款提供完毕后，1981年5月又实行了扩大贷款政策，其目的和内容与补充贷款一样。

8.信托基金

IMF废除黄金条款后，在1976年6月至1980年5月间将持有黄金的1/6以市价卖出，用所获利润（市价超过35美元官价的部分）建立了一笔信托基金，按优惠条件向低收入的发展中国家提供贷款。取得信托基金贷款的条件是：（1）1973年人均国民收入低于300SDR的国家61个，它们借用从1976年7月1日起两年期的第一期贷款；1975年人均国民收入低于520美元的国家，IMF确定了59个，它们借用从1978年7月1日起两年期的第二期贷款。（2）经IMF审核申请贷款国的国际收支、货币储备及其他发展情况，证实确有资金需要，而又有调整国际收支适当计划的国家。

9.临时性信用设施

IMF除设立固定性的贷款项目外，还根据需要设置特别临时性的贷款项目，其资金来源由IMF临时借入。如1974年至1976年间设置的石油贷款，就是用于解决因石油价格上涨而引起的国际收支失衡的临时贷款。其资金来源由IMF向盈余国（主要是石油输出国）借入，再贷给赤字国家。贷款的最高额度，1974年为其份额的75%，1975年又提高为125%，贷款期限为3~7年。石油贷款于1976年5月届满，共有55个会员方利用这一项目获得了69亿SDRs的资金。

10.结构调整贷款

这种贷款于1983年3月设立，资金来自信托基金偿还的本息，期限为5~10年。1987年又设立了“扩大结构调整贷款”，贷款最高额度为其份额的250%。

以上是IMF提供的主要贷款项目。会员方能够从IMF获得的贷款，统称为提款权或普通提款权，以别于IMF1968年设立的特别提款权。

二、IMF存在的基本困难

IMF自1947年正式营业以来，在加强国际货币合作、建立多边支付体系、稳定汇率及促进国际收支调整过程中做了大量工作，对维持国际货币制度运行和促进国际贸易及世界经济发展起到了推动作用。但随着国际经济关系的发展，IMF也暴露出一些基本困难，显得与国际金融形势的发展不相适应，特别是与发展中国家在贷款的提供方面存在较大的矛盾。

1.贷款资金的规模有限

在信贷资金的提供方面，自20世纪70年代以来，IMF为发展中国家提供了大量短期资金融通。1978年以前，IMF贷款的50%左右提供给了发展中国家，1979

年后，几乎所有贷款都提供给了发展中国家，这对缓和发展中国家的国际收支失衡起到了重要作用。从理论上说，发展中国家对资金的需求，既可以向IMF贷款，也可以向国际金融市场上的商业银行进行贷款。但自1982年爆发债务危机以后，国际商业银行提供给发展中国家的贷款大大减少，只有少数发展中国家能够利用国际金融市场上的短期信贷资金，对于大多数发展中国家来说，IMF实际上成了它们最重要的、有时是唯一的短期信贷资金来源。而自20世纪80年代以来，发展中国家的国际收支失衡严重，对信贷资金的需求激增，这使得IMF的资金显得严重不足。为此，IMF采取了一些措施来扩大资金来源，如多次扩大基金的份额；与工业化国家和一些石油输出国进行双边安排来扩大资金来源等。

2.贷款基金在分配方面存在不合理之处

由于IMF的贷款是按份额分配的，工业化国家占有份额的比重最大，而最需要资金的发展中国家却只占很少份额，这使它们在贷款方面遇到了更多的困难。另外，从1983年IMF第八次增资后，美国等发达国家就提出要降低各国在普通贷款以外借用扩大贷款的限额。由于受到广大发展中国家的反对，双方暂时达成了妥协，但围绕这一问题的争论并没结束。

3.IMF提供贷款时附加的限制条件是导致发展中国家与其关系紧张的主要原因

IMF贷款的限制性条件是指会员方在使用其贷款时必须采取一定的经济调整措施，以便在IMF贷款项目结束时能够恢复对外收支的平衡并保证贷款的偿还。在IMF创立初期，协定中并没有这些限制性条件，它们是后来在美国的提议下加进去的。发展中国家作为IMF贷款的使用者，同时也就是这些苛刻的限制性条件的承受者，由此引发了发展中国家与IMF关系紧张。

当然，IMF同其他金融机构一样，在发放贷款时必须考虑资金的回收问题，以保证其资金的循环使用，就此而言，IMF发放贷款时附加一些限制性条件是必要的。问题的关键是这些限制性条件必须真正有利于借款国国际收支的调整和经济发展。但从IMF近年来对一些发展中国家实际实行的限制结果来看，由于IMF对这些国家国际收支失衡的原因分析不够准确和全面，使得它对发展中国家贷款条件规定了紧缩性的调整措施，这反而给借款国的经济带来了消极影响。

实际上，IMF提出的国际收支调整措施，几乎都是要求借款国在经济上实行紧缩措施，压缩政府开支，减少货币供应量，以平衡政府预算和降低国内通货膨胀，从而达到压缩进口需求、平衡国际收支的目的。IMF的这种政策方法旨在解决发展中国家内部产生的不平衡问题，并将内部调整作为获得平衡的手段。事实上，造成发展中国家国际收支失衡的原因是多方面的。有些国家的国际收支赤字是因国内政策失误造成的，采取紧缩的调整政策会有明显效果；但对大多数发展中国家来说，不合理的国际经济秩序是造成国际收支失衡的主要原因，如有些发展中国家出口商品单一化，多数发展中国家依赖的是少数传统的初级产品出口，世界市场上原材料和初级产品价格下降，工业制成品价格上涨等，这才是造成发展中国家国际收支失衡的重要原因。此外，发达国家经济衰退，贸易保护主义等政策也是造成一些发展中国家国际收支赤字的重要原因。这些外部因素是发展中国家所无法控制的，也不是国内的紧缩政策所能解决的。另外IMF要求借款国实行的紧缩政策，对发展中国家来说，还有一个经济与社会的承受能力问题。因为经济紧缩的后果是增长速度放慢、失业增加。一个国际收支赤字的国家，国内可能已出现收入水平下降，进一步的紧缩可能加剧国内经济状况的恶化，所以在实行IMF所要求的紧缩政策时，需要在经济和政治上都付出沉重的代价。

近年来，IMF对有关贷款条件的指导原则已作了一些修正，如鼓励会员方在出现国际收支困难初期早采取纠正措施；将贷款的备用期延长至3年；适当考虑调整国家的国内目标及会员方的特殊情况；对在调整中国家的借款采取灵活的方法等。但这些变化并没有解决贷款条件的根本缺陷。发展中国家强烈要求放松贷款条件，并使其具有弹性；建议IMF的份额应同国际贸易额同步增长；加强IMF动员市场资金的能力等。但发展中国家的建议却遭到一些发达国家的反对。它们强调IMF的金融性质及其贷款的临时性和周转性，反对从金融市场融资和扩大长期贷款，并主张实行严厉的贷款条件。实际上，围绕贷款条件的争论反映了发展中国家和发达国家之间的利益冲突。

三、我国与IMF的关系

1980年4月，我国恢复了在IMF的合法席位，从此与IMF的关系一直在发展。我国在IMF创立时的份额为5.5亿美元；合法席位恢复后，增加到12亿SDR；1983年4月IMF第八次增资时增加到18亿SDR；1989年增加到23.91亿SDR，占总份额的2.68%，投票权占总投票权的2.6%，投票权比例和份额比例均排名第9位。我国在IMF是单独选派执行董事，并且是IMF临时委员会的成员。

IMF带有浓厚的政治色彩，它往往是不同集团、不同利益国家间争斗的论坛。我国作为发展中的社会主义国家，始终致力于维护广大发展中国家的利益，凡是有利于发展中国家的正当要求和主张，我们均给予支持。我国的经济实力还不够雄厚，在IMF中也不占重要地位，但由于我国是一个政治大国，在IMF中仍有重要的平衡作用，IMF也重视中国的作用。

我国从1981年以来已使用IMF信贷共13.85亿SDR。总的来看我国借用IMF贷款不多，它不是我国利用外资的主要来源。在技术援助方面，我国曾多次获得IMF传授的有关金融规划、货币和财政政策、银行统计与经济管理等方面的知识，这对改善我国的宏观调控机制、增强制定宏观政策的科学性和实施的有效性均发挥了积极作用。此外，IMF每年10月份均派代表团到我国商谈经济问题，有时代表团还实地考察。这种磋商活动不仅是IMF全面了解我国经济及其政策的机会，而且对我国的经济工作和经济政策的正确制定也有促进作用。

总体来看，我国从IMF获得的技术援助以及从它举办的各类活动中获得的效益远远超过从资金方面获得的好处，今后这样的援助仍将继续下去。

第三节　世界银行集团

国际复兴开发银行（International Bank for Reconstruction and Development，IBRD），通称“世界银行”（World Bank），是1944年布雷顿森林会议以后与IMF同时产生的两个国际金融机构之一，也是联合国的专门机构。根据布雷顿森林会议的有关协议，世界银行于1945年12月宣告成立，并于1946年6月开始营业。作为一个全球性的金融机构，世界银行的宗旨是：（1）对用于生产目的的投资提供便利，以协助会员方的复兴与开发，并鼓励国家生产与资源的开发；（2）通过保证或参与私人贷款和私人投资的方式，促进私人对外投资；（3）用鼓励国际投资以开发会员方生产资源的方法，促进国际贸易的长期平衡发展，维持国际收支平衡；（4）在提供贷款保证时，应同其他方面的国际贷款相配合。实际上，成立世界银行的最初目的是资助会员方主要是西欧各国使其经济从战争的破坏中得到恢复和发展。所以它对会员方提供的是中长期贷款，以促进各会员方经济的恢复与重建。目前世界银行的主要目的是向发展中国家提供开发性贷款，资助其兴办特定的长期建设项目，以促进其经济增长与资源开发。

世界银行集团是国际开发协会（IDA）、国际金融公司（IFC）、国际投资争端解决中心和多边投资担保机构四个附属机构的总称。不过从法律地位和资金构成等方面看，国际开发协会和国际金融公司都是独立的金融机构，因而它们都是重要的、全球性的国际金融机构，而国际投资争端解决中心和多边投资担保机构则是附属于世界银行的非金融机构。

一、世界银行

（一）世界银行的组织结构

世界银行的行址设在美国首都华盛顿，根据布雷顿森林协议，只有IMF的会员方才能够申请加入世界银行，但IMF的会员方不一定都加入世界银行。世界银行建立之初，有39个会员方，到2016年，已增至188个会员方。它的组织结构同IMF相差不多，也由理事会下设执行董事会作为决策机构。

理事会是世界银行的最高决策机构。理事会由各会员方选派1名理事和1名副理事组成，任期5年，连选可以连任，副理事只有在理事缺席时才有投票权。各会员方一般都由其财政部长、中央银行行长或与其地位相当的高级官员担任理事或副理事。理事会的主要职权是：批准接纳新会员方；决定普遍地增加或者调整会员方应缴股本；决定银行净收入的分配以及其他重大问题。理事会通常在每年9月与IMF一起举行一次年会，必要时可召开特别会议，平时由理事会授权执行董事会代行各项职权。执行董事会是负责办理日常事务的机构，现有执行董事21人，任期2年，其中5人是常任执行董事，由持有股份最多的美、英、德、日、法5国指派。

我国恢复合法席位后，单独选派1名执行董事，其余15名则由其余会员方按地区分组联合推选。执行董事会选举1人为行长和执行董事会主席，主持日常事务，但无投票权，只在执行董事会表决双方票数相当时，才可以投决定性的1票。行长任期5年，并可以连任。

各会员方的投票权是根据其持有的股份决定的。每个会员方都享有基本投票权250票。此外，每认缴股金10万美元增加一票。一般情况下，一国认缴股份的多少根据该国的经济和财政力量并参照它在IMF认缴份额的多少来确定。目前美国持有的股份最多，投票权也最多，大约占总投票权的20%，掌握了最大的表决权。我国目前在世界银行的投票权为25 392票，约占投票权总数的3.19%，排名第6。

（二）世界银行的资金来源

世界银行的资金主要来自三个方面：会员方缴纳的股金；在国际金融市场上发行的债券；出让银行的债权。

世界银行成立之初，法定资本约100亿美元。以后又多次增资，到1999年底，理事会决议所规定的法定认缴股本为1 882.20亿美元。但会员方并不是按认缴资本缴付股金。按原来的规定，会员方参加时先缴付股金的20%，其中2%以黄金或美元缴纳，18%以本国货币支付，其余80%则等待必要时缴纳。1959年银行资本增加一倍，但实缴资本并未增加。会员方实际缴付的只是认缴额的10%，其中只有1%需要以黄金或美元缴纳，9%以本国货币缴纳，其余90%等必要时缴纳。

世界银行资金的另一主要来源是在国际债券市场上发行中长期债券。在20世纪60年代以前，世界银行的债券主要在美国市场上发行，以后随着西欧和日本经济势力增强，逐渐推广到联邦德国、瑞士、日本和沙特阿拉伯等国家。由于世界银行信誉较高，其债券利率虽从总体上说随国际金融市场行情而变化，但总是比某些国家政府债券或普通公司债券的利率要低。自80年代中期以来，世界银行每年在国际金融市场上发行的债券总额都接近或超过100亿美元，目前它已是世界各主要资本市场上最大的非居民借款人。除在国际金融市场上发行债券外，世界银行还直接向会员方政府、中央银行等机构发行中短期债券筹集资金。

在借款的战略管理方面，世界银行要尽力做到：首先，保证借款资金来源的可靠性。通过增强在不同金融市场的借款能力，以保证获得最有利的借款条件，又同时避免在个别市场上获得资金的不确定性。通过拥有较强的借款能力和市场地位，以便随时对发展中国家的借款需求做出反应。其次，使世界银行及其借款国家的资金来源成本最小化。为完成这一目标，近年来世界银行除主要借入美元资金外，还广泛地借入德国马克、日元、瑞士法郎等货币资金。世界银行还利用自身较大规模的流动资产作为缓冲，支持灵活的借款安排，采用多种方式谨慎地选择借款市场和时机。在20世纪80年代初国际金融市场利率普遍提高的情况下，世界银行缩短了一些借款安排的期限，首次进入短期市场筹集资金，并采取了诸如货币互换、贴现票据、浮动利率票据等多种新的借款方式，以便能及时调整借款的币种和期限构成，并使资金来源能迅速从高利市场转向低利市场，以降低借款成本，从而达到降低世界银行贷款费用的目的。

世界银行的主要资金来源还有将贷出款项的债权转售私人投资者，主要是国际商业银行等金融机构，这样可以迅速收回一部分资金，以扩大资金周转能力。这种方式的资金来源，在20世纪80年代其业务中很普遍。另外，世界银行的利润收入也是其资金来源之一，1989年底其净收益为11亿美元。

（三）世界银行的贷款活动

世界银行成立初期，贷款集中投向欧洲。在第二次世界大战战后初期提供了约5亿美元的长期贷款，帮助西欧各国战后经济复兴。1948年以后，西欧的经济复兴主要依赖于“马歇尔计划”提供的援助，于是世界银行的贷款重点逐步转向了亚洲、非洲和拉丁美洲的发展中国家。

世界银行贷款的重点一向是各种基础设施，如公路、铁路、港口、电信和动力设施等，近年又逐步增加了能源开发、农业、公用事业和文教卫生等福利事业的项目贷款。自20世纪80年代以来，世界银行还设立了结构调整贷款，协助发展中国家解决因国际收支失衡而引起的经济调整问题，这对满足发展中国家因实施结构调整而形成的资金需求是有很大帮助的。世界银行的贷款条件是非常严格的：

（1）世界银行贷款对象只限于会员方的政府、政府机构、国有或私有企业。除借款人就是会员方政府本身以外，会员方国内的公私机构向世界银行借款时，都必须由会员方政府或其中央银行及其他世界银行所认可的机构提供担保，保证偿还贷款的本金、利息和其他因借款而应付的费用。

（2）世界银行原则上只对会员方的特定建设项目发放贷款，即所谓的项目贷款。申请世界银行贷款的项目，必须在经济上和技术上都经过论证是可行的，同时对该国经济发展来说，又是应该优先发展的。但在特殊情况下，世界银行也发放非项目贷款，以解决借款国进口物资设备的外汇需求或克服自然灾害的资金需要。另外，有时发放贷款的目的是使借款人能够实施某项总的发展计划。

（3）申请世界银行贷款的国家和项目，只有当世界银行确认它不能按合理的条件从其他渠道获得资金时，才有可能得到贷款。

（4）世界银行贷款一般只提供为实施某个项目所必须进口的商品和劳务所需要的外汇开支，一般不提供与该项目配套的本国货币资金。但在特殊情况下，如借款人不能按合理条件筹得为实施该项目所需本国货币时，它也可以提供适当数额的当地货币作为贷款的一部分。

（四）中国与世界银行的关系

中国是IMF和世界银行的创始会员国，但台湾当局一直占据着这两个国际金融机构中的中国政府席位。我国恢复在联合国的合法席位后，1980年5月15日世界银行集团执行董事会通过决议，恢复了我国在该集团中的合法席位。

自1980年以来，世界银行对我国的经济发展和改革开放事业给予了积极的支持。到1999年6月，我国共接受世界银行为148个项目提供的总额达231.06亿美元的贷款，主要用于基础设施建设，以及农业、工业和文教事业等项目，收到了较好的效益。

二、国际开发协会

国际开发协会是世界银行的一个附属机构，是专门向低收入发展中国家发放优惠长期贷款的国际金融组织。国际开发协会成立于1960年9月，同年11月开始营业，会址设在美国首都华盛顿。国际开发协会的宗旨是促进世界上欠发达地区的会员方经济发展，提高生产力和生活水平。作为世界银行活动的补充，协会向欠发达地区的会员方提供条件较宽、期限较长、负担较轻，并可用部分本国货币偿还的贷款资金，以解决它在重要发展方面的需要。

（一）国际开发协会的组织结构

国际开发协会的组织结构与世界银行相同，最高权力机构是理事会，下设执行董事会，负责组织领导日常业务活动。协会的正副理事、正副执行董事，分别由世界银行的正副理事和正副执行董事担任，经理、副经理也由世界银行行长和副行长兼任，办事机构的各部门负责人也都是由世界银行相应部门的负责人兼任。但协会的会计账独立，名义上是独立的机构。

只有世界银行的会员方，才能成为国际开发协会的会员方，到1999年底有会员方160个。协会的会员方分两组，第一组是高收入的工业化发达国家，约占总数的1/6，第二组为亚非拉的发展中国家。会员方在理事会的投票权大小与其认缴的股本成正比。协会成立初期规定，每个会员方拥有基本票500票，另外每认缴股金5 000美元增加一票。以后在协会第四次补充资金时，每个会员方有3 850票，另外每增加25美元再增加一票。和其他国际金融机构一样，美国认缴的股本最大，投票权数最多。1980年6月，我国同时恢复了在国际开发协会的合法席位，到1988年6月底，我国共认缴股金3 950.3万美元，有投票权117 316票，占总票数的2%。

（二）国际开发协会的资金来源

国际开发协会的资金来源主要有四个方面：

1.会员方认缴的股本

协会原定的法定资本为10亿美元，其中第一组国家为7.6亿美元，第二组国家为2.4亿美元。第一组国家的资本额需以黄金或可自由兑换的外汇上缴，第二组国家的资本额，10%以黄金或自由兑换的外汇上缴，其余90%可以本国货币上缴。以后随着会员方的增加，总资本进行了9次增资，截止到1989年底，会员方认缴的资本额为914亿美元。

2.第一组会员方提供的补充资金

由于会员方缴纳的资本不能满足会员方的信贷需要，同时协会又规定不得依靠在国际金融市场发行债券来筹集资金，所以国际开发协会需要会员方政府来不断提供补充资金，其中绝大部分是第一组会员方捐助的，此外瑞士和阿拉伯联合酋长国也提供过补充资金。自协会成立以来，共进行过12次补充资金，总额已达957.49亿美元。

3.世界银行从营业收入中拨出款项

到20世纪80年代中期，世界银行从其净收入中总共拨出了约20亿美元作为国际开发协会的贷款资金来源。

4.协会本身的营业收入

协会本身的营业收入也是资金来源，但由于国际开发协会的信贷十分优惠，所以净收入为数甚微。

（三）国际开发协会的贷款

国际开发协会的贷款只提供给低收入的发展中国家。低收入的标准是不断变化的，最初定为人均GNP在250美元以下，按世界银行1990年的规定，按1983年美元计算，人均GNP在1 070美元以下的会员方都有资格获得国际开发协会的贷款，但是实际由于资金来源有限，只有人均GNP在580美元以下的会员方才能获得。协会的贷款原则和程序与世界银行的做法基本相同，原则上只对借款国具有优先发展意义的项目或发展计划提供贷款。贷款一般用于电力、交通、港口、水利、运输等公共部门，以及农业、文教等事业。贷款要与具体项目相联系，但是在某些情况下，协会也提供非项目贷款，条件是借款国制定出具体发展规划，实行必要的经济政策加以支持，并为接受外部资金援助创造条件。

根据国际开发协会的协定，协会的贷款可以提供给会员方的政府、地方政府或公私法人团体，但实际上协会的贷款只提供给会员方政府。国际开发协会的贷款称为信贷，以区别于世界银行提供的贷款，其间的区别在于协会提供的是最优惠贷款，也称为软贷款，而世界银行提供的是普通条件的贷款，一般称为硬贷款。软贷款的优惠条件体现在长期和无息两个方面，贷款期限平均为38.3年，宽限期10年不用还本。第二个10年每年还本1%，其余各年每年还本3%。还款时可以全部或部分使用本国货币。软贷款不收利息，只收取0.75%的手续费，对已生效未支用的部分收取0.5%的承诺费。目前国际开发协会是向低收入国家提供优惠贷款的最大的多边国际金融机构，差不多占各类机构提供的优惠贷款总额的50%。协会提供的信贷，最初主要集中在南亚地区，印度为主要借款国，其次是巴基斯坦。但是自20世纪70年代以后，投向撒哈拉以南非洲国家的信贷不断增加。我国也属于低收入的发展中国家。截至1999年6月，国际开发协会共发放的信贷款总额达1 159亿美元，其中包括对我国的援助项目71个，贷款总额99.47亿美元。

凡会员方均须认购世界银行的股份，认购额由申请国与世界银行协商，并经理事会批准。一般情况下，一国认购股份的多少是根据其经济和财政实力，并参照该国在基金组织缴纳份额的大小而定。世界银行会员方的投票权与认缴股本的数额成正比。

三、国际金融公司

世界银行的贷款是以会员方政府为对象，如向企业等机构进行贷款，须有政府的担保，这在一定程度上限制了世界银行业务的发展。为了促进对私人企业的国际贷款，世界银行于1954年在美国国际开发咨询局的建议下，同各会员方政府商议后决定建立国际金融公司。

国际金融公司是世界银行的一个附属机构，于1956年7月成立。1957年，它同联合国签订协定，成为联合国的一个专门机构。加入国际金融公司的会员方必须是世界银行的会员方。到目前为止，会员方已达174个。国际金融公司的宗旨是：鼓励会员方（特别是不发达国家）私人企业的增长，以促进会员方经济的发展，从而补充世界银行的活动。国际金融公司的资金来源主要是会员方缴纳的股金，其次是向世界银行和国际金融市场借款。其主要业务活动是对会员方的私人企业贷款，无需政府担保。我国在恢复世界银行合法席位的同时，也成为国际金融公司的会员方。20世纪90年代以来，我国与国际金融公司的业务联系不断密切，其资金已成为我国引进外资的一条重要渠道。

国际金融公司从法律地位和财务制度上看是独立的经营实体，但实际上它是世界银行的附属机构。公司的组织结构与世界银行一样，最高决策机构是理事会，并设有管理日常业务的执行董事会。公司的正副理事、正副执行董事都由世界银行的正副理事和正副执行董事兼任。公司的经理则由世界银行行长兼任，其余内部机构人员也多数由世界银行的相应机构和人员兼管和兼任。我国于1980年5月同时恢复了在国际金融公司的合法席位，到1983年6月30日，我国认缴股金415.4万美元，投票权4 404票，占总票数的0.77%。

国际金融公司的资金来源主要是会员方认缴的股本，最初公司的法定资本额为1亿美元，分为10万股，每股1 000美元。认缴股份应以黄金或可兑换外汇缴付。每一会员方有基本票数250票，此外每增认一股，增加一票。国际金融公司成立以后，也进行了多次增资活动，资本总额达23亿美元，其中美国认缴的股金最多，在30%以上。国际金融公司的资金来源除了会员方缴付的股本以外，还有来自世界银行以及某些国家政府的贷款。

国际金融公司提供的贷款与世界银行和国际开发协会相比，具有以下特点：（1）国际金融公司主要是对会员方的生产性私营企业进行贷款，并且也不要求会员方政府为贷款的偿还提供担保。（2）国际金融公司一般只对中小型私营企业提供贷款，贷款数额一般在200万～400万美元，最高也不会超过3 000万美元。而世界银行提供的一般都是大型项目投资。（3）国际金融公司在提供资金时，往往采取贷款与资本投资结合的方式（即购买借款方的公司股票），但是国际金融公司并不参与其投资企业的经营管理活动。（4）国际金融公司通常与私人投资者共同对会员方的私营生产性企业进行联合投资，从而起到促进私人资本在国际范围内流动的作用，公司吸收私人资本参加投资的方式可以是在开始时就与私人投资者进行联合贷款和投资，也可以是在其投资后，将其债权或所购股票转售私人投资者。

国际金融公司的贷款期限一般为7～15年，还款时须用原借入的货币，贷款的利息率不统一，视投资对象的风险和预期收益而定，一般要高于世界银行贷款。对于未提取的贷款资金，国际金融公司每年收取1%的承诺费。贷款的方向主要是亚洲、非洲和拉丁美洲的发展中国家，其中巴西、土耳其、南斯拉夫、朝鲜得到的贷款和投资最多。贷款的部门主要是制造业、加工业和采掘业，也有旅游和金融服务行业。

国际金融公司在进行投资之前，对投资项目的可行性研究也十分严格，要派出专家小组对项目进行全面的考察评估，要求项目有合理的盈利水平，并且对东道国的经济发展有贡献。公司与私人资本对发展中国家的联合投资对促进国际资本流动起到了重要作用。另外，国际金融公司在进行投资的同时，还向项目主办企业提供必要的技术援助，并且还向会员方政府提供政策咨询服务，以协助创造良好的投资环境，从而达到促进私人投资的目的。

中国加入国际金融公司后，积极寻求与之合作的机会，并已取得成效。1984年，国际金融公司参与了中法合营的广州标致汽车公司的股份投资。随着我国改革进程的发展，多种经济成分的不断增加以及中外合资经营的发展，中国与国际金融公司的合作进一步扩大。

四、多边投资担保机构

多边投资担保机构是1988年新成立的世界银行附属机构，共有151个会员方。其宗旨是：为发展中国家的外国私人投资提供政治风险和非商业风险的保险，并帮助发展中国家制定吸引外国资本直接投资的战略。

第四节　区域性国际金融机构

这里我们主要介绍与我国有密切联系的亚洲开发银行、非洲开发银行及其他区域性国际金融机构。

一、亚洲开发银行

（一）亚洲开发银行的成立及宗旨

亚洲开发银行（Asian Development Bank，ADB）是亚洲和太平洋国家和地区同部分西方国家合办的一个区域性政府间金融开发机构。1963年3月，联合国亚洲及远东经济委员会（简称“亚经会”）在马尼拉召开大会，日本提议设立“亚洲开发银行”；同年12月，亚经会在马尼拉召开第一次亚洲经济合作部长级会议，各国代表原则同意建立亚洲开发银行。1965年底，第二次亚洲经济合作部长级会议在马尼拉举行，一致通过了银行章程。1966年11月，在东京举行了第一次亚洲开发银行董事会，标志着亚洲开发银行正式成立；同年12月该行正式营业，行址设在马尼拉。

亚洲开发银行的会员方不限于亚洲地区的国家，凡是亚经会会员和准会员，以及参加联合国或联合国某一专门机构的地区外的经济发达国家均可加入该行。该行成立之初有34个成员方，其中本地区会员22个，地区外会员12个。到1995年，亚洲开发银行的会员方已达56个，其中亚太地区40个，西欧及北美16个。我国于1986年2月恢复在亚洲开发银行的席位，中国香港、中国台湾作为地区也是该行的成员。亚洲开发银行的宗旨是：为亚太地区发展中国家的经济发展筹集资金，提供技术援助，帮助恢复、协调会员方在经济、贸易和开发事务方面的政策，以促进亚太地区的经济增长。

（二）亚洲开发银行的组织机构

亚洲开发银行的最高权力与决策机构是理事会，其职责主要是：负责接纳新成员，调整银行股金，选举董事和行长以及修改银行章程等。理事会由每个会员方委派理事、副理事各一名组成，一般由会员方的财政部长或中央银行行长担任，理事会通常定期召开年会。理事会下设董事会，作为理事会的执行机构，在理事会的授权下负责管理银行的日常业务活动。董事会由12名董事组成，由理事会选举产生，其中亚太地区内有8名，区域外4名，董事任期2年，但可连任。行长兼任董事长，是银行的合法代表和最高行政负责人，在董事会的指导下处理银行的日常业务并负责官员和工作人员的任命和辞退。理事长由理事会选举产生，但必须是本地区成员方的子民，自银行成立以来，一直由日本人担任，但董事长不兼任董事，也不参加股票表决。另外，亚洲开发银行在一些借款多的国家和地区设立若干常驻代表处。

（三）亚洲开发银行的资金来源

1.成员方认缴的股本

亚洲开发银行属股份制企业性质的金融机构，凡成员方均须认缴该行的股本。亚洲开发银行法定资本原为10亿美元，分为10万股，每股面值1万美元。1978年4月1日，每股改按1万特别提款权计算。随着业务的发展和会员的增多，亚行曾多次增资，截至1995年，法定股本为525.85亿美元，成员方认缴股本为384亿美元，其中实缴股本为33.7亿美元，待缴股本为350.3亿美元。中国自1986年以来，是除日、美之外的第三大认股国，在亚行的业务活动中，发挥着越来越重要的作用。

2.借款

从1969年起，亚洲开发银行开始从国际金融市场上筹措资金，方式有三：一是在主要国际资本市场以发行债券形式借款；二是同有关国家政府、中央银行及其他金融机构直接安排债券销售；三是直接从商业银行借款。会员方认缴股金和借款两项资金合称普通基金，是亚洲开发银行最主要的资金来源，主要用于硬贷款业务。

3.亚洲开发基金

该基金创建于1974年6月，用于向亚太地区贫困会员发放优惠贷款。其来源主要由工业发达的会员方捐赠。

4.特别基金

该基金建立于1967年，主要是帮助发展中会员方提高人力资源素质，加强执行机构的建设及其他特殊用途。其来源有二：一是各成员方认缴股本以外的投资；二是从认缴股本中提取10%，作为该基金的一部分。另外，1988年3月10日，亚洲开发银行理事会还成立了日本特别基金，由日本政府出资建立，主要用于技术援助和项目开发等。

（四）亚洲开发银行的主要业务活动

亚洲开发银行的业务活动主要表现在三个方面：

1.为发展中成员方经济发展提供长期贷款

这是指对本地区各成员方政府、政府附属机构、公私企业，以及与开发本地区有关的项目提供长期贷款，它是亚洲开发银行最主要的业务活动。贷款的形式有两种：一是普通贷款，即用普通基金发放的贷款，期限为12～15年，利率随金融市场的变化而调整，属于硬贷款，主要贷给比较富裕的发展中国家。二是特别基金贷款，期限为25～30年，贷款年利率为1%～3%，属于软贷款，主要贷给比较贫穷的发展中国家，具有经济援助的性质。按规定，归还贷款需用贷出时所用的货币偿还。同时，亚洲开发银行的贷款原则与世界银行的贷款原则相类似。这些贷款用于农业和农产品加工业、工业、能源、交通运输、通讯、供水、城市发展、银行、教育和卫生等，其中，农业和农产品加工业、能源、交通运输与通讯业所占比重最大，三者合计约占贷款总额的2/3。

2.对发展中国家私人企业融资

这是指通过购买私人企业股票或私人开发金融机构股票等形式，对发展中国家私人企业融资，它是亚洲开发银行1983年以来开办的一项业务。

3.向成员方提供技术援助

亚洲开发银行技术援助的内容较多，包括咨询服务、派遣长期或短期专家顾问团、与各国或国际组织进行合作、协助拟订和执行开发计划等。具体而言，其技术援助可分为四类：（1）项目准备技术援助，用于帮助成员方立项或项目审核，便于亚洲开发银行或其他金融机构对项目的投资。（2）项目执行技术援助，用于帮助项目执行机构（包括开发性金融机构）提高金融管理能力。（3）咨询性技术援助，用于机构建设、人员培训、研究和制订国家发展计划及部门发展政策与策略等。（4）区域活动技术援助，用于重大问题的研究、开办培训班、举办涉及整个区域发展的研讨会等。亚洲开发银行的技术援助项目一般由董事会批准，但金额在35万美元以下的技术援助项目，也可由行长批准，只是事后须通报董事会。在亚洲开发银行向发展中国家会员提供的技术援助中，以贷款方式提供的约占75%，以赠款形式提供的约占17%，余下的部分则由联合融资方式提供。

二、非洲开发银行

非洲开发银行（African Development Bank，AFDB）是非洲国家的一个区域性金融机构。1960年第一届非洲人国民大会提出了关于成立非洲开发银行的建议。1963年8月，在喀土穆举行的非洲国家财长会议通过了成立该行的协定。1964年9月，在联合国非洲经济委员会的赞助下该行正式宣告成立。1966年7月开始营业，行址设在象牙海岸首都阿比让。该行的创始成员有23个。1980年修改规定，欢迎非洲以外的国家加入。1985年5月，我国也加入了非洲开发银行。值得注意的是，为保持银行的非洲特点，规定领导权由非洲国家掌握，行长必须由非洲人担任，行址永远设在非洲，非洲国家至少控制银行资本的66%。非洲开发银行的宗旨是：为成员方的经济和社会发展提供资金，或给予技术援助，并充分利用非洲大陆的人力和资源，协调各国发展计划，促进非洲经济的一体化。

非洲开发银行的法定资本原为2.5亿记账单位，每记账单位价值为0.888671克黄金，与1971年贬值前的美元等值，分为25 000股，每股10 000记账单位。以后，银行多次增资。到1988年底，非洲开发银行的股本总额达218亿美元。各成员方投票权的大小与其出资额相关，每个成员方有625张基本票，出资每增一股，增加一票。

非洲开发银行的经营业务分为普通业务和特别业务两种。前者是用银行普通资本基金提供贷款和担保的业务；后者是用银行规定专门用途的“特别基金”开展的贷款业务，其条件较为优惠。银行贷款主要用于公用事业、交通运输、农业、银行和社会部门。

理事会是非洲开发银行的最高权力与决策机构，由各成员方委派一名理事（一般为财政部长或经济部长）组成。董事会是负责银行日常事务的常设机构，由理事会选出的18名董事组成（非洲以外国家6名）。董事长即银行行长，由董事会选举产生，任期5年。另外，非洲开发银行还有许多附属机构或联系机构，如非洲开发基金组织、尼日利亚信托基金、非洲投资开发国际金融公司、非洲再保险公司等。

三、其他区域性国际金融机构

（一）欧洲投资银行（European Investment Bank，EIB）

欧洲投资银行是欧洲经济共同体（现为欧盟）的一个金融机构。1957年3月25日西欧六国（法国、联邦德国、意大利、荷兰、比利时、卢森堡）根据《欧洲共同体条约》签署《罗马条约》，决定设立欧洲投资银行。1958年1月该行正式成立，行址设在卢森堡首都卢森堡。它是第二次世界大战后世界上最早成立的区域性国际金融机构。目前，凡欧盟的成员均为该行的成员。

欧洲投资银行的宗旨是：利用国际资本市场和共同体本身的资金，对共同体内经济落后地区的发展计划提供长期贷款或担保，致力于共同体市场的平衡和经济的稳定发展。另外，还在非营利基础上向与共同体经济关系较为密切的国家和地区提供资金，以帮助它们发展经济。其资金来源主要是向欧洲货币市场借款。该行成立之初，法定资本为10亿美元，此后多次增资。其他资金主要从货币市场筹措。欧洲投资银行的主要业务活动有四项：（1）对工业、能源和基础设施等平衡地区经济发展的投资项目提供贷款或担保。（2）促进成员方或整个共同体感兴趣的事业的发展。（3）促进企业现代化。（4）向成员方海外属地、地中海沿岸各国和参加《洛美协定》的非加太国家提供贷款。

理事会是欧洲投资银行的最高权力机构，由共同体成员方财政部长组成。理事会设主席1人，理事会主席下设管理委员会，由1名行长和4名副行长组成。管理委员会下设总管理部、共同体融资部、共同体对外融资部、金融与财政部，以及研究院、法律与技术咨询服务中心等。另外，该行还在布鲁塞尔、罗马和伦敦等地设有办事处。

（二）泛美开发银行

泛美开发银行（Inter-American Development Bank，IADB）是美洲国家组织的专门金融机构。1959年4月，美洲国家组织的21个成员方代表在华盛顿签订了关于建立泛美开发银行的协定，同年12月该协定生效，标志着该行的正式成立。1960年10月，泛美开发银行正式营业，行址设于华盛顿。该行的21个创始国均为美洲国家，1972年修改规定，一些欧洲和亚洲国家加入了该行。泛美开发银行的宗旨是：集中各成员方的力量，对拉美国家经济、社会发展计划提供资金和技术援助，推动成员方自身的或共同的经济发展，协助实现泛美体系的目标。

泛美开发银行法定资本原为10亿美元，分“普通资本基金”和“特别业务基金”两种。此后，其资金总额逐年增加。此外，该行还掌握一些发达国家提供的“拉美开发基金”，同时也从国际金融市场筹措部分资金。

泛美开发银行最主要的业务活动是发放贷款，方式有三：一是普通资金贷款，用于成员方政府和公私机构的特定经济项目，期限是10~25年，年利率8%，以借贷货币偿还。二是特别业务基金贷款，主要用于拉美国家的经济发展计划项目，期限是25~40年，利率很低，可全部或部分用本国货币偿还。三是其他基金贷款，它是发达成员方存放于该行并由其管理的款项，用于对拉美成员方的投资。另外，为成员方提供技术合作援助也是其业务活动的构成部分。

泛美开发银行的最高权力与决策机构是理事会，由各成员方委派1名理事和1名副理事组成，投票权依各国所占股本多少而定。执行董事会是常设机构，行长由理事会选举产生，在执行董事会指导下处理日常业务并主持执行董事会会议。

（三）阿拉伯货币基金组织

阿拉伯货币基金组织（Arab Monetary Fund，AMF）是阿拉伯国家的区域性金融机构。1976年4月，阿拉伯国家经济委员会在摩洛哥首都拉巴特召开大会，批准了成立阿拉伯货币基金组织的协定。1977年2月2日，该组织正式宣告成立，总部最初设在开罗，1979年4月因埃及被中止成员资格，总部又迁至阿拉伯联合酋长国首都阿布扎比。阿拉伯货币基金组织的宗旨是：向成员方中国际收支发生困难的国家提供援助，稳定成员方间的货币汇价，消除彼此在货币支付上的障碍，推进相互间的贸易，以加快阿拉伯经济一体化和各成员方的经济发展。

阿拉伯货币基金组织的资金来源于各会员方缴纳的资金，其法定资本原为2.63亿阿拉伯第纳尔（1单位阿拉伯第纳尔等值于3单位特别提款权），分为5 260股，每股5万阿拉伯第纳尔。此后曾多次增资，沙特阿拉伯、阿尔及利亚、埃及、伊拉克和阿拉伯联合酋长国是认缴股本最多的5个国家。

阿拉伯货币基金组织的主要业务有三个方面：

1.提供贷款

向成员方政府、公共和私人机构提供条件优惠的贷款，以资助其投资性经济发展项目。

2.鼓励投资

直接或间接地鼓励成员方的政府和私人作出有利于阿拉伯经济发展的投资。

3.技术援助

为成员方经济发展的各个领域提供技术援助。另外，协调各成员方的金融货币政策，就成员方的经济情况定期交换意见并磋商解决存在的问题，管理好会员方存放的资金等，也是该组织业务活动的组成部分。

第五节　国际清算银行与巴塞尔委员会

一、国际清算银行

国际清算银行是最早出现的国际金融机构，它是欧洲主要国家以及美国和日本在20世纪30年代建立的。自60年代以来，亚洲、非洲、美洲和欧洲的一些国家和地区，通过互相合作的方式，建立本地区的多边性金融机构，以适应本地区经济发展和国际投资及技术援助的活动。这些区域性的国际金融机构发展都很迅速，它们与联合国及其所属的IMF和世界银行相互配合，对促进本地区的国际贸易与投资，以及成员方经济的发展，起着极为重要的作用。

国际清算银行是根据1930年1月20日签订的《海牙协定》，于同年5月由英国、法国、意大利、德国、比利时、日本6国的中央银行，以及代表美国银行界利益的3家大商业银行（摩根银行、纽约花旗银行和芝加哥花旗银行）组成的银行集团联合组成，行址设在瑞士的巴塞尔，这是世界上第一家国际金融机构，后来欧洲其他各国以及澳大利亚、加拿大和南非的中央银行也相继参加。目前参加国际清算银行的有45个国家的中央银行，美国仍由银行集团参加。

国际清算银行的宗旨是促进各国中央银行的合作，为国际金融活动提供更多的便利，在国际金融清算中充当受托人或代理人。在某种意义上，它履行着“中央银行的银行”的职能。然而最初创立这家以欧洲国家为主的国际金融机构的目的是为了便利第一次世界大战所造成的国际债务的支付和转移，随着战争赔偿问题的解决，国际清算银行的职能才逐渐向上述宗旨转变。

（一）国际清算银行的组织结构

国际清算银行的最高权力机构是股东大会，股东大会每年举行一次，由认购该行股票的各国中央银行派代表参加。股东大会审查通过年度决算、资产负债表、损益表和红利分配办法。股东大会的投票权数根据认股数按比例分配。董事会是国际清算银行的实际领导机构。根据该行的章程，董事会由以下人员构成：（1）英国、法国、比利时、意大利、日本、德国和美国的中央银行现任行长是董事会的固定成员。（2）由上述董事会固定成员方各选择一位本国工商金融界著名人士出任另一董事。（3）由董事会现有成员以2/3多数，在认股的其他中央银行行长中选举其余成员。董事会成员的总数不得超过21人。董事会成员选举董事会主席，并任命国际清算银行总裁。第二次世界大战以后，这两个职位一直由一人兼任。董事会下设经理部、货币经济部、秘书处和法律处。国际清算银行现有职员大约300人。

国际清算银行创立时的核定股本为5亿金法郎，全部由参加创建的各国中央银行和美国银行集团认购。后来随着银行规模的扩大，其股票也在市场上交易，持股者包括与该行有业务关系的其他国家中央银行或金融机构，以及在市场上购进该行股份的私人。所有股东在分享该行利润方面都享有同等权力，但是私人持股人没有代表权和投票权。近年来，私人持股的数量和比重均有所下降，85%以上的股份掌握在有关国家的中央银行手中。

到1991年5月，国际清算银行的核定股本金为15亿金法郎，分为60万股，每股2 500金法郎，已发行了47.3万股，认购股金为11.8亿金法郎，其中实际资本占25%，约2.96亿金法郎。值得注意的是，国际清算银行只把金法郎作为资产负债表中的记账单位，日常业务中并不使用金法郎，1金法郎含纯金0.29克，与1936年瑞士法郎贬值前的含金量相同。

（二）国际清算银行的职能与业务

国际清算银行的职能是“中央银行的银行”，办理多种国际清算业务。目前全世界约有80多家中央银行在国际清算银行保有存款账户，各国约10%的外汇储备和3 000多吨黄金存于该行。作为提供贷款的资金保障之一，该行还办理各国政府国库券和其他债券贴现和买卖业务，买卖黄金、外汇，或代理各国中央银行买卖。国际清算银行资金力量雄厚，积极参与国际金融市场活动，尤其是国际货币市场和欧洲货币市场活动。

国际清算银行还是各国中央银行进行合作的理想场所。很多国家的中央银行行长每年定期在巴塞尔该行年会上会面，讨论世界经济与金融形势，探讨如何协调宏观经济政策和维持国际金融市场的稳定。尤其是该行的董事会每月在巴塞尔开会，以及主要发达国家的中央银行频繁接触，对协调它们之间的货币政策起到了很重要的作用。另外，国际清算银行还尽力使其全部金融活动与国际货币基金组织的活动协调一致，并与其联手解决国际金融领域的一些棘手问题，例如在缓和20世纪80年代初发展中国家国际债务危机的过程中，国际清算银行也提供了大量的贷款，起到了重要的作用。

（三）中国人民银行同国际清算银行的关系

1983年底，中国人民银行正式行使中央银行职能后不久，便组织和积极探讨与国标清算银行建立业务联系的途径和具体方法。中国人民银行先后派出有关人员与国际清算银行的高层人士进行商谈。1984年12月11日，在该行董事会例会上，总裁施莱明格先生提出的与中国人民银行建立业务联系的建议得到通过，中国人民银行与国际清算银行开始建立正式的业务往来关系，随后中国人民银行在国际清算银行开设了外汇和往来账户，将部分外汇储备和资金存入该行账户。这些账户的使用灵活方便，开立这些账户无疑为我国国际储备的有效管理提供了新的途径。近年来中国人民银行与国际清算银行的关系又有了新的发展，实际业务往来和人员交往逐步增多。同时，中国人民银行曾多次得到国际清算银行的技术援助，并增加了同其他国家中央银行进行交往的机会。

二、巴塞尔委员会

巴塞尔银行监理委员会（The Basel Committee on Banking Supervision）简称巴塞尔委员会，是由美国、英国、法国、德国、意大利、日本、荷兰、加拿大、比利时、瑞典十大工业国的中央银行于1974年底共同成立的，作为国际清算银行的一个正式机构，以各国中央银行官员和银行监理当局为代表，总部在瑞士的巴塞尔。

巴塞尔委员会每年定期集会4次，并拥有近30个技术机构，执行每年集会所订目标或计划。巴塞尔委员会本身不具有法定跨国监理的权力，所作结论或监理标准与指导原则在法律上也没有强制效力，仅供参考。但因该委员会成员来自世界主要发达国家，影响大，一般仍预期各国将会采取立法规定或其他措施，并结合各国实际情况，逐步实施其所订监理标准与指导原则，或实务处理相关建议事项。在“国外银行业务无法避免监理”与“适当监理”原则下，消弭世界各国监理范围差异是巴塞尔委员会运作追求的目标。**巴塞尔委员会制定了一些协议、监理标准与指导原则，如《关于统一国际银行资本衡量和资本标准的协议》《有效银行监管核心原则》等。这些协议、监理标准与指导原则统称为巴塞尔协议。**这些协议的实质是为了完善与补充单个国家对商业银行监管体制的不足，减轻银行倒闭的风险与代价，是对国际商业银行联合监管的最主要形式。这些文件的制定与推广，对稳定国际金融秩序起到了积极作用。2004年6月，巴塞尔银行监管委员会公布了《新资本协议》框架。据调查，有88个非巴塞尔银行监管委员会的国家（或地区），包括非洲、亚洲、加勒比海地区、拉丁美洲、中东和非巴塞尔监管委员会的欧洲国家（或地区）准备实施新资本协议，而且大部分国家也制定了在2009年前实施新资本协议的规划，加上巴塞尔委员会成员方，计划实施新资本协议的国家（或地区）已超过100个。1979年开始，由巴塞尔银行监管委员会牵头举办国际银行监督官大会，它是多边银行监管论坛，每两年举行一次，旨在促进各国（或地区）银行监管当局的交流和合作。

专栏 5-1

《有效银行监管核心原则》

本文件是1997年9月巴塞尔银行监管委员会（以下简称委员会）颁布的有效银行监管核心原则的修订本。此后，核心原则评估方法相继出台。为了达到良好监管实践的基本要求，许多国家都将核心原则作为评估本国监管体系的质量和明确未来工作要求的标杆。实践证明，各国核心原则达标情况的自我评估效果良好，有助于各国发现监管制度和实施方面存在的问题并为解决这些问题确定工作的重点。巴塞尔核心原则的修订本再次突出了开展自我评估的重要性。近年来，国际货币基金组织和世界银行一直在金融部门评估计划中利用核心原则评估各国银行监管体系和实践。然而，1997年以来，银行监管制度发生了重大变化，各国通过实施核心原则积累了丰富的经验。由于监管制度和实施方面出现了不少新问题，人们的认识也不断加深，委员会相应颁布了许多文件。基于上述情况，有必要对核心原则及评估方法进行修订。

在修订核心原则和评估方法的工作中，委员会力求确保1997年核心原则总体架构的连续性及可比性。实践证明，1997年的架构运转良好。因此，委员会不考虑对核心原则进行大范围的修改，而是将工作的重点放在对现行架构需要修订的一些方面，以便做到与时俱进。修订工作不会在任何方面对以往工作的有效性提出质疑，更不会对依据1997年的框架对有关国家的评估及改革方案提出质疑。

修订工作的另一目的是，在可能的情况下，提高核心原则与证券、保险相关标准及反洗钱和透明度标准之间的一致性。但是，上述部门出台的核心原则旨在解决部门之间不同的重要风险点和监管任务。因此，原则之间的差异将继续存在。

在修改工作中，委员会与核心原则联络小组（该工作小组由委员会部分成员方、非十国集团国家监管当局、国际货币基金组织和世界银行的高级官员组成，定期举行会议）密切配合，充分吸收了联络小组所做的工作。委员会还就修订稿的内容征求了其他国际标准制定机构，包括国际保险监管协会（IAIS）、证监会国际组织（IOSCO）、金融行动工作组（FATF）以及支付和清算体系委员会（CPSS）的意见。应委员会的邀请，各地区监管组织也对修订工作提出了意见。在定稿之前，委员会还向各国监管当局、中央银行、国际行业协会、学术界和其他有关方面广泛征求了意见。

核心原则是良好监管实践的最低标准，适用于世界各国。核心原则和评估方法制定为强化国际金融体系做出了贡献。不论是发展中国家还是发达国家，银行体系存在的问题会给一国和全球的金融稳定造成威胁。委员会认为，在世界各国实施核心原则将有助于大大提高国内外金融稳定，并为强化有效的监管体系奠定很好的基础。

课堂小讨论

巴塞尔协议能否有效监督各国银行的资本？为什么？

本章小结

1．国际金融机构是指从事国际金融管理和国际金融活动的超国家性质的组织机构，能够在重大的国际经济金融事件中协调各国的行动。国际货币基金组织和世界银行，是所有国际金融机构中规模最大、成员最多、影响最广泛的，它们对加强国际经济和货币合作、稳定国际金融秩序，发挥着极为重要的作用。

2．IMF的业务活动围绕汇率监督与政策协调、储备资产的创造、贷款业务这三个方面展开，其中主要贷款项目包括普通贷款、储备部分贷款、信用部分贷款、补偿与应急贷款、缓冲库存贷款、中期贷款（又称扩展贷款）、补充贷款、信托基金、临时性信用设施、结构调整贷款。

3．世界银行的资金主要来自三个方面：会员方缴纳的股金；在国际金融市场上发行债券；出让银行的债权。宗旨包括以下四个方面：①对用于生产目的的投资提供便利，以协助会员方的复兴与开发，并鼓励国家生产与资源的开发；②通过保证或参与私人贷款和私人投资的方式，促进私人对外投资；③用鼓励国际投资以开发会员方生产资源的方法，促进国际贸易的长期平衡发展，维持国际收支平衡；④在提供贷款保证时，应同其他方面的国际贷款相配合。

4．国际开发协会是世界银行的一个附属机构，是专门向低收入发展中国家发放优惠长期贷款的国际金融组织，以帮助世界上欠发达地区的会员方促进经济发展，提高生产力和生活水平为宗旨。国际开发协会的资金来源主要有四个方面：会员方认缴的股本；第一组会员方提供的补充资金；世界银行从营业收入中拨出的款项；协会本身的营业收入。

5．国际金融公司也是世界银行的一个附属机构，宗旨是鼓励会员方（特别是不发达国家）私人企业的增长，以促进会员方经济的发展，从而补充世界银行的活动。国际金融公司的资金来源主要是会员方缴纳的股金，其次是向世界银行和国际金融市场借款。其主要业务活动是对会员方的私人企业贷款，无需政府担保。

6．亚洲开发银行是亚洲和太平洋国家和地区同部分西方国家合办的一个区域性政府间金融开发机构。主要的资金来源有：成员方认缴的股本、借款、亚洲开发基金、特别基金。业务活动主要表现在三个方面：为发展中成员方经济发展提供长期贷款；以股本投资的方式，对发展中国家私人企业融资；对成员方提供技术援助。

7．国际清算银行是最早出现的国际金融机构，通过互相合作的方式，建立本地区的多边性金融机构，以适应本地区经济发展和国际投资及技术援助的活动。宗旨是促进各国中央银行的合作，为国际金融活动提供更多的便利，在国际金融清算中充当受托人或代理人。职能是“中央银行的银行”，办理多种国际清算业务。

8．巴塞尔银行监理委员会作为国际清算银行的一个正式机构，本身不具有法定跨国监理的权力，所作结论或监理标准与指导原则在法律上也没有强制效力，仅供参考。但因该委员会成员来自世界主要发达国家，影响大，一般仍预期各国将会采取立法规定或其他措施，并结合各国实际情况，逐步实施其所定监理标准与指导原则，或实务处理相关建议事项。

关键概念

国际金融机构　国际货币基金组织　普通贷款　国际复兴开发银行　世界银行集团　国际开发协会　亚洲开发银行　欧洲投资银行　国际清算银行　巴塞尔协议

综合训练

5.1　单项选择题

1. 向会员方中央银行提供短期贷款，旨在帮助它们克服暂时性国际收支不平衡的国际金融机构是（　　）。

A. 世界银行　　B. 国际开发协会

C. 国际货币基金组织　　D. 国际金融公司

2. IMF向会员方发放信贷的规模与会员方（　　）成正比。

A. 所缴纳的份额　　B. 对资金需要的规模

C. 的贫穷程度　　D. 外汇储备的缺乏程度

3. 布雷顿森林体系规定会员方汇率波动幅度为（　　）。

A. ±10%　　B. ±2.25%　　C. ±1%　　D. ±10%～20%

4. 布雷顿森林体系瓦解后，主要资本主义国家普遍实行（　　）。

A. 固定汇率制　　B. 浮动汇率制

C. 钉住汇率制　　D. 联合浮动

5. 下列不属于国际复兴开发银行的资金来源项是（　　）。

A. 会员方缴纳的股金　　B. 银行债券取得的借款

C. 债权转让　　D. 信托基金

5.2　多项选择题

1. 布雷顿森林体系的内容有（　　）。

A. 其他国家货币同黄金挂钩　　B. 其他国家货币同美元挂钩

C. 美元同特别提款权挂钩　　D. 美元同黄金挂钩

2. 国际开发协会贷款的特点是（　　）。

A. 贷款对象为低收入会员方政府与隶属于政府的实体

B. 贷款可全部或一部分用本币偿还

C. 贷款利率一般高于世界银行贷款的利率

D. 贷款条件比世界银行贷款优惠

3. 国际货币基金组织的贷款特点是（　　）。

A. 贷款只限于会员方政府或中央银行

B．可向会员方中央银行及大商业银行贷款

C．贷款方式采用“购买”和“购回”

D．贷款用于国际收支不平衡的调整

4．国际货币基金组织规定实现经常项目下货币可兑换的标准有（　　）。

A．对所有的国际支付都不加限制

B．对经常项目下支付转移不加限制

C．不采取差别性的复汇率措施

D．承担以外币兑换其他成员方积累的本币的义务

5．亚洲开发银行的业务活动有（　　）。

A．提供贷款　　　　B．股本投资

C．向成员方提供资金援助　　　　D．向成员方提供技术援助

5.3　思考题

1．试分析布雷顿森林体系的主要内容及瓦解的主要原因。

2．国际货币基金组织建立的宗旨是什么?其贷款有何特点?

3．国际金融公司（IFC）的贷款具有什么特点?

4．试述世界银行贷款的方向。

第六章

国际货币体系

引例

欧元指导汇率体系

欧元指导汇率体系（Reference Exchange Rates）是在欧洲央行行长理事会1998年7月的会议上所制定的。该会议决定，在欧元区内欧洲央行和各国央行不会设立官方的欧元定价程序，但为满足每日发布指导汇率的需求，欧洲央行将搭建该体系，负责计算并每日发布欧元兑其他货币的指导汇率。当时纳入该体系的包括美元、日元等17种货币，随后在2000年9月28日，又加入港元等12种货币。在2005年4月1日，加入人民币等7种新货币，即具体每日发布欧元兑人民币、泰国铢、马来西亚林吉特、印尼卢比和菲律宾比索等5种亚洲货币，以及俄罗斯卢布和克罗地亚库纳等2种欧洲货币的指导汇率。该体系的运转过程是这样的：世界各地央行，包括欧元区国家央行每天在欧洲中部时间（C.E.T）下午2：15左右有一个协调定价机制（Concertation Procedure），基于此，欧洲央行计算并通过电子交易系统和网站发布欧元兑这些货币的指导汇率。

那么欧元作为牙买加体系后国际化的货币之一，多元化货币的体系潮流能否平稳？各个时期的货币体系各有什么特点？本章将进行相应的阐述。

第一节　国际货币体系概述

一、国际货币体系的概念

国际货币体系就是各国政府为适应国际贸易和国际支付的需要，对货币在国际范围内发挥世界货币职能所确定的原则、采取的措施和建立的组织形式的总称。国际货币体系（International Monetary System）是指支配各国货币关系的规则和机构，以及国际间进行各种交易、支付所依据的一套安排和惯例。有效且稳定的国际货币体系是国际经济发展的重要环节，国际货币体系在国际经济的发展中起着基础性的作用，它的有效运行能为国际投资与国际贸易的发展提供不竭的发展动力。

二、国际货币体系的具体内容

随着经济全球化的深入发展与世界市场的统一趋势，冲破民族国家之间的樊篱，构建一个稳定且有效的国际货币体系已经成为世界各国政府的共识。以保障国际贸易繁荣、世界经济稳定、有序发展为目标的国际货币体系，包括如下内容：（1）国际金融组织，指政府间国际金融组织，即两个或两个以上国家的政府为了实现共同经济金融目标、依共同缔结的条约成立的具有特定金融职能的常设性组织实体。（2）汇率制度，又称“汇率安排”，是指一国货币当局或国际社会就有关货币汇率的确定、维持、调整和管理等所作出的一系列安排或规定。其主要内容包括：确定汇率的原则和依据；维持与调整汇率的办法；管理汇率的法律、制度和政策；制定、维持与管理汇率的机构等。（3）外汇管制，亦称“外汇管理”，是指一个国家为了维持国际收支的平衡和汇价水平的稳定，通过制定有关法律、法规、法令、条例，指定或授权某一机构对其境内和其管辖范围内的居民和非居民的一切外汇收支活动实行管制。（4）国际储备，指一国为平衡国际收支、维持本国货币汇率稳定以及应对紧急支付的需要而持有的在国际间被普通接受的所有可自由兑换资产的总称。（5）国际收支调节，指一国政府或国际金融组织根据一国经济发展的需要，为调节一国国际收支各个项目的差额和总差额，从而达到国际收支平衡而采取的宏观经济管理行为。

第二节　国际金本位体系

国际金本位制度是以黄金作为国际储备货币或国际本位货币的国际货币制度。世界上首次出现的国际货币制度是国际金本位制度，它大约形成于1880年末，到1914年第一次世界大战爆发时结束。在金本位制度下，黄金具有货币的全部职能，即价值尺度、流通手段、贮藏手段、支付手段和世界货币。英国作为世界上最早的发达资本主义国家，于1821年前后采用了金本位制度。19世纪70年代，欧洲和美洲的一些主要国家先后在国内实行了金本位制，国际金本位制度才大致形成了。

金本位制的理论基础是格雷欣（Gresham）提出的“一价定律”，即一种特定的货币在相互联系的所有市场上是等价的。英国学者戈逊也于1861年较为完整地提出了国际借贷说：汇率是由外汇市场上的供求关系决定的，而外汇供求又源于国际借贷，汇率变动的原因归结为国际借贷关系中债权与债务的变动。率先实行金本位制的英国当时是最大的工业强国，也是国际资本供给的最主要来源国，伦敦又是最重要的国际金融中心，资本市场业已十分繁荣，各国同英国的经济往来以及它们之间的大部分商业关系都需要通过英国筹措资金，主观上讲，实行金本位制无疑能降低其交易成本和汇兑风险。

一、国际货币制度基础

（一）黄金充当了国际货币，是国际货币制度的基础

这一时期的国际金本位制度是建立在各主要资本主义国家都实行金铸币本位制的基础之上，其典型的特征是金币可以自由铸造、自由兑换，以及黄金自由进出口。由于金币可以自由铸造，金币的面值与黄金含量就能始终保持一致，金币的数量就能自发地满足流通中的需要；由于金币可以自由兑换，各种金属辅币和银行券就能够稳定地代表一定数量的黄金进行流通，从而保持币值的稳定；由于黄金可以自由进出口，就能够保持本币汇率的稳定。所以一般认为，金本位制是一种稳定的货币制度。虽然国际金本位制度的基础是黄金，但是实际上当时英镑代替黄金执行国际货币的各种职能。英镑的持有人可以随时向英格兰银行兑换黄金，而且使用英镑比使用黄金有许多方便和优越的地方。当时英国依靠它的“世界工厂”的经济大国地位和“日不落国”的殖民统治政治大国地位，以及在贸易、海运、海上保险、金融服务方面的优势，使英镑成为全世界广泛使用的货币，使伦敦成为世界金融中心。当时的国际贸易中，大多数商品以英镑计价，国际结算中90%使用英镑，许多国家的中央银行国际储备是英镑而不是黄金。在伦敦开设英镑账户，可以获得利息，而储存黄金则非但没有利息，还要付出保管费用，持有英镑比持有黄金既方便又有利可图，所以有的西方经济学者把第二次世界大战前的国际金本位制度称作英镑本位制度。

（二）各国货币之间的汇率由它们各自的含金量比例决定

因为金铸币本位条件下金币的自由交换、自由铸造和黄金的自由输出入将保证使外汇市场上汇率的波动维持在由金平价和黄金运输费用所决定的黄金输送点以内。实际上，英国、美国、法国、德国等主要国家货币的汇率平价在1880—1914年间，35年内一直没发生变动，从未升值或贬值。所以国际金本位制是严格的固定汇率制，这是个重要的特点。

（三）国际金本位制有自动调节国际收支的机制

这是英国经济学家休谟于1752年最先提出的“价格-铸币流动机制”。为了让国际金本位制发挥作用，特别是发挥自动调节的作用，各国必须遵守三项原则：一是要把本国货币与一定数量的黄金固定下来，并随时可以兑换黄金；二是黄金可以自由输出与输入，各国金融当局应随时按官方比价无限制地买卖黄金和外汇；三是中央银行或其他货币机构发行钞票必须有一定的黄金准备。这样国内货币供给将因黄金流入而增加，因黄金流出而减少。

后来，新古典学派又对金本位的自动调节过程作了一点补充，它强调了国际短

期资本流动对国际收支平衡的作用，国际短期资本流动将加速国际收支均衡化的过程。首先，当一国国际收支赤字造成汇率下跌时，外汇投机者深知在金本位制度下，汇率只能在黄金输送点之间波动，而黄金的流出最终将使国际收支和汇率恢复均衡，汇率下跌只是暂时现象，不久就会回升，因此大量外汇投机性短期资金就会流向该国。其次，当国际收支赤字引起汇率下跌时，进出口贸易商也预测到汇率不久将回升，于是本国进口商将尽量推迟购买外汇对外付款，而国外出口商则倾向于尽量提前付款，这也引起短期资金的流入。再次，国际收支赤字引起黄金外流后，国内货币信用收缩，因而金融市场利率上升，大量短期套利资金也会流向该国。这样各方面短期资金的流入将加速赤字国收支恢复平衡。根据新古典学派的理论：贸易盈余的国家必然出现黄金流入，国内货币供应增加，收入和价格水平提高，于是出口减少、进口增加；同时金融市场利率下降，资金外流。与此相反，贸易赤字国家必然出现黄金流出，国内货币供应量减少，收入和价格水平下降，于是出口增加，进口减少；同时金融市场利率上升，国外资金流入。总之，休谟的“价格—铸币流动机制”仅以货币数量论作为依据，而新古典学派则看到了资本流动对国际收支调节的影响，比休谟前进了一步。

二、金本位制（Gold Standard）

金本位制就是以黄金为本位币的货币制度。在金本位制下，每单位的货币价值等同于若干重量的黄金（即货币含金量）；当不同国家使用金本位时，国家之间的汇率由它们各自货币的含金量之比——金平价（Gold Parity）来决定。金本位制于19世纪中期开始盛行。在历史上，曾有过三种形式的金本位制：金币本位制、金块本位制、金汇兑本位制。其中金币本位制是最典型的形式，就狭义来说，金本位制即指该种货币制度。

三、金币本位制（Gold Specie Standard）

这是金本位货币制度的最早形式，亦称为古典的或纯粹的金本位制，盛行于1880—1914年。自由铸造、自由兑换及黄金自由输出入是该货币制度的三大特点。在该制度下，各国政府以法律形式规定货币的含金量，两国货币含金量的对比即为决定汇率基础的铸币平价。黄金可以自由输出或输入国境，并在输出入过程中形成铸币-物价流动机制，对汇率起到自动调节作用。这种制度下的汇率，因铸币平价的作用和受黄金输送点的限制，波动幅度不大。

四、金块本位制（Gold Bullion Standard）

这是一种以金块办理国际结算的变相金本位制，亦称金条本位制。在该制度下，由国家储存金块，作为储备；流通中各种货币与黄金的兑换关系受到限制，不再实行自由兑换，但在需要时，可按规定的限制数量以纸币向本国中央银行无限制兑换金块。可见，这种货币制度实际上是一种附有限制条件的金本位制。

五、金汇兑本位制（Gold Exchange Standard）

这是一种在金块本位制或金币本位制国家保持外汇、准许本国货币无限制地兑换外汇的金本位制。在该制度下，国内只流通银行券，银行券不能兑换黄金，只能兑换实行金块或金本位制国家的货币，国际储备除黄金外，还有一定比重的外汇，外汇在国外才可兑换黄金，黄金是最后的支付手段。实行金汇兑本位制的国家，要使其货币与另一实行金块或金币本位制国家的货币保持固定比率，通过无限制地买卖外汇来维持本国货币币值的稳定。

以一定量的黄金为货币单位铸造金币，作为本位币；金币可以自由铸造，自由熔化，具有无限法偿能力，同时限制其他铸币的铸造和偿付能力；辅币和银行券可以自由兑换金币或等量黄金；黄金可以自由出入国境；以黄金为唯一准备金。金币本位制消除了复本位制下存在的价格混乱和货币流通不稳的弊病，保证了流通中货币对本位币金属黄金不发生贬值，保证了世界市场的统一和外汇行市的相对稳定，是一种相对稳定的货币制度。

金块本位制和金汇兑本位制是在金本位制的稳定性因素受到破坏后出现的两种不健全的金本位制。在这两种制度下，虽然都规定以黄金为货币本位，但只规定货币单位的含金量，而不铸造金币，实行银行券流通。所不同的是：（1）在金块本位制下，银行券可按规定的含金量在国内兑换金块，但有数额和用途等方面的限制，如英国1925年规定在1 700英镑以上，法国1928年规定在215 000法郎以上方可兑换。黄金是集中存储于本国政府的。（2）在金汇兑本位制下，银行券在国内不兑换金块，只规定其与实行金本位制国家货币的兑换比率，先兑换外汇，再以外汇兑换黄金，并将准备金存于该国。

金块本位制和金汇兑本位制这两种货币制度在20世纪70年代基本消失。

六、实行历史

在历史上，自从英国于1816年率先实行金本位制以后，到1914年第一次世界大战以前，主要资本主义国家都实行了金本位制，而且是典型的金本位制——金币本位制。1914年第一次世界大战爆发后，各国为了筹集庞大的军费，纷纷发行不兑现的纸币，禁止黄金自由输出，金本位制随之告终。第一次世界大战以后，在1924—1928年，资本主义世界曾出现了一个相对稳定的时期，主要资本主义国家的生产都先后恢复到大战前的水平，并有所发展。各国企图恢复金本位制。但是，由于金铸币流通的基础已经遭到削弱，不可能恢复典型的金本位制。当时除美国以外，其他大多数国家只能实行没有金币流通的金本位制，这就是金块本位制和金汇兑本位制。金块本位制和金汇兑本位制由于不具备金币本位制的一系列特点，因此，也称为不完全或残缺不全的金本位制。该制度在1929—1933年的世界性经济大危机的冲击下，也逐渐被各国放弃。各国纷纷实行了不兑现信用货币制度。第二次世界大战后，建立了以美元为中心的国际货币体系，这实际上是一种金汇兑本位制，美国国内不流通金币，但允许其他国家政府以美元向其兑换黄金，美元是其他国家的主要储备资产。但其后受美元危机的影响，该制度也逐渐开始动摇，至1971年8月美国政府停止美元兑换黄金，并先后两次将美元贬值后，这个残缺不全的金汇兑本位制也崩溃了。

七、崩溃的主要原因

金本位制通行了约100年，其崩溃的主要原因有：（1）黄金生产量的增长幅度远远低于商品生产增长的幅度，黄金不能满足日益扩大的商品流通需要，这就极大地削弱了金铸币流通的基础。（2）黄金存量在各国的分配不平衡。1913年末，美、英、德、法、俄五国占有世界黄金存量的2/3。黄金存量大部分为少数强国所掌握，必然导致金币的自由铸造和自由流通受到破坏，削弱其他国家金币流通的基础。（3）第一次世界大战爆发，黄金被参战国集中用于购买军火，并停止自由输出和银行券兑现，从而最终导致金本位制的崩溃。

八、崩溃的影响

金本位制度的崩溃，对国际金融乃至世界经济产生了巨大的影响：（1）为各国普遍货币贬值、推行通货膨胀政策打开了方便之门。这是因为废除金本位制后，各国为了弥补财政赤字或扩军备战，会滥发不兑换的纸币，加速经常性的通货膨胀，不仅使各国货币流通和信用制度遭到破坏，而且加剧了各国出口贸易的萎缩及国际收支的恶化。（2）导致汇价的剧烈波动，冲击着世界汇率制度。在金本位制度下，各国货币的对内价值和对外价值大体上是一致的，货币之间的比价比较稳定，汇率制度也有较为坚实的基础。但各国流通纸币后，汇率的决定过程变得复杂了，国际收支状况和通货膨胀引起的供求变化，对汇率起着决定性的作用，从而影响了汇率制度，影响了国际货币金融关系。

第三节　布雷顿森林体系

一、概况

布雷顿森林体系（Bretton Woods System）是指第二次世界大战后以美元为中心的国际货币体系。1944年7月，西方主要国家的代表在联合国国际货币金融会议上确立了该体系，由于此次会议是在美国新罕布什尔州布雷顿森林举行的，因此称之为“布雷顿森林体系”。

关税总协定作为1944年布雷顿森林会议的补充，连同布雷顿森林会议通过的各项协定，统称为“布雷顿森林体系”，即以外汇自由化、资本自由化和贸易自由化为主要内容的多边经济制度，构成资本主义集团的核心内容。这是按照美国制定的原则，实现美国经济霸权的体制。布雷顿森林体系的建立，促进了战后资本主义世界经济的恢复和发展。因美元危机与美国经济危机的频繁爆发，以及制度本身不可解脱的矛盾性，该体系于1973年宣告结束。

布雷顿森林体系是以美元和黄金为基础的金融汇兑本位制。其实质是建立一种以美元为中心的国际货币体系，基本内容包括美元与黄金挂钩、其他国家的货币与美元挂钩以及实行固定汇率制度。布雷顿森林货币体系的运转与美元的信誉和地位密切相关。

两次世界大战之间的20年中，国际货币体系分裂成几个相互竞争的货币集团，各国货币竞相贬值，动荡不定。在第二次世界大战后期，英美两国政府出于本国利益的考虑，构思和设计战后国际货币体系，分别提出了“怀特计划”和“凯恩斯计划”。“怀特计划”和“凯恩斯计划”同是以设立国际金融机构、稳定汇率、扩大国际贸易、促进世界经济发展为目的，但运营方式不同。由于美国在世界经济危机和第二次世界大战后登上了资本主义世界盟主地位，美元的国际地位因其国际黄金储备的实力得到稳固，双方于1944年4月达成了反映“怀特计划”的“关于设立国标货币基金的专家共同声明”。

1944年7月1日，44个国家或政府的经济特使在美国新罕布什尔州的布雷顿森林召开了联合国货币金融会议（简称布雷顿森林会议），商讨第二次世界大战后的世界贸易格局。经过3周的讨论，会议通过了以“怀特计划”为基础制定的《国际货币基金协定》和《国际复兴开发银行协定》，确立了以美元为中心的国际货币体系，即布雷顿森林体系。1945年12月27日，参加布雷顿森林会议国家中的22国代表在《布雷顿森林协定》上签字，正式成立国际货币基金组织（简称IMF）和世界银行（简称WB）。两机构自1947年11月15日起成为联合国的常设专门机构。中国是这两个机构的创始国之一，1980年，中华人民共和国在这两个机构中的合法席位先后得到恢复。

布雷顿森林体系建立了国际货币基金组织和世界银行两大国际金融机构。前者负责向成员方提供短期资金借贷，目的为保障国际货币体系的稳定；后者提供中长期信贷来促进成员方经济复苏。

二、布雷顿森林体系的主要内容

（一）美元与黄金挂钩

各国确认1944年1月美国规定的35美元一盎司的黄金官价，每一美元的含金量为0.888671克黄金。各国政府或中央银行可按官价用美元向美国兑换黄金。为使黄金官价不受自由市场金价冲击，各国政府需协同美国政府在国际金融市场上维持这一黄金官价。

（二）其他国家货币与美元挂钩

其他国家政府规定各自货币的含金量，通过含金量的比例确定同美元的汇率。

（三）实行可调整的固定汇率

《国际货币基金协定》规定，各国货币对美元的汇率，只能在法定汇率上下各1%的幅度内波动。若市场汇率超过法定汇率1%的波动幅度，各国政府有义务在外汇市场上进行干预，以维持汇率的稳定。若会员方法定汇率的波动超过10%，就必须得到国际货币基金组织的批准。1971年12月，这种即期汇率波动的幅度扩大为上下2.25%的范围，决定“平价”的标准由黄金改为特别提款权。布雷顿森林体系的这种汇率制度被称为“可调整的钉住汇率制度”。

（四）各国货币兑换性与国际支付结算原则

《国际货币基金协定》规定了各国货币自由兑换的原则：任何会员方对其他会员方在经常项目往来中积存的本国货币，若对方为支付经常项目货币换回本国货币，考虑到各国的实际情况，作了“过渡期”的规定。《国际货币基金协定》规定了国际支付结算的原则：会员方未经基金组织同意，不得对国际收支经常项目的支付或清算加以限制。

（五）确定国际储备资产

《国际货币基金协定》中关于货币平价的规定，使美元处于等同黄金的地位，成为各国外汇储备中最主要的国际储备货币。

（六）国际收支的调节

国际货币基金组织会员方份额的25%以黄金或可兑换成黄金的货币缴纳，其余则以本国货币缴纳。会员方发生国际收支逆差时，可用本国货币向基金组织按规定程序购买（即借贷）一定数额的外汇，并在规定时间内以购回本国货币的方式偿还借款。会员方所认缴的份额越大，得到的贷款也越多。贷款只限于会员方用于弥补国际收支赤字，即用于经常项目的支付。

三、布雷顿森林体系制度的进步之处

（一）建立了永久性的国际金融机构

布雷顿森林体系建立了国际货币基金组织、国际复兴开发银行等永久性国际金融机构。通过国际金融机构的组织、协调和监督，保证统一的国际金汇兑本位制各项原则、措施的推行。

（二）签订了有一定约束力的《国际货币基金协定》

金本位制对汇率制度、黄金输出入没有一个统一的协定，货币区是在规定的地区实施宗主国、联系国的法令。第二次世界大战后的《国际货币基金协定》是一种国际协议，对会员方政府具有一定的约束力。它的统一性在于把资本主义国家囊括在国际金汇兑本位制之下；它的严整性在于对维持货币制度运转的有关问题做了全面规定，并要求各国遵守。

（三）建立制度

根据《国际货币基金协定》，建立了现代国际货币管理所必需的各项制度。例如，国际收支调节制度、国际信贷监督制度、国际金融统计制度、国际汇率制度、国际储备制度、国际清算制度等。

四、布雷顿森林体系的特点

（一）与美元建立关系

第二次世界大战后的国际货币制度不是按各国的铸币平价来确定汇率，而是根据各国货币法定金平价的对比，普遍地与美元建立固定比例关系。

（二）汇率波动

第二次世界大战前，黄金输送点是汇率波动的界限，以此来自动地调节汇率。第二次世界大战后，人为地规定汇率波动的幅度，汇率的波动是在基金组织的监督下，由各国干预外汇市场来调节。

（三）货币兑换

国际金本位制度下，各国货币自由兑换，对国际支付一般不采取限制措施。在布雷顿森林体系下，许多国家不能实现货币的自由兑换，对外支付受到一定的限制。

（四）国际储备资产

国际金本位制度下，国际储备资产主要是黄金。第二次世界大战后的国际储备资产则是黄金、可兑换货币和特别提款权，其中黄金与美元并重。在外汇储备上，第二次世界大战前包括英镑、美元与法国法郎，第二次世界大战后的国际货币制度几乎包括资本主义世界所有国家和地区的货币，美元是最主要的外汇储备。

（五）双边安排

国际金本位制度下，各国实行自由的多边结算。第二次世界大战后的国际货币制度，有不少国家实行外汇管制，采用贸易和支付的双边安排。

（六）黄金的流动

国际金本位制度下，黄金的流动是完全自由的；布雷顿森林体系下，黄金的流动受到一定的限制。第二次世界大战前，英、美、法三国都允许居民兑换黄金；实行金汇兑本位制度的国家也允许居民用外汇（英镑、法郎或美元）向英、美、法三国兑换黄金；第二次世界大战后，美国只同意外国政府在一定条件下用美元向美国兑换黄金，不允许外国居民用美元向美国兑换黄金。

五、布雷顿森林体系的运转条件

以美元为中心的国际货币制度能在一个较长的时期内顺利运行，与美国的经济实力和黄金储备分不开。要维持布雷顿森林体系的运转，需具备三项基本条件：

（1）美国国际收支保持顺差，美元对外价值稳定。若其他国家通货膨胀严重，国际收支逆差，在国际货币基金组织同意下，该国货币可以贬值，重新与美元建立固定比价关系。

（2）美国的黄金储备充足。在布雷顿森林体系下，美元与黄金挂钩，外国政府或中央银行持有的美元可向美国兑换黄金。美国要履行35美元兑换一盎司黄金的义务，必须拥有充足的黄金储备。

（3）黄金价格维持在官价水平。第二次世界大战后，美国黄金储备充足，若市场价格发生波动，美国可以通过抛售或购进黄金加以平抑。

六、布雷顿森林体系的支柱

布雷顿森林体系以黄金为基础，以美元作为最主要的国际储备货币。美元直接与黄金挂钩，各国货币则与美元挂钩，并可按35美元一盎司的官价向美国兑换黄金。在布雷顿森林体系下，美元可以兑换黄金和各国实行可调节的钉住汇率制，是构成这一货币体系的两大支柱，国际货币基金组织则是维持这一体系正常运转的中心机构，它有监督国际汇率、提供国际信贷、协调国际货币关系三大职能。

七、布雷顿森林体系的作用

布雷顿森林体系有助于国际金融市场的稳定，对第二次世界大战后的经济复苏起到了一定的作用。

（一）暂时结束了战前货币金融领域里的混乱局面，维持了战后世界货币体系的正常运转

固定汇率制是布雷顿森林体系的支柱之一，不同于金本位制度下汇率的相对稳定。在典型的金本位制度下，金币本身具有一定的含金量，黄金可以自由输出输入，汇价的波动界限狭隘。1929—1933年的资本主义世界经济危机，引起了货币制度危机，导致金本位制崩溃，国际货币金融关系呈现出一片混乱局面。以美元为中心的布雷顿森林体系的建立，使国际货币金融关系有了统一的标准和基础，混乱局面暂时得以稳定。

（二）促进各国国内经济的发展

在金本位制下，各国注重外部平衡，国内经济往往带有紧缩倾向。在布雷顿森林体系下，各国偏重内部平衡，国内经济比较稳定，危机和失业情形较之战前有所缓和。

（三）布雷顿森林体系的形成，在相对稳定的情况下扩大了世界贸易

美国通过赠与、信贷、购买外国商品和劳务等形式，向其他国家散发了大量美元，客观上起到扩大全球购买力的作用。固定汇率制在很大程度上消除了由于汇率波动而引起的动荡，在一定程度上稳定了主要国家的货币汇率，有利于国际贸易的发展。

（四）布雷顿森林体系的形成，对世界经济的恢复和发展起了一定的积极作用

国际货币基金组织提供的短期贷款暂时缓和了战后许多国家的收支危机，促进了支付办法上的稳步自由化。国际货币基金组织的贷款业务迅速增加，重点由欧洲转至亚、非、拉第三世界。世界银行提供和组织的长期贷款和投资不同程度地解决了会员方战后恢复和发展经济的资金需要。国际货币基金组织和世界银行在提供技术援助、建立国际经济货币的研究资料及交换资料情报等方面对世界经济的恢复与发展起到了一定作用。

（五）布雷顿森林体系的形成有助于生产和资本的国际化

汇率的相对稳定，避免了国际资本流动中引发的汇率风险，有利于国际资本的输入与输出；为国际间融资创造了良好环境，有助于金融业和国际金融市场的发展，也为跨国公司的生产国际化创造了良好的条件。

八、布雷顿森林体系的缺陷

由于资本主义发展的不平衡性，主要资本主义国家经济实力对比一再发生变化，以美元为中心的国际货币制度本身固有的矛盾和缺陷日益暴露。

（一）金汇兑制本身的缺陷

美元与黄金挂钩，享有特殊地位，加强了美国对世界经济的影响。其一，美国通过发行纸币而不动用黄金进行对外支付和资本输出，有利于美国的对外扩张和掠夺。其二，美国承担了维持金汇兑平价的责任。当人们对美元充分信任，美元相对短缺时，这种金汇兑平价可以维持；当人们对美元产生信任危机，美元拥有太多，要求兑换黄金时，美元与黄金的固定平价就难以维持。

（二）储备制度不稳定

这种制度无法提供一种数量充足、币值坚挺、可以为各国接受的储备货币，以使国际储备的增长能够适应国际贸易与世界经济发展的需要。1960年，美国耶鲁大学教授特里芬在其著作《黄金与美元危机》中指出：布雷顿森林制度以一国货币作为主要国际储备货币，在黄金生产停滞的情况下，国际储备的供应完全取决于美国的国际收支状况：美国的国际收支保持顺差，国际储备资产不敷国际贸易发展的需要；美国的国际收支保持逆差，国际储备资产过剩，美元发生危机，危及国际货币制度。这种难以解决的内在矛盾，国际经济学界称之为“特里芬难题”，它决定了布雷顿森林体系的不稳定性。

（三）国际收支调节机制的缺陷

该制度规定汇率浮动幅度需保持在1%以内，汇率缺乏弹性，限制了汇率对国际收支的调节作用。这种制度着重于国内政策的单方面调节。

（四）内外平衡难统一

在固定汇率制度下，各国不能利用汇率杠杆来调节国际收支，只能采取有损于国内经济目标实现的经济政策或采取管制措施，以牺牲内部平衡来换取外部平衡。当美国国际收支逆差、美元汇率下跌时，根据固定汇率原则，其他国家应干预外汇市场，这一行为导致和加剧了这些国家的通货膨胀；若这些国家不加干预，就会遭受美元储备资产贬值的损失。

九、布雷顿森林体系崩溃的前期预兆

1949年，美国的黄金储备为246亿美元，占当时整个资本主义世界黄金储备总额的73.4%，这是战后的最高数字。1950年以后，除个别年度略有顺差外，其余各年度都是逆差。1971年上半年，逆差达到83亿美元。随着国际收支逆差的逐步增加，美国的黄金储备日益减少。20世纪60—70年代，美国深陷越南战争的泥潭，财政赤字巨大，国际收入情况恶化，美元的信誉受到冲击，爆发了多次美元危机。大量资本出逃，各国纷纷抛售自己手中的美元，抢购黄金，使美国黄金储备急剧减少，伦敦金价上涨。为了抑制金价上涨，保持美元汇率，减少黄金储备流失，美国联合英国、瑞士、法国、联邦德国、意大利、荷兰、比利时8个国家于1961年10

月建立了黄金总库，8国央行共拿出2.7亿美元的黄金，由英格兰银行为黄金总库的代理机关，负责维持伦敦黄金价格，并采取各种手段阻止外国政府持美元外汇向美国兑换黄金。60年代后期，美国进一步扩大了侵越战争，国际收支进一步恶化，美元危机再度爆发。1968年3月的半个月中，美国黄金储备流出了14亿美元，3月14日这一天，伦敦黄金市场的成交量达到了350~400吨的破纪录数字。美国没有了维持黄金官价的能力，经与黄金总库成员协商后，宣布不再按每盎司35美元官价向市场供应黄金，市场金价自由浮动。

十、布雷顿森林体系崩溃的标志

（一）美元停止兑换黄金

1971年7月第七次美元危机爆发，尼克松政府于8月15日宣布实行“新经济政策”，停止履行外国政府或中央银行可用美元向美国兑换黄金的义务。1971年12月以《史密森协定》为标志，美元对黄金贬值，美联储拒绝向国外中央银行出售黄金。至此，美元与黄金挂钩的体制名存实亡。

（二）取消固定汇率制度

1973年3月，西欧出现抛售美元、抢购黄金和马克的风潮。3月16日，欧洲共同市场9国在巴黎举行会议并达成协议，联邦德国、法国等国家对美元实行“联合浮动”，彼此之间实行固定汇率。英国、意大利、爱尔兰实行单独浮动，暂不参加共同浮动。其他主要西方货币实行了对美元的浮动汇率。至此，固定汇率制度完全垮台。美元停止兑换黄金和固定汇率制的垮台，标志着第二次世界大战后以美元为中心的货币体系瓦解。布雷顿森林体系崩溃以后，国际货币基金组织和世界银行作为重要的国际组织仍得以存在，发挥作用。

十一、布雷顿森林体系的瓦解

20世纪70年代初，在日本、西欧崛起的同时，美国经济实力相对削弱，无力承担稳定美元汇率的责任，贸易保护主义抬头，相继两次宣布美元贬值。各国纷纷放弃本国货币与美元的固定汇率，采取浮动汇率制。以美元为中心的国际货币体系瓦解，美元地位下降。很多欧洲人一度拒收美元。在伦敦，一位来自纽约的旅客说：“这里的银行、旅馆、商店都一样，他们看到我们手里的美元时流露出的神情，好像这些美元成了病菌携带物一般。”在巴黎，出租车上挂着“不再接受美元”的牌子，甚至乞丐也在自己帽子上写着“不要美元”。美元失去霸主地位，但迄今为止仍然是最重要的国际货币。

十二、布雷顿森林体系瓦解的原因

（1）以美元为中心的国际货币制度崩溃的根本原因，是这个制度本身存在着不可化解的矛盾。在这种制度下，美元作为国际支付手段与国际储备手段，发挥着世界货币的职能。一方面，作为国际支付手段与国际储备手段，美元币值稳定，其他国家就会接受。而美元币值稳定，就要求美国有足够的黄金储备，并且美国的国际收支必须保持顺差，从而使黄金不断流入美国而增加其黄金储备。否则，人们在国际支付中就不会接受美元。另一方面，全世界要获得充足的外汇储备，美国的国际收支就要保持大量逆差，否则全世界就会面临外汇储备短缺，国际流通渠道出现国际支付手段短缺。随着美国国际收支逆差的增大，美元的黄金保证会不断减少，美元将不断贬值。第二次世界大战后从美元短缺到美元泛滥，是这种矛盾发展的必然结果。

（2）美元危机与美国经济危机频繁爆发，资本主义世界经济此消彼长。美元危机是导致布雷顿森林体系崩溃的直接原因。美国1950年发动朝鲜战争，海外军费激增，国际收支连年逆差，黄金储备源源外流。1960年，美国的黄金储备下降到178亿美元，不足以抵补当时的210.3亿美元的流动债务，出现了美元的第一次危机。20世纪60年代中期，美国卷入越南战争，国际收支进一步恶化，黄金储备不断减少。1968年3月，美国黄金储备下降至121亿美元，同期的对外短期负债为331亿美元，引发了第二次美元危机。1971年，美国的黄金储备（102.1亿美元）是它对外流动负债（678亿美元）的15.05%。美国完全丧失了承担美元对外兑换黄金的能力。1973年美国爆发了最为严重的经济危机，黄金储备已从第二次世界大战战后初期的245.6亿美元下降到110亿美元。没有充分的黄金储备作基础，这严重地动摇了美元的信誉。美国发动侵越战争，财政赤字庞大，依靠发行货币来弥补，造成通货膨胀；在两次石油危机中因石油提价而增加支出；由于失业补贴增加，劳动生产率下降，造成政府支出急剧增加。美国消费物价指数1960年为1.6%，1970年上升到5.9%，1974年又上升到11%，这给美元的汇价带来了冲击。第二次世界大战结束时，美国大举向世界其他国家输出商品，使美国的国际收支持续出现巨额顺差，其他国家的黄金储备大量流入美国，各国普遍感到“美元荒”（Dollar Shortage）。随着西欧各国经济的增长，出口贸易的扩大，其国际收支由逆差转为顺差，美元和黄金储备增加。美国由于对外扩张和侵略战争，国际收支由顺差转为逆差，美国资金大量外流，形成“美元过剩”（Dollar Glut）。这使美元汇率承受巨大的冲击和压力，不断出现下浮的波动。

以上所述原因直接或间接导致了布雷顿森林体系的瓦解。

第四节　牙买加体系

国际货币基金组织（IMF）于1972年7月成立了一个专门委员会，具体研究国际货币制度的改革问题。委员会于1974的6月提出一份“国际货币体系改革纲要”，对黄金、汇率、储备资产、国际收支调节等问题提出了一些原则性的建议，为以后的货币改革奠定了基础。1976年1月，国际货币基金组织理事会“国际货币制度临时委员会”在牙买加首都金斯敦举行会议，讨论国际货币基金协定的条款，经过激烈的争论，签订达成了“牙买加协议”。同年4月，国际货币基金组织理事会通过了《IMF协定第二修正案》，从而形成了新的国际货币体系。

一、牙买加协议的主要内容

（一）实行浮动汇率制度的改革

牙买加协议正式确认了浮动汇率制的合法化，承认固定汇率制与浮动汇率制并存的局面，成员方可自由选择汇率制度。同时IMF继续对各国货币汇率政策实行严格监督，并协调成员方的经济政策，促进金融稳定，缩小汇率波动范围。

（二）推行黄金非货币化

协议作出了逐步使黄金退出国际货币的决定。并规定：废除黄金条款，取消黄金官价，成员方中央银行可按市价自由进行黄金交易；取消成员方相互之间以及成员方与IMF之间须用黄金清算债权债务的规定，IMF逐步处理其持有的黄金。

（三）增强特别提款权的作用

这主要是提高特别提款权的国际储备地位，扩大其在IMF一般业务中的使用范围，并适时修订特别提款权的有关条款。

（四）增加成员方基金份额

成员方的基金份额从原来的292亿特别提款权增加至390亿特别提款权，增幅达33.6%。

（五）扩大信贷额度

这是为了增加对发展中国家的融资。

二、牙买加体系的运行

（一）储备货币多元化

与布雷顿森林体系下国际储备结构单一、美元地位十分突出的情形相比，在牙买加体系下，国际储备呈现多元化局面，美元虽然仍是主导的国际货币，但美元地位明显削弱了，由美元垄断外汇储备的情形不复存在。联邦德国马克（现德国马克）、日元随两国经济的恢复发展脱颖而出，成为重要的国际储备货币。目前，国际储备货币已日趋多元化，ECU也被欧元所取代，欧元很可能成为与美元相抗衡的新的国际储备货币。

（二）汇率安排多样化

在牙买加体系下，浮动汇率制与固定汇率制并存。一般而言，发达工业国家多数采取单独浮动或联合浮动，但有的也采取钉住自选的货币篮子。对发展中国家而言，多数是钉住某种国际货币或货币篮子，单独浮动的很少。不同汇率制度各有优劣，浮动汇率制度可以为国内经济政策提供更大的活动空间与独立性，而固定汇率制则减少了本国企业可能面临的汇率风险，方便生产与核算。各国可根据自身的经济实力、开放程度、经济结构等一系列相关因素去权衡得失利弊。

三、多种渠道调节国际收支的主要内容

（一）运用国内经济政策

国际收支作为一国宏观经济的有机组成部分，必然受到其他因素的影响。一国往往运用国内经济政策，改变国内的需求与供给，从而消除国际收支不平衡。比如在资本项目逆差的情况下，可提高利率，减少货币发行，以此吸引外资流入，弥补缺口。需要注意的是：运用财政或货币政策调节外部均衡时，往往会受到“米德冲突”的限制，在实现国际收支平衡的同时，牺牲了其他的政策目标，如经济增长、财政平衡等，因而内部政策应与汇率政策相协调，才不至于顾此失彼。

（二）运用汇率政策

在浮动汇率制或可调整的钉住汇率制下，汇率是调节国际收支的一个重要工具，其原理是：经常项目赤字本币趋于下跌则本币下跌、外贸竞争力增加则出口增加、进口减少则经济项目赤字减少或消失。相反，在经常项目顺差时，本币币值上升会削弱进出口商品的竞争力，从而减少经常项目的顺差。实际经济运行中，汇率的调节作用受到“马歇尔-勒纳条件”以及“J曲线效应”的制约，其功能往往令人失望。

（三）国际融资

在布雷顿森林体系下，这一功能主要由IMF完成。在牙买加体系下，IMF的贷款能力有所提高，更重要的是，伴随石油危机的爆发和欧洲货币市场的迅猛发展，各国逐渐转向欧洲货币市场，利用该市场比较优惠的贷款条件融通资金，调节国际收支中的顺逆差。

（四）加强国际协调

这主要体现在：（1）以IMF为桥梁，各国政府通过磋商，就国际金融问题达成共识与谅解，共同维护国际金融形势的稳定与繁荣。（2）新兴的七国首脑会议的作用。西方七国通过多次会议，达成共识，多次合力干预国际金融市场，主观上是为了各自的利益，但客观上也促进了国际金融与经济的稳定与发展。（3）牙买加体系的主要特征。浮动汇率制度的广泛实行，这使各国政府有了解决国际收支不平衡的重要手段，即汇率变动手段；各国采取不同的浮动形式，欧共体实质上是联合浮动，日元是单独浮动，还有众多的国家是盯住浮动，这使国际货币体系变得复杂而难以控制；各国央行对汇率实行干预制度；特别提款权作为国际储备资产和记账单位的作用大大加强；美元仍然是重要的国际储备资产，而黄金作为储备资产的作用大大削减，各国货币价值也基本上与黄金脱钩。

四、对牙买加体系的评价

（一）牙买加体系的积极作用

牙买加体系的积极作用主要为：（1）多元化的储备结构摆脱了布雷顿森林体系下各国货币间的僵硬关系，为国际经济提供了多种清偿货币，在较大程度上解决了储备货币供不应求的矛盾。（2）多样化的汇率安排适应了多样化的、不同发展水平

的各国经济，为各国维持经济发展与稳定提供了灵活性与独立性，同时有助于保持国内经济政策的连续性与稳定性。(3) 多种渠道并行，使国际收支的调节更为有效与及时。

(二) 牙买加体系的缺陷

牙买加体系的缺陷主要为：(1) 在多元化国际储备格局下，储备货币发行国仍享有“铸币税”等多种好处，同时，在多元化国际储备下，缺乏统一的稳定的货币标准，这本身就可能造成国际金融的不稳定。(2) 汇率大起大落，变动不定，汇率体系极不稳定。其消极影响之一是增大了外汇风险，从而在一定程度上抑制了国际贸易与国际投资活动，对发展中国家而言，这种负面影响尤为突出。(3) 国际收支调节机制并不健全，各种现有的渠道都有各自的局限，牙买加体系并没有消除全球性的国际收支失衡问题。如果说在布雷顿森林体系下，国际金融危机是偶然的、局部的，那么，在牙买加体系下，国际金融危机就成为经常的、全面的和影响深远的。1973年浮动汇率普遍实行后，西方外汇市场货币汇价的波动、金价的起伏经常发生，小危机不断，大危机时有发生。1978年10月，美元对其他主要西方货币汇价跌至历史最低点，引起整个西方货币金融市场的动荡。这就是著名的1977—1978年西方货币危机。由于金本位与金汇兑本位制的瓦解，信用货币无论在种类上还是在金额上都大大增加。信用货币占西方各通货流通量的90%以上，各种形式的支票、支付凭证、信用卡等种类繁多，现金在某些国家的通货中只占百分之几。货币供应量和存放款的增长速度大大高于工业生产增长速度，而且国民经济的发展对信用的依赖越来越深。总之，现有的国际货币体系被人们普遍认为是一种过渡性的不健全的体系，需要进行彻底的改革。

课堂小讨论

假设现在美国经济崩溃，美元将遭遇大幅抛售，我们的外汇储备应该如何保值？

第五节　国际货币体系改革

随着以美元为中心的国际货币体系的瓦解，改革国际货币制度成为举世瞩目的重大问题。1972年7月26日，国际货币基金组织通过决议，成立一个由发达国家和发展中国家共同参加的国际货币制度和有关问题委员会（即二十国委员会，在十国集团外增加了澳大利亚、印度、巴西、摩洛哥、埃塞俄比亚、阿根廷、墨西哥、扎伊尔、印度尼西亚和伊拉克），讨论国际货币制度的改革问题。但在如何制止由于美元泛滥而造成的国际货币动荡局势，以及如何取代美元的国际储备货币地位等问题上，美国和西欧国家之间矛盾重重。西欧国家要求美国恢复美元兑换黄金，以清偿美元债务；而美国则坚持要等其国际收支状况改善后再解决，主张创立一种由国际机构管理的固定的国际货币，使国际货币基金组织具有世界中央银行的地位和作用。西欧国家尤其是法国主张用黄金取代美元作为国际储备货币，认为现阶段黄金仍是政府间办理清算的重要手段，而美国则主张减少黄金的货币作用，实现黄金非货币化，使之成为一种金属商品。由于各方意见分歧，使二十国委员会成立时原定在两年内提出货币改革方案的计划无法实现。

1974年6月委员会提出了一个原则性的“改革大纲”便结束了工作。同时成立了一个临时委员会代替二十国委员会继续就国际货币制度改革问题进行研究，并于1976年1月就取消固定汇率制、肯定浮动汇率制、各成员方可自行选择汇率制度、废除黄金官价、取消有关基金份额中的25%须以黄金缴付的规定，以及扩大特别提款权的使用范围等问题达成协议，即《牙买加协定》。但这些改革与发展中国家要求根本改革国际货币制度的愿望相差甚远。

1968—1987年，亚洲、非洲、拉丁美洲和欧洲的南斯拉夫等77个发展中国家（即七十七国集团）先后举行过6次部长级会议，提出了改革国际货币制度的行动纲领，通过了《哈瓦那宣言》。其主要内容是：制定一个解决发展中国家债务问题的新战略，把债务的偿还额同实际偿债力挂钩；增加多边金融机构的资金来源；免除较穷发展中国家所欠官方发展援助项下的债务；通过各种渠道如官方发展援助、出口信贷和直接投资等增加发展中国家的资金流入量；稳定货币汇率；增加特别提款权的分配，大幅度提高发展中国家在国际货币基金组织中的份额；设立一个发达国家和发展中国家共同参加的部长代表委员会，审议国际货币制度的改革等问题。这为发展中国家参与国际货币多边谈判提供了一个较为统一而完整的指导方针。但这些建议由于遭到发达国家反对，一直未能实现。金融危机的爆发与蔓延使我们不得不一次次面对这个古老但悬而未决的问题，那就是什么样的国际储备货币才能保持全球金融稳定、促进世界经济发展。历史上的银本位、金本位、金汇兑本位、布雷顿森林体系都是解决该问题的不同制度安排，这也是国际货币基金组织成立的宗旨之一。但几次的金融危机表明，这一问题不仅远未解决，由于现行国际货币体系的内在缺陷反而使其愈演愈烈。理论上讲，首先，国际储备货币的币值应有一个稳定的基准和明确的发行规则以保证供给的有序；其次，其供给总量还可及时、灵活地根据需求的变化进行增减调节；再次，这种调节必须是超脱于任何一国的经济状况和利益。当前以主权信用货币作为主要国际储备货币是历史上少有的特例。金融危机再次警示我们，必须创造性地改革和完善现行国际货币体系，推动国际储备货币向着币值稳定、供应有序、总量可调的方向完善，才能从根本上维护全球经济金融稳定。国际货币体系改革需要注意以下几点：

一、反映出当前国际货币体系的内在缺陷和系统性风险

对于储备货币发行国而言，国内货币政策目标与各国对储备货币的要求经常产生矛盾。货币当局既不能忽视本国货币的国际职能而单纯考虑国内目标，又无法同时兼顾国内外的不同目标。既可能因抑制本国通胀的需要而无法充分满足全球经济

不断增长的需求，也可能因过分刺激国内需求而导致全球流动性泛滥。理论上特里芬难题仍然存在，即储备货币发行国无法在为世界提供流动性的同时确保币值的稳定。当一国货币成为全世界初级产品定价货币、贸易结算货币和储备货币后，该国对经济失衡的汇率调整是无效的，因为多数国家货币都以该国货币为参照。经济全球化既受益于一种被普遍接受的储备货币，又为发行这种货币的制度缺陷所害。从布雷顿森林体系解体后金融危机屡屡发生且愈演愈烈来看，全世界为现行货币体系付出的代价可能会超出从中的收益。不仅储备货币的使用国要付出沉重的代价，发行国也在付出日益增大的代价。危机未必是储备货币发行当局的故意，但却是制度性缺陷的必然。

二、避免主权信用货币作为储备货币的内在缺陷，是国际货币体系改革的理想目标

超主权储备货币的主张虽然由来已久，但至今没有实质性进展。20世纪40年代凯恩斯就曾提出采用30种有代表性的商品作为定值基础建立国际货币单位“Bancor”的设想，遗憾的是未能实施，而其后以怀特方案为基础的布雷顿森林体系的崩溃显示凯恩斯的方案可能更有远见。早在布雷顿森林体系的缺陷暴露之初，基金组织就于1969年创设了特别提款权（下称SDR），以缓解主权货币作为储备货币的内在风险。遗憾的是由于分配机制和使用范围上的限制，SDR的作用至今没有能够得到充分发挥。但SDR的存在为国际货币体系改革提供了一线希望。超主权储备货币不仅克服了主权信用货币的内在风险，也为调节全球流动性提供了可能。由一个全球性机构管理的国际储备货币将使全球流动性的创造和调控成为可能，当一国主权货币不再作为全球贸易的尺度和参照基准时，该国汇率政策对失衡的调节效果会大大增强。这些能极大地降低未来危机发生的风险、增强危机处理的能力。

三、改革应从大处着眼，小处着手，循序渐进，寻求共赢

重建具有稳定的定值基准并为各国所接受的新储备货币可能是个长期内才能实现的目标。建立凯恩斯设想的国际货币单位更是人类的大胆设想，并需要各国政治家拿出超凡的远见和勇气。而在短期内，国际社会特别是基金组织至少应当承认并正视现行体制所造成的风险，对其不断监测、评估并及时预警，同时还应特别考虑充分发挥SDR的作用。SDR具有超主权储备货币的特征和潜力，同时它的扩大发行有利于基金组织克服在经费、话语权和代表权改革方面所面临的困难。因此，应当着力推动SDR的分配。这需要各成员方政治上的积极配合，特别是应尽快通过第四次章程修订及相应的SDR分配决议，以使1981年后加入的成员方也能享受到SDR的好处。在此基础上考虑进一步扩大SDR的发行。SDR的使用范围需要拓宽，从而能真正满足各国对储备货币的要求：（1）建立起SDR与其他货币之间的清算关系。改变当前SDR只能用于政府或国际组织之间国际结算的现状，使其能成为国际贸易和金融交易公认的支付手段。（2）积极推动在国际贸易、大宗商品定价、投资和企业记账中使用SDR计价。这不仅有利于加强SDR的作用，也能有效减少因使用主权储备货币计价而造成的资产价格波动和相关风险。(3) 积极推动创立SDR计值的资产，增强其吸引力。基金组织正在研究SDR计值的有价证券，如果推行将是一个好的开端。(4) 进一步完善SDR的定值和发行方式。SDR定值的篮子货币范围应扩大到世界主要经济大国，也可将GDP作为权重考虑因素之一。此外，为进一步提升市场对其币值的信心，SDR的发行也可从人为计算币值向有以实际资产支持的方式转变，可以考虑吸收各国现有的储备货币以作为其发行准备。

四、由基金组织集中管理成员方的部分储备

由基金组织集中管理成员方的部分储备，不仅有利于增强国际社会应对危机、维护国际货币金融体系稳定的能力，更是加强SDR作用的有力手段。由一个值得信任的国际机构将全球储备资金的一部分集中起来管理，并提供合理的回报率吸引各国参与，将比各方的分散使用、各自为战更能有效地发挥储备资金的作用，对投机和市场恐慌起到更强的威慑与稳定效果。对于参与各方而言，也有利于减少所需的储备，节省资金用于发展和增长。基金组织成员众多，同时也是全球唯一以维护货币和金融稳定为职责，并能对成员方宏观经济政策实施监督的国际机构，具备相应的专业特长，由其管理成员方储备具有天然的优势。基金组织集中管理成员方储备，也将是推动SDR作为储备货币发挥更大作用的有力手段。基金组织可考虑按市场化模式形成开放式基金，将成员方以现有储备货币积累的储备集中管理，设定以SDR计值的基金单位，允许各投资者使用现有储备货币自由认购，需要时再赎回所需的储备货币，既推动了SDR计值资产的发展，也部分实现了对现有储备货币全球流动性的调控，甚至可以作为增加SDR发行、逐步替换现有储备货币的基础。

本章小结

1. 国际货币体系（International Monetary System）是指支配各国货币关系的规则和机构，以及国际间进行各种交易、支付所依据的一套安排和惯例。有效且稳定的国际货币体系是国际经济发展的重要环节，国际货币体系在国际经济的发展中起着基础性的作用，它的有效运行能为国际投资与国际贸易的发展提供不竭的发展动力。

2. 金本位制的理论基础是格雷欣（Gresham）提出的“一价定律”，即一种特定的货币在相互联系的所有市场上是等价的。英国学者戈逊也于1861年较为完整地提出了国际借贷说：汇率是由外汇市场上的供求关系决定的，而外汇供求又源于国际借贷，汇率变动的原因归结为国际借贷关系中债权与债务的变动。

3. 布雷顿森林体系是以美元和黄金为基础的金融汇兑本位制。其实质是建立一种以美元为中心的国际货币体系，基本内容包括美元与黄金挂钩、其他国家的货币与美元挂钩以及实行固定汇率制度。布雷顿森林货币体系的运转与美元的信誉和地位密切相关。

4.以美元为中心的国际货币制度能在一个较长的时期内顺利运行，与美国的经济实力和黄金储备分不开。要维持布雷顿森林体系的运转，需具备三项基本条件：(1)美国国际收支保持顺差，美元对外价值稳定。若其他国家通货膨胀严重，国际收支逆差，在基金组织同意下，该国货币可以贬值，重新与美元建立固定比价关系。(2)美国的黄金储备充足。在布雷顿森林体系下，美元与黄金挂钩，外国政府或中央银行持有的美元可向美国兑换黄金。美国要履行35美元兑换一盎司黄金的义务，必须拥有充足的黄金储备。(3)黄金价格维持在官价水平。第二次世界大战后，美国黄金储备充足，若市场价格发生波动，美国可以通过抛售或购进黄金加以平抑。

5.1971年7月第七次美元危机爆发，尼克松政府于8月15日宣布实行“新经济政策”，停止履行外国政府或中央银行可用美元向美国兑换黄金的义务。1971年12月以《史密森协定》为标志，美元对黄金贬值，美联储拒绝向国外中央银行出售黄金。至此，美元与黄金挂钩的体制名存实亡。

6.1976年1月，国际货币基金组织理事会“国际货币制度临时委员会”在牙买加首都金斯敦举行会议，讨论国际货币基金协定的条款，经过激烈的争论，达成了“牙买加协议”，同年4月，国际货币基金组织理事会通过了《IMF协定第二修正案》，牙买加体系就此产生。

关键概念

国际货币体系　金本位制　金块本位制　金汇兑本位制　布雷顿森林体系　牙买加协议

综合训练

6.1 单项选择题

1.金本位制的理论基础是（　　）。

A.相机抉择　B.一价定律　C.费雪效应　D.有效市场假说

2.最早提出价格-铸币流动机制的是（　　）。

A.亚当·斯密　B.大卫·休谟

C.约翰·凯恩斯　D.米尔顿·弗里德曼

3.我国目前的汇率制度属于（　　）。

A.固定汇率制　B.管理浮动汇率制

C.完全浮动汇率制　D.爬行定制汇率制

4.下面（　　）不属于美国联合发起黄金总库的合作对象。

A.英国　B.比利时　C.瑞士　D.瑞典

6.2 多项选择题

1.属于广义上金本位制的有（　　）。

A.金币本位制　B.金块本位制　C.金银复本位制　D.金汇兑本位制

2. 布雷顿森林体系的特点有（　　）。

A. 与美元挂钩　　B. 汇率波动　　C. 货币兑换　　D. 国际储备资产

3. 在布雷顿森林体系下国际货币基金组织的职能包括（　　）。

A. 监督国际汇率　　B. 提供国际信贷

C. 协调国际货币关系　　D. 支持国际工程运作

4. 下列属于国际货币的有（　　）。

A. 英镑　　B. 马克　　C. 日元　　D. 欧元

6.3 思考题

1. 什么是国际货币体系？它的具体作用有哪些？

2. 金本位制在经济发展史上扮演着重要的角色，你觉得目前金本位制如果复辟，需要具备哪些外部条件？

3. 布雷顿森林体系崩溃的直接原因和主要原因分别是什么？

4. 你认为现在牙买加体系最致命的缺陷在哪里？

第七章

国际金融市场

引例

中国抛售美元传言震动国际金融市场

国家外汇管理局局长胡晓炼在全国外汇管理工作会议上表示，2016 年将进一步优化外汇储备的货币结构和资产结构，继续拓宽外汇储备投资领域。此言一出，市场普遍将其理解为中国有意大规模出售手中的美元外汇资产，转向其他货币资产。据了解，目前中国的外汇储备中近七成是美国国债等美元资产。由于美国贸易逆差和赤字扩大，市场普遍预期美元将贬值，因此中国将降低美元资产在外汇储备中的比例，甚至抛售美元。这些传言震动了国际金融市场，并进一步引发对美元前景的忧虑，美元汇率应声连连下挫，跌到了2014 年10 月份以来的最低水平。

那么，美元与美元资产是什么关系？外汇储备结构应如何调整？人民币加入SDR 对各国的结算和储备将产生什么影响？本章将一一解读。

第一节　国际金融市场概述

国际金融市场（International Financial Market）是指世界各国从事国际金融业务活动的场所和机制的总和，其组成部分主要包括外汇市场、欧洲货币市场、国际资本市场（国际股票市场和国际债券市场）、国际黄金市场和衍生金融市场，其主体是由经营国际间的货币业务的一切金融机构组成，业务包括国际货币借贷、外汇买卖、国际股票与债券的发行与流通等内容。

一、国际金融市场的产生与发展

国际金融市场是随着国际贸易、资本输出以及生产国际化的发展而产生和发展起来的，19世纪中叶最先在英国伦敦形成。英国是当时最发达的资本主义国家，经济和金融发展较早，当时不仅经济位居世界首位，现代银行制度也最为完备，英镑成为当时最主要的国际结算和国际支付手段，伦敦也成为国际资本借贷中心、外汇交易中心和国际结算等金融服务的中心。在第一次世界大战之后，其他资本主义国家，随着其对外贸易和资本输出的发展，相继在不同程度上成为国际金融市场，如美国的纽约、法国的巴黎、瑞士的苏黎世、德国的法兰克福等。

第二次世界大战之后，美国的经济实力大大增强，美元取代英镑成为最主要的国际结算和国际储备货币，纽约成为国际资金借贷和资本筹措中心，与伦敦国际金融中心齐名。进入20世纪60年代后，美国出现持续的国际收支逆差，黄金大量流失，出现美元信用危机，美国政府被迫采取了一系列措施来限制美元外流。美国及其他西方国家的跨国公司为了逃避限制，纷纷把资金转移到欧洲国家，尤其是资金流动方便的伦敦，由此促进了新型国际金融市场——欧洲货币市场的形成，推进了国际金融中心向更大范围扩展。20世纪70年代以后亚太地区的国际金融业务量迅速增长，一些国家和地区的国内金融中心逐渐扩展为国际金融市场，如东京、香港地区、新加坡等。这样，国际金融市场从西欧、北美向亚太乃至世界范围扩张。

二、国际金融市场的作用

国际金融市场是在生产国际化的基础上，随着国际贸易和国际借贷关系的发展而逐步形成和发展起来的，它既是经济国际化的重要组成部分，反过来又对世界经济的发展产生极其重要的作用。

在国际领域中，国际金融市场显得十分重要，商品与劳务的国际性转移、资本的国际性转移、黄金的输出输入、外汇的买卖以至于国际货币体系运转等各方面的国际经济交往都离不开国际金融市场，国际金融市场上新的融资手段、投资机会和投资方式层出不穷，金融活动也凌驾于传统的实质经济之上，成为推动世界经济发展的主导因素。其作用主要有：

（一）保持国际融资渠道的畅通

从市场的一般功能看，国际金融市场有利于保持国际融资渠道的畅通，为世界各国提供一个充分利用闲置资本和筹集发展经济所需资金的重要场所。它不仅曾经为某些工业国家的经济振兴做出过重要贡献，而且也在一定程度上推动了发展中国家的经济建设进程。

（二）加速生产和资本的国际化

国际金融市场的存在和发展为国际投资的扩大和国际贸易的发展创造了条件，从而加速了生产和资本的国际化。一方面，跨国公司及其遍布世界各地的子公司在推进生产国际化的过程中，要求生产发展到哪里，商品就运销到哪里，力求得到必不可少的资金供应和资金调拨的便利；另一方面，跨国公司在全球性的生产、流通过程中暂时游离出来的资金，也需要通过金融市场来得到更有效率的利用。

三、国际金融体系的演变

国际金融体系通常是指对国际货币金融关系进行调节的各种规则、安排、惯例和组织形式，主要包括国际汇率制度、国际收支调节制度、国际流动性的创造和分配、国际资本流动的管理、国际货币金融政策的合作框架，以及国际金融机构在促进全球金融稳定方面的各种机制。百余年来，围绕上述内容，曾经有过多种不同的国际性制度安排，其中既有依靠市场自发形成的协调机制，也有借助政府间协定形成的协调与合作机制。国际金融体系实际上是世界经济发展的金融制度和环境。历史表明，一个理想的国际金融体系能够促进国际金融运行的协调和稳定，促进国际贸易和国际资本流动的顺利发展，并使各国公平合理地享受国际经济交往的利益；反之，则成为国际经济发展的阻碍因素。

国际金融体系近百年来的演进过程主要是指国际货币体系的更替，一般习惯把历史上曾经存在过的国际货币体系分为：国际金本位制，布雷顿森林体系，牙买加协议体系和特别提款权体系，目前在欧盟区还出现了单一的欧元货币体系。

（一）早期的国际金融体系——国际金本位体制

历史上曾有过三种形式的金本位制：金币本位制、金块本位制、金汇兑本位制。其中金币本位制是最典型的形式，就狭义来说，金本位制即指该种货币制度。

历史上第一个国际金融体系就是国际金本位制。1816年，英国颁布金本位法案，标志着金本位制的正式开始，此后，资本主义国家相继过渡到金本位制。1880年以后，金本位制被各国普遍采用，具有了国际性，故称国际金本位制。在其存续的约100年里经历了从单一的金铸币本位制、金块本位制到金汇兑本位制的过程。第一次世界大战后由于战争的直接缘故导致了体系的瘫痪，随后1929年自美国开始的世界范围内的经济危机爆发，使原本已经很脆弱的金本位制度濒临崩溃。从1931年到1935年，西方各国先后被迫放弃了金本位制。随着英镑这种主要外汇储备资产对金本位制的脱离，作为国际货币制度的金本位制度宣告破产。

国际金本位制的形成是货币制度发展过程中的一次重要突破，它为各国经济的发展及国际货币体系带来了暂时的稳定，这主要是金本位制的特点决定的：

（1）金币的自由铸造即熔化、自由兑换与输出保证了国际货币制度的稳定。

由于金币可以自由铸造和熔化，金币的面值与所含黄金的实际价值就可以保持一致，金币的数量就能自发地满足流通需要。由于金币可以自由兑换，各种价值符号就能稳定地代表一定量的黄金进行流通，不致发生贬值。由于黄金可以自由输入输出，这就保证了外汇汇率的相对稳定和世界市场的统一。

（2）各国货币的汇率由含金量所决定，国际金本位制是严格固定汇率制。

（3）国际收支的自动调节机制，对于稳定国际货币体系起到重要作用。

当一国国际收支出现逆差时，黄金流出，国内货币供应量减少，导致国内物价和生产成本下降，从而促进出口，抑制进口，国际收支转为顺差，黄金流入；反之则反。

（二）布雷顿森林体系

布雷顿森林体系是第二次世界大战后建立的一个十分独特的国际货币体系，在1944年7月“联合与联盟国家货币金融会议”上被首次确立。布雷顿森林体系是以美元和黄金为基础的金融汇兑本位制，其实质是建立一种以美元为中心的国际货币体系，基本内容包括美元与黄金挂钩、其他国家的货币与美元挂钩以及实行固定汇率制度。布雷顿森林货币体系的运转与美元的信誉和地位密切相关。

（三）牙买加体系

布雷顿森林体系崩溃后，国际货币制度一度处于混乱无序的状态，直到1976年1月在“二十国委员会临时委员会”第五次会议上才就有关国际货币制度改革达成一致，所建立的新国际货币体系就是牙买加体系。

四、当前国际金融市场发展分析

（一）欧美债务冲击金融市场

欧洲债务危机的深化和泛化无疑是造成2012年国际金融市场动荡不止的“主要推手”。希腊主权债务危机重现，虽然欧元区为化解危机出台了一系列举措，但因欧元区内部存在政治分歧，长效性的解决方案迟迟无法出台。市场出现抛售欧元区主权债务风潮，欧洲债务危机迅速蔓延，作为欧元区第三大经济体的意大利也成为欧洲债务危机的“风暴眼”。欧洲债务危机难以解决的根本原因在于欧元机制的先天缺陷。欧元区缺乏共同的财政政策及其核心国家对如何解决欧洲债务存有分歧，导致危机解决方案迟迟无法出台。德国坚决反对在当前情况下推出欧元区共同债券，认为必须在建立共同财政政策的前提下才能推出欧元区债券。这令欧盟委员会正式抛出的在欧元区发行欧元债券的设想化为泡影。法国则一直推动欧洲央行更为果断地干预债券市场，并要求欧洲央行向欧洲救助基金提供资金。但德国坚持认为欧洲央行的主要任务是抗击通胀，欧洲央行扩大债券购买规模反而可能加剧通胀，危及欧洲央行的独立性，并削弱危机国家的改革意志。

（二）全球金融市场不稳定

国际货币基金组织的金融稳定报告指出，国际金融市场风险明显增大，其原因在于：系统性银行危机由美国传递至欧洲；欧元区边缘国家的主权债务危机加剧；核心先进经济体的中期债务负担加重；有关国家在财政整顿和调整方面难以达成政治共识。该组织表示，由于公共财政吃紧，政策制定者对通过财政政策促进经济增长顾虑重重，而货币政策提供额外刺激措施的空间又很有限。因此，国际金融危机进入了一个更具政治意义的新阶段，国际金融市场或现长期波动，全球金融治理任重道远。

（三）资本的跨国流动与金融全球化

资本的逐利本性是实现资本全球扩张的动力，而浮动汇率的实施与伴随之的西方各国金融自由化政策，则进一步推动了金融资本的全球化。金融的全球化表现为资本跨国流动规模的扩张和全球金融市场的统一联动性。在金融自由化和金融管制放松的背景下，金融创新得到迅速发展，有效地带动了巨额的资本流动。资本流动无论在绝对规模还是相对规模上都超过了历史上任何一个时期，其中包括金额巨大的有投机性质的短期资本。美国凭借国内发达的金融市场和国际经济地位，在资本跨国流动中，逐渐由资本输出国转变为资本输入国，从而为其公共赤字和个人赤字融资。

全球金融市场的统一联动性表现在：一方面，资本价格的联动，随着市场的开放，资本的流动使得一价律表现得更为明显，国际不同市场的期货价格、外汇价格、股票价格都具有一定的相关性，各个国家的利率差距缩小；另一方面，金融资本逐渐在相同的游戏规则下，采用相同的金融工具，在全球范围内选择投资者和筹资者，加速了市场一体化。

（四）金融资本与实体经济的脱离

信用货币取代了布雷顿森林体系下以黄金为基础的货币，因此各国发行的纸币不再与实物保持某种转换关系。在自由化经济浪潮下，金融市场除了发挥金融资源的配置功能，更给投资者寻求资本保值增值和对冲实体经济带来了风险，增加了对金融衍生品的需求，从而加速了金融创新和资本管制的放松，而高风险带来的高回报率也成为投机资本在国际市场兴风作浪的根本目的。

第二节　国际货币市场

国际货币市场主要是指各国银行对多种货币所开展的业务活动，通常指经营期限在一年以内的借贷资本市场。货币市场是一种短期金融工具的交易市场，这些短期金融工具主要包括国库券、短期国债、商业票据、大额可转让存单、回购协议、银行承兑汇票等货币市场工具，还包括银行间同业拆借市场。这些票据的共性是期限短、风险小和流动性强，都具有活跃的刺激市场的功能，随时可以出售变成现金。由于这些票据的功能近似于货币，所以把短期信贷和短期票证流通的市场叫做货币市场。

货币市场是金融市场的重要组成部分。货币市场在发达国家金融体系中所发挥的一个重要功能就是形成合理的短期利率，该短期利率在整个市场利率体系中充当基准利率，成为其他金融工具和资金融通利率确定的重要参考。

一、国际货币市场的组成

（一）银行短期借贷市场

银行短期借贷市场分为两个层次：一是银行对非市场所在国工商企业的贷款，这种贷款常与国际企业的商品流通相联系，贷款期限短，利率较高，而且对企业信誉要求很高，一般需要抵押品；二是银行间的互相拆借市场，主要是平衡银行资金头寸，调节银行短期资金余缺。

银行同业拆借是国际货币市场最主要的构成部分。银行同业拆借市场与银行对普通客户的短期贷款相比有以下特点：

1.贷款期限短

最短期限为日拆，如隔夜欧洲美元、隔日回购协议等。此外还有一周、三个月、六个月等，以三个月及其以下期限为最多，也有长达一年的，但较少见。

2.每笔贷款金额较大

由于是银行之间的借贷，所以通常以批发形式进行，如伦敦同业拆借市场每笔拆借金额最低为25万英镑。

3.利率较低

一般分为拆出利率和拆进利率，两者一般相差0.25%～0.5%。在美国拆借市场上，利率的表示方法一般是拆进利率在前，拆出利率在后，前者表示银行愿意介入（包括存款）的利率，后者是该银行愿意贷出的利率。

4.无须担保和抵押

银行同业拆借全凭信誉，无论每笔交易金额多大，均利用电话、电传等通信工具进行，交易简便快捷，无须抵押品。

5.通过经纪人进行借贷

银行同业拆借有的在银行之间直接进行，但有的是通过货币经纪人进行。货币经纪人利用其信息灵、通信快且与众多银行保持密切联系的优势，介绍银行间借贷，促使借贷双方成交，并按借贷金额的一定比例向双方收取佣金。

（二）贴现市场

贴现市场是经营贴现业务的货币市场。所谓贴现是银行购买没有到期的票据或短期证券，购买的价格等于票据或短期证券的到期价值减去贴现利息。具体做法是：票据或短期证券的所有者将未到期的票据或短期证券提交银行，银行根据票面价值按一定贴现率扣除贴现日到到期日的贴现利息，把余额支付给持票人，票据到期时，由贴现银行按票据价值向票据的债务人收回款项。贴现实际上是一种特殊的贷款，只是具有与普通贷款不同的特点而已。

贴现市场的交易主体相当广泛，包括企事业单位、个人、商业银行、贴现行和中央银行等。贴现市场的交易对象主要是银行承兑票据和短期债券（主要是短期公债）。这些票据和债券期限都在一年以内，而拿去贴现的票据与债券比实际期限要短得多，所以一般贴现期限都很短。

伦敦贴现市场是目前世界上最大的贴现市场，它历史悠久而且颇具特色。英国的商业银行不能像其他国家那样，把从客户那里贴现出来的票据直接向中央银行再贴现，而必须首先拿到贴现行进行贴现，由贴现行再拿到英格兰银行进行再贴现。因此，英国的贴现行不仅是贴现市场的主要成员，而且是商业银行和英格兰银行之间的纽带。

（三）短期证券市场

1.国库券市场

国库券是政府为解决财政急需资金而发行的短期债券。国库券市场是国库券发行和流通转让的市场，是国际短期证券市场中最主要的组成部分。国库券市场的参与者不仅有众多的国内投资者，而且有众多的国外投资者，包括外国银行、跨国公司、个人投资者和外国政府。由于国库券具有风险小、期限短、流动性大的特点，各国政府常把本国的外汇储备用来购买货币发行国的国库券。

国库券的发行方式多采用招标方式，即财政部只公布国库券发行期限和数量，发行价格由购买者竞价形成。国库券的发行价格一般低于国库券的面值，到期时则按面值归还，差价便是购买者的利息收入，其差价大小主要取决于市场利率。国库券发行市场的参与者一般是商业银行、专业证券商等机构投资人，购买的数额相当大，价格竞争也很激烈，一般在小数点后两位竞争。由于购买数额大，差价也相对可观。商业银行、专业证券商等机构常将购入的国库券再分售给个别投资人。

国库券的流通转让市场也相当发达，任何想买卖国库券的机构或个人均可到二级市场上进行买卖。若购买的国库券未到期又急需资金，便可在二级市场上卖掉国库券取得资金。国库券二级市场的交易一般通过证券交易商进行，这些证券交易商有的是银行，有的是大经纪行，它们购买和储存国库券，并准备随时出售，从买卖差价中获得利润。

购买国库券几乎不存在信用风险，但市场风险仍然存在。假如买入了国库券后市场利率上升，那么国库券的市场价格便会下降，此时如果转让国库券便会直接减少收入；如果将国库券持有至到期日，持有国库券的收益率则会低于市场利率。

2.商业票据市场

商业票据最初是伴随商品流通而产生的债权债务凭证，是商业信用的一种工具。但是现状货币市场上交易的商业票据已与商业买卖相脱离，由非银行金融机构以及一些大的公司企业所发行，成为这些机构等筹措资金的工具。

商业票据的发行市场很大，仅次于短期国库券市场，但并不是所有的企业都能发行商业票据，只有资金实力雄厚、信誉良好的大企业才具有发行商业票据的资格。信誉很高的大公司可以直接向社会公众发行商业票据，并可直接进入流通市场，但大多数商业票据的发行要经过大商业银行或证券经纪商等中介机构。商业票据一般没有票面利息率，与短期国库券一样采用贴现形式发行。

3.可转让定期存单市场

可转让定期存单（CD）是银行等金融机构发行的类似于银行定期存款的凭证，具有面额大、期限短、不记名、可转让等特点。20世纪60年代在美国首先产生，以后发展很快，成为金融机构获取短期资金的重要工具，同时也成为金融机构、跨国公司和社会公众短期投资的理想方式。其一级市场规模较大，二级市场也相当活跃。

二、美国货币市场

在国际货币市场漫长的发展历程中，西方各发达国家随着资本主义私有经济的建立和发展，其货币市场也逐步完善起来。但由于各国经济发展道路不尽相同，因而其货币市场也各呈特色，具有不同的发展模式。其中，美国的货币市场最发达也最具有代表性，是国际货币市场最重要的组成部分，其现状可以代表目前的国际货币市场。

在美国，货币市场已有百余年的发展历史，它已成为美国金融体系中重要的一环。美国拥有世界上最发达的货币市场，目前在世界上流行的许多信用工具都是在美国最先出现的。发达的美国货币市场不仅使美国经济充满生机与活力，使美国金融制度、金融业名声显赫，而且其特征及运作经验也已成为其他国家建立和发展自己的货币市场的典范。美国早期的货币市场是指证券经纪人之间的短期拆借市场，现在的货币市场是指能获得一年以下短期性资金的市场。

美国货币市场运行特征如下：

（一）多元化与专业化

多元化是指美国货币市场是由一群发达的子市场组成，主要包括：政府证券市场、联邦资金市场、商业票据市场、可转让银行定期存单市场、银行承兑汇票市场以及对经纪人贷款（又称“买回市场”）与欧洲美元市场。各个子市场相互关联，连成一体。美联储可在国库券市场、回购协议市场等各子市场上配套利用不同的信用工具进行公开市场操作，实施其货币政策。专业化是指这些子市场都各自专门经营一种类型的金融资产，为其主要参与者提供专门的服务。美国货币市场的多元化，使市场充满了竞争与活力，拓宽了融资渠道，调动了各经济主体的参与行为；专业化使得美国货币市场向着深层次发展，代表着它的深度与数量，为部门经济的发展起了巨大的推动作用。

（二）信用工具种类丰富

货币市场信用工具作为货币市场上的交易客体，它在货币市场的形成与发展中发挥着重要的作用。任何一个新兴的货币市场子市场的出现与发展，都有赖于对市场信用工具的不断开发和创新。美国货币市场工具比较丰富和多样化，主要有：联邦基金、贴现窗、大额可转让定期存单、欧洲美元存款和欧洲存单、回购协议、国库券、市政债券、商业票据、银行承兑汇票、政府资助企业证券、货币市场投资权益、期货合约、期权以及互换等。

（三）市场的充分竞争性与相互替代性

美国货币市场可称得上是完全竞争的公开市场，因为货币市场上几乎所有证券价格与利率全凭市场供求状况自由决定。另外，货币市场的竞争公开性还体现在证券的发行方式、参与者和买卖价格的市场决定上。相互替代性是指众多的市场参与者基于对市场的敏感与资产收益性和流动性的不同信用工具的选择与替代，使资金在各类市场变换转移，从而使得美国货币市场成为世界上最活跃的货币市场。

（四）发行市场与流通市场相辅相成

货币市场上一级市场和二级市场的参与者难以截然分开，如许多银行既是可转让存单的发行者和银行承兑汇票的承兑者，同时又是两种信用工具的买卖者。在美国货币市场上，除了联邦资金市场与“买回”协定市场无流通市场外，其他的子市场都有与发行市场匹配的流通市场，其中尤以政府证券市场、可转让银行定期存单与银行承兑汇票市场最为发达。发行市场与流通市场是货币市场运作的“两条腿”，缺一不可。从某种意义上说，发达的美国货币市场主要指流通市场。

（五）市场“信用”交易的空间极为广博

美国货币市场的信用工具一般由信用等级高的机构发行，具有较高的安全性，期限可长达一年，但通常是几十天或更短，有时甚至是一天。而且美国财政部和美联储之间是信用关系，国库券既是政府筹措资金、解决资金缺口的手段，又是美联储调节银行信用、实施货币政策的工具。美国货币市场买卖交易均属大宗交易，其所有交易全凭买卖双方的诚意与守信，不论是国库券买卖还是“欧洲美元”市场交易，只需一个电话，同意便成交。即便货币市场的利率瞬息万变，众多票券经纪人时常卖空，然而无法交割与事后纠纷的现象几乎从未发生，这足见“信用”在货币市场上得到了充分的发挥。

（六）市场资金供求渠道众多，参与者各司其职，形成庞大的无形市场

美国联邦政府及联邦政府机构、州政府及地方机构、商业银行及其他金融机构、企业、个人、外国政府及外国中央银行、外国银行在美国的分行及代理机构、联邦储备银行、证券交易商及经纪商等，都以货币市场的资金供给者或资金需求者参与货币市场各种信用工具的买卖。绝大多数参与者具有双向融资的特点，它们既是货币市场资金的供应者，又是资金的需求者，相对来讲，其资金的净供应者要多于需求者，在一定程度上显示了市场的资金供给实力。当然，货币市场最重要的参与者还是联邦储备系统的公开市场委员会，它通过纽约联邦储备银行的公开市场交易室持续、频繁地进行公开市场买卖操作。其目的不是为了更有效地管理自己的现金头寸，而是通过放松或紧缩银行准备金来实行其货币政策目标。美国的货币市场不同于有组织的证券或商品市场，它没有正式的组织，没有固定的场所，只有许多专业经纪人和中间商进行交易活动。货币市场特别是二级市场交易几乎全通过电话成交。经纪人和中间商集中在纽约，以便他们通过电话、电传与美国各地以及欧洲金融中心联系，参与市场操作。美国货币市场已成为一个“电话市场”。譬如美国的回购协议市场没有一个有形的交易中心，交易不是在一个实体形式的交易所内进行，而是通过电话安排或由资金供需双方洽谈，然而更多的是通过“市场专家”进行，这些“市场专家”是政府债券交易商，他们为资金需求者安排回购协议或为资金供给者安排反回购协议，同时从吸收资金和提供资金差价中获利。证券回购协议供求双方大多有固定的交易对象，各个主要市场参与者一般都雇有“交易员”，交易员的职责是与其他交易员联系，寻求最佳安排，即供给资金时获得最大收益，吸收资金时付出最小成本。

（七）机构投资者尤其是货币市场基金非常发达

政府和银行等金融机构是传统货币市场的主体，他们在货币市场上大量供给和获得资金，促进了货币市场的发展。但最引人瞩目的是美国货币市场基金的发展，它为中小投资者进入货币市场提供了有效途径，货币基金的功能类似于银行活期存款和支票存款账户。基金持有者可以依据其持有基金的价值签发支票，但基金的收益远高于银行活期存款和支票存款账户。货币市场基金最早由美国创立，这与美国具有发达、完善的货币市场以及丰富的货币市场工具是分不开的。美国货币市场基金深受投资者的青睐，其资产规模、基金数量都呈现一种稳步增长的态势。

三、国际货币体系现状

当然，论及国际货币市场时自然涉及目前国际货币体系中的国际货币在国际金融市场中的现状。随着世界经济和贸易全球化的深入，国际货币体系也出现了新的特征，各大国际货币的相互关系也出现了微妙的变化。

伴随着20世纪70年代初布雷顿森林体系的解体，国际社会达成牙买加协定，各国相继实施了自由化的经济政策和浮动汇率制度。但目前的牙买加体系既无本位货币及其适度增长的约束，也没有统一的汇率制度，还缺乏有效调节国际收支平衡的机制和手段，因此，事实上处于一种无体系的自由状态。也正是这一特征，经过30多年的发展，使得全球资本流动加剧，国际经济和金融的全球化程度提高，经济区域化快速发展。

目前国际货币体系的特征表现为：

（一）储备货币多样化

首先，虽然牙买加协议曾规定未来国际货币体系应以特别提款权为主要储备资产，但事实上，特别提款权在世界各国国际储备中的比重不但没有增加，反而有所下降。以主要几个强势经济国家信用货币作为储备货币，比如美元、欧元、日元等，这种以美元为首的多种储备货币取代了以前美元一枝独秀的局面。但美元仍然是国际计价单位、支付手段和国际价值储备手段。

（二）汇率制度多样化

国际汇率制度呈现出以浮动汇率为主、多种汇率安排并存的基本格局。大概可以分为以下三类：一是独立浮动汇率安排，实行的国家和地区包括美国、欧盟、日本和部分新兴市场经济体；二是固定汇率安排，包括货币局制度和传统钉住汇率制度的国家；三是介于浮动汇率和固定汇率之间的汇率安排，包括爬行钉住制、区间浮动制和管理浮动制等。所以世界各国没有统一的汇率制度安排。

（三）国际收支调节机制不健全

在牙买加体系下，各国实行以浮动汇率为主的多元化汇率安排，可以运用汇率机制、利率机制、IMF的短期贷款与干预、国际金融市场及商业银行的融资等多种手段对国际收支进行调节。但国际收支不平衡不但和国内经济发展状况有关，还受到国际其他国家货币政策等外因的影响，仅靠汇率调节很难实现外部均衡。在现有货币体系下，缺乏对国际收支调节的有效途径。牙买加协议中，国际货币基金组织虽然具有为各国提供资金融通的功能，但资金数量难以满足各国要求，基本无法在制度设计和约束上来敦促或帮助逆差国恢复国际收支平衡，而是完全由逆差国自行调节国际收支的失衡。

四、美元与欧元的国际货币之争

时至今日，似乎没有人怀疑美元仍然占据着“货币金字塔”的最高层的地位。尽管如此，美元的主宰地位也面临明显的威胁、风险和挑战。这主要来自于美国的贸易赤字，以及近期动荡的金融危机中大量的货币发行。按照历史标准衡量，赤字规模已经达到了前所未有的高水平。依据国际收支平衡表中经常账户的差额衡量，最近几年，这些差额在不断膨胀。事实上，美国在消费全球储蓄。这些不断扩大的收入与支出差距使其吸收了全球2/3以上的储蓄，同时也不断拉高美国的外债规模。这一过程能够持续吗？许多人对此持乐观态度，一种广为流行的观点认为，在世界商品市场，美国经济具有无与伦比的吸引力，在他们看来，美国的赤字不过是一些新兴的出口导向型国家商品大量出口的直接结果，因此，只要这些国家的发展战略不改变，美国的赤字就不会停止。另外一个被反复强调的观点认为，美国是投资者的天堂和避风港，外债的增加据称是全球过剩性储蓄在美国安全的投资环境中寻求高回报投资的自然结果。总之，这些观点否认美国的赤字是经济非均衡的标志，相反，他们认为这代表着某种形式的均衡状态，而且他们期望这种所谓的均衡会长期持续。据此，他们甚至认为，这种均衡模式为美元在全球事务中树立新的至高无上的地位提供了条件。在科恩看来，这些观点很难成立，因为他们忽略了市场信心对于维持美元地位的关键意义。美国“过度的特权”能够在多大程度上继续维持其“堆积如山”的外债？很显然，任何特权都有耗尽的一天，美国不可能使其支出永远超过其收入。因此，如果不采取重要的政策改革以扭转贸易赤字，那么世界对美元的信心迟早会走向尽头（Cohen，2008）。今天，美国愈演愈烈的金融危机正是对上述乐观观点的有力讽刺。不过按照“网络外部性”假设，美元的“巅峰跌落”不可能突然发生、一蹴而就，而是以一种渐进的、累积的方式使美元的吸引力不断减弱，并最终被迫敞开大门去迎接其他货币尤其是欧元的激烈竞争。

第三节　国际资本市场

国际资本市场是指国际金融市场中期限在1年以上的各种资金交易活动所形成的市场。国际资本市场主要是用于筹措和运用国内、国际资金，以满足本国的生产建设和国民经济发展的需要，由国际债券市场、国际股票市场、国际银行中长期信贷市场三部分组成。国际资本市场的中长期资金供应者大多数为商业银行、储蓄银行和保险公司。资本市场根据证券发行交易性质可分为一级市场和二级市场，即发行市场与流通市场。

国际资本市场有以下主要功能：(1) 提供了一种机制，使资本能迅速有效地从资本盈余单位向资本不足单位转移，此时资本市场承担了一级市场功能，只有一级市场才能通过发行和增发新的证券，为资金需求者提供新的资金来源。(2) 为已发行证券提供充分流动性的二级市场，即发行证券的流通市场，二级市场的存在是为了保证一级市场更有效地运行，二级市场上投资人可以通过不断调整其资产组合来降低风险，获取最大收益，并且随时使证券变现；同时发行人也可以迅速并持续地从社会上募集到其扩张所需的资金。(3) 能够更广泛地吸引国外资本或国际资本，提高资本使用效率及跨空间调配速度。(4) 能够以较低的成本吸收资本，降低融资成本，提高资金运作效率。(5) 能够通过发行国际证券的形式或创造新的金融工具，规避风险，逃避各国的金融、外汇管制及税收问题。

一、国际资本市场的产生和发展

从13世纪佛罗伦萨商人为英国国王爱德华一世提供战争贷款开始，国际资本流动便登上历史的舞台，经历了规模由小到大、流动速度由慢到快、监管由严到宽的发展过程。20世纪90年代以来，伴随着经济全球化和金融自由化进程的加快，国际资本流动的规模迅速扩张，流动方式逐渐多样化。它具有高度的流动性和不确定性，对世界经济的影响力越来越大。在近几次区域性或全球性金融危机中，国际资本流动都扮演了重要的角色。在过去的100年间，世界经济从严格的国别壁垒和分割走向全面的区域联合和一体化，资本作为经济发展的要素之一，率先实现了大范围的跨国界流动，国际资本市场则经历了由分割到融合进而走向全球化的发展历程。从总体上看，国际资本市场始终保持规模持续扩张的态势，资本跨国流动的影响范围不断扩大。可以说，全球化始终是国际资本市场的发展指向和最终目标，并成为21世纪初期国际资本运动的主要特征之一。

国际资本流动出现至今已有7个多世纪，经历了高涨—低潮不断交替的曲折发展过程。在金本位盛行的19世纪末20世纪初，资本流动得到迅猛发展。随后，在两次世界大战期间，各国实行严格的资本管制，国际资本流动处于低潮。第二次世界大战结束后，各国资本管制逐步放松，国际资本流动逐渐恢复，并在最近20多年间进入了全新的快速发展时期。大体上，过去半个世纪的国际资本流动可分为四个时期。

(一) 欧元资本时期

第二次世界大战战后初期，国际资本流动处于恢复时期。由于各国资本管制，私人资本受限，以美国对欧洲的官方援助为主的官方资本流动快速发展。而美国也是私人资本流动的主要推动力量。与此同时，欧洲资本市场因为逃避管制而发展起来。自20世纪初期到20世纪50年代，国际资本市场开始在资本的国际配置中发挥积极作用，其活动表现出如下特征：

(1) 国际资本市场推动国际资本由欧洲涌入美、澳等当时的新兴市场国家。

一般认为，古典金本位盛行的1870—1914年间，国际资本保持高度流动性，并大量由欧洲涌入美国和澳洲等地区。1914年前后，英国的年平均资本流出量占GDP的5%～9%，法国的资本流动占GDP的2%，德国为3%左右；而在资本输入国中，澳大利亚的资本流入占其GDP的9.5%，加拿大的资本流入占其GDP的6%。

（2）公共机构是国际资本市场活动的主体。

当时的国际资本市场活动主要表现为：借款国家政府和部门大量向英国、法国和德国的资本市场发行固定利息债券；美国的债权人在国外建立子公司，通过持有过半数的股权（或独家经营）对其进行控制等。

（3）国际资本市场具有很强的波动性，尤其是国际债券的利率随时间及国别的变化而出现大幅度调整。

（4）资本流动因资本输出国和输入国宏观经济状况变化及突发性政治经济事件而出现上升和下降的大起大落。

1929—1933年全球性金融危机引发的大萧条，导致普遍的债务违约，严重打击了国际资本市场的活动。20世纪30年代，在货币贬值预期普遍存在和战争及政治迫害等因素的影响下，资本运动大部分采取了短期资金外逃的形式。这种状况一直持续到第二次世界大战结束。

（二）石油资本时期

1973年，布雷顿森林体系崩溃后，美国和其他一些国家逐渐解除对跨境资本流动的管制，国际资本流动进入新的发展时期。石油美元的大量出现导致欧洲资本市场迅猛发展，国际私人资本流动的重要性明显上升。20世纪80年代初，由于石油输出国组织（Organization of Petroleum Exporting Countries，以下简称OPEC）成员国开始出现经常账户逆差，石油美元的增长明显减缓。发达国家私人银行向非产油新兴市场国家发放贷款的资金来源也相应减少，新兴市场国家获得国际贷款的条件急剧恶化。石油危机时期资本流动的特征表现为：

（1）石油美元的积累及流动推动了欧洲资本市场的进一步发展。

在OPEC成员国可供运用的资金中，约有1/3投放在欧洲货币市场，大部分采取欧洲美元存款的形式。在1981年欧洲货币贷款总额900亿美元中，阿拉伯银行占了26.5%。所以，欧洲资本市场在提供渠道促使石油美元回流的同时，也获得了自身进一步发展的新动力。

（2）石油美元的流动掀起了私人商业银行向发展中国家提供贷款的高潮，也为拉美债务危机的爆发埋下了伏笔。

第一次石油危机后，非产油的发展中国家出现了长期、巨额的经常项目赤字，不得不大量举借外债，资金需求快速上升。OPEC成员国组织为获得发达国家比较安全的资产，把大部分石油美元贷给了发达国家的私人商业银行。而20世纪70到80年代，发达国家经济普遍停滞，名义利率停留在低水平，扣除物价因素后的实际利率则为负值，私人商业银行便增加对非产油发展中国家的贷款，获取更高的利息收入。石油危机期间，国际资本市场的筹资活动显著增加，尤其是非经济合作与发展组织（Organization for Economic Co - operation and Development，以下简称OECD）国家的筹资额成倍上升。1982年后，OPEC成员国开始出现经常项目逆差，石油美元的积累过程被迫中断。这样，发达国家私人商业银行向非产油发展中国家发放贷款的资金来源无以为继，发展中国家获得国际贷款的条件急剧恶化。

（三）拉美债务危机时期

进入20世纪80年代，资本流动规模扩张极不稳定。发达国家间的资本流动受债务危机的影响轻微，在短时间内快速恢复。由于多数中等收入的发展中国家沦为债务沉重的借款国，面临着债务还本付息的困难，新兴市场国家的资本流入进入比较长的收缩期。该时期国际资本市场活动的特征表现为：

（1）资本流动规模扩张极不稳定。80年代初期，资本跨国流动的总量由年融资近2 000亿美元下降到1 500亿美元左右，累计下降幅度超过20%。1984年后，国际资本市场的融资总额又出现大幅度上升，3年间累计升幅超过70%，表现出很强的不稳定性。

（2）发达国家间的国际资本流动受债务危机的影响程度轻微，并在短时间内快速恢复。1982和1983两年，OECD国家的资本流入分别下降了14%和11%，下降程度略高于国际资本市场的平均水平。但是，1984年后，OECD国家的融资规模快速上升，资本流入数量超过了债务危机前的总水平。

（3）发展中国家的资本流入进入长收缩期。非OECD国家的国际资本市场融资在1981年达到历史最高水平419亿美元后，进入长达6年的下跌期，年度融资总额一度下降到211亿美元，比1981年下跌近50%。一直到1993年，非OECD国家的资本流入才超过1981年的水平，达到653.42亿美元。因此，在债务危机的影响下，发展中国家的资本流入收缩期长达10年，这刚好是拉丁美洲国家“失落的10年”。

（四）全球化时期

20世纪80年代末期以来，国际资本流动进入全球化发展阶段。国际资本流动规模的空前扩大和流动方式的多样化，极大地促进了世界经济的增长。1988年以后，资本流动的规模获得前所未有的发展，资本的跨国流动进入一个新的全球化的发展阶段。

1.80—90年代以来的国际资本市场活动最显著特征是资本流动的全球化

这具体表现为：

（1）资本跨国界流动对经济发展的影响力大幅度上升。在资本流动总量大幅度增加的同时，资本跨国界流动与其经济规模的相对比例显著提高。国际清算银行依据国际收支统计资料计算的证券跨境交易资料显示，1975—1998年间，西方国家各类证券在居民和非居民之间的交易总额在GDP中的比重迅速上升，美国由4%上升到230%，德国由5%上升到334%，意大利由1%上升到640%，日本由2%上升到91%，其中，增长最快的时期集中在80年代末和90年代初。

（2）资本流动的速度快速上升，资本流动性达到很高水平。在资本流动规模快速扩张的同时，金融技术的日新月异，金融创新的大量使用，以及各类金融衍生工具的开发和普及，大大提高了国际资本的流动速度。根据国际清算银行对全球外汇市场的名义日交易金额的调查，到1998年4月，该交易额已经超过1.5万亿美元，比上次统计的1995年增长近50%，3年间的年平均增长率是14%，大大超过1992—1995年间的9%。显然，外汇市场的交易规模的扩大在不断加速。

（3）更多的国家和地区以更有利的条件进入国际资本市场。在本阶段，新兴市场国家再度成为资本流动的重要目标，发展中国家进入国际资本市场的条件显著改善，参与国际资本市场活动融通资金的国家越来越多，各类资本市场进入的障碍和藩篱纷纷消除。

（4）国际资本市场的价格呈现趋同趋势，利率的波动具有明显的联动性。资本流动的全球化使不同国家和地区在国际金融市场的融资条件趋于一致，不同国家的利率差距缩小。过去20年间，主要工业国中央银行基准利率差距不断缩小，进入90年代后，美国、德国和日本的央行基准利率一度收敛于6%的水平，尽管此后又出现一定程度的分离，但总体升降趋势基本同步，利差趋于稳定。此外，随着欧元的出台，欧洲主要国家利率水平率先趋同。

2.在开放经济条件下，国际资本流动特别是进入20世纪80年代后表现出自身相对独立的运动规律

（1）国际资本流动已经严重“虚拟化”。20世纪80年代后，随着全球范围内银行业并购浪潮的兴起，来自非银行金融机构竞争的加剧，经济全球化进程中金融全球化的发展以及金融创新因素的出现，不仅使国际间资本流动的规模空前增大，而且日益呈现出与实物经济相脱离的特征，已经严重“虚拟化”。国际资本流动规模的空前增大，一方面推动了国际金融市场的一体化，使本国金融市场与离岸金融市场上的利率差异逐渐缩小，也使各国金融市场上的利率水平与趋势趋于一致；另一方面加剧了国际金融市场上价格的波动，这一价格波动在外汇市场上表现得格外突出，从而使一国的微观经济主体的行为乃至宏观经济变量都会受到巨大影响。国际资本流动的严重“虚拟化”，一方面表现为国际银行贷款的增长远远快于世界贸易的增长；另一方面表现为一大批在国际资本流动中居于突出地位的离岸金融中心的出现（尽管这些离岸金融中心大都出现在经济和贸易不太发达的国家和地区）。需要说明的是，国际资本流动的规模越来越大，并且不再依赖于实物经济，已经严重“虚拟化”，这对实质经济产生巨大的影响。在主权国家的国力不强、金融体系不健全、国内缺乏完善的风险防范和预警机制、金融当局不能快速有效地处理危机的情况下，短期资本的跨国流动，常常成为诱发一国货币危机乃至地区性货币危机的重要原因，使受害国家的财富瞬间蒸发。

（2）国际资本流动表现为发达国家和发展中国家之间的双向流动。20世纪70年代，由于发展中国家普遍存在着经常账户逆差，许多发展中国家通过利用国际金融市场的融资功能使这一逆差得到了缓解。于是，导致了国际资本由发达国家大量

流向发展中国家。20世纪80年代，由于发展中国家债务具有增长速度较快，债务规模比较大，所借债务以浮动利率负债为主，以及债务构成中官方债务比重小、私人债务比重大等特点，再加上国际金融市场上利率的变化，发展中国家国际收支状况的恶化，所筹资金未能直接或间接带动本国出口的增长，以及国际商业银行未能采取有效的风险控制措施等原因，导致了世界性的债务危机。于是，国际间向发展中国家和地区的资本流动大大减少。20世纪90年代以来，随着国际债问题的逐步解决以及发展中国家普遍实行的市场化经济改革，向发展中国家的资本流动又逐渐恢复，这时国际资金大量流入中国、东南亚、拉美、东欧、俄罗斯等新兴市场国家和地区。然而，由于这些国家和地区普遍存在着金融过度和道德风险等问题，又导致了20世纪90年代以来的一系列货币危机，例如1994年的墨西哥货币危机、1997年的东南亚金融危机以及俄罗斯金融危机等，使得向发展中国家和地区的资本流动受到了极大的干扰和冲击，甚至出现了大量资本从发展中国家和地区撤出的现象。在国际资本由发达国家向发展中国家流动的过程中，由于20世纪80年代以来，西方发达国家在金融创新浪潮中纷纷放松金融管制，实行金融自由化政策，同时广大发展中国家也在麦金农的金融深化理论的鼓动下，进行了以金融深化为核心的金融自由化改革，再加上全球范围内金融业竞争的日趋加剧和金融机构业务的同质化，使许多发展中国家在利用国际资本市场筹资的同时，也更加注重将其经济发展中暂时闲置的资金投放到国际资本市场中以谋取更大的利益，于是便出现了资本由发展中国家向发达国家的流动。广大发展中国家积极参与国际资本流动，为国际资本流动的进一步发展注入了新的活力和动力。国际资本流动的双向性说明，在当今世界经济一体化的背景下，资源的合理配置将不再局限在一国范围内，而是在国际间这一广阔的空间范围内进行的。

（3）国际资本流动转向了以证券投资和衍生金融工具交易为主。20世纪80年代以前，国际资本流动主要采取国际银行贷款的方式，而在此以后，国际资本流动表现出证券化倾向，主要原因是证券融资可以克服银行贷款融资流动性差的缺点，从而使资本的流动更为自由灵活。具体来说，20世纪80年代以后，国际金融市场利率的上升加大了发展中国家银行贷款的本息负担，爆发了国际债务危机，于是一些以辛迪加贷款方式向发展中国家提供资金的银团贷款因无法收回本息而受到较大冲击。这种情况下，国际银团普遍意识到银行贷款存在着债权难以转让的风险，而将资本投资于证券上则具有随时可以转让的特点。所以，大多数银行愿意将资本投资于证券而不愿意增加贷款。国际银团对于贷款所持的谨慎态度和对证券投资的青睐，促使发展中国家的借款人逐步走向证券市场融资。同时，从20世纪80年代开始，西方国家逐步放松了金融管制，允许银行、企业和个人买卖外汇，允许外国人购买不动产、股票和进行直接投资。金融管制的放松直接促进了证券的发行，为本国或外国居民通过证券筹集资金奠定了政策基础，助长了国际资本流动的证券化趋势。此外，20世纪70年代以来，生产和资本的国际化极大地冲击了原有的专业化金融机构，单一的业务构成也限制了金融机构的竞争力，难以满足金融机构追求利润最大化的愿望。于是，允许银行业务交叉和实现跨地区发展策略的各种金融改革法案应运而生。金融机构业务交叉的合法性、综合化和银行积极参与证券业务的发展趋势，不仅繁荣了国际证券市场，同时又促进了国际资本流动证券化趋势的快速发展。

在国际资本流动证券化趋势得到加强的同时，国际资本流动也从传统意义上的银行贷款方式转向了衍生金融工具交易方式。其中，场外衍生金融工具交易的增长更为迅猛，基本上在国际衍生工具交易中居于主导地位。其主要原因是国际信息传递领域的技术进步、国际金融市场上存在的各种风险和世界各国对资金流动管制的放松等因素，推动了国际金融创新的飞速发展，而这其中最为核心的是国际金融市场上金融工具的创新和衍生金融工具的创新，这些创新的衍生金融工具，又进一步刺激了国际间的资本流动。一方面，这些创新的衍生金融工具为规避资金在国际间流动时所遇到的风险（汇率风险、利率风险和信用风险）提供了有效措施；另一方面，国际金融创新中新的国际金融工具的出现、新的国际金融市场的产生、新的融资方式的采用，使得资金在国际间流动的成本大大降低，融资效率显著提高，从而使资金流动更为便捷、灵活。此外，国际金融创新中各种衍生金融工具的出现，使众多的投资者通过杠杆比例就可以用较少的保证金来控制大量的合约，这使得他们可能的盈利幅度大大高于一般市场。同时，大多数衍生交易属于表外业务，这又使得投资者获得了不影响资本比例的新的盈利途径，这又进一步刺激了衍生金融工具的交易规模。

（4）私人资本取代官方资本，成为国际资本流动的主要形式。20世纪80年代以来，国际金融市场上出现了由个人投资者向机构投资者转化的趋势，这些机构投资者包括共同基金、对冲基金、养老基金、保险公司、信托公司、基金会、捐款基金以及投资银行、商业银行和证券公司等。这些机构投资者的资金大多数来自居民家庭的储蓄，属于私人资本。这些资本的规模已经大大超过了政府间贷款和国际金融机构贷款的官方资本。据美联储估计，在纽约、东京和伦敦的金融市场上，每天约有6 500亿美元的外汇交易，而其中用于支付正常国际贸易和投资的仅有18%，其余则主要用于世界范围内的国际金融投机活动。私人资本之所以能够取代官方资本而成为国际资金流动的主要形式，其主要原因是许多工业化国家中，居民家庭储蓄的多元化和金融开放条件下机构投资者手中所掌握的金融资产数量的急剧上升，而机构投资者资产规模的迅速发展，必然在客观上需要将其资本在全球范围内进行配置，从而使其在国际资金流动中发挥着重要的中介作用。

20世纪80年代以后，国际资本流动规模的扩大和严重“虚拟化”，国际资本在发达国家和发展中国家之间的双向流动，国际资本流动从银行贷款向证券投资和衍生金融工具交易方式的转变，并且流动形式主要表现为私人资本，以及国际资本流动自身所具有的放大效应等内在规律的存在，这一方面使资本在国际间的转移非常迅速、便捷，从而为一国更为灵活地根据国内需要利用外资提供了条件；但另一方面，国际资本频繁、大规模地进出一国又会使该国的国际收支受到非常大的冲击，也会使该国货币当局运用货币政策的自由度受到限制，本国利率的变动不可能完全根据国内需要来确定，国内经济的稳定与发展受到了极大的挑战。

二、国际资本市场的组成

国际资本市场是实现中长期资金融通和中长期证券买卖的市场，包括国际中长期信贷市场和国际中长期证券市场。

（一）国际中长期信贷市场

国际中长期信贷的融资期限在1年以上，由于中长期融资的期限长、金额大、风险大，融资双方要签订严格的协议，有时需要筹资国政府机构担保。国际中长期信贷主要有银行中长期信贷和出口信贷业务，这里主要介绍银行中长期信贷。

银行中长期信贷是银行为长期资本需求者提供的1年以上的贷款。其借贷者多数是各国私营或国有企业、社会团体、政府机构或国际组织，债权人主要是商业银行。第二次世界大战以后，习惯上将1年以上、10年左右的贷款期限统称为中长期贷款。中长期贷款的特点是：

（1）要签订协议。短期贷款，银行与借款人一般无须签订书面协议；而长期贷款，由于期限较长、贷款金额较大，一般需要签订书面的贷款协议。

（2）联合放贷。所谓联合放贷，就是一笔贷款往往由数家银行提供，这也称为银团贷款或辛迪加贷款。采用联合放贷的原因，一是中长期贷款的金额较大，一家银行可能无力贷款；二是可以分担风险。

（3）政府担保。中长期贷款如果没有物资担保，一般均由政府有关部门对贷款协议的履行与贷款的偿还进行担保。

（4）利率较高，期限相对较短。政府贷款和国际金融机构贷款都有援助性质，而中长期贷款利率受市场供求因素影响，随行就市，故利率水平较高；政府贷款期限平均在30年左右，国际开发协会的贷款有的长达50年，所以相对来说中长期贷款期限较短。

（5）资金供应充分，借取方便，使用比较自由。银行贷款手续较为方便，每笔贷款金额较大，独家银行贷款每笔额度为几千万美元，银团贷款每笔额度为5亿~10亿美元。而在贷款资金的使用上，不受贷款行为的任何限制，有自由外汇贷款之称。

（二）国际中长期证券市场

1.国际债券市场

国际债券市场是一国筹资者在国外发行债券集中长期资金的场所或渠道。国际债券的发行者均为市场所在国的非居民，主要有外国政府、银行和非银行机构、跨国公司及大的工商企业。国际债券的购买者可以是市场所在国居民，也可以是非居民，如保险公司、信托公司、投资公司、储蓄机构和各类共同基金或投资基金，也有政府机构、企业和个人等。

（1）国际债券的种类。

国际债券按发行的主体可分为政府债券和公司债券。政府债券由外国政府发行，主要为弥补财政赤字和筹措建设资金；公司债券由外国金融机构和公司企业发行，主要为筹集扩大再生产的中长期资金。公司债券与政府债券相比，具有收益高、风险大、流动性较小等特征。因此，在国际金融市场上发行公司债券的企业，往往是信誉良好的金融机构或是由银行担保的大公司。

国际债券按发行市场可分为欧洲债券和外国债券。欧洲债券是指在某货币发行国境外发行的以该种货币为面值的债券，例如在法兰克福市场发行的美元债券，在伦敦市场或卢森堡市场发行的瑞士法郎债券等；外国债券是指外国在某货币发行国境内发行的以该国货币为面值的债券，例如英国在美国发行的美元债券，中国在日本发行的日元债券等。

（2）国际债券的发行。

①国际债券的发行方式。国际债券的发行方式分为公开和非公开两种。公开发行是没有特定投资者，面向社会出售的债券的方式。公开发行债券必须在公认的证券交易所登记上市。欧洲债券多数在卢森堡或伦敦证券交易所登记；亚洲债券多数在新加坡或香港证券交易所登记。非公开发行债券是面向少数特定的投资者出售债券的方式，其不需要在任何证券交易所登记上市。非公开发行债券的发行对象常常是金融机构或投资基金。与公开发行债券相比，非公开发行债券手续简单、成本较低，并可以不公开发行者的财务业务状况，但该债券流动性较小，不能在公开的证券交易所上市，因此利率略低一些。

②国际债券的流通转让。公开发行的国际债券可以在公开的二级市场上流通转让，既可以在证券交易所挂牌上市，也可以在证券公司或银行的柜台进行交易。有许多国际债券虽然在某一国际市场发行，但可以在多个国家的二级市场上流通转让，甚至可以用与面值货币不同的货币转让。流动性越大的国际债券往往在一级市场越好发行。非公开发行债券不能公开上市，流动性差。

2.国际股票市场

国际股票市场是股票发行与交易的场所和渠道。目前世界上主要的股票市场已经高度国际化。一方面，现代化的通信设施将主要的股票市场连为一体，任一股市行情可以迅速地传递到其他股市；另一方面，随着生产国际化的发展，越来越多的跨国公司和国际企业的股票在异地发行或上市交易，投资者也可以自由选择是买本国还是外国企业的股票。

（1）股票发行市场。

股票发行方式主要分为直接发行和间接发行两种。直接发行是发行公司自己募集投资者，自己负责股票发行各项事宜。其好处是可以减少发行费用，降低发行成本，缺点是一旦认购申请额低于发行额，便不能按期如数筹集到股本金。间接发行是发行公司委托专门的证券公司或投资银行代为募集投资者，发行股票。其主要有三种形式：一是代销，证券代理发行机构只负责按发行公司规定的发行条件代为销售股票，不垫付资金。发行期满销售不出去的股票仍退还给发行企业。二是余额承购，即证券代理发行机构和发行企业签订协议，在约定期限内，未销售出的股票要由代理发行机构承购下来。三是包销，即代理发行机构用自己的资金一次性买下全部的股票，然后在证券市场上按市场条件转售给其他投资者，销售不出或降价销售的风险由代理机构全部承担。

（2）股票交易市场。

股票交易市场是股票流通转让的市场。一般而言，股票交易量比发行量要大得多，这是因为股票不退股不还本，投资者要追回自己的资金只有到交易市场上去转让。而且股票交易市场上有大量做短线的投机者，他们的频繁交易也增加了股票交易量。股票交易市场主要由证券交易所市场和场外交易市场构成。

①证券交易所市场。证券交易所市场是在证券交易所内通过集中竞价方式公开买卖股票等有价证券的市场，是证券交易市场的主要部分。由于它有固定交易场所，所以又称场内交易市场或有形交易市场。

证券交易所的组织形式有会员制和公司制两种。会员制证券交易所本身不以盈利为目的，而是为了向全体会员提供必要的交易服务设施并对场内交易所进行必要的管理，以保证证券交易的公开性和公正性。公司制证券交易所是以盈利为目的的法人，通常由银行、投资公司、证券公司等法人共同出资建立，并按照股份有限公司形式成立与管理。

②场外交易市场。能在证券交易所挂牌上市的股票一般都是重要的众所周知的公司股票，各证券交易所对挂牌上市的股票往往有各种规定。因此，大量中小公司的股票便在证券交易所之外进行交易，由此形成了庞大的场外交易市场。场外交易市场最主要是柜台交易市场。柜台交易市场是指证券公司、商业银行、投资银行等金融机构在自己的营业所外，直接与客户买卖公开发行但没有在交易所上市的股票等有价债券。这一市场发展十分迅速，其交易量已远远超过证券交易所。目前柜台交易市场已经高度电子化，其突出表现是证券交易自动报价系统的建立。这一系统通过计算机网络将遍及全国的各主要证券交易柜台连为一体。

三、全球金融危机发生以来国际资本流动格局的变化

2008年，源自美国的次贷危机不断升级并在世界范围内蔓延，最终演变为全球性金融危机。国际资本流动受到了巨大冲击，出现明显的下降趋势。2008年全球FDI流量为1.66万亿美元，比2007年下降15%。2010年以来国际资本流动呈现一些新的趋势。

（一）全球资本流动总量出现小幅但不均衡的回升，未来可能缓慢增长

联合国贸易和发展会议（UNCATD）2010年6月份发布的研究报告显示，2010年全球外国直接投资流入量达到1.2万亿美元以上，其后进一步增长。

（二）国际金融市场参与者的角色发生很大的变化

官方机构在大规模干预市场后已成为主要的国际金融市场参与者。作为短期国

际资本代表的对冲基金，规模集聚效应和行业集中度进一步提高，资本流向的一致性加强，投机性和危险性也相应增加。

（三）国际热钱持续涌入新兴经济体

美欧日等主要发达国家经大幅降息后，利率徘徊于接近零的低位，全球资本市场出现了流动性过剩，而新兴经济体利率均高于发达国家。特别是欧美发达国家重启第二轮量化宽松政策后，套利资金重新大规模涌入新兴经济体，一些新兴经济体成为短期国际资本觊觎的对象，包括股市、楼市在内的资产泡沫再一次被急剧放大。同时，新兴经济体内部的资本流动增加。包括中国、印度、巴西在内的新兴经济体在2007年的经常性账户盈余成为持有发达经济体大量债权的原因。由于美元汇率的不稳定以及国债收益率的波动，导致当前持有发达经济体资产的收益在下降。

第四节　黄金、外汇市场

一、黄金市场概况

早在19世纪初期，世界上就已经出现了较为健全的国际黄金市场。当时处于金本位制时期，西方国家的黄金市场都是自由交易、自由输出入。后来，随着金本位制的崩溃，各国政府纷纷实行外汇管制，黄金交易受到很大程度的限制，如规定黄金一般要出售给官方外汇管理机构或指定的银行，至于工业和其他用途的黄金，也需向外汇管理机构或指定的银行购买。但是，国际黄金市场没有因为黄金已不再是货币材料而萎缩。第二次世界大战以后，各国对黄金管制有所放松，黄金市场得到进一步发展，交易量也明显增多，世界黄金市场这才真正形成与发展起来。由于政治因素的影响，第二次世界大战后至1975年，黄金市场基本上是一个“双重市场”结构，即私人黄金交易与官方黄金交易分开进行，黄金的自由交易受到很大程度的限制。1975年，随着黄金非货币化进程的不断加快，尤其是当今世界上黄金拥有量最大的美国撤销了不允许美国居民持有黄金的禁令后，世界黄金市场由此获得了巨大发展。如今，世界黄金市场已形成了一个相对完整的市场体系。

二、世界几大主要黄金市场

（一）伦敦黄金市场

作为世界上最大的黄金市场，伦敦黄金市场历史悠久、运作规范，是世界上最重要的黄金市场，也是世界黄金市场的晴雨表。伦敦黄金市场于1919年成立，1982年以前，伦敦黄金市场主要经营黄金现货交易，1982年4月起开始进行期货交易。市场会员包括商业企业、银行机构及其他相关金融单位等，交易涉及广泛的领域，至今它仍然是世界最大的黄金投资集散地与交易场所。同时，伦敦也是黄金现货交易的一个国际化中心，全球各地的本地伦敦金都集中在伦敦金市结算。伦敦市场的特点是实行场外交易，市场交易报价单位是美元/盎司。作为最大的黄金批发市场，伦敦黄金市场通常每天上下午定盘黄金，给出定盘价与黄金的基本报价，其他市商则在此基础上进行市场交易。由于伦敦黄金市场在世界上的特殊重要性与影响力，伦敦金的定价是世界各地投资者所必须关注的重要参考。现时，亚洲的黄金交易主要与伦敦金市挂钩，以其他金市为辅，中国金市也以伦敦金市报价作为依据，进行交易买卖的指导与运作。

（二）香港黄金市场

香港黄金市场有着将近百年的历史，1919年香港黄金市场成立，1974年香港黄金解禁，正式规范的黄金投资市场在香港已经形成。虽然相对于其他黄金市场的形成时期比较晚，但发展却很迅速。由于香港地区作为金融中心的优势与其时差刚好填补了世界其他黄金市场交易的空当，因此交易过程中吸引了大量的国际资金来香港进行黄金期货的投资，发展势头直逼其他传统的黄金市场。外国资金的注入使国际上一部分伦敦交易所的黄金买卖转移到了香港，伦敦黄金市场已与香港黄金市场紧密结合起来，逐渐形成一个香港本地的伦敦黄金市场，频繁的交易在很大程度上促进了香港黄金市场的迅猛发展。现如今，香港金银贸易市场、黄金期货市场和伦敦金市场三个市场组成了完整的香港黄金市场体系，目前主要业务以经营伦敦金为主。

（三）纽约和芝加哥黄金市场

纽约作为国际金融中心，同样拥有发达的黄金市场。纽约黄金市场成立较晚，于1975年才建立。但是，由于美国拥有全球第一的黄金储备，储备量高达26 199万盎司，是我国的10多倍，美国财政部和国际货币基金组织出售黄金也通过纽约黄金市场进行拍卖，所以这些都极大地推动了纽约黄金市场的发展。目前，纽约黄金市场是世界上最大、最具影响力的黄金期货市场，其纽约商品交易所（COMEX）的NYMEX分部提供黄金期货和期权等交易品种。2004年纽约黄金市场日均黄金交易量为6.01Moz（186.93吨），2005年日均交易量为6.33Moz（196.91吨），成为全球黄金期货最重要的定价中心之一。交易的主体有商业银行、黄金交易商、黄金经纪公司、对冲基金、养老基金、政府部门、国际组织等机构投资人以及个人投资者，其中占主导地位的是机构投资人。

在定价机制上，纽约黄金市场交易的所有黄金都通过交易所内公开叫价的方式成交，遵循价格优先、时间优先的原则。

在交易方式上，纽约黄金市场是以期货形式进行的，所以交易目的就以投机活动和套期保值为主。为了控制投机，美国监管者对此也建立了一套比较完善的体制，如国家期货交易规则《商品期货交易委员会法》，各机构制定的管理规则如《商品交易所条例》等。

同样值得一提的是美国芝加哥期货交易所（CBOT），它是近年来黄金期货交易量增长很快的交易所。它主要提供两种期货合约，一种是每张100盎司的标准合约，另一种是每张33.2盎司的小型合约。它通过电子平台交易。虽然它推出的时间不长，但交易相当活跃，目前已经和纽约商品交易所成为全球最大的两大期货交易所。

（四）几个典型的新兴黄金市场

在世界主要黄金市场日益发展的同时，世界各地的区域性或地方性黄金市场也不断兴起与发展。其中有成功的典范，也有失败的案例。

1.孟买黄金市场

印度作为世界黄金的最大消费国，对黄金的偏好与需求都是最强的。印度在构建孟买国际金融中心的过程中，其黄金市场得到了较快的发展。当前，孟买的多种商品交易所已经成为世界第三大黄金期货交易所，提供在线商品期货交易。它在开业后短短的两年多时间里，黄金期货交易量呈现惊人的飙升势头，已占到印度贵金属期货市场80%以上的份额。

2.伊斯坦布尔黄金市场

伊斯坦布尔黄金市场以伊斯坦布尔黄金交易所（IGE）为主。在20世纪末，其交易地位突出。交易所提供现货和期货两种交易方式，以现货交易为主，交易量逐年增加，发展较快。黄金衍生产品交易量不多，发展缓慢。

3.南非黄金市场

南非历来是世界黄金的主要生产国、供给国，占世界产金总量的50%以上。近年来，南非黄金产量占世界的比重虽有所下降，但第一的位置并没有改变。因此，南非在黄金的价格制定上理应有着重要的话语权，南非黄金市场的建立与发展理应有着得天独厚的优势。然而，事实却恰恰相反，南非的黄金市场始终非常落后，对黄金价格的话语权根本没有通过市场反映出来。

从南非黄金市场的发展过程上分析，南非黄金市场没有走市场化的道路。1989年前，南非采取严格控制的措施，不允许国民拥有除首饰和法定金币以外的任何实物黄金，国内矿业集团所产出的黄金也是全部上缴。目前这种状况虽有改善，但南非央行仍坚决反对出售黄金储备，政府也在不断收回矿业公司的经营权。因此，南非在市场经济环境下，却无法建立一个真正的黄金市场。

三、黄金市场类型

（一）从交易时间界限来看，黄金市场可分为黄金现货市场和黄金期货市场

黄金现货市场主要开展黄金即期现货交易、黄金远期合同交易、黄金掉期合同交易和黄金现货期权交易。它是整个黄金市场体系的基础。黄金即期现货交易是指黄金生产企业、首饰企业与银行之间根据商定的支付方式与交货方式，采取即时或在短暂的时间内进行实物黄金交收的一种交易方式。在国外，黄金即期现货交易主要是在黄金生产企业、首饰企业与商业银行之间进行。黄金远期合同交易、黄金掉期合同交易与黄金现货期权交易都是黄金生产企业为了回避价格波动的风险而开展的主要交易方式。它们的共同特点是合同签订在先，黄金实物交收在后。它们主要是以商业银行为核心进行运作，在黄金生产企业与商业银行之间、商业银行与央行

之间、商业银行相互之间进行交易。从世界黄金市场交易情况来看，国外黄金生产企业主要是通过这三种方式进入市场来回避价格波动的风险。

黄金期货市场是在黄金现货市场基础上产生和发展起来的一种高级市场形式。最初进行的是标准化的黄金期货合约的买卖，后来随着期货期权交易引入到相关期货市场，黄金期货市场也开展了黄金期权合约的买卖。由于黄金期货期权交易较一般黄金期货交易可以更好地控制风险，因此，黄金期货期权交易的开展，进一步刺激了黄金期货市场的发展，同时也进一步扩大了黄金期货市场的影响。据统计，当今世界黄金市场交易额95%以上是以回避风险和投机为目的的金融性（即非实物性）黄金交易，而这95%以上的金融性黄金交易绝大部分又是在黄金期货市场当中完成的。

（二）从市场组织形式来看，黄金市场可分为场内交易市场和场外交易市场

黄金场内交易市场又称为交易所市场，它分为实金交易所和黄金期货交易所两部分。世界著名的黄金期货交易所主要有纽约商品交易所、芝加哥期货交易所与东京商品交易所。据统计，黄金场内交易市场以期货交易占绝对主导。但在这两类黄金交易所市场中，黄金生产者参与的交易量不足整个交易量的1%。因此，黄金交易所市场的主要参与者并非最终用户，而是黄金银行、投资者和投机者，其中黄金银行在市场中唱主角。黄金场外交易市场又称为黄金非交易所市场，是以黄金银行为中心进行黄金交易的市场。目前世界上著名的黄金场外交易市场主要有伦敦黄金市场和苏黎世黄金市场。场外交易市场主要进行1个月至15年不等的远期合同交易和1个月至12年不等的现货期权交易。其主要参与者除了黄金银行以外，还有黄金生产者、中央银行和市场投资者。从目前情况来看，场外交易市场是黄金生产者参与市场的主要渠道，但黄金场外交易市场又是以黄金银行间的黄金交易为主导。

四、黄金市场特征

黄金市场作为金融市场的重要组成部分，近年来在世界金融市场上发挥着重要的作用。它的发展也表现出一些具体的特征。

（一）黄金市场全球化特征显著

20世纪90年代以来，全球金融业进行着广泛的技术革命和制度变革。技术革命以信息技术和通信技术在金融业的广泛运用为表现，金融交易中大量使用互联网进行，网络金融成为发展主流。地区之间的“物理边界”日趋模糊，黄金市场已完全实现了全球交易。同时，黄金市场的全球化还反映在黄金的价格上。黄金的价格在全球基本是一致的。从价格上看，各地黄金市场形成了全天24小时不间断营业的交易格局，市场的割裂性已经基本消除。在制度的变革上，黄金市场受外汇市场、信贷市场、证券市场的影响，与其关联性不断提高，各国的黄金市场也日益开放，这都加快了黄金市场的整合，推动了黄金市场的全球化。

（二）黄金市场的避险功能突出

1.黄金市场的金融性之所以没有消失，而且日益提升，重要的原因就是该市场具有突出的避险功能

黄金作为国际财富储备的组成之一，在黄金非货币化的法律过程完成后，不但没有减少，而是不断增加。数据显示，世界发达国家都拥有可观的黄金储备，在拥有黄金储备规模前几位的国家中，其黄金储备在20世纪70年代牙买加货币体系后都有不同程度的增加，其中欧洲国家增速最大，联邦德国的增长速度为15.78%，法国为12.22%，意大利为18.24%。

2.黄金具有稳定性、安全性和恒久性的优势

黄金作为财富储备具有很好的资产保值功能，尤其是在经济萧条、通货膨胀严重或政局动荡中，黄金的这些优势直接显现出避险的作用。为此，极力反对黄金本位制的凯恩斯也评价道："黄金作为最后的卫兵和紧急需求时的储备金，还没有任何其他更好的东西可以替代。"东南亚金融危机的实践证明，黄金在货币大幅贬值中，可以起到稳定经济的重要作用。韩国危机中的"献金救国"运动，收集民间黄金250吨换取外汇偿还外债，大大减轻了国家的债务危机。

因此，黄金市场的避险功能日益被重视，黄金市场成为整个金融市场的稳定器。

3.黄金市场的功能定位明确，成为金融市场中不可或缺的部分

世界各大黄金市场的功能定位十分明确。伦敦黄金市场的市场定位就是以现货交易为主，以无形市场为特征，通过全球几大结算中心完成其交易。纽约黄金市场是以期货交易为主，纽约交易所为广大投机客提供交易平台，极大地降低了整个市场的风险。苏黎世黄金市场是伦敦市场的有机补充，它把金砖精炼成特别的小金条或金币，并以金币交易为主，成为全球最重要的金币交易市场。香港黄金市场成为东西方黄金市场交易的衔接点，其市场定位结合了伦敦与纽约的特点。明确的市场定位是各大市场的有效推动力。从市场地位来讲，黄金市场是金融市场不可或缺的组成部分。目前，全球仍有36 000吨黄金作为国际储备存在于各国中央银行，约为全球储备的20%。同时，黄金作为投资工具在金融市场中作用显著。黄金的价格对国际政治、经济形势、汇率等因素十分敏感，而且与其呈现反向运作状态。所以它可以与货币、证券等市场形成互补作用，相辅相成，优化资源的配置。

另外，按目前的国际惯例，纯度在99.5%以上的标准黄金，随时可按伦敦黄金市场价格出售转换成外汇，这就更加提升了其金融属性，更加明确了黄金市场是金融市场的组成部分。

4.场外交易模式仍为主流，但场内交易发展迅速

黄金场外交易由报价银行自行决定价格，利用双向报价的方法收取点差，其交易方式灵活多样，长期以来能够满足市场参与者的不同需求，因此目前的发展模式仍然处于领先地位，伦敦黄金交易市场交易量占全球黄金市场交易总量约40%就是

最好的例证。但场外交易模式也存在着一些难以弥补的缺陷，如信息不集中、透明度差、违约风险相对较大以及市场风险难以及时对冲等，导致投资者信息搜集和发现价格的成本较高，交易效率低下等问题。而场内交易的黄金期货合约在质量和数量上是标准化的，信息比较透明、价格完全公开，具有较好的套期保值和投资避险功能，因而受到投资者的普遍青睐。近年来，国际上黄金期货、期权、ETFs等衍生产品得以快速发展，不但丰富了黄金市场投资品种，也带动了黄金交易规模快速增长。近10年来，美国、印度和日本的黄金期货交易持续活跃，增长较快，充分说明了场内交易市场发展势头迅猛。

5.世界黄金市场由单极向多极化方向发展

黄金市场的形成已有百年历史，其市场结构正由伦敦黄金市场这一单极化特征向全球多极化方向发展。由于英联邦的特殊身份，在相当长的时间内，伦敦黄金市场主宰了全球黄金市场的供求。首先，这是因为世界最大黄金生产国南非的黄金绝大部分通过英国走向世界，也得益于伦敦本身所拥有的发达的金融市场体系。其次，美国在相当长的时间内禁止私人拥有黄金，直到20世纪70年代才得以解禁，黄金市场的建立与发展相当缓慢。香港地区、东京等亚洲黄金市场也是伴随着其经济在20世纪70年代以后的迅速发展才逐步壮大起来的。最后，国际黄金市场是在以下条件逐渐改善下迅速发展起来的：各国或地区放开了对黄金价格的管制；放松了对黄金生产企业、加工企业等的行政干预；允许私人投资黄金；允许商业银行、投资基金和其他机构投资者从事黄金投资业务；允许黄金自由进出口。时至今日，伦敦黄金市场虽然还处于龙头地位，但其他市场的发展态势与市场地位已不能同日而语，全球40多个区域性的黄金市场组成了一个全球性黄金市场体系。

五、黄金市场与外汇市场的联系

黄金市场作为国际金融市场的一个组成部分，与外汇市场的联系十分紧密。外汇市场与黄金市场的价格波动受到一些相同因素的影响。当前世界经济全球化和一体化趋势不断加强，带来世界金融市场的大融合，国际资本能在各个市场间自由迅速地流动，从而更进一步地将世界范围内各个市场紧密联系在一起，各个市场的价格涨落，彼此都息息相关。

（一）黄金市场与外汇市场的本质联系

货币性是两个市场密切相关的关键因素。从货币发展史的角度看，黄金市场的发展与其货币属性密切相关。不可否认，到目前为止黄金的货币功能依然存在，我们可以通过以下三个事实说明这个结论。

第一个事实是黄金仍被各国中央银行储备，发挥着重要的储备资产功能。20世纪70年代黄金非货币化之后，虽然黄金退出了国际货币体系，但大多数国家的央行并未大规模减少黄金储备持有量。在1970—1975年黄金非货币化改革具有转折意义的5年间，除英国之外，其他国家并没有大规模减少黄金储备，诸如日本、瑞士、联邦德国、荷兰等主要黄金储备国反而少量增持了黄金储备。由此可见，黄金拥有长期稳定的购买力这一事实得到了包括美国在内的各经济大国的认同。另外，虽然在1990—2000年的10年间，以英国为首，加拿大、澳大利亚、比利时等国皆抛售了大量黄金，但这并不代表黄金不再具有货币属性。最明显的特征是这些央行只是调整了黄金储备的比例，并未取消黄金储备，因此央行抛售黄金的行为只能说明它们对储备资产的管理方式发生了变化，而非黄金货币功能消失。据此，各国央行对黄金储备的态度可说明黄金货币地位依然存在，黄金内在价值的稳定性仍使黄金成为各国储备资产的重要组成部分。2000—2014年部分国家的黄金储备变动情况如表7-1所示。

表7-1　**2000—2014年部分国家的黄金储备变动情况表**　单位：吨

年份	2000	2006	2010	2012	2014
美国	8 137	8 133	8 133.5	8 133.5	8 133.5
日本	764	765.2	765.2	765.2	765.2
澳大利亚	80	79.8	79.9	280.0	280.0
瑞士	2 427	1 290.1	1 040.1	1 040.1	1 040.1
德国	3 469	3 422.5	3 401.8	3 395.5	3 381.0
荷兰	1 588	653.9	612.5	612.5	612.5
英国	488	310.3	310.3	310.3	310.3

资料来源：根据国际货币基金组织相关资料整理。

第二个事实是国际清算银行至今仍将黄金列入可接受的国际清算工具，尤其在金融危机期间，黄金表现出优越的货币融资功能。最典型的事例是东南亚金融危机期间，韩国政府为了渡过债务危机，发动民众收集民间250吨藏金，兑换外汇支付贸易缺口，从而成功缓解了金融危机对韩国的冲击。因此，这种把黄金作为清算工具以解决国际收支问题的行为正是体现了黄金的货币功能。

第三个事实是黄金到目前为止仍是国际货币体系稳定的保证。美国自20世纪70年代之后，从未进行过大规模抛售黄金储备的行动，其黄金储备总量始终在8 140吨左右徘徊，占总储备资产的60%以上。为什么美国愿意放弃持有生息资产而大量持有成本较高的黄金储备？一个重要原因就是美国需要大量黄金储备，保持美元在世界经济中的霸主地位。近年来，美元持续走弱，信用货币频遭置疑，但美元的世界地位并未动摇，这与美国把大量黄金储备作为其币值保证的策略密切相关。截至2015年6月，部分国家的黄金储备持有量情况如表7-2所示，除美国之外，德国、意大利、法国的黄金储备比例也都占总储备资产的60%左右。因此，在当今信用货币支付体系中，信用货币的价值需要黄金提供保值，这间接体现了黄金作为世界公认国际货币所具有的货币功能。

表7-2　　**部分国家的黄金储备持有量情况（截至2015年6月）**　　单：吨

排名	国家	官方黄金储备	黄金储备占外汇储备总额之比
1	美国	8 133.5	73.7%
2	德国	3 381.0	67.6%
3	意大利	2 451.8	66.0%
4	法国	2 435.4	64.7%
5	中国	1 658.1	1.6%
6	俄罗斯	1 275.0	13.3%
7	瑞士	1 040.0	6.5%
8	日本	765.2	2.3%
9	荷兰	612.5	57.1%
10	印度	557.7	5.9%

资料来源：根据世界黄金协会相关资料整理。

（二）黄金市场与外汇市场的联动

鉴于黄金与外汇共有的货币属性，它们两者之间的联动关系主要体现在两个方面，即从微观角度看，黄金价格与外汇汇率关系密切，而宏观角度的联动则表现在国家储备资产结构变动对两个市场产生的影响方面。

1.黄金价格与外汇汇率的关联主要体现在两个市场间的定价能互相牵制

目前，国际黄金主要以美元计价，美元汇率的变动对黄金价格产生的影响最为显著。美元之所以成为黄金的计价货币，主要取决于美国在国际中的金融地位，同时布雷顿森林货币体系下美元与黄金挂钩的历史也为美元成为黄金计价货币奠定了基础。总的来说，一般认为美元汇率与黄金价格呈反向关系，即美元升值，黄金价格疲软，反之亦然。为了弄清黄金价格与美元汇率变动的真实关联性，有关学者曾对黄金非货币后30多年的金价走势进行分析，得出美元长期走势与黄金价格负相关的结论。

2.外汇市场与黄金市场在国家储备结构变动中呈现的关联性是相互的

一方面，黄金储备变动反映了央行对外汇市场或者说是对美元走势的判断。比如，20世纪90年代后期各国央行展开的抛售黄金储备浪潮是在美国经济长时间较佳、美元汇率坚挺的背景下发生的，当时各国央行为了增加本国储备资产收益，纷纷减持黄金以购买美元资产。又比如，当前美元受到美国国内双赤字、通胀等不利因素影响，持续走软，作为主要储备资产的美元价值遭到其他国家的质疑。以中国为例，如何减少美元储备资产、增加黄金储备比例已成为当前的讨论热点。实际上，不少国家及组织已开始增加黄金储备了。据资料显示，俄罗斯的黄金储备在

2007年3月达402.8吨，创历史新高。另一方面，各国央行增持或减持黄金储备的行为，同样会对外汇市场产生预期，从而影响其走势。比如，在目前的美元走势下，普遍持金比例较低的亚洲国家央行什么时候增持黄金储备已成为美国政府的敏感问题。

第五节　国际金融衍生工具市场

金融衍生工具，又称金融派生工具，顾名思义，是与原生金融工具相对应的一个概念。国际互换和衍生工具协会将金融衍生工具定义为："旨在为交易者转移风险的双边合约。合约到期时，交易者所欠对方的金额由基础商品、证券或指数的价格决定"。可见，它是在原生金融工具（如商品、债券、股票、外汇等的即期交易工具）基础上派生出来的，其价格决定于原生金融工具的金融创新形式。衍生金融工具实际上并非新生事物，早在12世纪，欧洲的法兰得斯商人就开始使用商品远期交易合同；类似于现在的期货和期权交易的一些商业活动在16—17世纪的日本大阪和阿姆斯特丹的大米、花卉市场也极为盛行；到了19世纪中叶，正式的商品期货交易所开始在芝加哥和纽约成立。实际上，从广义上讲，纸币也正是那些最早出现的衍生金融工具之一，因为在金本位制下，纸币的价值正是取决于其价格符号所代表的黄金的价值，即它的金额大小由原生工具——黄金的价值决定。

早期的衍生金融工具产生于商品市场，这是因为市场经济中的商品价格是由市场来决定的，而商品价格受供求关系等因素的影响不断发生变化，因此商品市场中便充满了价格风险。这种风险本身不能被消灭，当市场经济发展到一定阶段时，就需要一种分散风险、转移风险的机制，这样衍生金融交易就应运而生了。对于衍生金融工具来说，人们感到新鲜的并不是它们出现较晚，而是近30年来其惊人的交易规模和扩张速度、不断增加的使用者，以及使用目的和范围不断多样化、广泛化。

一、现代金融衍生工具的产生

西方国家以商品远期、商品期货为代表的衍生工具的自然演进过程经历了若干个世纪的时间，但这个阶段的衍生工具应用范围狭窄、交易品种稀少、市场规模极为有限，与现在的衍生工具不可同日而语。真正现代意义上的金融衍生工具是在20世纪70年代产生的。1973年后，由于布雷顿森林体系彻底瓦解，西方国家货币的汇率普遍与美元脱钩而采用浮动汇率制，同时，不少国家又逐步放弃了对利率的管制。由于汇率加利息率的双重变动，使得基础金融工具的价值变得很不稳定，为了降低基础工具的风险，真正现代意义上的衍生金融工具应运而生。

1972年5月16日，美国芝加哥商品交易所货币市场分部在国际外汇市场动荡不定的情况下，率先创办了国际货币市场，推出了英镑、加元、联邦德国马克、日元、瑞士法郎、墨西哥比索等货币期货合约，标志着第一代现代金融衍生产品的诞生。1973年4月，芝加哥期权交易所正式推出股票期权。1975年利率期货在芝加哥期货交易所问世。

20世纪70年代中期产生的第一代金融衍生产品，在后布雷顿森林体系（即以汇率、利率频繁波动为特征的国际货币体系）时代得到了很大发展。这一时期的金融衍生工具主要是与货币、利率有关的金融期货、期权，它们在各自不同的期货与期权交易所市场内进行交易。从当时的情况来看，金融衍生工具为基础金融工具的持有者提供了一种有效的对冲风险的手段，从而避免或减少由于汇率、利率的不利变动而给人们带来的预期收益的减少或成本的增加，在转移风险和价格发现上的作用也很明显。它在促进金融市场的稳定和发展、加速经济信息的传递、优化资源的合理配置、引导资金的有效流动、增强国家金融宏观调控的能力等方面都起到了积极而重要的作用。正是因为以上的这些优点，金融衍生工具在20世纪70年代产生后保持了较快的发展速度。

二、国际金融衍生品市场的结构特征

（一）交易品种结构

金融衍生品市场交易的品种类型涉及金融远期、期货、期权和互换，其中交易所市场主要交易期货、期权等标准化合约，OTC市场则主要交易互换、远期等非标准化合约。

1.交易所金融衍生品合约

交易所金融衍生品合约包括利率期货（期权）、货币期货（期权）、股票指数期货（期权），以及股票期货（期权）等品种。利率期货合约和股票指数期权合约是交易所市场的主要交易品种，1986—2000年间两者合计占到交易量的70%以上，除1986年外，利率期货合约一直居于交易所市场主导品种的地位，并且在1986—1994年间利率期货交易还保持了年均20%~30%的增长率。

2.OTC金融衍生品合约

OTC金融交易所市场的主要交易品种包括远期和外汇互换、远期利率协议、利率（货币）互换，以及利率（货币）期权。较为重要的交易品种有利率互换、远期外汇合约、远期利率协议和利率期权。近年来的观察表明，利率衍生品的重要性日益凸显，而货币衍生品则进展缓慢，其中金融互换无论是绝对份额还是持续增长能力均处于OTC市场的领先地位，就以单一品种而言，已经遥遥领先于其他交易品种。

（二）区域分布结构

欧美发达国家集中了世界上绝大部分的交易所和OTC金融衍生品交易，全球80%以上的交易分布在北美和欧洲。1999年末的未清偿金融期货和期权名义价值中，全球80.5%属于北美和欧洲，到2002年末，这一比例上升到了93.7%，北美地区的合约价值占到总价值的64.6%。美国是全球交易所金融衍生品交易的主要市场，但其地位正在趋于下降，美国交易所的交易量正逐年下滑，而与此相反欧洲市场却增长显著。

（三）投资者结构

金融机构是金融衍生品市场的主要参与者，以美国为例，参与衍生品交易的金融机构主要有商业银行、非银行储贷机构和人寿保险公司三类，其中商业银行是最早和最熟练的参与者。金融机构间交易占到全球金融衍生品市场的80%以上。银行无疑是其中的主角（尤其在OTC市场），自20世纪70年代末以来，银行日益热衷于金融衍生品交易，在持有头寸最大的20家金融机构中银行占到了18家。与之相比，非金融机构在金融衍生品交易中的活跃性就相形见绌了。

三、金融衍生品市场的发展

2008年次贷危机爆发后，金融衍生品曾被广为诟病，市场发展也经历了一段低谷时期。危机过后，伴随着人们对危机根源的不断反思和重新审视，衍生品作为一种“中性”的风险管理工具也已日渐为人们所认可。在现阶段全球经济复苏和发展的大背景下，金融衍生品市场也已经逐步走出危机阴霾，重新显现其活力，从中我们也可以获得诸多启示。

（一）危机前国际金融衍生品市场的发展特征

2008年之前，国际金融衍生品市场大约经历了30多年的长周期发展阶段，这一时期，衍生品市场规模不断膨胀，创新日益活跃，各类机构参与的广度和深度不断加强，监管氛围总体宽松。从总体规模来看，衍生品市场从无到有，到1998年底已达到94.29亿美元。进入2000年以来，金融衍生品市场发展速度进一步加快，至2008年6月达到最高点的754.37万亿美元；从品种来看，包括利率、汇率、权益类和信用类等品种相继出现，尤其是以可转让定期存单为代表的信用衍生产品，更是成为市场发展的一大亮点；从交易主体来看，越来越多的金融和非金融机构参与到衍生产品的交易中来（以外汇衍生品为例，1998年底非金融企业参与规模为3.29万亿美元，至2008年6月规模扩大至11.36万亿美元），在各类交易场所（尤其是场外市场）广泛交易，规避风险或者获取投机收益；伴随着这一时期金融自由化的浪潮，国际金融衍生品监管也相对宽松，相对于外部监管而言更加侧重于激励参与者的内部管理方面。

（二）危机成为国际金融衍生品市场发展的分水岭

2008年爆发的次贷危机，成为国际金融衍生品市场发展的分水岭，并由此对市场发展的趋势和特征产生了重要影响。对衍生品而言，危机最重要的影响是改变了其发展的大环境。

首先，改变了对其风险管理本质属性的认识。金融衍生品因风险管理的需求而产生，这是其最基本的作用，尤其是信用衍生品，其快速发展起初正是得益于其协助投资者剥离信用风险，实现信用风险的转移、分散和重组。但是，金融危机爆发后，以CDS为代表的金融衍生品遭受了国际社会的普遍质疑，各种争议声音渐起。一方面，其在过度膨胀中，确实有着越来越多的投机和套利成分，与危机的爆发不无关系；另一方面，其“工具属性”和“中性特征”却被忽视，被形容为危机爆发的根源。

其次，改变了其持续30多年长周期发展的势头。危机爆发后，国际金融衍生品市场规模经历了明显的拐点，市场快速膨胀的势头戛然而止。主因有两方面：一方面，由于受危机影响，各类金融机构和非金融机构受到冲击，参与市场的力度受到影响；另一方面，各国加强了对市场的管理和规范，对市场交易进行了一些限制，出台了一系列新规，从而人为地对市场造成了一定打压。

最后，改变了其原先面临的宽松监管环境。危机的爆发，使得市场膨胀所长期掩盖的风险集中爆发，政府在金融市场尤其是衍生品市场风险管理方面的监管真空和监管漏洞引致诸多非议，迫使各国政府纷纷摒弃遵循多年的金融自由化趋势，加强了对各类金融市场风险的管理。在此背景下，衍生品市场面临的发展环境不再宽松，无论是产品创新机构还是参与主体，都受到了来自国际监管机构和各国政府明显严厉的监管。

（三）国际金融衍生品市场发展的新趋势

虽然欧洲仍受债务困扰，但从世界范围看，当前全球经济已逐渐从危机中恢复和发展。在全球经济的大环境下，国际金融衍生品市场的发展也呈现一系列新趋势。

（1）名义规模已创出新高，但市值离峰值尚有差距。从名义规模来看，根据国际清算银行（BIS）的统计，截至2011年6月末，国际金融衍生品市场（包含场外市场和交易所市场，交易所市场统计的是期货和期权）规模达到790.4万亿美元，已经高出2008年6月衍生品市场名义规模高峰值754.4万亿美元近4.8个百分点。但从市场价值来看，国际金融衍生品市场的市值离峰值尚有不小差距。以场外衍生品市值为例，截至2011年6月末，其市值为19.52万亿美元，而在2008年底的高峰期，其市值规模曾达到35.28亿美元，与峰值相比尚有近16万亿美元的差距。而且，与名义规模已经出现向上增长的趋势不同，场外衍生品市场的市值依然处于下行阶段。

（2）产品和期限结构分化明显。次贷危机过后，国际金融衍生品市场不同品种的发展态势和期限结构也发生了明显变化。对场外衍生品而言，其分为外汇、利率、权益类、信用违约互换（CDS）和其他类。次贷危机后，不同类别的衍生品出现了明显分化。从名义规模来看：首先，不同类别的衍生品发展趋势差异显著，利率类衍生品规模经过一段时间的稳定后，从2011年开始重拾升势，至2011年6月末已创出历史新高，达到553.88万亿美元；外汇类衍生品在经历一段时间的下滑后即进入平稳回升区间，至2011年6月末也已创出历史新高，达到64.7万亿美元；CDS和其他类衍生品则出现了持续下滑态势，在2011年开始有所企稳，目前二者距离历史峰值仍有较大差距；权益类衍生品市场规模最小，其呈现出相对稳定的态势。其次，经历不同发展趋势后，各类衍生品的市场地位发生变化。一方面，与危机前相比，利率类衍生品市场规模依然高居首位，但其他类和CDS类衍生品的地位出现下降，分别下降一位至第三和第四位，第二位则为外汇类衍生品所取代；另一方面，与危机前相比，不同类别的衍生品规模差距逐渐拉大，呈现出明显的分层现象。

从市值来看，各类衍生品有一个共同点，即总体市值都未超过前期高点，但具体变化趋势不尽相同。利率类和外汇类衍生品市值变化趋势类似，即经历了“快速下降—显著上升—平稳趋降”的走势；其他类和CDS市值变化相似，基本呈现持续下降趋势，但进入2011年下降幅度已明显平滑；权益类衍生品则基本稳定。对交易所（场内）衍生品而言，其又分为期货类和期权类衍生品。考察来看，次贷危机以后二者虽然都经历了下滑后回升的趋势，但也存在一些差异。一是期权类产品的波动要更为剧烈，而期货类衍生品规模则相对平滑，二是期货类衍生品规模在2011年6月已经创出历史新高，而期权类衍生品规模尚未达到峰值水平。

危机前场外衍生品市场（包括利率类、外汇率和权益类）在期限结构方面呈现出明显的长期化特征，即5年以上期限的衍生品规模占比逐步提高，到2008年底达到23.2%的高点，此后，场外衍生品市场期限结构的短期化特征日渐明显。到2011年6月末，1年期以下的衍生品规模占比已经较2008年底的39.1%，提高了8.5个百分点，达到47.6%。1年至5年期的规模占比也较2008年底提高了2.2个百分点，达到30.8%。

（3）场外市场的绝对主体地位不变。在次贷危机期间，关于场外市场有效监管不足等造成风险难以防范进而引致全球性危机的论断，使得场外衍生品市场的发展受到一定制衡，相应地，场内衍生品发展速度有所加快。在实际中的明显反映便是，场外衍生品规模占比从2008年底的91.2%下降到2010年6月的88.5%，但从2010年下半年开始，在相应的监管框架改革后，其交易执行和进行的方式有所改变，风险控制措施进一步强化，造成场外衍生品市场重拾升势，比重下降的趋势得以逆转，对场内市场的优势继续巩固。到2011年6月，场外衍生品市场规模占比达到89.5%，已经接近前期高点。

（4）总体风险敞口已明显降低。次贷危机前期，由于对场外衍生品市场监管相对不足，一定程度上造成了其总体风险敞口的过度膨胀。根据国际清算银行统计，1998—2008年底，场外衍生品总体风险敞口从1.2万亿美元膨胀到超过5万亿美元，增幅接近320%。巨大的信用风险敞口形成了对全球经济运行的潜在威胁，伴随着危机的全面爆发进而对全球经济运行造成了极大危害。次贷危机发生后，全球衍生品市场尤其是场外衍生品市场在监管方面有了明显加强。一是市场方面的主动变革，包括推进中央清算、增加市场透明度、提供更多的行业报告等（例如美国存款信托与清算公司已经开始提供担保额度的总头寸和净头寸）。二是政府监管的明显加强。2009年8月，奥巴马政府向国会提交了金融监管改革提案的蓝本；2009年7月3日，欧盟委员会发布了一份方案，提出了加强衍生品市场安全和效率的各种方法；2010年6月，美国推出的《多德-弗兰克法案》，强调了对场外衍生品的监管，提出了对衍生产品和从事衍生产品交易公司的具体监管要求。在有效监管不断强化的背景下，场外衍生品市场的总体风险敞口迅速下降，从最高峰的5万多亿美元下降到目前的不足3万亿美元，降幅超过40%，已经降至2007年6月左右的水平。且从近期的发展趋势来看，这种不断下降态势仍在持续。

第六节　欧洲货币市场

传统意义上的欧洲货币市场是指非居民间以银行为中介在某种货币发行国国境之外从事该种货币借贷的市场，又可以称为离岸金融市场。欧洲货币市场是国际金融市场的核心，它产生于20世纪50年代的“冷战”开端时期，历经了几十年的风风雨雨，对世界经济的发展可谓功不可没。

欧洲货币市场的概念是基于欧洲货币之上的，欧洲货币是指存放在某一国境外（主要是欧洲）银行中的该国货币，其中以欧洲美元为主。

所谓欧洲美元，即存放在美国境外的美元，也就是美国境外的银行所经营的美元存放款。这部分美元绝大部分在欧洲货币市场，在亚洲和其他地区的货币市场也有，但是数量很少，一般通称为欧洲美元。欧洲货币市场的前身就是欧洲美元市场，后来陆续出现了联邦德国境外的马克、瑞士境外的瑞士法郎等的借贷活动，因而这个市场就发展成为欧洲货币市场。

一、欧洲货币市场的产生和发展

欧洲货币市场是西方最大的国际借贷资本市场。它主要集中在欧洲的各大金融中心，但实际上范围早已扩大到欧洲以外的国家，如加拿大、日本以及许多“离岸金融中心”。以新加坡为中心的亚洲美元市场，实际上也是因它而诞生的。

欧洲美元早在20世纪50年代初期就出现了。美国政府在朝鲜战争中冻结了中国存放在美国的资金，苏联有鉴于此，便把持有的美元转存到伦敦银行。这就是最早的欧洲美元。1956年，由于英法联合入侵埃及，发生了所谓“苏伊士”危机，英国资金紧张，于是禁止银行用英镑对第三国贸易融通资金。英国银行业在英格兰银行的鼓励下，意欲转用美元对贸易融通，以维持其在国际金融中的传统领导地位。当时伦敦的一些银行为解决外汇市场的需求，便把它们手中持有的境外美元贷出。这便形成了欧洲美元的借贷活动，但其规模并不大。50年代后期，许多欧洲国家在第二次世界大战后首次放宽外汇管制，恢复了它们的货币对外币的兑换。同一时期，美国国内货币市场也在1957—1958年的“大衰退”时期之后重新开放。这一系列的国际政治及相关国家国际政策的变化，促成了欧洲美元市场，也引发了欧洲联邦德国马克等市场的出现，从而推动整个欧洲货币市场的发展。进入60年代后，欧洲货币市场达到了可观的规模。

（一）欧洲货币市场的三个明显特征

欧洲货币市场一经出现就显示了其与传统货币市场的不同：

（1）摆脱了各国金融管理当局的干预，几乎完全由市场机制起作用。

（2）形成了一套新的更加灵活与独立的国际利率机制。

（3）造就了一批经营欧洲货币借贷业务的欧洲银行和国际联合银行的中介机构。

（二）欧洲货币市场经历的三个阶段

1.欧洲美元市场的最初阶段（50年代初期—60年代中期）

20世纪50年代，美国海外军事开支庞大，海外投资增加，美元大量外流，国际收支出现巨额逆差。而美元在国外的供应增加，很多国家持有大量美元盈余，竞争性利率使大部分盈余流向欧洲美元市场。美国为了改善国际收支状况，从20世纪60年代起采取了一系列限制美元外流的措施。1963年起实施利息平衡税，规定美国人购买外国证券所得的高于本国证券利息的差额，须另行纳税，这一措施导致了美国人转向美国境外筹资，美国的海外企业也将利润存入海外银行。

在这一时期，欧洲美元市场虽然不断增长，但规模还不大。1957年末欧洲美元存款约为10亿多美元，1959年末为15亿美元，1960年末约为20亿美元，1962年末约为50亿美元。

2.欧洲美元市场的发展阶段（60年代中期—70年代中期）

这也是欧洲货币市场的全球扩散阶段。60年代中期，美元危机频繁，于是抛售美元、抢购黄金和其他硬货币的风潮经常发生。同时，美国为了改善国际收支逆差状况，于1963年实行利息平衡税，规定美国居民从购买外国企业在美国发行的证券中取得的利息，须另行纳税，税率最初为15%，后来提高到22.5%，这使外国企业在美国发行证券遇到很大的困难。美国又于1965年要求美国的跨国公司自愿限制对外直接投资，这项要求于1968年强制执行。这迫使外国企业甚至美国的跨国公司转向欧洲货币筹资。美国1933年银行法Q条例（Regulation Q）授权联邦储备委员会对银行定期存款规定最高利率，而欧洲市场上的存款利率则不受限制。1966年，美国开始对银行发行的可转让单也实行此规定，导致大量企业将资金从此项存款单转变为非银行金融资产，或转移到欧洲美元市场。以上这些都给欧洲美元市场的发展带来了很大的推动。尽管1970年，美国经济呈现衰退迹象，美国对10万美元以上的可转让存款单停止实施该政策。

欧洲货币市场的出现主要是国际政治关系所促发的，而银行这样的金融机构则由于其商业本能而使得欧洲货币市场孕育而出。

3.欧洲货币市场的迅速发展（70年代中期至今）

以1971—1980年的10年为例，欧洲美元在全部欧洲货币市场负债总额中所占的比重，最低为72%，最高达79%。所以，欧洲货币市场的发展，主要是以欧洲美元为主体的国际信贷市场的发展。在10年左右的时间内，以美元为主体的欧洲货币市场经历了迅速发展过程，从70年代中期直到如今是其发展的第三个阶段。

1973年10月，石油输出国组织宣布提高油价，开始积累大量石油资金，取得了巨额的顺差，获取了大量的美元资金，而这部分资金则以短期存款的方式存在于欧洲货币市场。1973年布雷顿森林体系瓦解，西方国家普遍实行浮动汇率制，外汇买卖增加，这也扩大了对欧洲货币市场资金的需求。同时美国对外贸易连年出现巨额逆差，造成更多的美元流入欧洲货币市场。在这一时期，许多发展中国家，尤其是非石油国家为了发展经济或弥补国际收支逆差，纷纷到欧洲货币市场筹措资金。一些西方跨国公司对发展中国家的大型项目投资，其资金也来源于欧洲货币市场。此外，苏联和东欧国家也都在利用欧洲货币市场上的资金。欧洲货币市场由于以上因素获得了前所未有的发展。同样，在这一阶段，欧洲货币市场在地区上的分布也发生了变化，除了伦敦、巴黎，已扩大到了欧洲以外的国家和地区，如巴拿马、巴林、新加坡、中国香港地区等。到了20世纪80年代，美国实行“国际银行业务设施制度”后，纽约的银行也已经营欧洲美元的存贷款业务，这实际上又使得欧洲货币市场扩大到了美国。

这样，欧洲货币市场真正成为交易量最大、地区跨度最广的国际信贷市场。同时欧洲货币包括世界各种主要货币，这样就为借贷人在借贷地点和币种的选择上提供了广泛的余地，也使货币的调换与资金的调拨更加方便、灵活，更好地适应跨国公司全球范围的信贷政策的需要。

二、欧洲货币来源

欧美商业银行为解决国内企业分布于世界各地的跨国公司对资金融通的要求或避开本国限制资金外流的措施，纷纷到海外设立分支机构，并拥有了巨额资产，成为欧洲货币市场的重要来源。

欧洲货币市场存款利率较高，调拨灵活，手续简便，又可以不受某些金融法规的限制，所以跨国公司以及一些较大的工商企业都愿意把资金投入欧洲货币市场，以达到增值目的。

各国政府和中央银行为了谋取高额利息，对外贸易持续顺差的国家的中央银行往往把持有的外汇直接投放到欧洲货币市场，或者间接通过本国商业银行或国际金融机构把美元资金放到该市场。石油美元存款、银行发行的欧洲票据和欧洲货币存款单也是欧洲货币市场的重要资金来源。美国、西欧、日本的跨国公司，在进行全球性的业务扩张和对大型项目进行投资的时候，需要大笔信贷资金，欧洲货币市场自然成为跨国公司所需资金的主要提供场所。在20世纪70年代石油价格上涨时，一些进口石油的发达国家发生对外贸易逆差，因此大量利用欧洲货币贷款，一些非产油的发展中国家也大量利用欧洲货币贷款，导致了对外债务问题；同时，苏联和东欧集团采取从西方引进技术设备的政策，造成国防收支的巨额贸易逆差，其巨额负债绝大部分是欧洲货币贷款。除此之外，投机者利用汇率变动而进行外汇投机买卖的交易增多了，从而扩大了对欧洲货币贷款的需求。

三、欧洲货币市场的影响

欧洲货币市场是一个超国家金融市场，人为限制因素较少，这就为该市场利用收益最大化原则分配和使用资金创造了条件。在欧洲货币市场出现之前，获得资金的主要渠道是国际组织贷款、政府信贷和国内货币市场的资金融通，前两种信贷规模有限而且附带一些借款人难以接受的苛刻条件；而传统国内货币市场由于政府干预形成一种各自为政的封闭局面，也很难为发展中部门和地区提供充足的资金。传统市场的资金流向受制于政府的经济目标，很难流入效益最高的部门和地区，而且这一市场上众多的规定也限制着非居民的筹资活动。

欧洲货币市场对世界经济发展的真正含义在于：它创造了一个高效率的国际资本流转地。第二次世界大战后，世界经济一体化的发展要求有个统一的国际货币市场，而国际分工的发生又依赖于这样一个市场的存在。在分配过剩资金方面，欧洲货币市场的积极作用主要表现在分配“石油美元”中起到一种资金“回流”作用。20世纪70年代爆发的两次石油危机，一方面使石油输出国手中的美元大增，另一方面造成了工业国和非产油国国际收支的恶化，这特别是给发展中国家带来了严重的负担。欧洲货币市场的优惠利率导致“石油美元”流入，并依靠它在世界各地的离岸中心重新分配给资金短缺的国家，使它们不必降低原有的发展速度，同时保持正常的消费水平。

从目前欧洲货币市场的资金流向分析：相当一部分是服务于跨国公司全球扩张这一目标，国内市场的狭窄性是无法满足跨国公司随时转移资金这种流动性较高的要求的。生产国际化要有与之相适应的资本运动的国际化，从这个意义上讲，跨国公司的发展是很难离开欧洲货币市场这个资本运作高度自由化的市场的。另外，欧洲货币市场亦为大宗贸易的实现提供了资金支持并且为贸易相关的技术转让创造了条件。在过去的30多年中，发达国家和发展中国家之间的贸易都呈数十倍的增长，许多国家之间的贸易需要欧洲货币市场的信贷支持，这为世界贸易的顺利进行提供了资金保证。

在对欧洲货币市场进行评价的同时，不能忽视其带来的一些弊端。欧洲货币市场虽然不是通货膨胀的直接原因，但它却为加剧的国内通货膨胀向他国的转移创造了机会。尤其是70年代后期以来，由于各国政府反通货膨胀政策之间缺乏协调，甚至彼此的经济目标相互矛盾，欧洲货币市场在转移通货膨胀方面的消极作用也更显著。一般来讲，欧洲货币市场上资金流动率是高于国内的，一旦国内金融政策或是利率水平发生波动，大量资金便会在两个市场间流动，在国内市场对资金的需求不增加的情况下，这种资金流动便会冲击国内市场；此外，还应当考虑到各国货币汇率的变动。欧洲货币市场不存在政府干预，当两个货币比价发生变动，外汇市场上就会针对汇率变动，产生资金流动，通常情况下升值较快的货币会受到集中的冲击，该货币为了维持汇率，就会增加本国货币的供给，从而使国内的通货膨胀加剧。这种通货膨胀便属于“输入”型膨胀。

除了高流动性外，欧洲货币市场中同业银行活动往往使资金拆借量超过实际需要，这也是造成信贷膨胀的一个潜在危险。

欧洲货币市场的另一个弊端是它使各国政府的经济政策难以达到预期效果。第二次世界大战后，各国政府为保证经济的稳步增长，对国内金融市场采取了不同的宏观控制。尽管我们不能将政府机构经济政策的失败完全归因于欧洲货币市场的存在，但这一个市场对各国政府经济政策的有效实施的确起到了一种阻滞作用。例如，美国政府在1976—1977年经济萧条时期曾推行放松银根的政策以刺激经济回升，减轻失业压力，但由于相对于欧洲货币市场，国内货币市场利率过低，不但没有达到经济回升的目的，反而促使资金流入欧洲货币市场，这时国内的市场利率反倒回升，造成了不利于扩大投资的经济气候。1979—1980年情况正好相反，当时，美国政府的经济政策是抑制严重的通货膨胀，紧缩银根，结果由于国内市场利率较高，又使欧洲货币市场的一部分资金流回美国，压低利率，使政府应对通货膨胀的政策失效。

纵观欧洲货币市场30多年来的发展，可以看出：作为战后金融市场的一种创新，它能够随着世界经济的变化而调整其内在结构，在很大程度上促进了国际分工的深入和贸易的发展，但也带来了一系列的弊端。有一点可以肯定，如果不是欧洲货币市场30多年来基本上符合世界经济发展的趋势，那么它是不会发展到今天这样的程度的。

课堂小讨论

欧洲货币市场是如何形成的？

本章小结

1. 国际金融市场的产生与发展。国际金融市场是随着国际贸易、资本输出以及生产国际化的发展而产生和发展起来的。19世纪中叶最先在英国伦敦形成。英国是当时最发达的资本主义国家，经济和金融发展较早，当时不仅经济位居世界首位，现代银行制度也最为完备，英镑成为当时最主要的国际结算和国际支付手段，伦敦随即成为国际资本借贷中心、外汇交易中心和国际结算等金融服务的中心。在第一次世界大战之后，其他资本主义国家，随着其对外贸易和资本输出的发展，相继在不同程度上成为国际金融市场，如美国的纽约、法国的巴黎、瑞士的苏黎世、德国的法兰克福等。

2. 国际金融体系通常是指对国际货币金融关系进行调节的各种规则、安排、惯例和组织形式，主要包括国际汇率制度、国际收支调节制度、国际流动性的创造和分配、国际资本流动的管理、国际货币金融政策的合作框架，以及国际金融机构在促进全球金融稳定方面的各种机制。百余年来，围绕上述内容，曾经有过多种不同的国际性制度安排，其中既有依靠市场自发形成的协调机制，也有借助政府间协定形成的协调与合作机制。国际金融体系实际上是世界经济发展的金融制度和环境。历史表明，一个理想的国际金融体系能够促进国际金融运行的协调和稳定，促进国际贸易和国际资本流动的顺利发展，并使各国公平合理地享受国际经济交往的利益；反之，则成为国际经济发展的阻碍因素。

3. 布雷顿森林体系是战后建立的一个十分独特的国际货币体系，在1944年7月“联合与联盟国家货币金融会议”上被首次确立。布雷顿森林体系是以美元和黄金为基础的金融汇兑本位制，其实质是建立一种以美元为中心的国际货币体系，基本内容包括美元与黄金挂钩、其他国家的货币与美元挂钩以及实行固定汇率制度。布雷顿森林货币体系的运转与美元的信誉和地位密切相关。

4. 商业票据市场最初是伴随商品流通而产生的债权债务凭证，是商业信用的一种工具。但是现在货币市场上交易的商业票据已与商业买卖相脱离，由非银行金融机构以及一些大的公司企业所发行，成为这些机构等筹措资金的工具。

5. 金融衍生工具，又称金融派生工具，顾名思义，是与原生金融工具相对应的一个概念。国际互换和衍生工具协会将金融衍生工具定义为：“旨在为交易者转移风险的双边合约。合约到期时，交易者所欠对方的金额由基础商品、证券或指数的价格决定。”

6. 伦敦黄金市场于1919年成立，1982年起开始进行期货交易，市场会员包括商业企业、银行机构及其他相关金融单位等，交易涉及广泛的领域，至今它仍然是世界最大的黄金投资集散地与交易场所。同时，伦敦也是黄金现货交易的一个国际化中心，全球各地的本地伦敦金都集中在伦敦金市结算。

7. 在牙买加体系下，各国实行以浮动汇率为主的多元化汇率安排，可以运用汇率机制、利率机制、IMF的短期贷款与干预、国际金融市场及商业银行的融资等多种手段对国际收支进行调节。但国际收支不平衡不但和国内经济发展状况有关，还受到国际其他国家货币政策等外因的影响，仅靠汇率调节很难实现外部均衡。在现有货币体系下，缺乏对国际收支调节的有效途径。牙买加协议中，国际货币基金组织虽然具有为各国提供资金融通的功能，但资金数量难以满足各国要求，基本无法在制度设计和约束上来敦促或帮助逆差国恢复国际收支平衡，而是完全由逆差国自行调节国际收支的失衡。

8. 布雷顿森林体系崩溃后，国际货币制度一度处于混乱无序的状态，直到1976年1月“20国委员会临时委员会”第五次会议上才就有关国际货币制度改革达成一致，所建立的新国际货币体系就是牙买加体系。牙买加协议下的国际货币体系是以世界贸易前五位国家的汇率为基础，按其贸易份额作为权数，进行加权平均而确定的“货币篮子”（即合成货币），以此作为特别提款权的价值标准。由于各主要贸易国家的贸易顺差和逆差可以相互抵消，所以新的定值标准比美元和黄金都要稳定。各国货币采取不同方式同美元或者特别提款权挂钩，并扩大了浮动的范围。

关键概念

国际金融市场　国际货币市场　国际资本市场　欧洲货币市场　欧洲美元

综合训练

7.1 单选题

1.2008年，美国对中国贸易金额占美国GDP的比重约为（　　）。

A.3%　　B.13%　　C.30%　　D.10%

2.中国和美国之间的贸易关系是（　　）。

A.中国对美国始终是贸易顺差

B.中国对美国始终是贸易逆差

C.金融危机后中国对美国是贸易顺差

D.金融危机后中国对美国是贸易逆差

3.目前，美元占全球储备（　　）。

A.78%左右　　B.62%左右　　C.46%左右　　D.25%左右

4.全球最大的外汇交易中心是（　　）。

A.伦敦　　B.东京　　C.纽约　　D.新加坡

5.以下是跨国借贷业务的集中地的国家是（　　）。

A.日本　　B.美国　　C.英国　　D.新加坡

7.2 多选题

1.欧洲主权债务危机爆发的根源在于（　　）。

A.危机国经济结构单一，缺乏国际竞争力，财政收入匮乏

B.欧元区国家财政纪律执行不严，在金融危机蔓延时放松了财政监控

C.国际投机者的恶意炒作起到了推波助澜的作用

D.欧洲各国债务通过金融体系传染，影响金融体系的稳定性

2.各国政府可以选择的国际收支调节手段包括（　　）。

A.外汇缓冲政策　　B.财政政策

C.货币政策　　D.汇率政策

3.（　　）共同构成第二次世界大战后国际经济的主要支柱。

A.国际货币基金组织　　B.国际金融公司

C.世界银行集团　　D.关税与贸易总协定

4.不属于影响汇率变动的最直接原因的是（　　）。

A.通货膨胀状况　　B.利率水平

C.政治事件　　D.国际收支状况

5.人民币升值可能对（　　）等几类企业的负面影响最大。

A.大型成套设备　　B.家电电工及一般机械制造

C.造船、汽车、钢铁、手机　　D.电子设备、办公设备、石油加工

7.3 思考题

1.碳排放权国际贸易对我国可能会产生哪些主要影响？

2.根据《京都议定书》的规定，各国除在本国进行减排工作之外，还可以通

过哪几种机制进行跨国的温室气体减排？

3.哪些因素会主导美元的走势？为什么？

4.为什么新兴市场国家所持有的黄金储备和发达国家相比相对较高？

5.黄金市场与外汇市场有哪些联系？

6.现代金融衍生工具是如何产生和发展起来的？

7.试述国际货币体系现状。

8.试述欧洲货币市场的影响。

第八章

国际资本流动

引例

1997年的东南亚金融危机

1997年7月，东南亚金融危机爆发，许多东南亚国家和地区的汇市、股市轮番暴跌，金融系统乃至整个社会经济受到严重创伤。危机爆发前夕，国际投资基金挟巨资大量抛售泰铢，致使泰国金融体系发生动荡，随即发生挤兑和金融银行股暴跌事件；5月份国际投资基金继续大量抛售泰铢，泰铢汇率暴跌至11年来最低点；至7月份，泰国不得不宣布放弃固定汇率制，此举引发多米诺骨牌效应，东南亚金融危机由此爆发。自泰铢放弃固定汇率制后，菲律宾、印度尼西亚、马来西亚等国相继实行浮动汇率制，在汇率制度的剧烈变动和对冲基金的猛烈攻击下，东南亚各国货币汇率连创历史新低，之后韩元大跌又引发第二轮风暴。危机使得东南亚各国汇市和股市接连下挫，大批金融机构倒闭，失业增加，经济衰退。1997年7月至1998年1月仅半年时间，东南亚绝大多数国家和地区的货币贬值幅度高达30%～50%，最高的印尼盾贬值达70%以上。同期，这些国家和地区的股市跌幅达30%～60%。据估算，在这次金融危机中，仅汇市、股市下跌给东南亚国家和地区造成的经济损失就达1 000亿美元以上。此次金融危机的爆发，其直接促发因素之一是国际金融市场上的游资冲击，即短期国际资本流动的影响。

那么什么是短期资本流动？国际资本流动的本质是什么？资本流动又与金融危机有什么样的关系？本章将进行相应的阐述。

第一节　国际资本流动概述

一、国际资本流动的定义

国际资本流动是指资本从一个国家或地区移动到另一个国家或地区，即资本在不同国家或地区之间作单向、双向或多向流动，具体包括：贷款、援助、输出、输入、投资、债务的增加、债权的取得、利息收支、买方信贷、卖方信贷、外汇买卖、证券发行与流通等。其实质是凭借它拥有的资本所有权形成对外债权，并以此获得利润以及利息收益。它与商品贸易或劳动力输入输出所引起的货币流通有本质区别。国际资本在流动中不产生所有权的转移，转移的仅仅是它的使用权，而后者则在商品或劳动力的交换中发生了货币所有权的转移。国际资本流动的结果通常反映在一国的国际收支平衡表的资本与金融账户中。

二、国际资本流动的类型

国际资本流动的基本方式由于划分标准的不同可分为多种类型，这里主要按资本使用期限的长短将其分为长期国际资本流动和短期国际资本流动两大类型。

（一）长期国际资本流动

长期国际资本流动是指使用期限在一年以上或未规定使用期限的资本流动，它包括国际直接投资、国际证券投资和国际贷款三个主要部分。

1.国际直接投资

国际直接投资是指以参与控制企业生产经营活动为主要形式，并以赢得最大收益为目的的投资。包括外国独资经营、合资经营、合资经营与合作开发、购买公司股权等。国际直接投资的投资项目一般较为稳妥，成功率高，同时也可获得较高的收益率，东道国在这方面优势更加明显。但是它也有不足之处，国外投资者可能为了保证核心技术的占有而只投入过时的技术与设备，而项目若安排不当也会对民族工业产生一定的冲击。另外，由此造成的对外国投资的依赖也是一个不容小觑的问题。

2. 国际证券投资

国际证券投资是指通过投资国际证券获取以利息为主的收益的投资方式。它与直接投资有着本质的区别。直接投资者除了获得相应的利润外，还拥有企业的经营管理权；而国际证券投资者只获得与证券面值相应的利息回报，并不拥有企业的经营管理权。国际证券投资成本低，操作灵活，因而在国际资本流动总额中比重最大，近年来成长速度也非常快。

3. 国际贷款

国际贷款主要包括国际金融组织贷款、政府贷款和商业贷款。第一种一般是期限长、利率低，主要面向成员方提供的优惠贷款，如世界银行的贷款和国际货币基金组织的贷款等。第二种是各国政府或政府部门之间发生的贷款，一般有期限长、利率低的特点，部分资金来自政府预算，但数额通常不大，目前主要有限制性贷款和无限制性贷款两种。第三种贷款一般包括商业银行贷款和中长期出口信贷等。

（二）短期国际资本流动

短期国际资本流动，是指期限为1年或1年以内或即期支付资本的流入与流出。它一般以票据为载体，这些票据包括一年以内的商业票据、银行承兑汇票、大额可转让存单等。其具体种类有银行资金流动、保值性资本流动、投机性资本流动、国际贸易资金流动等。短期国际资本流动一般投机性大，高风险与高收益并存，因此也是造成国际金融市场动荡的重要原因。它以小博大，可成倍放大投资效应，其带来的风险也是难以凭单个国家的力量来控制防范的，因而国际间的合作显得十分重要。

三、国际资本流动的原因

引起国际资本流动的原因很多，有根本性的、一般性的、政治的、经济的，归结起来主要有以下几个方面：

（一）过剩资本的形成或国际收支大量顺差

过剩资本是指相对的过剩资本。随着资本主义生产方式的建立，资本主义劳动生产率和资本积累率的提高，资本积累迅速增长，在资本的特性和资本家唯利是图的本性的支配下，大量的过剩资本就被输往国外，追逐高额利润，早期的国际资本流动就由此而产生了。随着资本主义的发展，资本在国外获得的利润也大量增加，反过来又加速了资本积累，加剧了资本过剩，进而导致资本对外输出规模的扩大，加剧了国际资本流动。近20年来，国际经济关系发生了巨大变化，国际资本、金融、经济等一体化趋势有增无减，加之现代通信技术的发明与运用，资本流动方式的创新与多样化，使当今世界的国际资本流动频繁而快捷。总之，过剩资本的形成与国际收支大量顺差是早期也是现代国际资本流动的一个重要原因。

（二）利用外资策略的实施

无论是发达国家还是发展中国家，都会不同程度地通过不同的政策和方式来吸引外资，以达到一定的经济目的。美国目前是全球最大的债务国。而大部分发展中国家，经济比较落后，迫切需要资金来加速本国经济的发展，因此，往往通过开放市场、提供优惠税收、改善投资软硬环境等措施吸引外资的进入，从而增加或扩大了国际资本的需求，引起或加剧了国际资本流动。

（三）利润的驱动

增值是资本运动的内在动力，利润驱动是各种资本输出的共有动机。当投资者预期一国的资本收益率高于他国，资本就会从他国流向这一国；反之，资本就会从这一国流向他国。此外，当投资者在一国所获得的实际利润高于本国或他国时，该投资者就会增加对这一国的投资，以获取更多的国际超额利润或国际垄断利润，这些也会导致或加剧国际资本流动。在利润机制的驱动下，资本从利率低的国家或地区流往利率高的国家或地区。这是国际资本流动的又一个重要原因。

（四）汇率的变化

汇率的变化也会引起国际资本流动，尤其自20世纪70年代以来，随着浮动汇率制度的普遍建立，主要国家货币汇率经常波动，且幅度大。如果一个国家货币汇率持续上升，则会产生兑换需求，从而导致国际资本流入；如果一个国家货币汇率不稳定或下降，资本持有者可能预期到所持的资本实际价值将会降低，则会把手中的资本或货币资产转换成他国资产，从而导致资本向汇率稳定或升高的国家或地区流动。在一般情况下，利率与汇率呈正相关关系。一国利率提高，其汇率也会上浮；反之，一国利率降低，其汇率则会下降。例如，1994年美元汇率下滑，为此美国连续进行了7次加息，以期稳定汇率。尽管加息能否完全见效，取决于各种因素，但加息确实已成为各国用来稳定汇率的一种常用方法。当然，利率、汇率的变化，伴随着的是短期国际资本（游资或热钱）的经常或大量的流动。

（五）通货膨胀的发生

通货膨胀往往与一个国家的财政赤字有关系。如果一个国家出现了财政赤字，该赤字又是以发行纸币来弥补，必然增加通货膨胀的压力，一旦发生了严重的通货膨胀，为减少损失，投资者会把国内资产转换成外国债权。如果一个国家发生了财政赤字，而该赤字以出售债券或向外借款来弥补，也可能会导致国际资本流动，因为，当某个时期人们预期到政府又会通过印发纸币来抵债务或征收额外赋税来偿付债务，则又会把资产从国内转往国外。

（六）政治、经济及战争风险的存在

政治、经济及战争风险的存在，也是影响一个国家资本流动的重要因素。政治风险是指由于一国的投资气候恶化而可能使资本持有者所持有的资本遭受损失。经济风险是指由于一国投资条件发生变化而可能给资本持有者带来的损失。战争风险，是指可能爆发或已经爆发的战争对资本流动造成的可能影响。例如“海湾战争”，就使国际资本流向发生重大变化，在战争期间许多资金流往以美国为主的几个发达国家（大多为军费）。战后安排又使大量资本涌入中东，尤其是科威特等国。

（七）国际炒家的恶性投机

所谓恶性投机，可包含这两种含义：第一，投机者基于对市场走势的判断，纯粹以追逐利润为目的，刻意打压某种货币而抢购另一种货币。这种行为的普遍发生，毫无疑问会导致有关国家货币汇率的大起大落，进而加剧投机，汇率进一步动荡，形成恶性循环，投机者则在“乱”中牟利。这是一种以经济利益为目的的恶性投机。第二，投机者不是以追求盈利为目的，而是基于某种政治理念或对某种社会制度的偏见，动用大规模资金对某国货币进行刻意打压，由此阻碍、破坏该国经济的正常发展。但无论哪种投机，都会导致资本的大规模外逃，并会导致该国经济的衰退，如1997年7月爆发的东南亚金融危机。一国经济状况恶化→国际炒家恶性炒作→汇市、股市暴跌→资本加速外逃→政府官员下台→一国经济衰退，这几乎已成为当代国际货币危机的“统一模式”。

（八）其他因素

其他因素如政治及新闻舆论、谣言、政府对资本市场和外汇市场的干预以及人们的心理预期等因素，都会对短期资本流动产生极大的影响。

四、国际资本流动的特征

20世纪80年代以来，国际资本流动出现了巨大变化，呈现出了一系列典型的特征：

（一）国际资本流动规模日益扩大

国际资本市场的规模主要指国际借贷（中长期）和国际证券投资的数量。至20世纪80年代末，该市场规模约5万亿美元，为1970年的34倍。据IBC统计，整个80年代，金融市场资本量每年递增16.5%，远超过世界商品贸易每年5%的增长，进入90年代后，该市场规模进一步扩大。据资料显示，截至1997年7月底，国际银行放款总额达99 698亿美元，放款净额达52 350亿美元，而至1997年12月，国际证券发行总量高达35 314亿美元。这里的证券发行包括国际债券、货币市场工具、欧洲票据等。如果再计算股票市场，则国际资本市场的规模将进一步膨胀。1997年多数发达国家股票市场达到了或接近创纪录的水平。美国道·琼斯指数在1992—1996年间翻了一番，1998年又突破9 000点大关，2010年以来更高达11 000点以上。同时也出现了一个新现象：金融产品的交易量与实物经济严重脱离。

（二）国际直接投资高速增长

20世纪80年代以来，国际直接投资出现了两个热潮期：一是80年代后半期。据统计，1986—1990年国际投资流出量平均每年以34%的速度增长；每年流出的绝对额也猛增，1985年为533亿美元，1990年高达2 250亿美元；国际直接投资累计总额从1985年的6 836亿美元，增至1990年的1.7万亿美元。二是1995年以后。1995年国际直接投资总量达3 150亿美元，增长40%；1996年达3 490亿美元，增长11%；1997年达4 240亿美元，增长25%。1997年全球国际直接投资并没有因亚洲金融危机而减少，而且各地普遍增长。

（三）国际外汇市场交易量扩大

国际金融市场中的短期资金和长期资金市场的流动，基本上都要反映到外汇市场的各种交易往来中。根据国际银行的估计，世界各主要外汇市场（伦敦、纽约、东京、新加坡、香港、苏黎世、法兰克福、巴黎等）每日平均外汇交易额在1979年为750亿美元，1984年扩大到1 500亿美元。1990年初国际清算银行一项调查资料表明，当时的全球外汇交易量每天已接近9 000亿美元；进入21世纪以来，全球外汇交易量每天达1.2万亿美元左右。

上述分析表明，国际金融市场上的资金流动，尤其是短期资金流动，已占主导地位。货币资本已脱离世界生产和国际贸易而独立运动，而由此形成的货币资本运动与商品运动相分离的现象，也构成了当代资本流动的一个重要特点。

（四）国际资本流动出现证券化趋势

近40年来，国际资本的证券化已经成为时代的潮流。据统计资料显示，1975年全世界的证券流动占国际资本总额的15%，而1991年已达到了75%。发达国家居民的金融资产中，证券形式的金融资产约占50%以上。国际清算银行的专家认为，国际资本证券化是一种健康的发展趋势，因为它本身能够使国际市场更高效地提供资本，从而导致金融服务费用的降低。

（五）跨国公司成为推动国际资本流动的主角

当代国际资本流动，尤其国际直接投资的主角是跨国公司。跨国公司拥有巨额的资本、庞大的生产规模、先进的科学技术、全球的经营战略、现代化的管理手段以及世界性的销售网络，其触角遍及全球各个市场，成为世界经济增长的引擎，对"无国界经济"的发展起着重大的推动作用。据统计，跨国公司的海外销售总额高达5.5亿美元，而世界出口总额仅为4万亿美元。跨国公司通过国外直接投资控制世界对外直接投资累计总额的90%，其资产总额占世界总产值的40%，贸易额占世界贸易额的50%，控制工业研究与开发的80%、生产技术的90%、世界技术转让的75%，以及发展中国家技术贸易的90%。

（六）对冲基金质变为风险基金

对冲基金（又称套利基金、套头基金、套汇基金）发源于20世纪50年代的美国金融市场，是指风险对冲过的基金。不过对冲基金自身本来就有一些风险特征，如大多数属于私募的合伙性质，因而管理机制具有隐蔽性、经营机制具有高投机性、市场具有高风险性。近几十年来，对冲基金迅猛发展并且发生质变，逐渐由原来的以抵消或规避风险为主旨的基金变成了风险基金，如罗伯逊的老虎基金、索罗斯的量子基金等。

第二节　国际资本流动理论

一、国际资本流动的一般理论

（一）现金移动理论

该理论认为，在典型的金本位制度下，只有当输出黄金偿付进口货物的货款比输出其他货币更便宜时，才会输出黄金。在静态条件下，通过黄金在各国间的移动，使各国的进出口贸易量维持原有水平，黄金在各国间的分配比例保持不变。在动态条件下，当一国由于技术进步等原因而使其财富的增长速度高于其他国家时，可对商品价格和进出口贸易量发生影响，从而改变贵金属在各国间的分布和移动状况。

（二）费雪的国际资本流动理论

该理论假定国际资本市场是完全竞争的，资本流出国与流入国都是利率的被动接受者，没有决定利率水平的能力，资本从拥有现时商品生产优势的国家流向拥有未来商品生产优势的国家。费雪认为，一国既定的资本存量既可用来生产现时商品，也可用来生产未来商品。在封闭经济条件下，政府必须合理配置资本，以满足消费者当前消费需求和未来消费需求。但由于各国的自然禀赋不同，各国在生产现时商品和未来商品上的资本配置比例不同，因而实际利率不等。高利率国在生产未来商品方面具有比较优势，低利率国在生产现时商品方面具有比较优势。为了实现福利最大化，低利率国家的资本就向高利率国家流动。

（三）曼德尔的国际资本流动理论

该理论的要点是，在两国生产函数相同的情况下，国际投资与国际贸易可以完全替代。国际资本流动起因于国际贸易管制，因而在自由贸易条件下，国际资本流动因为没有利益存在，所以不可能发生。

（四）麦克格尔的国际资本流动理论

该理论又称完全竞争理论，是一种用于解释国际资本流动的动机及其效果的理论，它实际是一种古典经济学理论。这种理论认为：国际资本流动的原因是各国利率和预期利润率存在差异，认为各国的产品和生产要素市场是一个完全竞争的市场，资本可以自由地从资本充裕国向资本稀缺国流动。例如，在19世纪，英国大量资本输出就是基于这两个原因。国际间的资本流动使各国的资本边际产出率趋于一致，从而提高世界的总产量和各国的福利。

（五）弗莱明和蒙代尔的国际资本流动理论

弗莱明和蒙代尔认为，在开放经济条件下，当存在国际资本流动时，国际收支平衡就体现为经常账户和金融与资本账户作为一个整体的平衡。假定预期汇率不变，在影响经常账户收支的主要因素既定的情况下，利率是影响国际资本流动的最主要因素，本国一次提高利率，可以带来持续的资本流入。

（六）资产组合理论

资产组合理论的核心观点是：投资者在追求较高预期投资收益的同时，希望承担尽可能小的风险。资产组合理论的基本结论有：投资者出于降低风险的考虑，会将其财富分配于多种资产；投资者对特定资产的需求与该资产的预期收益正相关，与该资产的风险负相关；投资者对特定资产的需求与投资者的财富总量正相关，当投资者财富总量增加时，对各种资产的需求也随之增加；当某种资产同其他资产的收益反方向变动时，持有各种资产组合的收益就越大，对该资产的需求也就越大。

二、国际直接投资理论

（一）以产业组织理论为基础的投资理论

20世纪70年代是跨国公司迅猛发展的年代。联合国跨国公司中心公布的资料显示，1973年全球共有跨国公司9 481家，拥有子公司30 000家以上。跨国公司的发展，使它日益成为国际投资的主体，引起了人们的普遍关注。仅以美国为例，美国跨国公司在整个70年代对发达国家的直接投资就从510亿美元增至1 571亿美元，增长2.08倍。跨国公司的海外投资活动，给国际投资带来了一系列的新问题，并向传统的国际资本流动理论提出了挑战。因为跨国公司海外投资的原因不能从传统的利润差异上得到解答，尤其是在一个有效益的资本市场可以将货币从低利国转移到高利国的情况下，纯粹的利益无法解释海外的直接投资。于是，“产业组织论”便应运而生了。

1.垄断优势论

该理论最早由美国学者金德尔伯格（C.P.Kindleberger）和海默（S.A.Hymer）等人提出。所谓垄断优势，是指跨国公司所拥有的“独占性的生产要素优势”，包括高资本集约程度、先进的技术、高强的开拓新产品的能力、完善的销售系统以及科学的经营管理方式等。

该理论认为，企业之所以要对外直接投资，是因为它具有东道国同类企业所没有的垄断优势。这种垄断优势又源于市场的不完全性。由于市场的不完全性，垄断资本集团对于某些工业部门以及由此形成的垄断优势，包括产品差别优势、知识资产优势、因内部经济和外部经济所形成的规模经济优势，以及因政府对进口或产量限制而产生的优势，是国际直接投资成功的必要条件。虽然在与当地企业的竞争中，在运输、通信成本及了解当地的文化、法律、经济环境等方面处于不利地位，但是，跨国公司正是利用自身拥有的垄断优势克服了这些劣势，创造了比东道国企业高得多的利润。因此，垄断优势理论认为，跨国公司通过建立垄断优势追求最大限度的利润，是国际直接投资的根本原因。

该理论后来被众多学者在不同的角度上加以发展和完善。如赫希（S.Hirsch）从生产和科研开发的模型经济效益上强调了直接投资的成本降低作用；夏派罗（D.M.Shapiro）在研究了外国在加拿大的投资后得出结论：大型的高科技企业，比一般性的企业更具有进入或退出某行业的能力，资本流动性更强更灵活，因此，它们有能力在合适的地方投资，而不受国界限制；克鲁格曼（P.R.Krugman）和凯夫斯（R.E.Caves）观察到直接投资通常分两类，一类是“平行投资”，另一类是“垂直投资”。他们通过产品模型论证了垂直投资是为了整个生产过程一体化，避免上游产品或原材料价格扭曲和供给波动，在海外设立分支机构以保障供给，降低成本，增加垄断实力的结果。

2.市场内部化理论

在产业组织论基础上产生的另一种投资理论即巴克利（P.J.Buckley）和卡森（M.C.Casson）的市场内部化理论或市场不完善论。市场内部化是指把市场建立在公司内部，以公司内部市场取代外部市场交易的过程。利用技术专利进行直接投资和生产活动，在较大范围内建立生产经营实体，形成内部交换体系，从而创造出企业内部市场，通过企业内部的技术转让实现横向一体化。这种规模的内部经济只是将同样的国内生产活动扩展到海外地区，由于技术没有代价，因此跨国公司可以获取最大限度的利润。

该理论认为，由于外部市场的不完全性，如果将企业拥有的半成品、工艺技术、营销诀窍、管理经验和人员培训等“中间产品”通过外部市场进行交易，就不能保证企业实现利润的最大化。企业只有利用对外直接投资方式，在较大的范围内建立生产经营实体，形成自己的一体化空间和内部交换体系，把公开的外部市场交易转变为内部市场交易，才能解决企业内部资源配置效率与外部市场的矛盾。这是因为内部化交易会使交易成本达到最小化，在内部市场里，买卖双方对产品质量与定价都有准确的认识，信息、知识和技术也可得到充分的利用，从而减少贸易风险，实现利润最大化。

该理论认为，外部市场的不完全性体现在很多方面，主要有：（1）垄断购买者的存在，使议价交易难以进行；（2）缺乏远期的套期市场，以避免企业发展的风险；（3）不存在按不同地区、不同消费者而实行差别定价的中间产品市场；（4）信息不灵；（5）政府的干预等。为了减少这些市场不完善所带来的影响，使企业拥有的优势和生产的中间产品有理想的收益，企业一般都会投资于海外。

该理论进一步指出，市场最终能否内部化，取决于以下四个因素：产业特定因素（产品性质、外部市场结构和规模经济等）、地区特定因素（地理距离、文化差异、社会特点等）、国家特定因素（国家的政治制度、财政制度等）和公司特定因素（不同企业组织内部市场管理能力等）。其中最关键的是产业特定因素。

这种理论是对付市场不完全性的一种有力措施。它解释了通过直接投资所建立的跨国公司，可以取得内部化的优势——降低交易成本并减少风险。它也在一定程度上或一定范围内解释了战后各种形式的对外直接投资，包括跨国经营的服务性行业的形成与发展，如跨国银行等。但这种理论仅是一种微观的分析，没有从世界经济一体化的高度分析跨国公司的国际生产与分工，并且也忽视了工业组织与投资场所等问题。

3.产品周期论

与产业组织理论相关的另一个国际投资理论是维农（R.Vernon）的“产品周期论”。维农认为，企业产品生产周期的发展规律，决定了企业需要占领海外市场并到国外投资。他指出，产品在其生命周期的各个阶段各有特点。首先是产品的创新阶段。在这一阶段，创新国生产出新产品并垄断了生产技术，在国内生产并主要在国内市场销售，国外消费者受认识时滞影响需求较少。其次是产品成熟阶段。在这一阶段，产品的生产工艺和技术趋于标准化，生产厂商增多，国内竞争日趋激烈，消费的价格弹性增大。同时，随着产品的出口，技术也会逐渐外泄，国外也出现了同类竞争者。为了最大限度地获取利润，开始通过直接投资在外国建立分支机构，以降低生产和销售成本，抑制国外的竞争对手。直接投资的地区一般是那些收入水平和技术水平差异不大的国家和地区。最后是产品标准化阶段。激烈的竞争导致产品和技术完全标准化。这时，生产者之间的竞争主要表现在价格方面。为了降低成本，取得竞争优势，跨国公司加快直接投资，在国外建立子公司或其他分支机构，把标准化的工艺技术转移到生产成本低的国家和地区。同时，部分直接投资的产品返销国内，以满足国内市场的需要。

4.技术周期论

另一位学者玛基（S.P.Masee）从技术、信息寻租的角度提出了与维农理论相似的“技术周期论”。它强调了跨国公司创造新技术的寻租动机对海外投资的影响。该理论认为，企业花费巨资创造出技术和“信息”，是企图通过这些技术和信息来生产和销售相关的产品以获得垄断性的租金。在研制开发阶段，跨国公司倾向于在本国严格控制这些技术，不会转移它们。在实用阶段，跨国公司在寻求最大租金目的的驱动下，会将资本输出到海外以设立分支机构，并通过这些分支机构转移技术。随着跨国公司在海外投资的增加，生产规模的扩大，其技术周期就达到了成熟阶段，这时，跨国公司在海外的投资规模又会随着其技术的过时而逐渐缩小。

上述种种与产业组织理论有关的国际投资理论都有一个共同的特点，就是在产业组织的基础上从产业组织行为角度分析垄断优势对跨国公司海外投资的影响。垄断优势论侧重于跨国公司总的垄断优势的制约性影响，并且强调这种优势是产业组织角度上的优势而非国别优势，这就正确地指出了跨国公司在国际直接投资中的主体作用。市场内部化理论或市场不完善论强调的重点在于跨国公司寻求生产成本最小化的动机，这也是正确的，因为成本最小化即意味着利润最大化。产品周期论侧重于分析跨国公司产品发展的不同阶段跨国公司是如何争取最有利的生产条件，保持其垄断优势及它对国际投资的影响。这在一般情况下也是正确的。技术周期论强调了跨国公司创造新技术的寻租动机对海外投资的影响，它的论点与产品周期论相似。就跨国公司多数是有技术开发优势的大公司而言，这个理论也有其独特的作用。但是，所有上述理论都有一个缺陷，就是将跨国公司的对外直接投资的内在动因与外在客观条件混为一谈，混淆了跨国公司在全球范围内追逐垄断高额利润的性质及与其所具有的全球生产、销售能力和其他客观条件的区别。这些理论无法解释一些未拥有技术等垄断优势的企业海外投资的动机，以及一些国家在国外直接开发新产品的投资行为等问题。

（二）侧重于国际投资条件的理论

1.国际生产综合理论

国际生产综合理论以市场不完全为前提条件，认为跨国公司的对外直接投资，是由所有权优势、内部化优势和区位优势这三个基本因素综合决定的。所有权优势是指与东道国竞争对手相比，企业必须具备某些独特的生产要素禀赋、专门技术、管理和推销技巧、专利、研究开发能力、产品差别等。内部化优势说明企业如何通过对外直接投资提高经济效益。区位优势是指东道国特殊的地区禀赋提供了更有利的投资条件，包括东道国的自然条件、经济条件、制度条件。区位优势说明了跨国企业为什么要到特定的国家进行直接投资。跨国直接投资的企业，必须具备企业专有优势和生产国际化优势，同时东道国还须具备区位优势。

2.分散风险论

20世纪70年代中期发展的有关投资条件的另一种理论是“分散风险论”。其前期代表人物是凯夫斯（R.E.Caves）和斯蒂文斯（G.V.Stevens）。他们从马科维茨的证券组合理论出发，认为对外直接投资多样化是分散风险的结果。直接投资中“水平投资”的目的在于降低市场的非确定性，减少产品结构单一的风险；而“垂直投资”是为了避免上游产品和原材料供应的非确定性风险。厂商分散风险的原则是，在一定的预期报酬下，把风险降至最低。因此，厂商会选择在不同的国家和地区进行投资。跨国公司对外直接投资是代表其股东进行分散风险的投资，不同国家和地区直接投资收益的不相关性为分散风险提供了有效的途径。跨国公司在直接投资的过程中，发挥了分散风险的金融中介作用。

该理论的后期代表人物阿格蒙（T.Agmon）和李沙德（D.Lessard）还认为，跨国公司对外直接投资是代表其股东作为分散风险的投资，不同国家和地区直接投资收益的不相关性为个人分散风险提供了很好的途径，甚至是证券投资无法提供的途径，因为证券市场资本移动成本较高且制度不完善。另一学者阿德勒（M.Adler）认为，既然跨国公司是直接代表股东做出投资决策的，个人证券投资上的限制不一定会导致对外直接投资，只有当外国证券市场不完善，不能满足个人投资需要时，跨国公司的直接投资才会进行。在这种情况下，跨国公司起到了分散风险的金融中介作用。

分散风险论把证券投资与直接投资联系起来考察，把发展中国家证券市场的不完善看成是直接投资的一个因素，应该说是有它正确的一面的，它从另一个角度补充了以前投资理论的不足。20世纪80年代以来，随着发展中国家证券市场的逐步完善，证券投资逐渐成了最主要的投资形式。这证明，直接投资与证券投资具有互补作用。我国目前正在大力改善外商投资环境，争取吸引更多的外国投资。但我们不应忽视进一步发展和完善我国证券市场的作用，因为根据分散风险理论，证券投资是外国企业首先考虑的投资形式。随着我国证券市场的不断完善，通过这一途径吸收的外资一定会大大增加。

（三）从金融角度出发的投资理论

进入20世纪80年代后，国际投资的格局发生了很大的变化。美国从最大的资本输出国地位上逐渐衰败下来，日本、德国等其他发达国家的海外投资急剧上升。美国成了它们竞相投资的对象，到1985年，美国竟成了最大的资本输入国。与此同时，一些新兴的工业化国家也开始大举向海外投资。与国际投资格局变迁相应的变化是国际金融市场的作用在国际资本流动中越来越大，新兴的国际金融中心一个个出现并借助于科技革命的成果联为一体，新创的融资手段和融资方式也层出不穷。国际银团和金融寡头已取代产业性的跨国公司成为国际投资的主宰。所有这些，都对以往的国际投资理论提出了新的挑战。于是，从金融角度出发研究分析国际投资的理论便成为80年代以来新投资理论的共同特点。

1.货币汇率论

阿里伯（R.Aliber）的“货币汇率论”是较早从金融角度提出来的一种投资理论。他认为，以往所有理论既未能回答为什么这些企业具有获得外国资产的优势，也未提供任何投资格局上的意见，即为什么某些国家输出资本，另一些国家输入资本，更不能解释投资格局为什么会变化。

他指出，60年代美国资本市场上有一种优势，这种优势来源于美国及世界各国的投资者有以美元计算债务的偏好，这反映了以美元计算的利率在用预期汇率波动调整后比其他货币的利率低。由此可以得出一个结论，即投资者将要以较高的代价去获得1美元的股息收入，反过来这就意味着美国公司在购买外国股权时能够比其他国家的公司付更高的价格。他认为，整个60年代美国海外投资的高涨是美元高估的结果。随着70年代浮动汇率的实行，美元大幅度下跌，美国股市价格就下降，外国股市价格上涨。此时，总部在欧洲、日本的企业就愿付较高的价格购买美国的企业了。阿里伯指出，国际投资的格局可以从总部设在不同国家的企业市价涨落中得到衡量。总部所在地公司的市价下跌，资本就流入，市价上升，资本就输出。总部所在地不同的企业市场价格上的变化是名义汇率、通货膨胀率变化的反映。因此，他认为硬货币国家会向软货币国家进行直接投资。

阿里伯的这个理论比较正确地分析了汇率变动对国际直接投资的影响，他试图用汇率来解释他所观察到的国际投资格局的变化和美国对外投资的相对萎缩。但是，汇率是货币实际价格变化的反映，是国际经济实力变化的反映，而不是这种变化的原因。因此，汇率对直接投资的影响只是现象，真正导致国际资本流动格局变化并制约国际投资行为的力量，是各国垄断资本相对优势和相对发展速率的变化，而这种变化又是资本主义发展不平衡规律作用下的结果。

2.国际金融中心论

另一个从金融角度分析国际投资理论的是里德（H.C.Reed）于80年代提出的“国际金融中心论”。里德认为，所有以前的国际投资理论都忽视了国际金融中心在决定国际投资区域、规模和格局中的作用，而国际金融中心对国际投资活动是非常重要的，它不仅是国际清算中心、全球证券投资管理中心、通信交流中心、跨国银行中心，而且还是国际直接投资中心。里德指出，国际化公司追求的不是一般观点所认为的收入最大化或成本最小化，而是营运效益最优化，即其发行的股票价格和其债券利息最大化，这可以使企业在商品市场和资本市场两个方面增强竞争力。跨国公司的经营效益是由国际金融中心来评估的，而评估的结果是通过跨国公司发行的股票债券的价格升降来反映的。国际金融中心通过跨国公司资本比例、经营政策的评估，对国际直接投资发生作用。例如，当国际金融中心认为某个公司的借贷比例过高，海外资产发展过快时，就会降低该公司证券的市场价格，该公司经营效益就下降，公司股东和债权者收益也就下降，这实际上意味着公司整个资本分布的效益可能很低。于是，这就会迫使该公司调整投资战略和经营方针，收缩其在海外的投资。如果该公司对金融中心的评估不予理睬，那么金融中心可能会进一步降低其证券的价格，迫使该公司做出反应。这样一来，国际金融中心及在金融中心的融资活动中占统治地位的大银行、保险公司、共同基金等金融垄断资本就控制了国际直接投资活动。

里德的国际金融中心论，正确地指出了80年代以国际金融中心为代表的国际金融寡头对国际资本流动的控制和影响。正是这些国际垄断财团在操纵着国际证券市场价格与国际资本的流向和流量，在全球范围内追逐高额垄断利润。但是，里德虽然正确地指出了国际金融中心的影响，却并未把握住它的本质，产业资本与金融资本并不是截然可分的，它们是融在一起的。而且这个理论分析上的错误也是明显的。它将企业证券价格的涨跌与企业经营效益的关系颠倒了，好像企业经济效益下降是由企业证券价格下跌所致，其实证券价格下跌只是企业经营不佳的反映。虽然金融中心的垄断资本可以操纵影响企业证券的价格，但是这个关系不会颠倒，因为垄断资本不会也无法将一个经营不良、盈利不佳的企业的证券维持在一个高价位上。

3.投资发展阶段论

唐宁在1982年对折中主义理论作了动态化的发展，提出了投资发展阶段论。这种理论认为一个国家的投资流量与该国的经济发展水平有着密切的关系。同时它提出了对外投资周期的概念，把利用外资与对外投资阶段性划分为四个阶段：利用外资很少，没有对外投资；利用外资增多，少量对外投资；利用外资与对外投资增长速度都很快；对外投资大致等于或超过利用外资。唐宁据此认为，发达国家一般都已经历了这四个阶段，发展中国家和地区已由第一阶段进入第二阶段，中国台湾地区、中国香港地区、新加坡、韩国等新兴工业群正在迅速从第二阶段转入第三阶段或已进入第三阶段。利用动态化的国际生产综合理论或折中主义论来解释投资的发展阶段，并由此证明一国的国际投资流量总是与经济发展水平密切相关的。

这一理论还认为，在经济发展的第一阶段，本国几乎没有所有权特定优势和内部化优势，有的话也是极其脆弱，外国的区位优势本国也不能予以利用，而本国的区位优势对外国投资者又欠吸引力。因此，没有资本输出，只有少量的资本流入。在第二阶段，国内市场得到了扩大，购买力也相应有所提高，市场交易成本也下降，资本流入开始增加，这时资本流入（即利用外资）可分为两种类型，即进口替代型和带动出口型。在这一阶段引进外资是关键一着，为此，该国就要创造区位的优势，如改善投资环境，健全法律制度以及疏通专业渠道等。第三阶段，国内经济水平这时有较大幅度的提高，对外投资又有可能因为前阶段引进技术对本国资源的开发，使所有权特定优势不断增强，原来外国投资者的优势相对消失，而外国市场区位也有较大的吸引力。第四阶段，经济已相当发展或高度发达，一般都拥有所有权特定优势、内部化优势，并且能利用其他国家的区位特定优势，这时该国就积极向外进行直接投资了。

可见，这个理论与折中主义理论是一脉相承的，只是把后者予以动态化而已，用动态化的四个阶段阐明了直接投资与经济发展的相关性，并阐明一国之所以能参与对外直接投资，是因为具有了所有权、内部化和区位等三个方面的相对优势并予以配合的结果。

需要指出的是，这个理论有一定的现实意义，有助于发展中国家充分利用外资创造区位条件，也有助于发展中国家利用自己的相对优势对外进行适当的投资，并向国际市场挺进。

4.产业内双向投资论

产业内双向投资论是根据近20年国际资本流向发生的重大变化，特别是资本在发达国家之间流动，并集中利用相同产业内部的现象提出来的。经济学家对此进行了广泛的研究，并试图解释这一现象。E.M.格雷汉指出，之所以会出现双向投资，是在于“跨国公司产业分布的相似性”，相似的东西容易接近。

唐宁则指出，双向的投资主要集中在技术密集型部门，传统部门则投资比例不高。原因如下：首先，发达国家间水平相近，但没有一个企业拥有“独占的”所有权特定优势，而若干个公司才能拥有几乎相近的所有权优势。其次，各公司为了获得联合优势，以及获得规模经济的利益，同时为得到东道国较低成本的好处，就进行双向投资。最后，发达国家收入水平相近，需求结构也基本相似，这样对异质产品的需求不断扩大，就会产生发达国家之间的产业内国际贸易的倾向，一旦产业内贸易受到阻碍，则市场内部化的要求就会导致产业内双向投资的出现。

海默和金德尔伯格也对这一现象进行了解释，提出“寡占反应行为说”。他们认为各国寡头垄断组织为获取或保住在国际竞争中的地位，会通过在竞争对手的领土上占领地盘即“寡占”这个形式来进行，而产业内直接投资只是这种“寡占”竞争的重要手段。

此外，近年来出现的安全港理论，也能解释双向投资的行为。该理论的核心观点是：在发展中国家投资收益虽较发达国家高，但安全性弱，法律保障程度小，即要承担极大的政治经济风险。因此，宁愿把资本投往发达国家，取得较为稳定的收益，而产业内部条件相近，投资见效也较快，亦可更迅速地获得利润。可见，该理论的运用很容易导致双向投资的增长。

三、国际间接投资理论

该理论也称国际证券投资理论，主要研究的是在各种相互关联的、确定与不确定结果的条件下，理性投资者该如何做出最佳投资选择，以降低投资风险，实现投资收益最大化的目标。该理论主要有两种，一是古典国际证券投资理论，二是现代证券投资组合理论。

（一）古典国际证券投资理论

该理论产生于国际直接投资和跨国公司迅猛发展之前。它认为，国际证券投资的起因是国际间存在的利率差异，如果一国利率低于另一国利率，则金融资本就会从利率低的国家向利率高的国家流动，直至两国的利率没有差别为止。进一步说，在国际资本能够自由流动的条件下，如果两国的利率存在差异，则两国能够带来同等收益的有价证券的价格也会产生差别，即高利率国家有价证券的价格低，低利率国家有价证券的价格高，这样，低利率国家就会向高利率国家投资购买有价证券。

该理论也有一定的不足之处。首先，它仅说明了资本从低利率国家向高利率国家的流动，而未能说明资本为何存在大量的双向流动。其次，它以国际资本自由流动为前提，这与现实不符，在现实中各国对资本流动的管制处处可见。再次，即使国家间存在利率差异，也并不一定会导致国际证券投资。最后，该理论仅以利率作为分析问题的基点，有失准确性。

（二）现代证券投资组合理论

该理论亦称资产组合理论，是美国学者马科维茨（H.M.Markowitz）于20世纪50年代在其《有价证券选择》一书中首先提出的，后来托宾（J.Tobin）又发展了该理论。该理论采用“风险-收益考察法”来说明投资者如何在各种资产之间进行选择，形成最佳组合，使投资收益一定时，风险最小，或投资风险一定时，收益最大。

该理论认为，所有资产都具有风险与收益两重性，在证券投资中一般投资者的目的，是获得一定的收益。但是收益最高伴随着的风险也是最大，可能本金也会损失掉。风险由收益率的变动性来衡量，采用统计上的标准差来显示，投资者根据他们在一段时期内的预期收益率及其标准差来进行证券组合，即投资者把资金投在几种证券上，建立一个“证券组合”，通过证券的分散来减少风险。但是在一段时间内投在证券上的收益率高低是不确定的，这种不确定的收益率，在统计学上称为随机变量，马科维茨借用它的两种动差，即集中趋势和分散趋势来说明证券投资的预期收益及其标准差。预期收益用平均收益来代表，它可以看作衡量与任何组合证券投资相联系的潜在报酬。标准差则说明各个变量对平均数的离散程度，以表示预期收益的变动性大小，来衡量与任何组合的证券投资的风险大小。因此投资者不能只把预期收益作为选择投资证券的唯一标准，还应该重视证券投资收入的稳定性。多种证券组合可以提高投资收益的稳定性，同时也降低了投资风险，因为在多种证券组合中不同证券的收益与损失可以相互抵补，起着分散风险的作用。作为投资者可能选择不同国家的证券作为投资对象，从而引起资本在各国之间的双向流动。

现代证券组合理论指出了任何资产都有收益和风险的两重性，并提出以资产组合方法来降低投资风险的思路，揭示了国际间资本双向流动的原因，因此有其进步性和合理性。但该理论主要用于解释国际证券资本流动，而对国际直接投资却未作任何解释。此外，该理论假设市场是充分有效的，参与者都同时可以得到充分的投资信息，这与现实情况不符，因此，该理论也有它的缺陷。

第三节 国际债务危机

一、国际债务及国际债务危机的内涵

国际债务指在任何特定时间一国居民欠非居民的、已使用尚未清偿的、具有契约性偿还义务的全部债务。在理解国际债务的内涵时必须注意以下几点：首先，它必须是居民与居民之间的债务。其次，它必须是具有契约性偿还义务的债务，即具

有法律约束力。再次，它必须是一定时期的外债余额。最后，“全部债务”当然包括外币，但也包括本币债务，和实物形态构成的债务。只有满足这些条件的债务才能被称为国际债务。国际债务与国际资本相互联系又截然不同。国际资本比国际债务的范围更广，包括借贷资本和直接投资。而国际债务只是需要还本付息的资本流动。

国际债务危机也是国际金融危机的一种表现形式，是指作为债务人的一国政府、机关、企业，在一特定的、比较集中的时期内，因支付困难不能履行对外的债务契约，按期还本付息，致使债权人受到呆账损失或威胁的一个经济过程。表现为大量的公共或私人部门无法清偿到期外债，一国被迫要求债务重新安排和国际援助。国际债务危机的爆发是国内、国际因素共同作用的结果，但外因往往具有不可控性质，且外因总是通过内因而起作用。因此，从根本上说债务危机产生的直接原因是内因，即对国际资本盲目借入、使用不当和管理不善而导致的结果。

国际债务危机不仅仅只影响债务国和债权国本身，对整个国际金融环境都会有所影响。在面对难于应付的债务问题时，一些重债国可能会宣布违约，从而影响债权国，甚至由于“蝴蝶效应”影响整个金融环境。另外，债务国在巨大的外债压力下可能被迫实施紧缩性的经济政策，以减少进口，用牺牲经济增长速度的办法换取国际收支经常项目的顺差，从而影响包括债权国在内的其他国家。因为一国进口的下降实际意味着另一国的出口下降。总而言之，在避免严重的国际债务问题上，世界各国具有一致的利益。

二、国际债务危机爆发的原因

（一）外债规模膨胀

如果把外债视为建设资金的一种来源，就需要确定一个适当的借入规模。因为资金积累主要靠本国的储蓄来实现，外资只能起辅助作用；而且，过多地借债如果缺乏相应的国内资金及其他条件的配合，宏观经济效益就得不到应有的提高，进而可能因沉重的债务负担而导致债务危机。现在国际上一般把偿债率作为控制债务的标准。因为外债的偿还归根到底取决于一国的出口创汇能力，所以举借外债的规模要受制于今后的偿还能力，即扩大出口创汇能力。如果债务增长率持续高于出口增长率，就说明国际资本运动在使用及偿还环节上存在着严重问题。从理论上讲，一国应把当年还本付息额对出口收入的比率控制在20%以下，超过此界限，借款国应予以高度重视。

（二）外债结构不合理

在其他条件相同的情况下，外债结构对债务的变化起着重要作用。外债结构不合理主要表现有：

1.商业贷款比重过大

商业贷款的期限一般较短，在经济较好或各方一致看好经济发展时，国际银行就愿意不断地贷款，因此这些国家就可以不断地通过借新债还旧债来“滚动”发展。但在经济发展中一旦出现某些不稳定因素，如政府的财政赤字、巨额贸易逆差或政局不稳等使市场参与者失去信心，外汇储备不足以偿付到期外债时，汇率就必然大幅度下跌。这时，银行到期再也不愿贷新款了。为偿还到期外债，本来短缺的外汇资金这时反而大规模流出，使危机爆发。

2.外债币种过于集中

如果一国外债集中于一两种币种，汇率风险就会变大，一旦该外币升值，则外债就会增加，加大了偿还困难。

3.期限结构不合理

如果短期外债比重过大，超过国际警戒线，或未合理安排偿债期限，都会造成偿债时间集中，若流动性不足以支付到期外债，就会爆发危机。

（三）外债使用不当

借债规模与结构确定后，如何将其投入适当的部门并最大地发挥其使用效益，是偿还债务的最终保证。从长期看，偿债能力取决于一国的经济增长率，短期内则取决于它的出口率。所以人们真正担心的不是债务的规模，而是债务的生产能力和创汇能力。许多债务国在大量举债后，没有根据投资额、偿债期限、项目创汇率以及宏观经济发展速度和目标等因素综合考虑，制定出外债使用走向和偿债战略，不顾国家的财力、物力和人力等因素的限制，盲目从事大工程建设。由于这类项目耗资大、工期长，短期内很难形成生产能力、创造出足够的外汇，从而造成债务积累加速。同时，不仅外债用到项目上的资金效率低，而且还有相当一部分外债根本没有流入到生产领域或用在资本货物的进口方面，而是盲目过量地进口耐用消费品和奢侈品，这必然导致投资率的降低和偿债能力的减弱。而不合理的消费需求又是储蓄率降低的原因，使得内部积累能力跟不上资金的增长，进而促使外债的进一步增加。有些国家则是大量借入短期贷款在国内作长期投资，而投资的方向主要又都是房地产和股票市场，从而形成泡沫经济，一旦泡沫破灭，危机也就来临了。

（四）对外债缺乏宏观上的统一管理和控制

外债管理需要国家对外部债务和资产实行技术和体制方面的管理，提高国际借款的收益，减少外债的风险，使风险和收益达到最圆满的结合。这种有效的管理是避免债务危机的关键所在。其管理的范围相当广泛，涉及外债的借、用、还各个环节，需要政府各部门进行政策协调。如果对借用外债管理混乱，多头举债，无节制地引进外资，往往会使债务规模处于失控状态和债务结构趋于非合理化，它妨碍了政府根据实际已经变化了的债务状况对政策进行及时调整，而政府一旦发现政策偏离计划目标过大时，偿债困难往往已经形成。

（五）外贸形势恶化，出口收入锐减

由于出口创汇能力决定了一国的偿债能力，一旦一国未适应国际市场的变化及时调整出口产品结构，其出口收入就会大幅减少，经常项目逆差就会扩大，从而严重影响其还本付息能力。同时巨额的经常项目逆差进一步造成了对外资的依赖，一旦国际投资者对债务国经济前景的信心大减，对其停止贷款或拒绝延期，债务危机就会爆发。债务危机严重干扰了国际经济关系发展的正常秩序，是国际金融体系紊乱的一大隐患，尤其对危机爆发国的影响更是巨大，会给经济和社会发展造成严重的后果。

三、国际债务规模的监测指标

（一）偿债率

偿债率指当年还本付息额与当年商品和服务出口收入的比率，这是衡量一国还款能力的主要参考数据。用公式表示为：

$$偿债率=\frac{当年还本付息金额}{当年商品和服务出口收入}\times 100\% \tag{8.1}$$

一般认为，一国的对外债务当年还本付息总额不能超过该国当年出口总收入的20%，超过这一界限就可能造成部分债务难以清偿，因此国际上把这一比率称为“警戒线”。

（二）利息清偿率

利息清偿率是指当年还本付息额与出口收入之间的比率，它可以较为准确地反映对外债务的流动性状况。用公式表示为：

$$利息清偿率=\frac{当年还本付息金额}{当年出口收入}\times 100\% \tag{8.2}$$

在使用这一指标时仍要注意一些问题，如假定债务国能够通过继续借款来支付利息，是不是就没有债务问题了？

（三）债务率

债务率指一国外债余额与当年商品和服务出口外汇收入的比率，这是衡量一国负债能力和风险的主要参考数据。其公式为：

$$债务率=\frac{当年外债金额}{当年商品和服务出口外汇收入}\times 100\% \tag{8.3}$$

国际公认债务率的参考数值是100%，如超过100%则债务负担过重，但这也不是绝对的。

（四）负债率

负债率指一国外债余额与国民生产总值（GNP）的比率。这一指标用来衡量一国对外资的依赖程度或从总体上考察该国的债务风险。其公式如下：

$$负债率=\frac{当年年末外债余额}{当年国民生产总值}\times 100\% \tag{8.4}$$

国际上公认的负债率安全数值是10%，超过这个数值，就可能过分依赖外资。当金融市场或国内经济发生动荡时，很容易出现偿债困难。

（五）短期外债比率

短期外债比率指一国外债余额中，期限在1年或1年以下债务所占的比重。这是衡量一国外债期限结构是否合理的指标。具体公式如下：

$$短期外债比率=\frac{当年短期外债余额}{当年外债余额}\times 100\% \tag{8.5}$$

它对特定年份还本付息影响较大，国际公认参考指标为25%以下。

阅读案例8-1

欧洲债务危机与欧元

欧洲债务危机始于希腊的债务危机。2009年12月8日惠誉将希腊信贷评级由“A-”下调至“BBB+”，前景展望为负面；12月15日希腊发售20亿欧元国债；12月16日标准普尔将希腊的长期主权信用评级由“A-”下调为“BBB+”；12月22日穆迪宣布将希腊主权评级从“A1”下调到“A2”，评级展望为负面。这就使希腊陷入财政危机，并拖累其他欧盟国家，欧元兑美元大幅下跌。

欧洲其他国家也开始陷入危机，2010年1月11日穆迪警告葡萄牙若不采取有效措施控制赤字将调降该国债信评级；2月4日西班牙财政部指出，西班牙2010年整体公共预算赤字恐将占GDP的9.8%；2月5日债务危机引发市场惶恐，西班牙股市当天急跌6%，创下15个月以来最大跌幅；比利时也预报未来3年预算赤字居高不下，希腊已非危机主角，整个欧盟都受到债务危机困扰；德国等欧元区的龙头国都开始感受到危机的影响，2010年2月4日德国预计2010年预算赤字占GDP的5.5%；2月9日欧元空头头寸已增至80亿美元，创历史最高纪录；2月10日巴克莱资本表示，美国银行业在希腊、爱尔兰、葡萄牙及西班牙的风险敞口达1 760亿美元。

2010年4月23日希腊正式向欧盟与IMF申请援助。5月3日德国内阁批224亿欧元援希计划。5月10日欧盟批准7 500亿欧元希腊援助计划，IMF可提供2 500亿欧元资金救助希腊。9月底，爱尔兰政府宣布，由于救助本国五大银行，预计其财政赤字会骤升至国内生产总值的32%，是欧盟规定上限的10倍多，爱尔兰成为外界担忧的焦点。11月22日爱尔兰总理考恩宣布，其与欧盟达成了金融救助计划协议，爱尔兰财政大臣Brian Lenihan随即宣称救助总额将少于1 000亿欧元（约为1 360亿美元）。2011年4月6日葡萄牙向欧盟寻求救助，使之成为继希腊与爱尔兰之后第三个寻求援助的欧元区国家。

早在2010年5月，为了防止市场投机者向葡萄牙、西班牙和爱尔兰等欧元区国家“下手”，发生与希腊类似的债务危机，继续沽空欧元，欧盟委员会打算提议建立一种稳定机制，用数以十亿欧元计资金编织一道“安全网”。5月8日欧盟成员国财政部长誓言采取“一切措施”从金融市场“群狼”围攻中救出欧元，力争在金融市场10日开市前敲定紧急措施，防止希腊债务危机蔓延至其他欧元区国家。9日欧盟委员会提议，借助一项稳定基金帮助欧元区债台高筑的国家，“启动小型欧洲货币基金”。这种只适用于非欧元区国家的救助机制，使欧元区国家也能从这种机制中获益，而将其上限由500亿欧元追加至600亿欧元，并对欧盟成员国附加贷款条件，具体内容由国际货币基金组织设定。另外，欧盟委员会提议为欧元区国家专设一种政府间贷款机制，以捍卫欧元。

5月10日，在比利时首都布鲁塞尔，欧盟委员会负责经济和货币事务的委员奥利·雷恩在出席欧盟财政部长会议后举行的新闻发布会时宣布，经过10多个小时的漫长谈判，欧盟成员国财政部长于当天凌晨达成一项总额7 500亿欧元的救助机制，以帮助可能陷入债务危机的欧元区成员国，防止希腊债务危机蔓延。

欧洲中央银行行长特里谢强调说，虽然某些成员国存在财政危机，但整个欧元区预算赤字占国内生产总值的比例平均为6%，远远低于美国和日本高达两位数的赤字水平。欧盟国家向其他与会者保证，确保希腊到2012年按时把财政赤字占国内生产总值比例从13%削减至3%以下。欧元区正面临成立11年以来最严峻的考验，有评论家更推测欧元区最终会以解体收场。

课堂小讨论

你认为欧元的前景如何？为什么？

第四节　国际金融危机

一、国际金融危机的界定

要理解国际金融危机的内涵，我们首先要对金融危机的概念有一个了解。关于金融危机的概念，不同的经济学家有着不同的界定。著名国际经济学家查尔斯·金德尔伯格（Charles P. Kindleberger）和雷蒙德·戈德史密斯（Raymond W. Goldsmith）认为，金融危机是全部或者大部分金融指标——短期利率、资产价格、企业破产数和金融机构倒闭数的急剧、短暂和超周期的恶化，是与金融景气相对的一个概念。货币主义学者迈克尔·博多（Michael Bordo）则将金融危机定义为十大因素或十大关系：预期的变动、对某些金融机构资不抵债的担心、试图将不动产或流动性较差的资产转化为货币等等。其中，货币供应量的下降排在第六位。而布拉德福特·德龙（J. Bradford DeLong）认为，金融危机是指经济中大量的银行和公司破产或即将破产，当一个正在运营中的银行或公司资不抵债或无力完成各项支付时，危机就爆发了。当金融危机来临时，银行不愿意再向正在运营的公司发放贷款，也可能公司已经破产或即将破产，无法再偿还贷款；而当金融危机发生时，公司不能再对某个项目进行投资，因为银行随时会来催收贷款或者贷款已经延期了。另一位学者迈克尔·楚苏多夫斯基（Michael Chossudovsky）给出的定义是，现代金融危机以一个国家的货币贬值为特征，而货币的贬值是在投机者大规模的投机活动冲击下造成的，并且在资本市场和外汇市场同时展开。机构投资者不仅能控制股票价格，而且还能占有中央银行的大量外汇储备，威胁政府的霸权地位，给整个经济造成极大的不稳定。而目前比较通用的对金融危机的界定是：金融市场上由于金融秩序不完善、交易风险管理水平差、市场机制不健全以及国际游资的冲击等原因而引起的动荡现象。

理解了金融危机的概念，就不难理解国际金融危机的界定了。**国际金融危机是指一国所发生的金融危机通过各种渠道（如国际贸易、国际资本流动等）传递到其**

他国家从而引起国际范围内金融危机爆发的一种经济现象。它主要由国际货币危机、国际银行危机和国际债务危机叠加在一起，因而对整个经济和金融体系的破坏是全方位的、持久的和深入的。国际债务危机和国际货币危机分别在本章第三节和第六节有所介绍，这里就不赘述了。下面主要介绍国际银行危机。

二、国际银行危机

（一）国际银行危机的内涵

1997年11月，国际货币基金组织在其出版物《国际资本市场》中的定义是：银行业危机是许多银行面临严重的流动性或清偿力问题或两种问题兼而有之的情况。1998年3月，德米尔古斯－肯特（Asli Demirgüç-Kunt）和德特拉吉亚彻（Enrica Detragiache）在《国际货币基金组织工作人员论文》（IMF Staff Papers）第45卷第1期发表"发展中国家与发达国家银行危机的决定因素"（The Determinants of Banking Crises in Developing and Developed Countries）一文，他们认为，只要符合下列4个条件之一的就可定义为银行危机：（1）银行系统的不良贷款比率超过10%；（2）援救成本至少超过国内生产总值的2%；（3）银行部门的问题导致银行系统被大规模国有化；（4）大量的银行挤兑或紧急措施如存款冻结、延长银行假期，或政府采取对所有存款进行担保的措施等。1998年5月，国际货币基金组织在其出版物《世界经济展望》中的定义是：银行业危机是由于实际或潜在的银行运行障碍或违约导致银行中止其负债的内部转换，或迫使政府提供大规模援助进行干预以阻止这种局势发生。1999年6月，卡明斯基（Graciel L. Kaminsky）和雷因哈特（Carmen M. Reinhart）在《美国经济评论》（The American Economic Review）第89卷第3期上发表了题为"双生危机——银行与国际收支问题的原因"（The Twin Crises：The Causes of Banking and Balance of Payments Problems）的论文，在该论文中是这样定义银行危机的：（1）发生了银行挤兑，并导致银行被关闭、合并或接管；（2）没有发生挤兑、关闭、合并或接管，但是出现了政府对某家或某些重要金融机构（这里指的是银行）的大规模援救。综上，银行危机的实质是，由于各种原因导致银行的流动性或清偿性的过度丧失所带来的市场失败，其界定标准是：（1）依靠自身的资源难以支付到期债务；（2）出现了大规模的银行挤兑；（3）大量银行倒闭；（4）政府大规模强制性援救。只要这四种情况中的任何一种出现了，就应该认定发生了银行危机。

国际金融危机有突发性、传染性、周期性、危害性、自我强化性的特点。在没有采取适当干预措施的条件下，银行危机会呈自我强化的态势而愈演愈烈。一是金融资产随着时间推移加速恶化；二是公众信心加速受损；三是在现代支付清算制度下，危机随着时间推移加速向同业扩散；四是危机银行的管理层"挽回损失"的冒险心态加速膨胀，更加倾向于从事风险活动，道德风险加速积累。

（二）国际银行危机的成因理论——金融脆弱性理论

金融脆弱性理论的最早期版本是货币脆弱性理论。马克思（Marx）认为，货币在产生的时候就已经具有了特定的脆弱性。在商品经济中，货币的脆弱性表现在三个方面：一是商品的价格经常背离其价值；二是货币的购买力总是处于不断的波动之中；三是货币支付手段的职能有可能导致债务链的断裂。因而，货币的脆弱性是与生俱来的。针对1873年前后经济危机中银行大量倒闭的现象，马克思又提出银行体系内在脆弱性假说，从信用制度的角度来分析银行的脆弱性，认为银行体系加速了私人资本转化为社会资本的进程，为银行信用崩溃创造了条件。

而后，索尔斯坦·凡勃伦（Thorstein Veblan）在1904年出版了《工商企业理论》（The Theory of Business Enterprise）一书，在该书中提出金融不稳定的概念。他认为：一方面，证券交易的周期性崩溃在于市场对企业的估价依赖于并逐渐脱离企业的盈利能力；另一方面，资本主义的经济发展最终导致社会资本所有者的缺位，结果其本身存在周期性动荡因素，这些因素主要集中在银行体系中。

凯恩斯从货币职能和特征的角度也分析了货币的脆弱性。在货币需求理论中，凯恩斯认为，货币可以作为现时交易之用，也可以作为贮藏财富之用。人们愿意用不生息或生息很少的方式而不用产生利息的方式持有财富，是因为货币能够用于现货交易，在一定限度内，值得为它所具有的流动性牺牲利息。此外，相信未来利率将高于现在市场利率的货币持有者，愿意保持现金。上述原因会使一部分人保存货币，持币待购或持币不购，这将打破货币收入和货币支出的平衡关系，造成买卖脱节，供求失衡，供给不能自动创造需求，最终将导致有效需求不足，工人失业，经济危机便不可避免，金融危机也随之发生。

费雪（Fisher）是最早开始对金融脆弱性机制进行较深入研究的经济学家，通过总结前人的研究成果，他认为金融体系的脆弱性与宏观经济周期密切相关，尤其与债务的清偿紧密相关，是由过度负债产生负债-通货紧缩过程而引起的。他指出银行体系脆弱性很大程度上源于经济基础的恶化，这是从经济周期角度来解释银行体系脆弱性的问题。负债-通货紧缩理论对1873—1879年美国经济不景气、1929—1933年全球性经济大萧条具有很强的解释意义。

1982年，明斯基在“金融不稳定性假说——资本主义过程与经济行为”（The Financial Instability Hypothesis：Capitalist Process and the Behavior of the Economy）一文中最先对金融脆弱性问题做了比较系统的解释，形成了“金融不稳定性假说”，即“金融脆弱性假说”。他对资本主义繁荣和衰退的长期（半个世纪）波动情况进行了分析，他认为在延长了的繁荣期中就已播下了金融危机的种子。这个50年的长周期以20年或30年的相对繁荣期开始，在繁荣期，贷款人受经济形势驱使而使信贷越来越容易获得，而工商企业必然利用这一宽松的环境进行积极的借款。明斯基把借款公司按其金融状况分为三类：第一类是保值性的借款企业。第二类是投机性的借款企业。第三类是“庞齐”借款企业。在经济出现繁荣形势的诱导和追求更高利润的驱动下，金融机构逐渐地放松了贷款条件，而借款企业受宽松的信贷环境的鼓励，倾向于采取更高的负债比率。越来越多的企业显现出风险较高的两种金融状况，即投机性和“庞齐”性，而保值性企业的数量减少。经历了一个长波经济周期的持续繁荣阶段之后，经济形势开始走向反面。此时，经济已为衰退做好准备，任何引起生产企业信贷中断的事件，都将引发生产企业拖欠债务和破产，企业反过来又影响金融部门，导致银行破产。一旦经济中出现引起信贷中断的不利事件，银行就会不愿向经济中的生产部门提供新贷款，并产生从金融部门开始的多米诺骨牌效应。经济由此开始处于长期的周期性下降阶段，并且只有再过50年，才能完全恢复。

而格雷厄姆（B. Graham）和多德（D.L.Dodd）则从银行的角度出发，提出了安全边界的说法。他们认为，利息承诺的收益保障是安全边界的最全面衡量手段。安全边界的作用在于，提供一种保护，以防不测事件使得未来不能有良好记录。商业银行的信贷决定还主要是遵守所谓的摩根规则（JP Morgan Rule），即是否贷款主要看借款人过去的信贷记录，而不用过多关注未来预期。但凯恩斯认为，人们极其缺乏决定长期投资项目收益的知识，因此借款人过去的信用记录没有太大意义。他认为商业银行的贷与不贷偏好依照惯例或其他金融机构的普遍看法，以及参照其他银行正在贷款给什么项目。经济扩张、安全边界与信用记录权重的相互配合，使银行都变得很自信，没有发现信用风险敞口正在扩大，于是产生了金融脆弱性。这便是现代从企业角度解释的金融脆弱性理论。

另外，米什金（Mishkin）认为，由于存在信息不对称所导致的逆向选择和道德风险，以及存款者的“囚徒困境”可能引起的存款市场上的银行挤兑，银行等金融机构具有内在的脆弱性。

三、国际金融危机的成因及特征

国际金融危机的形成源于下述四方面因素。

第一，投资者预期的变化引起投资组合的调整，继而导致资本流动发生逆转，这为危机爆发提供了可能。上述危机国家普遍经历过一段经济高速增长时期，最初，投资者对其经济前景保持乐观预期，因此，大规模的资本不断流入这些国家。之后，这些国家金融系统的脆弱性逐渐暴露，资本金不足、监管不力、过度负债、经常账户及资本账户赤字增加、政府担保弊端显现、道德风险危害加深等。巨额的财政赤字和过度的银行信贷使国际和国内投资者的投资预期发生逆转。投资者开始采取措施调整其投资组合，这种调整使资本流动发生逆转，即：资本流入量下降而流出量增加。资本流动的逆转对外汇汇率的稳定产生了压力，上述危机国家为释放这种压力以维持其实行的爬行钉住的固定汇率体制，便采取提高国内利率的方法以吸引外资流入。这为国际资本套利活动提供了条件，从而使金融危机具备了爆发的可能。

第二，“恐慌”“单群效应”引爆危机。中央银行提高利息的措施并不能改变投资者对货币贬值的预期和对未来经济状况悲观的预期，因而，资本继续流出，央行稳定汇率的压力也随之不断增加。资本的持续流出逐渐耗竭着国家外汇储备，人们开始产生恐慌心态，恐慌心态又会因一些谣言的传播譬如延期债务支付、资本控制等而加剧，在恐慌心态和从众行为驱使下，公众大规模挤提银行现金，兑换成外币，即产生“羊群效应”。投机者也乘机入市大量抛售本币。大规模的挤兑使金融系统陷入支付危机，支付危机此时又难以通过国内或国际融资予以解决，银行纷纷倒闭，危机爆发。同时，当央行为维持爬行钉住的固定汇率制度而不断提高汇率的成本极大地超过了稳定汇率的利益时，央行被迫放弃爬行钉住的固定汇率制度，任由汇率自由浮动。于是，本币汇率大幅贬值，金融危机全面爆发。

第三，本币汇率的贬值、资本融通渠道的堵塞，使危机进一步深化。本币汇率的贬值使外债的国内价值上升，进一步恶化了银行的资产负债表，使金融系统的状况更趋恶化。危机使本已相当狭窄的国际融资渠道完全堵塞，资本融资渠道的完全堵塞推动危机向纵深发展。

第四，一国金融危机通过国际“传导”途径，蔓延到其他国家形成国际金融危机。国际金融危机的传导有多条途径：（1）通过贸易渠道传导。各国之间的贸易联系可以把相对价格和收入的震荡效应从一国传递到其他国家使危机蔓延。（2）各国间的货币竞争性贬值使危机通过汇率途径传递。（3）各国资产市场的相关性为危机传导提供了又一途径。各国的金融联系使各国的资产市场具有相关关系：如果一国向另一国投资和向另一国借款，而后者不利的经济信息也将影响前者的资产市场。（4）市场流动性的缺乏可以通过传导放大危机。例如由于俄罗斯危机爆发而遭受严重损失的一些高杠杆机构，出于对补交保证金和流动性缺乏的考虑，会减少其他市场的头寸，促使危机传导到其他市场。（5）投资者的群体非理性因素也对危机的传导起到了作用。群体的非理性是指“恐慌”和盲目的从众行为。

通过对金融危机成因的进一步分析可以概括出危机成因的基本特征：（1）金融部门的脆弱性是危机爆发的充分条件；（2）货币政策同固定汇率体制之间的冲突是危机发生的必要因素之一；（3）传统的宏观经济指标，比如过度扩张的货币政策、巨额财政赤字或巨额的经常账户赤字是危机爆发的必要条件，而不是充分条件；（4）国民账户平衡表的缺陷：政府或者私人部门过度持有外币短期负债是引发危机的重要因素。

四、世界主要经济体应对国际金融危机的做法与启示

目前世界主要经济体应对国际金融危机的做法主要有以下几种：

（1）注资：有股权收购和提供特别（短期、低息）贷款两种方式，目的在于帮助银行增加资金流动性，能够继续向企业和个人提供贷款。

（2）担保：以国家政府信用或外汇储备提供存款、贷款担保，稳定市场、公众对金融市场的信心。

（3）降息：下调基准利率，降低金融机构融资成本。

多次国际性的金融危机给了我国许多有益的启示。首先，我们要坚持和发展中国特色社会主义，抵制和消除新自由主义对我国的影响。其次，我们要重视虚拟经济与实体经济的结合。再次，我们要减少我国过高的外贸依存度。最后，在国际金

融危机已发生的情况下，我们要防止金融与经济危机危害的扩大，加强对虚拟经济的有效监管。

阅读案例8-2

北岩银行2007年挤兑事件

最初的流动性危机可以在事后被看作是由于早期次级房屋信贷危机所引发的。北岩银行是首批遭受冲击的对象之一，它是英国主流银行。该行已借不到额外资金来偿还2007年9月中旬产生的到期债务。由于没有持续现金注入，其所经营的高杠杆性质的业务无法支撑，最终导致其被接管，并形成了很快降临到其他银行和金融机构的灾难的早期迹象。

在松弛的签名承受标准下的过度借贷为美国房贷泡沫的特征之一。信用泛滥并导致大量的次级按揭（次级贷款），投资者认为这些高风险的贷款会被资产证券化而缓和。从1989年以来，美国发行MBS的主要机构Fannie Mae（房利美）、Freddie Mac（房地美）、Ginnie Mae（吉利美）所发行的MBS殖利率平均高于美国10年期公债殖利率137个基本点，吸引了许多法人投资。雷曼兄弟MBS指数显示，无论利率升降，自1996年以来该指数连续10年都是正报酬，最差的1999年也有2.1%的报酬率，而MSCI全球债券指数在1999年、2001年、2005年却是负报酬率。这个策略似乎以骨牌效应扩展和散布。由失败的资产证券化计划所导致的损害横扫了房屋市场及其企业，继而引发了次级房屋信贷危机。这危机令更大量的银主盘被银行在市场上抛售，这些过量的房屋供应使得周边的住屋价格大为下跌，使它们更容易遭法院收回拍卖或被放弃。这个结果为之后的金融危机埋下了伏笔。

最初，受影响的公司只限于那些直接涉足建屋及次级贷款业务的公司，如北岩银行及美国国家金融服务公司。一些从事按揭证券化的金融机构，如贝尔斯登，就成了牺牲品。2008年7月11日，全美最大的受押公司瓦解。由于房屋价格的不断下滑以及房屋回赎权丧失率的上升，印地麦克银行的资产在被紧缩信贷下的压力压垮后被联邦人员查封。当天，由于投资者想知道政府是否将试图救助抵押放贷者房利美和房地美，金融市场急剧下跌。2008年9月7日，已是晚夏时节，虽然联邦政府接管了房利美和房地美，但危机仍然继续加剧。

然后，危机开始影响到那些与房地产无关的普通信贷，进而影响到那些与抵押贷款没有直接关系的大型金融机构。在这些机构拥有的资产里，大多都是从那些与房屋按揭关联的收益中所取得的。对于这些以信用贷款为主要标的的证券，或称信用衍生性商品，原本是用来确保这些金融机构免于倒闭的风险的，然而由于次级房屋信贷危机的发生，使得受到这些信用衍生性商品冲击的成员增加了，包括雷曼兄弟、美国国际集团、美林证券和HBOS。其他的公司也开始面临压力，包括美国最大的存款及借贷公司华盛顿互惠银行，一些大型投资银行如摩根士丹利和高盛证券也受到影响。

第五节　中国利用外资与外债管理

一、中国利用外资的发展演变

利用外资是我国进行现代化建设的客观要求，是我国借鉴其他国家成功经验的需要。改革开放30多年来，中国的发展为国际资本提供了广阔市场，同时也在利用外资方面日渐成熟。纵观历史，中国利用外资的进程主要分为以下几个阶段：

第一阶段（1949—1978年）。新中国建立初期，中国利用外资有了一定的发展，但由于受到当时历史条件的限制，规模和数量都十分有限。20世纪50年代时，我国主要利用政府贷款方式引进外资，利用外资规模小，外资来源渠道单一，外交投向自主选择性小，实行的是高度集中的外资配置体制，即由中央政府直接确定利用外资的具体项目。而到了六七十年代则主要利用商业贷款方式引进外资。这一时期仍然沿袭过去那种高度集中的外资配置体制，外资利用的决策仍由中央决策机构做出。此时外资来源主要为较高利率的商业性贷款，加大了融资的成本。另外，项目上马前一般未经过严格的经济技术论证，投资效益较差。同时，外资的使用和偿还基本上是相脱节的，偿债的压力主要集中在中央财政上。

第二阶段（1979—1991年）。在党的十一届三中全会上，中国政府将对外开放确立为基本国策。自此，中国利用外资开始进入到一个崭新的发展阶段，主要表现为：利用外资规模的扩大；海外借款成为我国利用外资的主要形式；利用外资方式的多样化；外资配置体制的转变。

第三阶段（1992—2002年）。自从1992年邓小平发表南方讲话之后，中国利用外资的步伐进一步加快，随着沿海6座城市、边境13座城市和内地18座省会城市的全面开放，我国利用外资朝着全方位、多层次方向扩展，外商投资成为中国利用外资的最主要方式。在这期间，外商投资的产业结构也日益趋向合理。2001年我国加入世界贸易组织（WTO），这标志着我国对外开放进入了一个新的发展阶段，同时这也意味着作为对外开放重要内容的利用外资也面临着新的发展机遇和挑战。

第四阶段（2002年至今）。在这一时期，外商对我国投资进入了一个新的发展阶段。外商直接投资的合同金额和实际使用金额均呈持续增长态势，我国连续多年成为吸收外资最多的发展中国家。对外资的需求开始从以数量为主转向以质量为主，资金流动从以流入为主转向流入和流出双向并重，吸收外资的方式从新设企业为主转向新设和并购两种方式并重。同时外资投资已遍及三产，基本用于铁路、公路、港口等交通基础设施，电力、石油等能源基础产业，钢铁、有色金属、化工等原材料工业，机械、电子、纺织等加工工业，以及农业、林业、水利、通信、城建、环保、教育和卫生等领域。

二、中国利用外资的主要方式

（一）外商直接投资

利用外商直接投资是目前中国利用外资的最主要方式，具体包括中外合资经营企业、中外合作经营企业、外资企业（外商独资经营企业）、中外合作开发、BOT（Build-Operate-Transfer）投资方式、外商直接投资等。中国利用外资方式上出现了从“合作”“合资”到“独资”的演变趋势。中国利用外商直接投资的起步阶段是合作企业为主导方式时期；成长阶段是合资企业替代合作企业为主导方式时期；提高阶段是独资企业替代合资企业为主导方式时期；稳步发展阶段是独资企业为主导方式时期。

中外合资经营企业又称股权式合资经营企业，是依据《中华人民共和国中外合资经营企业法》建立的企业，是中国直接利用外资的主要形式之一。中外合资经营企业一般具有以下特征：（1）合资经营企业是中国企业与外国投资方在中国境内共同举办的企业。（2）合资经营企业的法律地位为中国法人。（3）合资经营各方需共同投资、共同经营、共享利润、共担风险。（4）合资经营企业的组织形式为有限责任公司。

中外合作经营企业又称契约式合营企业，是依据《中华人民共和国中外合作经营企业法》设立的企业。中外合作经营企业的主要特点有：（1）合作经营企业可以组成具有法人资格的实体，实行有限责任公司；也可以以自己的法人身份进行合作，组成非法人式的合作经营企业。（2）合作经营各方可以以自己所拥有的各种方式出资。（3）允许外方从营业收入中或从设备折旧中收回投资。（4）法人式企业设立董事会及经营管理机构进行管理，非法人式企业由合作各方派代表组成联合管理机构共同管理或委托合作一方或合作者以外的第三方进行管理。

外资企业又称外商独资经营企业，是依照中国有关法律，在中国境内全部资本由外国公司、企业或其他经济组织或个人投资设立的企业。

外商投资股份制企业又称外商投资股份有限公司，是指依据我国《公司法》和有关规定设立，公司全部资本由等额资本构成的，股东以其所认购的股份对公司承担责任，公司以全部财产对公司债务承担责任，中外股东共同持有公司股份，外国股东购买并持有的股份占公司注册资本25%以上的企业法人。

中外合作开发是指外国公司同中国公司合作进行本国资源开发的一种合作形式，是目前国际上在自然资源领域广泛采用的一种经济合作方式。其最大的特点是：高风险、高投入、高收益。

BOT投资方式有时也称为公共工程特许权，即建设-经营-转让。典型的BOT方式是指：政府同私营机构（在中国表现为外商投资）的项目公司签订合同，由该项目公司承担一个基础设施或公共工程项目的筹资、建造、运营、维修及转让。在一个固定期限内（一般为15~20年），项目公司对其筹资建设的项目行使运营权，以便收回对该项目的投资、偿还该项目的债务并赚取利润。协议期满后，项目公司将该项目无偿转让给东道国政府。

外商直接投资在中国经济发展中的积极作用显而易见，但其负面效应也不容忽视。目前我国利用外商直接投资主要存在产业结构不均衡、地区投向不均衡、外商直接投资规模宏观失控等问题。因此，首先，我们仍需要调整外资投向的行业结构，协调外资在三大产业中的比例。其次，应加强对外商直接投资投向的地区引导。积极引导和鼓励外商投资向中西部地区转移，优先在中西部地区安排一批具有当地特色的农业、水利、交通、能源、原材料项目的招商引资。而具有优势的、允许外商投资的项目，国家应给予金融、税收等方面的优惠政策。最后，应该加大市场化改革力度、按国际惯例运作。在涉外税收、外汇管制、贸易政策、法律制度和金融体系等方面提高透明度，加强对外商直接投资规模的宏观控制。

（二）对外借款

1978年确定对外开放的国策以来，中国步入了利用外资促进经济发展的快车道。30多年来，中国的对外借款经历了一个由少到多再到逐步稳定的发展过程，在规模、渠道、结构上都有了很大的发展，对外借款已成为中国利用外资的重要组成部分。借款的方式逐步趋向多元化，主要有外国政府贷款、国际金融组织贷款、国外银行及其他金融机构贷款、出口信贷、国际金融租赁、对外发行债券等多种方式。而从外债的借用者来说，主要有国务院各部委、外商投资企业、中资银行、中资非银行金融机构、中资企业、外资金融机构和其他债务人。同时，中国借用外资的期限结构、利率结构和币种结构也相应逐步趋于合理化。

（三）海外上市

海外上市可以为企业发展筹到所需资金，进一步完善公司法人治理结构和现代企业制度，扩大企业在国际上的知名度，可谓好处良多。但同时也有控股权分散、信息过度公开以及跨国界的风险。

目前中国企业海外上市的模式主要有通过B股上市、在境外直接上市、在海外通过存托凭证间接上市、在境外买壳间接上市、利用控股公司间接上市这几种。

三、中国利用外资的演变趋势

伴随国内外环境的不断变化，中国利用外资战略需要进行相应的调整。在经济全球化趋势与中国加入WTO背景下，中国由有限范围和领域内的开放，转变为全方位的开放；由以试点为特征的政策性开放，转变为在法律框架下的制度性开放；由单方面为主的自我开放，转变为与WTO成员方之间的双向开放；由被动接受国际经贸规则，转变为主动参与国际经贸规则制定。同时中国利用外资也从政策优惠的吸引转变为竞争秩序和投资环境的吸引；由“超国民待遇”和“非国民待遇”转变为国民待遇；由注重吸引资金转向注重引进技术。

在中国利用外资日渐成熟的这些年里，中国利用外资的战略有两次重大的转变，一是“引进来”从“量”到“质”的根本转变；二是由“引进来”向“走出去”的根本转变。根本转变是我国经济发展、对外开放发展和利用外资发展所决定的。

中国利用外资正进入一个新阶段，由美国次级债引发的全球经济危机在全球蔓延，中国利用外资面临了前所未有的挑战，而事实也证明中国利用外资的各个方面已日益成熟。

四、外债管理

（一）外债的衡量指标

1.债务率

债务率是指一国当年外债余额占当年货物和服务贸易外汇收入的比率。这是衡量一个国家负债能力和风险的主要参考指标，一般不应高于100%。

2.偿债率

偿债率又称外债清偿比率，是指一国当年外债还本付息额占当年货物和服务贸易外汇收入的比率。这是衡量一个国家偿债能力的主要参考指标，国际公认的参考数值不应高于20%。

3.负债率

负债率是指一国当年外债余额与当年该国国内生产总值的比率。该比率用于衡量一个国家对外资的依赖程度，或一国总体的债务风险。一般认为安全数值在10%以内，超过这一数值，其债务风险将随该数值增加而递增。当该数值超过20%，将意味着该国债务风险进入高风险区。

此外还有利息清偿率、短期外债比率等指标。

（二）外债管理

借债国能否通过实施外债战略来推动本国的经济发展，最大限度地发挥外债的效用，关键在于能否形成一个有效的外债管理体制，对外债的规模及结构进行全面系统的管理。系统的外债管理主要有以下几方面内容：

1.外债规模管理

从理论上说，合理的外债规模应当是外债边际收益超过与其相对应的边际成本时的外债数量。所谓外债边际收益是指每增加一个单位外债所增加的国民收入。外债边际成本是指每增加一个单位外债所增加的外债价格。

2.外债结构管理

外债结构管理是在外债规模基本确定的前提下，通过对外债的各种要素比例构成的合理配置和优化组合，达到降低成本、减少风险、保证偿还的目的，主要包括利率结构管理、币种结构管理、期限结构管理、借款市场与国别结构管理等。

3.外债营运管理

外债营运管理是对外债整个运行过程进行管理，包括外债借入管理、外债使用管理和外债偿还管理。外债借入管理要掌握好借债窗口，控制好借债总量，调整好借债结构，统筹好借债成本。外债使用管理要掌握好外债的投向，力争使外债投到微观经济效益和宏观经济效益综合最优的产业和项目上去。外债偿还管理要落实好偿债资金，合理安排偿债时间，避免出现偿债高峰。

4.外债偿还管理

外债偿还管理不仅限于“偿还”一个环节，而是贯穿外债资金运动的整个过程。从国家总体来看，外债规模管理、结构管理，特别是营运管理是外债偿还管理的基础和条件。

综上所述，一国外债管理的目标是：在保证外债规模适度的宏观控制下，积极有效地利用外资，降低筹资成本，以满足国内经济建设对外资的需求；保持较为合理的外债规模和债务结构，有效地防范和控制外债风险；发挥外债的最大经济效益，使自己具备及时还本付息的能力。

第六节　国际货币危机

一、货币危机的内涵

一种是《新帕尔格雷夫货币金融大辞典》的定义，该书指出，货币危机（Currency Crisis）是指某一国家或几个国家的货币要兑换为其他国家的货币，通常表现为迫使这些国家货币贬值的巨大压力，其结果是这些国家货币的大幅度贬值。另一种是国际货币基金组织在1998年《世界经济展望》中的定义，认为货币危机是指这样一种情况，在外汇市场上针对一国货币汇率的投机性冲击导致货币贬值（或大幅贬值），并且投机行为迫使该国中央银行通过大量动用外汇储备或提高借贷利率的方法来维护货币的汇率。

二、投机性冲击与货币危机

（一）第一代货币危机模型

1979年，克鲁格曼提出国际收支危机模型，后经弗拉德（Robert Flood）和加勃（Peter Gerber）扩展，该模型被称为货币危机的第一代理论模型。国际收支危机模型的结构以汇率决定理论中的货币分析方法为基础，以投机者的理性预期为前提。该模型假定政府为解决财政赤字问题会无限制地发行纸币，不顾外汇储备，而同时中央银行为维持固定汇率制度会无限制地抛出外汇直至外汇储备消耗殆尽。政府试图用增发货币的方式为财政赤字融资，但是在固定汇率制度下，政府所能够增发的货币受公众资产选择的制约，超出公众实际货币需求的那部分货币会转化为对政府外汇储备的购买。因此，只要政府持续地为赤字融资，外汇储备迟早有一天会枯竭，从而导致固定汇率制度的崩溃。

该模型有如下假设：（1）一个小型开放经济国家，该国的居民只消费单一的可贸易商品，其汇率钉住其主要贸易伙伴国货币，汇率由购买力平价决定；（2）经济主体是完全预期的，并且可供本国居民选择的资产有本币、外币、本国债券和外国债券四种，各种资产间是完全可替代的；（3）没有私人银行，货币供给总量等于基础货币，包括国内信贷和中央银行所持有的外汇储备两部分；（4）国内信贷增长率为外生变量，是一个固定的常数；（5）本国货币当局利用其持有的外汇储备维护固定汇率制。

国际收支危机模型的理论认为，如果名义汇率政策像政府所宣称的那样，当外汇储备降至一定的底线之前将有义务维持固定汇率，那么，分析的重点将放在国内货币市场的私人和政府的行为上。

国内货币市场的均衡条件可以表示为：

$$M(t)-P(t)=\alpha_0-\alpha_1 i(t) \tag{8.6}$$

式中：$M(t)$、$P(t)$、$i(t)$分别为t时刻国内货币存量、国内价格和利率；α_0、α_1为常数，且$\alpha_1>0$；等式左边为货币市场的供给，右边为货币市场的需求。

国内基础货币的构成方程为：

$$M(t)=D(t)+R(t) \tag{8.7}$$

即本币的供给等于国内信贷总量与货币当局持有的外汇储备之和。

同时，国内信贷以固定的非负的增长率增加，即：

$$\dot{D}=\lambda \tag{8.8}$$

购买力平价成立，用$P^1(t)$和$e(t)$分别代表国外价格和单位外币的本币价格，则：

$$P(t)=P^1(t)e(t) \tag{8.9}$$

无抛补的利率平价成立：

$$i(t)=i^1(t)+[\dot{e}(t)^r/e(t)] \tag{8.10}$$

式中：$i(t)$、$i^1(t)$分别为本国和外国的利率，$[\dot{e}(t)^r/e(t)]$为本币的贬值率。

综上，得到：

$$M(t)=\beta e(t)-\alpha\dot{e}(t) \tag{8.11}$$

式中：$\beta=\alpha_0 P^1(t)-\alpha_1 P^1(t)i^1(t)$；$\alpha=\alpha_1 P^1(t)$。

当本币汇率固定时有：$e=\bar{e}$，$\dot{e}=0$，$i=i^1$

而时刻的外汇储备为：

$$R(t)=M(t)-D(t)=\beta\bar{e}-D(t) \tag{8.12}$$

而且，储备的变动率就等于国内信贷的变动率，这说明实施固定汇率的货币当局必须适时调节本国的货币供给以维持固定汇率，即相应地调整R与D之间的比例。假定政府为了实现经济增长目标而实施扩张性货币政策，D以固定速率增加，则外汇储备R必须以同样的速率减少才能保持汇率不变。直到外汇储备耗尽（即R=0）为止，货币当局无力继续维持固定汇率时，要么本币大幅度贬值并建立新的钉住汇率制，要么允许汇率自由浮动。假定这一固定汇率崩溃的时刻（即投机性冲击成功的时刻）为T，则根据前面的式子，时刻T以后的货币市场均衡条件为：

$$M(T_+)=\beta e(T_-)-\alpha\dot{e}(T_+) \tag{8.13}$$

而且，由于T时刻以后货币当局持有的外汇储备已经耗尽，基础货币就等于国内信贷，即$M(T_+)=D(T_+)$。

投机者发动投机性攻击的时间取决于其对投机利润的估计，而投机利润在很大程度上又取决于攻击成功后的汇率水平——影子汇率（Shadow Exchange Rate）。这一汇率是指投机性攻击耗尽了货币当局的所有储备并且无法进行其他方式的干预时，由外汇市场自由供求所决定的本币的浮动汇率水平，它体现了本币的真实价值。设影子汇率为 $\dot{M}(t)=\dot{D}(t)=\lambda$，与 $\hat{e}(t)=\mu_0+\mu_1 M(t)$ 一起代入前面的式子，化简得到影子汇率为：

$$\hat{e}(t)=[\alpha\lambda/\beta^2]+M(t)/\beta \tag{8.14}$$

假设t时刻以后的影子汇率大于固定汇率（即本币贬值），那么投机者对本币发动攻击（即抛出本币，并从中央银行手中购入等量外汇储备）成功后（即固定汇率崩溃后），将能获得总额为 $[\hat{e}(t)-e(t)]R(t_-)$ 的投机利润，其中 $R(t_-)$ 为此前购入的外汇储备。当每一个交易主体都充分预期到这一点时，他们就会竭尽所能购买外汇储备并抛售本币，不断地提前发动投机攻击，直至影子汇率等于固定汇率（即 $\hat{e}=\bar{e}$）的那一时刻发动攻击，这时的投机收益就会从零变为正值，而此时刻也就是固定汇率崩溃的时刻。

根据上述判断，令 $\hat{e}(t)=\bar{e}$，将上式和式 $M(t)=\beta e(t)-\alpha\dot{e}(t)$ 联立，注意 $\bar{e}$ 的 $\dot{e}(t)=0$ 且 $\bar{e}=[D(0)+R(0)]/\beta$，得：

$$T=[R(0)/\lambda]-(\alpha/\beta) \tag{8.15}$$

上式决定了投机性攻击使固定汇率崩溃的时刻，它说明两个问题：第一，货币当局所拥有的初始外汇储备 $R(0)$ 越少，固定汇率崩溃的时间就越早，投机性攻击就越容易得逞；第二，国内信贷增长速度越快，即 $\dot{e}(t)=0$ 越大，投机冲击发生的时间就越早，会加速固定汇率的崩溃。

克鲁格曼提出的国际收支危机模型的结论可以总结为：与固定汇率制度相矛盾的宏观经济政策，主要是扩张性的财政政策，最终将不可避免地导致外汇储备耗尽，从而导致固定汇率制度崩溃。但是外汇储备耗尽并不是一个平稳的、渐进的过程，而是有一个临界点，在这个临界点上，投机者会突然将政府手中的所有的外汇储备全部买光，从而使固定汇率制提前崩溃。换句话说，在外汇储备自然减少到零之前，固定汇率制度将会因遭遇一个突发的投机性攻击而提前崩溃。

爱德华兹（Edwards）在1995年对1954—1975年的87次货币危机进行了实证研究。他发现这些危机的爆发正如国际收支危机模型所预示的那样，其共同特点是危机的发生都伴随着巨额的财政赤字，而且这些财政赤字往往都是通过中央银行对政府的扩张性信贷政策来加以弥补的。但是，自20世纪80年代以后，货币危机呈现出另外一些不为国际收支危机模型所描述和预示的特征。例如，1994年墨西哥比索危机，墨西哥的财政还略有盈余。这表明，货币危机还可能由其他的、未曾被国际收支模型所考虑的因素而引发。

作为第一代货币危机理论，国际收支危机理论是一种较为简单而直观的学说，关注的重点是经济基本因素。该理论最根本的一点就是：货币危机的根源在于一国经济政策与汇率制度的不协调，特别是扩张性货币、财政政策与维持固定汇率制度之间不可调和的冲突终将导致本币影子汇率与名义汇率之间的差距，进而被投机者所利用。另外，该理论认为对本币的投机性攻击并不是投资人非理性行为或者市场操纵者作用的结果，相反，它恰恰是投资者在经济基本因素与汇率制度发生尖锐冲突时理性选择的结果，因此第一代模型也被称为“理性攻击模型”（Rational Attack Model）。

但是，国际收支危机理论也有许多不足之处，其中最重要的一点是它关注的是政府的政策而并非市场的反应，并且对政府行为的假设条件太多，不太符合现实。首先，它假设政府的行为是单一线性的，即政府以一种机械的方式制定政策，不论外部环境如何，都固执地坚持以增发信贷来弥补财政赤字，导致外汇储备耗尽，外部经济失衡。而事实上，政府必须兼顾经济的内外均衡，必要时还得调整财政政策以适应国际收支的状况。这一点显然与假设不相符。其次，政府对固定汇率的承诺是僵化不变的，并且维持固定汇率的手段也只是出售外汇储备。事实上，对固定汇率的维护是有成本的，它应该是一种相机抉择的产物而不只是简单地出售外汇储备。另外，即便是维护固定汇率，除了出售储备之外也有多种方法，例如提高利率、紧缩货币供给等。

（二）第二代货币危机模型

1992年爆发了欧洲货币体系危机，1994年墨西哥又爆发了货币危机。这些货币危机的爆发更大程度上与政府的政策选择、投资者的心理预期及市场传导机制相联系，而不像以往的危机那样与经济基本因素关系密切。人们逐渐认识到国际收支危机模型还不是很完善，它们只能解释危机爆发的某些层面。这样，自我实现的（Self-Fulfilling）货币危机理论诞生了，这个理论被称为第二代货币危机理论。

1994年，奥布斯菲尔德发表了“货币危机的逻辑”（The Logic of Currency Crises）一文。在该文中，他建立了两个模型。在第一个模型中，利率是公共债务的决定因素，而贬值预期导致政府公共债务负担的加重，促使货币当局放弃固定汇率；在第二个模型中，劳动者的工资合同受到汇率预期的影响，而工资水平又是决定产出的成本因素之一，因此当贬值预期上升时，高工资和低就业、低产出就会促使政府放弃固定汇率。下面简要介绍这两个模型。

1.利率冲击模型

奥布斯菲尔德将时间分为两个时期，即1期和2期。在这两个时期中，政府支付的债务分别为 ${}_0D_1$ 和 ${}_0D_2$ ，得到的外汇收入为 ${}_0f_1$ 和 ${}_0f_2$ ，政府的实际消费支出为 g_1 和 g_2 ，并且只在2期征税，税率为 τ ，i 为国内的利率， i^* 为国外的利率，1期汇率固定为 e_1 ，2期汇率变为 e_2 。假设购买力平价和无抛补的利率平价成立且各期汇率等于各期的价格水平。

公共部门的现金流量约束就是政府受到的财政约束。令 ${}_1D_2$ 为1期发生的到2期偿还的公共债务，1期政府受到的财政约束为：

$$ {}_1D_2=(1+i)[{}_0D_1+e_1g_1-e_1({}_0f_1)+\frac{e_1({}_1f_2)}{1+i^*}] \tag{8.16} $$

可见，利率是公共债务的重要决定因素。

同理，2期的现金流量约束，即财政约束为：

$$ {}_0D_2+{}_1D_2-e_2({}_0f_2+{}_1f_2)+e_2g_2=e_2\tau y+M_2-M_1 \tag{8.17} $$

由于政府只关心贬值预期变化时税率和通货膨胀的扭曲效应，因此政府的损失函数可以设为：

$$ L=\frac{1}{2}\tau^2+\frac{\omega}{2}\theta^2 \tag{8.18} $$

式中：$\theta=(e_2-e_1)/e_2$ 为2期本币汇率的贬值率，ω 为贬值相对于税收的权数。

综合前面两期财政约束，并令 tds 代表相应的 tDs 的真实值（即排除了通货膨胀因素的值），可得到总的财政约束为：

$$ \theta({}_0d_2+{}_1d_2+ky)+\tau y={}_0d_2+{}_1d_2+g_2-{}_0f_2-{}_1f_2 \tag{8.19} $$

式中：${}_1d_2=(1+i)({}_0d_1+g_1-{}_0f_1+\frac{{}_1f_2}{1+i^*})$。

政府的目标是在总的财政约束下使损失函数取最小值，由此可以得到以下关系式：

$$ \frac{\omega\theta}{{}_0d_2+{}_1d_2+kt}=\frac{\tau}{y} \tag{8.20} $$

此式说明，在最优条件成立时，每单位本币贬值带来的边际成本等于提高税率的边际成本。由前两式，得到政府的意愿贬值率 θ 的决定式：

$$ \theta=\frac{({}_0d_2+{}_1d_2+ky)({}_0d_2+{}_1d_2+g_2-{}_0f_2-{}_1f_2)}{({}_0d_2+{}_1d_2+ky)^2+\omega y^2} \tag{8.21} $$

由公式（8.16）可知，本国利率是公共债务 ${}_1d_2$ 的决定因素，而 ${}_1d_2$ 又决定了政府的意愿贬值率 θ，因此利率水平也成为决定贬值率的因素。金融市场上的投资人是理性预期的个体，会对政府的目标行为进行理性的预测，当人们普遍预期本币贬值时，这种预期就会反映在本国利率的提高上，即公共债务的成本上升，通过公式（8.21）所给出的机制使得政府的意愿贬值率增大。

为了确定政府意愿贬值率的值，可以将公式（8.21）和利率平价条件 $\theta=(1+i^*)/(1+i)$ 联立得到两个均衡点：一个是对应较低利率水平和贬值率的 (i_1,θ_1)，另一个是对应较高利率水平和贬值率的 (i_2,θ_2)。对政府的政策选择而言，这是一个相机抉择的问题。事实上，尽管在低贬值率的均衡中政府损失比较小，但债券市场上投资者所预期的利率却不一定与较低的利率相符，因为人们往往在预期贬值时宁愿相信更大的贬值率，于是实际的均衡点往往是 (i_2,θ_2)。

2.总需求冲击模型

奥布斯菲尔德在其第二个模型中，将利率上升带来的公共债务负担改为因劳动力工资水平上升而带来的总需求压力。假设工资水平 w 是当期汇率水平 e 的期望值函数：

$$ w_t=E_{t-1}(e_t) \tag{8.22} $$

式中：E 为数学期望值。

工资水平又决定着产出 y：

$$y_t = \alpha(e_t - w_t) - u_t \tag{8.23}$$

式中：u_t 为来自外国利率、政府和私人需求变动的冲击变量。

令政府的流量损失函数为：

$$L_t = \frac{\omega}{2}(e_t - e_{t-1})^2 + \frac{1}{2}[\alpha(e_t - w_t) - u_t - y^*]^2 \tag{8.24}$$

式中：y^*为政府意图达到的产出水平。

将上式对汇率 e_t 求导得：

$$\frac{\partial L_t}{\partial e_t} = \omega(e_t - e_{t-1}) + \alpha[\alpha(e_t - w_t) - u_t - y^*] = 0 \tag{8.25}$$

定义 $\lambda = \partial_1/(\omega + \partial_2)$，得到政府的反应函数为：

$$e_t - e_{t-1} = \lambda(u_t/\alpha) + \lambda(w_t - e_{t-1}) + \lambda(y^*/\alpha) \tag{8.26}$$

可见，政府可以通过变动汇率的方法来抵消需求扰动 u_t 对产出的影响，并且由于工资 w_t 是在 $t-1$ 期决定的，当高工资带来的通货膨胀风险可能削弱本国的竞争力时，政府的最优选择就是贬值。同理，政府可以通过贬值使产出水平超过自然水平。

同样地，私人部门也会根据其掌握的信息来预期政府的政策，并采取相应的对策，例如根据前式的政府反应函数来决定自身所要求的工资水平：

$$w_t = e_{t-1} + \lambda E_{t-1}(u_t/\alpha) + \lambda(w_t - e_t) + \lambda(y^*/\alpha) \tag{8.27}$$

当 $E_{t-1}(u_t) = 0$ 时，有：

$$w_t = e_{t-1} + \frac{\lambda}{1-\lambda}(y^*/\alpha) \tag{8.28}$$

综合前三式，由政府行为和私人行为所产生的均衡贬值率为：

$$e_t - e_{t-1} = \lambda u_t + \frac{\lambda}{1-\lambda}(y^*/\alpha) \tag{8.29}$$

可见，如果政府坚持固定汇率，一方面能够消除通货膨胀倾向，但另一方面也排除了政府对不可预测的产出冲击做出反应的可能性。而在实际中，政府通常是在大部分时间里维持固定汇率，只有当扰动具有足够大的冲击力时才实施贬值。

第二代货币危机理论是在第一代货币危机理论的基础上提出的，其关注的重点不再是政府的线性行为，而是政府与市场交易主体之间的行为博弈。在这里，多重均衡取代了单一均衡，本币贬值与否取决于政府对于市场预期的反应，于是市场对贬值的预期往往造成了自我实现式的汇率贬值。从本质上看，第二代货币危机理论回答了三个问题：第一，政府为何要放弃固定汇率。由奥布斯菲尔德的模型可以得出结论，本币汇率贬值一方面可以减少以本币计价的债务负担，另一方面，由于工资刚性而受到失业困扰的国家可以通过贬值促成扩张性货币政策，以此刺激国内经济。第二，政府为何要维持固定汇率。固定汇率有利于国际贸易和投资的计价和结算，对有通货膨胀倾向的国家而言是政策可信度的标志，对于区域经济一体化而言是成员方对国际经济政策协调的承诺。第三，强调了公众预期在政府决策过程中的重要性。因为维持固定汇率是需要成本的，当公众预期汇率将贬值时，债权人会要求提高债权利率，工人会要求提高工资，此时政府坚持不贬值将付出更大的代价。对政府而言，与其在付出这些代价之后不得不贬值，还不如及早顺应投资人的预期主动放弃固定汇率，其结果就是本币在宏观经济基本因素恶化到必须贬值之前就已经贬值了。

第二代货币危机理论强调的是货币危机的自我实现性质，投资人的预期及政府对该预期的反应等主观因素起了决定作用。但是它的不足之处也恰在于此：首先，它没有说明是否任何一种货币都可能遭受投机性攻击，或者是否所有的投机性攻击都与基本经济因素无关。事实上，往往是那些经济基本因素有恶化迹象的国家，更容易遭受投机者的攻击。相比之下，那些经济基本因素良好，并且宣称将坚定维护固定汇率的国家一般不会首先遭受投机者的攻击。这说明，不能否认危机的发生与经济基本因素的恶化是有关系的，虽然这种关系的程度尚有待研究，但至少我们不能绝对地认为货币危机就是一种主观预期因素的产物而与经济的客观表现无关。其次，第二代货币危机模型暗含着一个中间地带的存在，在这个地带中既有可能发生投机性攻击，也有可能不发生。但是这个中间地带究竟有多宽，在现实中如何确定这一地带？这些问题都尚无定论，因为这涉及投资者的汇率预期函数、效用函数和政府的反应函数的确定。这不仅仅是简单的理论假设，还需更多的实证研究。最后，第二代货币危机理论还忽视了另一种情况，即纵然是在危机可能发生的区间内，投资人也未必只有发起投机性攻击这一种行为选择。这是因为，投资者可以从卖出本币和买入外币中获得资本利得，但同时也必须支付交易成本。理论上这些成本可以忽略不计，但现实中的投机性攻击都是在很短的时间里完成的，其间任何很小的交易成本都有可能抵消投机收益，从而大大削减人们进行投机性攻击的动力。

本章小结

1. 国际资本流动是资本在不同国家或地区之间作单向、双向或多向的流动，其实质是凭借它拥有的资本所有权形成对外债权，并以此获得利润以及利息收益。国际资本流动按资本使用期限的长短可将其分为长期国际资本流动和短期国际资本流动两大类型。引起国际资本流动的原因很多，归结起来主要有以下几个方面：过剩资本的形成或国际收支大量顺差，利用外资策略的实施，利润的驱动，汇率的变化，通货膨胀的发生，政治、经济及战争风险的存在，国际炒家的恶性投机及其他因素。20世纪80年代以来，国际资本流动呈现了一系列典型的特征：国际资本流动规模日益扩大，国际直接投资高速增长，国际外汇市场交易量扩大，国际资本流动出现证券化趋势，跨国公司成为推动国际资本流动的主角，对冲基金质变为风险基金。

2. 国际资本流动理论可以分为国际资本流动的一般理论、国际直接投资理论和国际间接投资理论。国际资本流动的一般理论包括现金移动理论，费雪、曼德尔、麦克格尔及弗莱明和蒙代尔等人的国际资本流动理论以及资产组合理论。国际直接投资包括以产业组织理论为基础的投资理论、侧重于国际投资条件的理论和从金融角度出发的投资理论。国际间接投资理论也称国际证券投资理论，研究在各种相互关联的、确定与不确定结果的条件下，理性投资者该如何做出最佳投资选择，主要包括古典国际证券投资理论和现代证券投资组合理论。

3．国际债务指在任何特定时间一国居民欠非居民的、已使用尚未清偿的、具有契约性偿还义务的全部债务。国际债务与国际资本相互联系又截然不同。国际债务危机也是国际金融危机的一种表现形式，是指作为债务人的一国政府、机关、企业，在一特定的、比较集中的时期内，因支付困难不能履行对外的债务契约，按期还本付息，致使债权人受到呆账损失或威胁的一个经济过程。国际债务危机爆发的原因主要是外债规模膨胀，外债结构不合理，外债使用不当，对外债缺乏宏观上的统一管理和控制，外贸形势恶化，出口收入锐减。对国际债务规模可以通过偿债率、利息清偿率、债务率、负债率和短期外债比率等指标进行监测。

4．目前对金融危机比较通用的界定为金融危机是金融市场上由于金融秩序不完善、交易风险管理水平差、市场机制不健全以及国际游资的冲击等原因而引起的动荡现象。国际金融危机是指一国所发生的金融危机通过各种渠道（如：国际贸易、国际资本流动等）传递到其他国家从而引起国际范围内金融危机爆发的一种经济现象，主要由国际货币危机、国际银行危机和国际债务危机叠加在一起。银行危机的实质是，由于各种原因导致银行的流动性或清偿性的过度丧失所带来的市场失败，其界定标准是：（1）依靠自身的资源难以支付到期债务；（2）出现了大规模的银行挤兑；（3）大量银行倒闭；（4）政府大规模强制性援救。只要这四种情况中的任何一种出现了，就应该认定发生了银行危机。国际银行危机的成因理论——金融脆弱性理论的最早期版本是货币脆弱性理论，而后形成了“金融不稳定性假说”。国际金融危机的形成源于投资者预期的变化、“羊群效应”、本币汇率的贬值、资本融通渠道的堵塞，以及危机经国际“传导”途径的蔓延。目前世界主要经济体应对国际金融危机的做法主要有注资、担保、降息三种。

5．利用外资是我国进行现代化建设的客观要求，是我国借鉴其他国家成功经验的需要。中国利用外资的主要方式包括外商直接投资、对外借款和海外上市，利用外商直接投资是目前最主要的方式，具体包括中外合资经营企业、中外合作经营企业、外资企业（外商独资经营企业）、中外合作开发、BOT投资方式、外商直接投资等。中国利用外资的战略有两次重大的转变，一是“引进来”从“量”到“质”的根本转变；二是由“引进来”向“走出去”的根本转变。根本转变是由我国经济发展、对外开放发展和利用外资发展情况所决定的。

外债的衡量指标主要有债务率、偿债率和负债率等指标。借债国能否通过实施外债战略来推动本国的经济发展，最大限度地发挥外债的效用，关键在于能否形成一个有效的外债管理体制，对外债的规模及结构进行全面系统的管理。

6．国际货币基金组织认为货币危机是指这样一种情况，在外汇市场上针对一国货币汇率的投机性冲击导致货币贬值（或大幅贬值），并且投机行为迫使该国中央银行通过大量动用外汇储备或提高借贷利率的方法来维护货币的汇率。

克鲁格曼提出的国际收支危机模型被称为货币危机的第一代理论模型，该理论最根本的一点就是：货币危机的根源在于一国经济政策与汇率制度的不协调，特别是扩张性货币、财政政策与维持固定汇率制度之间不可调和的冲突终将导致本币影子汇率与名义汇率之间的差距，进而被投机者所利用。

欧洲货币体系危机的爆发催生了第二代货币危机理论——自我实现的货币危机理论。第二代货币危机理论是在第一代货币危机理论的基础上提出的，其关注的重点不再是政府的线性行为，而是政府与市场交易主体之间的行为博弈，强调的是货币危机的自我实现性质，投资人的预期及政府对该预期的反应等主观因素起了决定作用。

关键概念

国际资本流动　国际直接投资　短期国际资本流动　对冲基金　国际债务　偿债率　国际金融危机

综合训练

8.1 单项选择题

1. 国际资本流动以（　　）转让为特征，以此获得利润以及利息收益。

A. 所有权　　B. 使用权　　C. 经营权　　D. 移动权

2. 证券投资与直接投资的区别在于（　　）。

A. 是否从买卖价差中获利　　B. 是否获得股息

C. 是否获得红利　　D. 是否拥有企业的实际管理控制权

3. 外债余额与国内生产总值的比率为（　　）。

A. 偿债率　　B. 外债结构指针

C. 债务率　　D. 负债率

4. 下列属于外债的是（　　）。

A. 一国母公司对国外子公司承担的具有契约性偿还义务的债务

B. 直接投资和股票投资

C. 已签订借款协议而尚未提款的债务

D. 由口头协议或意向性协议所形成的债务

5. 第二代货币危机理论的主要观点包括（　　）。

A. 货币危机的根源是宏观经济基本面的恶化

B. 金融机构的道德风险

C. 本币汇率贬值预期的自我实现

D. 外汇储备枯竭，政府被迫放弃金平价

8.2 多项选择题

1. 短期国际资本流动的具体形式有（　　）。

A. 短期证券投资与贷款　　B. 保值性资本流动

C. 投机性资本流动　　D. 投资性资本流动

E. 贸易资金流动

2. 国际间直接投资的主要形式是（　　）。

A. 外国投资者在东道国开办新企业

B. 外国投资者收购东道国企业的股份达到一定比例

C. 再投资

D. 外国投资者购买外国证券

E. 外国政府给东道国政府提供贷款

3. 下列属于我国利用外资的方式有（　　）。

A. 吸引外商直接投资　　B. 吸引外商间接投资

C. 外国政府贷款　　D. 出口信贷

E. 国际金融组织贷款

4. 目前世界主要经济体应对国际金融危机的做法主要有（　　）。

A. 注资　　B. 担保　　C. 降息　　D. 贸易保护

5. 国际债务概念中的“全部债务”可以用（　　）形式表示。

A. 外币　　B. 本币

C. 实物形态构成　　D. 口头协议

E. 股票投资

8.3 思考题

1. 试分析国际资本流动对投资国和东道国的影响。

2. 分析欧债危机爆发的原因并试提出解决对策。

3. 国际金融危机包括哪些类型？如何识别？

4. 简述货币危机理论的发展历程。

5. 简述对国际资本流动的控制措施。

6. 为什么从长远来看，发展中国家的债务危机不能根本解决，并且还有重新恶化的可能性？

第九章

国际融资业务

引例

爱立信“倒戈”

2002年3月，南京爱立信公司突然做出惊人之举，凑足巨资提前还完了南京工商银行、交通银行19.9亿元人民币贷款，转而再向花旗银行上海分行贷回同样数额的巨款。“爱立信事件”的焦点集中在是否办理“无追索权应收账款转让业务”，即国际保付代理业务上。据交通银行介绍，南京爱立信公司曾与中资银行进行回购性应收账款债权转让业务。此种业务是爱立信公司以应收账款作为债权抵押向银行贷款，如果应收账款到期没有收回来，爱立信公司必须将此债权回购，损失由爱立信公司承担。为了转移风险，爱立信公司向中资银行申请办理无追索权应收账款转让业务，就是由银行买断其应收账款，全部承担买方的信用风险。但中资银行没有答应爱立信公司的申请。相对而言，花旗银行贷款条件更优厚，提供的金融产品更齐全，服务水平更高，愿意为爱立信公司提供无追索权的保理业务，由此引发爱立信“倒戈”事件。

那么究竟什么是保付代理业务？该业务有什么特点？为什么会引起爱立信公司这般惊人之举呢？以上问题本章会一一解答。

第一节　国际融资概述

一、国际融资的概述

国际融资是指在不同国家与不同地区之间的资金需求者与供给者通过各种手段，在国际上进行的融通资金的活动。其具体包括：货币资金持有者之间的融通，实物资金持有者与货币资金持有者之间的融通，实物资金持有者之间的融通。如果资金的融通发生在本国资金持有者之间，而不涉及其他国家的资金持有者，就是国内融资；如果资金融通涉及其他国家，超越了国境，则是国际融资。国际融资是国内融资的延伸。

国际融资有其存在的客观必然性：一方面，各国、各地区经济发展的不平衡，产生了资金跨国流动的需要；另一方面，各国经济联系的日益紧密以及全球经济一体化的加深，又为国际融资提供了可能。资金短缺国可以在国际金融市场上筹措资金，补充国内资金的不足，引进技术和产品，提高劳动生产率，促进经济发展；资金盈余国和政府、企业和个人也可以把资金借给外国，以获取更大的收益。国际融资作为一种调剂资金余缺的手段，可以把各种闲置资金，按照市场经济的规律，加以筹集，合理疏导，充分发挥资金的应有作用，在调剂资金、合理配置资源要素方面能起到重要作用，对国际贸易的发展起着极大的推动作用，从而促进了各国经济和世界经济的发展。

国际融资一般是在国际金融市场上进行的。国际金融市场是国际借贷关系产生和国际资金流动的渠道和中介，它为这种国际资金流动服务。在国际金融市场上，资金供应者和资金需求者通过金融机构或自行直接相互接触，从事借贷交易或证券发行买卖活动，以实现国际资金的融通。

随着国际金融市场业务的丰富与发展以及金融工具日新月异的创新，国际融资的含义也在不断丰富发展。国际融资的主体更加广泛，范围也较以前大大扩展，不仅包括资金、机器设备、原材料、商品等要素，还包括知识产权、对物产权、行为权利等无形资产。

二、国际融资的特点

国际融资与国内融资比较而言，参与者更复杂、要求更严格、风险更大。国际融资具有以下几个特点。

（一）国际融资活动的复杂性

国际融资的当事人构成比较复杂。国际融资的当事人主要有资金供应者（表现为债权人）、资金需求者（表现为债务人）和金融中介人，其中资金供应者和资金需求者的国别不同，所以国际融资活动一般在居民和非居民之间进行。居民不是以国籍或法律为准，而是以交易者的经济利益中心所在地作为划分的标准。国际融资活动在居民和非居民之间进行，牵涉不同国家的经济制度和法律制度，牵涉不同经济主体的经济利益，要比国内融资活动难度大，涉及面广。

国际融资的媒介是各种国际货币，它可以是筹资人所在国货币，贷款人所在国货币，或者第三国货币，但必须是可自由兑换的货币。国际融资中通常选用一些关键性货币，如美元、英镑、欧元、瑞士法郎、日元等。特别提款权（SDR）也在近年来逐渐用于国际融资。由于汇率的浮动使货币遭受汇率风险，融资当事人使用何种货币是一个很复杂的问题，通常必须根据各种货币汇率变化和发展趋势，结合融资条件等因素加以考虑做出决策。

（二）国际融资的风险性大

国际融资与国内融资相比，风险较大，除了面临和国内风险一致的偿债能力风险外，还面临着国家风险和汇率风险。

和国内融资一样，国际融资也面临着通常信贷交易中的商业风险，即债务人经营管理不善，出现亏损，到期无力偿还贷款或延期偿付，也就是偿债能力风险。

国家风险是指某一主权国家或某一特定国家有主权的借款人，如财政部、中央银行及其他政府机构，或其他借款人不能或不愿对外国贷款人履行其债务责任的可能性。国家风险通常是由借款人所属国本身的原因造成的，主要是由于借款国政府不履行责任及其实施的政策法令所引起的。例如，发生政变、实行资金冻结、外汇管制、宣布限制或推迟偿还债务等。

汇率风险是指在国家经济、贸易和金融活动中，以外汇计价的收付款项、资产与负债业务，因汇率变动而蒙受损失或获得收益的可能性。国际融资经常以外币计价，如果融资货币发生贬值，汇价波动，既可能影响借款人的偿债负担和能力，又可能影响贷款人按期收回贷款和债权收益。

（三）国际融资受到管制

国际融资通常是分属不同国家的资金持有者之间跨国境的资金融通和转移，是国际资本流动的一个组成部分。国际融资当事人所在的国家政府，从本国政治、经济利益出发，为了平衡本国的国际收支，贯彻执行本国的货币政策，以及审慎管理本国金融机构尤其是银行金融机构，无不对本国的对外融资活动加以管制。主权国家对国际融资的管制体现在，对国际融资的主体、客体和融资信贷条件实行法律的、行政性的各种限制性措施。法律管制是指由国家立法机关制定并颁布法律；行政性管制措施是指一国金融当局不经过正式的立法程序，而以行政手段对国际融资实施限制的措施。我国对国际融资的管理，重点是对利用国外借款的管理，目前实施的管理措施包括：国家授权制度、计划与审批制度、登记管理制度、税收制度等等。

三、国际融资的类型

（一）按是否通过金融中介人分类，国际融资可分为直接融资和间接融资

直接融资是指资金融通通过投资者与筹资者直接协商进行，或者在国际金融市

场上直接买卖有价证券而融通资金。

间接融资是指在国际金融市场上通过金融媒介进行融通资金。金融媒介有银行、保险公司、投资公司等金融和非金融机构。金融媒介主要通过吸收存款、保险金或信托资金等来汇集资金，同时通过发放贷款、购买原始有价证券等方式将其所汇集的资金转移到资金短缺的筹资者手中。

（二）按融资目的分类，国际融资可分为国际贸易融资、项目融资和一般融资

国际贸易融资是指国际为进行贸易而进行的融资活动，是国际融资中最传统的类型。它包括期限在一年期以下的短期贸易融资和一年期及以上的中长期国际贸易融资。

项目融资是指为某一特定的工程项目进行的融资，如大型的采矿、能源开发、运输交通以及电力、化学、冶金企业等建设项目。

一般融资是指既不与进出口贸易直接联系，又不与特定工程项目直接联系的融资。这类融资往往是出于克服资金短缺，调剂外汇资金，或弥补国际收支逆差、维持货币汇率等目的进行的。

（三）按融通资金来源分类，国际融资可分为国际商业银行融资、国际金融机构融资、政府融资和国际租赁融资

国际商业银行融资是指融通资金来自国际商业银行。这种融资的特点：一是贷款用途不受限，企业可以自由使用；二是贷款供应充足，企业可以灵活选用币种；三是贷款利率按国际金融市场利率计算，利率水平较高。

国际金融机构融资是指融通资金来自国际金融机构，如国际货币基金组织、世界银行、国际开发协会、亚洲开发银行等，由它们向成员国提供贷款。其中国际货币基金组织向发生国际收支逆差的成员国提供短期或中期贷款；世界银行和国际开发协会则向发展中国家提供长期贷款，这种贷款专门用于特定的开发建设项目，也就是项目融资。

政府融资是指融通资金来自各国政府的财政预算，如某国政府利用本国财政预算资金向另一国政府提供长期优惠贷款，其中主要是发达国家向发展中国家政府提供贷款。政府贷款如被限定用于购买贷款国的资本货物，则可划归为贸易融资；如用于资助借款国的经济建设项目，则可划分为项目融资。

国际租赁融资是指跨越国境的租赁业务，即在约定的时间内，一个国家的出租人把租赁物件租给另一个国家的承租人使用，承租人按约定向出租人交纳租金，租赁期满后，双方可以根据约定将租赁物返还出租人、续租或留购。

（四）按融资期限分类，国际融资可分为短期融资、中期融资和长期融资

短期融资指融通期限在1年以内，其融通资金周转较快，大多属于信用融通，如银行同业拆借。

中期融资指资金融通期限为1～5年，一般需要资金供需（借贷）双方签订融资（信贷）协议。

长期融资指资金融通期限在5年以上，最长可达50年。

四、我国国际融资业务的发展

多渠道地吸引外资、积极稳妥地培育国内资本市场是我国发展经济的战略之一。为更好地发展经济，我国不仅在国内广泛地吸引资金，也将国际融资作为筹措资金的重要方式。我国主要采取吸引外资直接投资、国际金融机构借款、国际商业银行借款、国际债券、国际股票等融资方式。

我国发行国际债券始于1982年1月22日，中国国际信托投资公司在日本债券市场，首次发行了100亿日本私募债券，期限12年、宽限期5年。从1982年1月29日起计算，年利率为8.7%，半年计息一次，宽限期后每年还款8%，此后的几年间中国在国际债券市场都很活跃，这一阶段的发行条件较好，利率接近伦敦同业拆借利率，期限一般在7年以上。

我国利用股票进行国际融资是从1991年上海、深圳两地发行的B股开始的，到1994年年底，共有50余家上市公司向境外投资者发放B股，上市总额达30多亿元人民币，筹集外资数亿美元。目前我国企业发行的人民币特种股票（B股）、在中国香港上市的H股和红筹股、在美国上市的N股、在英国上市的L股以及在新加坡上市的S股都属于国际股票。

为了推动我国国际融资的发展，更好地发挥直接融资和间接融资的作用，我国将进一步加强和完善对外商直接投资和对外债的管理。在外商直接投资方面，将进一步完善外商投资的导向，把更多的外资引向中西部、基础设施、支柱产业和高新技术产业；在对外借款方面，将在计划管理、债务监测、借款使用、管理法规方面进一步加强和改善。

第二节　国际贸易融资

一、国际贸易融资概述

（一）国际贸易融资的历史沿革

国际贸易融资的历史沿革：（1）中世纪的国际贸易与融资；（2）资本主义自由竞争阶段的国际贸易与融资；（3）资本主义垄断阶段的国际贸易与融资。

（二）国际贸易融资的概念与类型

国际贸易融资是指银行对外贸企业办理国际贸易业务而提供的资金融通便利。它是促进进出口贸易的一种金融支持手段。随着国际贸易迅猛发展，国际贸易融资的种类也随着国际贸易和金融业的发展不断推陈出新。它主要分为以下几大类型：

（1）按照融资的期限划分：短期国际贸易融资、中长期国际贸易融资。

（2）按照融资的来源划分：商业银行贸易融资、政策性贸易融资、国际租赁融资。

（3）按与国际贸易结算关系的紧密程度划分，目前国际上通行的国际贸易融资方式有：福费廷（包买票据业务）、国际保理业务、银行保函业务等。

（4）按照融资的货币划分：本币融资、外币融资。

（5）按照融资有无抵押品划分：无抵押品贷款、抵押贷款。

（三）国际贸易融资的主体

（1）国际贸易融资中的借款人：根据国际贸易融资的定义可以看出，其融资对象是进出口商。在我国，它包括了国有、三资、私人所有制下的外贸公司、工贸公司、有进出口经营权的自营生产企业和科研院所。对于中长期贸易融资，特别是出口买方信贷而言，由于其具有鲜明的政府色彩、浓厚的政策性金融的特征，因此，更多的时候，它的借款人是借款国的银行，或是政府，或是信誉高、影响力大、经营状况好、还款能力强的大型企业。

（2）国际贸易融资中的贷款人：商业银行和政策性银行。

（四）国际贸易融资的特点

国际贸易融资作为促进进出口贸易的一种金融支持，它属于在信用基础上的借贷行为。借贷的实体是价值，借贷行为是价值运动的一种特殊形式。贷出时，价值（表现为货币资金或实物资金）作单方面转移，由贷款人让渡价值，保留所有权；归还时，价值也是作单方面转移，借款者除了归还本金外，还要支付利息。这概括了国际贸易融资的两个基本特征：偿还性，借贷行为以偿还为条件，到期归还；生息性，偿还时带有一个增加额——利息。此外，它还有以下特点：国际贸易融资主客体的复杂性；国际贸易融资风险较大；国际贸易融资的被管制性。

（五）国际贸易融资的优势

（1）短期和中期国际贸易融资相对于一般流动资金贷款来说，是一种安全性好、流动性强、盈利性高的信贷行为。

（2）长期国际贸易融资同一般商业贷款相比，它的信贷条件优惠，且能实现还款双保险。

（六）国际贸易融资的作用

有利于促进一国国际收支平衡，扩大出口，增强外贸企业竞争力，帮助其开拓国际市场、扩大就业、增加外汇储备。

二、短期国际贸易融资

短期国际贸易融资是指在国际贸易过程中进出口商通过不同的渠道，采用不同的方式所获得的期限在一年以下的资金融通。大多数短期国际贸易融资都和结算方式联系在一起，所以短期贸易融资又称国际贸易结算融资。

短期国际贸易融资形式繁多，名目各异，很难一一列举。按照接受信贷资金的对象不同，短期国际贸易融资可分为出口贸易融资和进口贸易融资。

（一）出口贸易融资

出口方为出口货物，需要大量流动资金用以支付各种费用，诸多费用很容易造成出口方发生流动资金短缺，此时取得短期资金融通就成为保证出口的重要手段。

1.短期贷款

为了支持出口，出口地银行通常向出口方提供信用贷款或出口商品抵押贷款。信用贷款也称无抵押贷款，是指为了支持出口，专门给出口商品的出口商提供的贷款。尤其是在生产厂家获得进出口商订单的保证之后，银行即可办理无抵押贷款。出口商品抵押贷款是指出口方将以采购形式购入的出口商品为抵押向银行取得的融资。

2.打包放款

打包放款又称装船前贷款、信用证抵押贷款，是指货物装船前，出口商以进口商银行开来的信用证为抵押，向银行申请的短期贷款。它主要用于对生产或收购商品开支及其他从属费用的资金融通。融资比例通常不超过信用证金额的80%。期限一般不超过信用证的有效期，但有时银行还视情况规定一个最长融资期限，原则上不超过6个月。

3.出口押汇

出口押汇也称议付，即出口方以出口货运单据作抵押，向出口方银行申请融通资金。根据不同的结算方式，出口押汇可分为信用证出口押汇和托收出口押汇。

信用证出口押汇是指在信用证结算方式下，出口商发运货物后，将全套单据提交往来银行作为抵押，要求银行提供的在途资金融通。信用证出口押汇可以有效解决出口方发货后急需资金的困难。

托收出口押汇是托收行买入出口商开立的以进口商为付款人的跟单汇票，以及随附的商业单据，将货款扣除利息及费用后，将余额付给出口商，并通过国外银行向进口商收款，经归还垫款的一种融资方式，其目的也是解决出口方资金占用的问题，但与信用证出口押汇相比，托收出口押汇的风险较大。

4.票据贴现

票据贴现是信用证下的一种融资方式。如果进出口双方签订以远期信用证方式成交，那么，出口方取得开证行承兑的远期汇票，可向银行申请贴现，以取得贷款。贴现金额是票面金额扣除一定贴现利息后的净款。为了防范风险，银行或贴现公司一般不对没有真实贸易背景的纯汇票进行贴现，而只对跟单信用证和跟单托收项下的已承兑票据给予贴现。

（二）进口贸易融资

1.赊销

赊销是建立在出口方对进口方完全信任基础上的一种融资方式。出口方将货物所有权交给进口方后，只要进口方在收到货物后1～3个月付款即可。这种方式对进口方最有利，进口方有相当长的时间将货物销售出去以取得资金来归还出口方的货款。

2.票据信贷

票据信贷是出口方向进口方提供的一种融资方式。其做法是：出口商发货，取得代表物权的货运单据，并签发远期汇票，然后将单据和汇票通过银行或直接寄给进口商；进口商收到票据即进行承兑，并于汇票到期日支付货物。美国出口商对外国进口商提供信贷的期限一般为90～120天，也有较长时间的，要依商品性质、进口方资信而定。

3.信托收据

信托收据是在跟单托收的远期付款交单结算方式下，进口方向代收行开立的书面保证文件。在付款前代收行根据进口方提供的信托收据向其借出货运单据，从而使进口方可以在远期汇票未到期前先提货，销售货物后取得部分或全部货款；待汇票到期时进口方将货款付给代收行，换回信托收据，代收行再将收妥的货款付给托收行。这一过程等于是进口方在未动用自己资金的情况下实现了进口，所以是代收行对其提供的融资。

4.进口押汇

进口押汇是银行在收到信用证或进口代收项下单据时，向进口商提供的短期资金融通。按基础结算方式划分，可分为信用证下进口押汇和进口托收押汇。

信用证下进口押汇是开证行在收到议付行或交单行寄来的单据后，如进口方无足够的资金向银行赎单，而由开证行替进口方垫付货款，这样进口方就可以从银行获得单据，从而获得融资。

进口托收押汇是代收银行向进口商提供的短期资金融通，以使它能在信托项下取得单证，凭此提货、报关、存仓、保险和销售。

5.提货担保

正常情况下，收货人应凭正本提单向航运公司办理提货手续，但有时因航程过短，货比单据先到，如收货人急于提货，可采用提货担保方式。即进口方立刻要求银行出具担保提货书，代替提单向航运公司提货，待收到提单后，再将提单交给航运公司以换回担保提货书。

（三）国际保理业务

国际保理业务是指出口商以商业信用形式出售商品，在货物装船后立即将发票、汇票和提单等有关单据卖断给承购应收账款的保理组织，收进全部或部分货款，从而取得资金融通的一种业务形式。保理业务是专门为赊销而设计的一种金融服务业务。

国际保理业务包括以下几点基本内容。

1.贸易融资

当出口商将应收账款转让给保理商后，一般保理商会立即支付不超过应收账款80%的现款，使出口商迅速收回大部分货款，减少资金的积压。相对于其他融资形式，国际保理业务提供的融资具有手续方便、操作简单的特点。同时出口方可以将这种预付款视为销售收入，使企业的财务指标得到改善。

2.信用销售控制

保理商为降低风险，必须对进口商进行全面的调查，包括它的资信状况、偿债能力、经营作风等，以核定相应的信用销售额度。此外，保理商还要了解进口商所在国的外汇外贸政策、经济形势、政治稳定性等宏观环境因素。每月月底，保理商向出口方提供一份完整的未付应收账款结算单，内容包括：每个客户的信用销售额度、信用销售额度的变化、有效日期、未付应收账款余额等。

3.销售分账户管理

供货商将应收账款转让给保理商后，同时也将有关的账目管理工作移交给保理商。由于保理商一般是商业银行或其附属机构，在账务管理方面拥有银行所具有的各种有利条件，因此，完全有能力向客户提供优良的账务管理服务。

4.催收账款

买方拖欠赊销账款是交易中普遍存在的一种现象，债款的回收对卖方来说是一件非常烦琐的事情。采用保理业务后，出口商就不再负责债款的回收工作，由保理商出面催收。保理商有专业的催收人员，在催收债款方面有非常丰富的经验，并熟悉有关的法律条款与司法程序。因此，债款回收的效率较高，解除了出口商对收债的后顾之忧。

5.坏账担保

在采用保理业务时，保理商根据对进口商资信调查的结果，规定了出口商向每个进口商赊销的额度，在额度内的称为已核准应收账款，超过额度的称为未核准应收账款。保理商对已核准应收账款提供百分之百的坏账担保，而对未核准应收账款，保理商则不提供坏账担保。

当坏账担保与贸易融资结合在一起时，保理商对出口商提供的不超过应收账款80%的预付款可以立即被供货商视为正常的销售收入而放心地投入使用，无须考虑融资的偿债能力。

三、中长期国际贸易融资

短期国际贸易融资只解决临时性、季节性的资金短缺问题。实际上，在整个贸易中，与大型贸易有关的中长期融资占主导地位。中长期国际贸易融资指期限在一年以上的进出口贸易融资，该融资主要适用于企业为改善其资本结构，弥补企业资金不足的需求。

中长期国际融资不仅是一种融资手段，也是争夺产品出口市场的一种竞争手段。中长期国际贸易融资主要包括以下几个方面。

（一）出口信贷

1.出口信贷的概念及特点

第二次世界大战前后，各国之间广泛开展大型成套设备及技术的贸易，其成交额较大，周转期较长，进出口商迫切需要期限较长的信贷支持，由此产生了出口信贷。

出口信贷指出口国政府为了支持和扩大本国大型机械、成套设备、大型工程项目等的出口，通过成立官方出口信贷机构，或者通过给予商业银行利息补贴、提供信贷担保的方式，向出口方或进口方银行提供的一种融资方式。随着经济自由化和世界经济一体化的发展，各国经济的相互依存度越来越高，国际贸易的重要性日益突出，出口信贷融资已成为促进国际贸易发展的重要手段。

出口信贷具有以下主要特点：

（1）信贷发放以货物出口为基础。出口信贷必须用于支持本国资本性货物、技术或有关劳务的出口。如果某一商品由多国参与制造，那么贷款国部件占50%以上是获得出口信贷的必备条件，有时这一比例要求高达85%。有的国家只对商品中属于本国制造、研发的部分提供出口信贷支持。

（2）利率较低。大型机械设备的生产在一国经济中占重要地位，其产品价值高，交易金额大，这类产品的出口对一国国内生产、就业有着非常重要的影响。因此，为了提高这类产品的出口竞争力，出口信贷的利率一般按照经济合作与发展组织的协议规定调整，每半年调整一次，利息按签约时的固定利率计算，一般要略低于市场利率，其利差由出口国政府给予补贴。

（3）信贷和保险、担保相结合。出口信贷支持的出口商品多是大型的、成套的机器设备，贷款金额大、期限长，而且涉及不同国家的当事人，因此，承办银行承担的风险较大。为了解除承办银行的后顾之忧，一般政府专门设立出口信贷机构直接作为保险人提供出口信贷保险，或者作为再保险人，对私人保险机构承保的出口风险给予再保险，或者对银行提供的出口信贷提供担保。

（4）官方性。出口信贷是一种官方资助的政策性贷款。大部分国家都设立了官方机构，专门办理出口信贷和信贷保险业务，一方面为弥补企业自有资金不足；另一方面为实现国家对经济的干预。

2.出口信贷的形式

根据接受信贷的对象来划分，出口信贷分为买方信贷和卖方信贷。

买方信贷是指在大型设备出口中，由出口商所在地银行贷款给外国进口商或进口商银行，给予融资便利，扩大本国设备出口的出口信贷形式。

买方信贷的具体方式分两种。第一种是出口方银行直接向进口商提供贷款，并由进口商银行或第三方银行对该项贷款担保，出口商与进口商签订的合同中规定以即期付款方式成交。这种形式的出口信贷实际上是银行信用。第二种是由出口方银行贷款给进口方银行，再由进口方银行为进口商提供资金，以支付机械设备等进口物资的贷款。这种形式的出口信贷在实际中用得最多。

买方信贷总体上讲对进口商、出口商和银行都是有利的。

对进口商来说，通过买方信贷，在与出口商的贸易谈判中无须考虑信贷因素，可以对价格构成有充分的了解，因此能够争取到价廉物美的商品，比卖方转嫁手续费更有利。

对出口商来说，利用买方信贷交货后可立即收到贷款，加快了资金周转的速度。而且出口商可集中精力考虑生产与供货等问题，因为不需要申请贷款。

买方信贷对银行也有利，出口方银行贷款给进口方银行，进口方银行再将贷款转贷给进口商，可以更好地监督进口商按计划使用贷款，更有利于贷款的及时偿还。

卖方信贷是指在大型机械设备出口中，由出口商所在地银行贷款给出口商，以给予融资便利，扩大本国设备出口的信贷形式。

卖方信贷的一般做法是：签订有关贸易合同后，进口商需要预付定金，一般为货款的10%～15%；在分批交货验收时，再分期支付货款的10%～15%，其余70%～80%的货款，在出口商全部交货完毕后，或在保证期满后，由进口商在规定期限内分期支付，通常是每半年支付一次，包括延期付款的利息。出口商凭借他与进口商签订的合同，向所在地银行申请卖方信贷，以进口商分期偿付的货款来偿还贷款。

对出口商来说，通过使用卖方信贷可以向进口商提供延付货款的优惠条件，在一定程度上提高了出口商品的竞争力，有利于出口商拓展市场，扩大出口。

对进口商来说，卖方信贷可以使其延付货款，能够有效地解决暂时支付困难问题，而且手续比较简单，无须进行多方面的洽谈。但利用卖方信贷时，出口商将承担管理费、信贷保险费等诸项费用，这些费用都加入了出口商品的价格中，转嫁给了进口商。因此，延期付款的货价一般要高于现汇支付货价3%～4%，有时甚至达8%～10%，使进口商不易了解真实货价。

（二）福费廷

1.福费廷的概念与特点

福费廷业务也称包票据，是一种没有追索权的贴现业务。即指在延期付款的大型设备中期和长期贸易中，出口商把经过进口商承兑的，期限为6个月至10年的远期汇票或本票，在无追索权的基础上出售给出口地银行或金融公司，提前取得现金的一种融资形式。

福费廷融资期限以中期为主，一般为1～5年。福费廷主要是对成套设备、船舶、基建物资等资本性货物交易及大型项目交易的融资活动，属于批发性融资，融资金额一般都在25万美元以上。福费廷业务的利率通常以伦敦同业拆借利率加一个附加率，利率确定后不再变动，使得进出口商在交易开始时就知道成本总额。

2.福费廷业务的基本流程

（1）出口商向包买商提出申请。出口商若采用福费廷业务，需要在贸易合同签订前向包买商提出申请，了解包买商的报价和选择期。

（2）出口商与进口商进行贸易洽谈，商定使用福费廷支付。双方签订贸易合同，同时，出口商同包买商签订福费廷，规定双方的权利与义务。

（3）出口商发运货物后，将全套货运单据通过银行寄送进口商。单据的寄送按合同规定办理，可以凭信用证条款寄单，也可以跟单托收。如果合同规定买方应预付订金，则这部分金额不能续作福费廷业务。

（4）进口商将经担保行担保的远期承兑汇票或本票直接寄给出口商。进口商收到单据审查合格后即承兑汇票。如果采用本票，则进口商签发到期日不同的一系列本票，以出口商为收款人。担保行对汇票或本票进行担保。

(5) 出口商按照与买进这项票据的银行（或大金融公司）的约定，依据放弃追索权的原则，办理该项票据的贴现手续。包买商在贴现付款时，须按出口商的指示将款项打到其指定的银行账户上。

(6) 包买商将到期票据经担保银行向进口商提示，进口商履行付款的义务。

3. 福费廷业务对进出口商的作用

(1) 对进口商的作用。

对进口商而言，利息和所有的费用负担均计算于货价之内，即通常采用福费廷方式货价较高。但利用福费廷的手续比利用其他出口信贷方式简便得多，不需要进口商多方联系、洽谈，使其能够有足够的精力进行贸易谈判。这一优势与费用成本需要进口商仔细权衡。

(2) 对出口商的作用。

第一，在出口商的资产负债表中，可以减少国外的负债金额，提高企业的资信，有利于其有价证券的发行。

第二，能够立即获得现金，改善流动资金状况，有利于资金融通，促进出口的发展。

第三，信贷管理、票据托收的费用与风险均转嫁给银行。

第四，不受汇率变化和债务人情况变化的影响。

(三) 短期与中长期国际贸易融资比较

将国际贸易融资分为短期与中长期并非仅仅出于融资期限上的考虑。通过比较可以发现，它们除了具有将贸易融资与贸易结算紧密结合，为贸易双方顺利执行贸易合同而提供资金融通的共性外，在融资的主客体方面存在着差异。

1. 融资主体不同

国际贸易融资的主体包括两方面：一方面是银行；另一方面是外贸企业。

首先，从银行方面来看，在短期和中期贸易融资中，它的主体是商业银行。这是由这两类融资的特点所决定的。短、中期贸易融资是同国际贸易结算结合最为紧密，且在结算的基础之上延伸并发展起来的。结算与融资是商业银行的两大核心业务，是它赖以生存的支柱。毫无疑问，商业银行在提供短、中期贸易融资方面居于不可替代的位置。对于中长期，特别是长期贸易融资来说，情况略有不同。如第二章所述，长期国际贸易融资主要是对大型资本货物出口提供的融资，体现着政策性，这一定位使它同商业银行遵循的“三性”经营原则相背离，显然商业银行对此无积极性，而需由官方出口信贷机构，如进出口银行担此重任，这在发展中国家很普遍。然而在发达国家，特别是美国、加拿大、英国、德国等，它们的官方出口信贷机构在做政策性长期国际贸易融资的同时，还通过向商业银行提供担保等方式鼓励它们介入并参与融资，以充分发挥商业银行资金雄厚的优势。尽管如此，政策性银行在长期国际贸易融资中发挥着主导作用。

其次，从外贸企业方面来看，在短、中期贸易融资中外贸企业是融资主体。但在长期国际贸易融资中，尤其是买方信贷中，融资主体已从外贸企业扩大到工业企业。

2.融资客体上的差异

第一，融资范围不同。短、中期贸易融资的范围比较广泛，只要是金额不大、期限相对较短的一般商品贸易均适用。长期贸易融资的范围相对单一，主要用于大型资本货物的出口、劳务承包工程等金额巨大、期限长、风险高的国际贸易活动中。

第二，融资风险不同。虽然各种国际贸易融资方式所面临的风险大体一致，但也分别有所侧重。在短期贸易融资中，由于融资时间短暂，如果没有突发事件，一般情况下国家风险、外汇风险、利率风险对它不会产生影响，但是防范信用和欺诈风险是它面临的主要问题。对于中长期贸易融资而言，由于融资期限长，它将面临各种风险，尤其是国家风险。

第三，融资到位速度不同。在这一方面，短期贸易融资显示出它的优势。短期贸易融资通常审批手续简单、快捷，通常当天，最长不过几天融资即可获准。中长期贸易融资相比较之下审批过程较长。当然，这同提供融资项目的复杂程度密切相关。

第四，融资成本不同。短期贸易融资同中长期贸易融资相比，从银行的收费种类到费率水平都明显比后者占优势。

总之，短期、中期和长期贸易融资各有利弊，在选择融资方式时应对它们进行全面的比较，以找到最佳方案。

四、国际贸易融资的风险预测与管理

（一）风险及其特性

风险最显著的特征是不确定性，即某种结果在未来可能发生，也可能不发生，行为主体遭受的损失可能大，也可能小。为了实现预期的目标，行为主体必须分析影响风险的各种因素，避免因风险的出现而遭受损失。从某种意义上说，从事经济活动的过程，就是预测风险、防范风险的过程。

随着国际贸易在规模、数量、金额等方面的迅猛扩大，加之它在贸易产品种类、贸易方式等方面呈现出多样化的趋势，使得国际贸易活动越来越复杂，不确定因素越来越多，因而使国际贸易融资主体在融资过程中面临更多、更大的风险，主要包括国家风险、汇率风险、利率风险和信用风险。分析和研究各种风险，加强预测，积极防范，对融资主体正确选择融资方式、避免或减少损失、确保国际贸易活动的顺利进行具有现实意义。

（二）国际贸易融资的风险种类与预测

（1）国家风险，也称政治风险。在国际贸易融资中，该风险通常是由于贸易伙伴国政府的原因，或其不履行责任，或其所实施的政策法令而引起的。这种风险是国际贸易融资过程中融资主体面临的首要风险，它对融资决策起着决定性作用。研究国家风险的分析方法对有效规避该风险起到重要作用。

(2) 外汇风险：国际贸易作为一种跨国经济行为，必然要涉及不同货币的兑换问题，因而不可避免地要面临外汇风险。外汇风险一般包括三个因素：本币、外币与时间，三者缺一不可。相应地，融资期限越长，外汇风险就越大。外汇风险是指在涉外经济活动中，以外币计价的资产或负债，因汇率变动引起其价值涨跌而给经济交易主体带来经济损失的可能性。汇率变动既可能带来损失，也可能带来收益，而只有当企业受损时，外汇风险的危害才会引起高度重视。随着金融市场的国际化和跨国经济的发展，汇率风险在各种金融风险中变得越来越重要。

(3) 利率风险：利率风险指利率变化时给以外币计价的资产和负债带来损失的可能性。

(4) 信用风险：在国际贸易融资中，贷款银行和进出口商都将面临信用风险。对于前者来说，信用风险主要是指借款人不愿或不能偿还贷款的风险；对于后者中的出口商来说，它是指进口商是否有信誉的风险。

(三) 国际贸易融资风险管理的原则

(1) 风险回避原则，即对预测可能产生风险损失的领域采取不参与的方式。虽然根据高风险、高收益理论，这种回避可能使银行、企业丧失获得收益的机会，但当涉及国内外各种约束、规则、禁令等时，则必须采用此政策。

(2) 风险分散原则，就是以资产结构、融资方式等的多样化来分散发生风险损失的可能性，以达到资产保值或减少损失、增加盈利的目的。这一原则的理论基础是资产选择理论，即“不要将鸡蛋放在一个篮子里”，也就是说要将资金投资于不同的对象。同时，马科维茨模型告诉我们，应选取不相关或者负相关的资产形成的资产组合，才能有效地分散风险，也就是说要注意合理搭配，如融资短、中、长期限的搭配，币种的搭配，融资地区的搭配，融资方式的搭配等。

(3) 风险抑制和转移原则，就是要加强对风险因素的监控，及时发现不利倾向的信号，在风险形成之前采取措施防止风险的发生，以及尽量减少发生的风险可能造成的损失。抑制风险，关键在于及时掌握风险发生的前兆。转移风险的最佳方式是通过衍生工具进行保值处理。

(4) 风险保险与补偿原则。风险保险是指以银行和外贸企业的资产向保险公司投保，以确保其资产在发生风险后所受损失可以从保险公司得到补偿。风险补偿是指贸易融资中的贷款方以保证金或拍卖抵押品等获得的资金补偿其在某项资产上的损失。

(四) 国际贸易融资风险管理的措施

(1) 国家风险的管理措施：①预防性措施；②补救性措施。

(2) 外汇风险的管理措施：在国际贸易融资中规避外汇风险的有效措施之一是使用货币互换。

(3) 利率风险的管理措施：国际贸易融资中利率互换是规避利率风险的有效措施之一。

（4）信用风险的管理措施：①银行对信用风险的管理措施；②外贸企业对信用风险的管理措施。

第三节　国际项目融资

项目融资是20世纪70年代以后，国际金融市场上推出的一种新型融资方式，它对促进有较大国际影响的大型项目的建设有积极作用，如英国北海油田、中国香港九龙湾海底隧道等。

一、国际项目融资的概念与特点

（一）国际项目融资的概念

国际项目融资又称工程项目融资，是指以境内建设项目的名义在境外筹措资金，并以项目自身的收入资金流量、自身的资产与权益，承担债务偿还责任的特殊融资方式，也是无追索或有限追索的融资方式。如交通、能源、农业等大型工程项目，由于这些项目的建设所需要的资金数额大、期限长，风险也大，传统的融资方式无法满足，单独一家银行也难以承担全部贷款，所以项目融资往往采用银团贷款方式。

（二）国际项目融资的特点

尽管国际项目融资具有结构性复杂和类型多样化的特点，但与传统的国际贷款融资相比，国际项目融资具有以下基本特征。

（1）国际项目融资以特定的建设项目为融资对象。通常情况下，贷款人要求对项目的资产和负债独立核算，并限制将项目融资用于其他用途。在借款人是项目主办人的情况下，贷款人将要求主办人将所获得的贷款仅投向该特定项目或项目公司，并要求将项目资产与主办人其他资产相分离。

这一特征表明，国际贷款人提供项目融资并非依赖于借款人的信用，而更主要依赖于项目投资后将形成的偿债能力和项目资产权利的完整性。

（2）国际贷款人的债权实现主要依赖于拟建项目未来的现金流量，以及该现金流量中可以用来偿还债务的净现值。正是基于这一特征，国际项目融资的贷款人在决定贷款前，必须对项目未来的现金流量进行可靠的预测，并且通过复杂的合同安排，确保该现金流量将主要用于偿债。同时，贷款人往往还要求取得东道国政府关于加速折旧、所得税减免等方面的优惠批准和特许。

（3）国际项目融资通常以项目资产作为附属担保，但根据不同国家法律的许可，又可通过借款人或项目主办人提供有限信用担保。贷款人要求此项目是为了掌握对资产的控制权，它是项目融资保障结构中的一环。

国际项目融资中的有限担保，是在项目未来的现金流量难以确保偿本付息的情况下，借款人或项目主办人向贷款人提供具有补充性的信用担保，它使得贷款人取得了补充性的有限追索权。

（4）国际项目融资具有信用保障多样化和复杂化的特点。根据不同融资项目的具体风险状况，国际贷款人往往提出不同的信用保障要求，其目的在于分散项目风险，确保项目未来的现金流量能够用于偿还贷款。此外，国际项目融资通常要求取得项目所在国政府的特许和保证，并且通常须设立信托受托人，以确保项目融资的法律条件和偿债的可靠性。

（5）国际项目融资具有融资额大、风险高、周期长、融资成本相对高的特点。由于国际项目融资以对项目未来的现金流量预测为基础，因而此类融资的准备工作成本、贷款利率和未来风险都要比传统的国际贷款融资高。

二、国际项目融资的类型

20世纪90年代项目融资已经发展成为一个全球化的业务，并形成了五种模式：BOT、TOT、ABS、产品支付法融资、预期购买协议融资法。

（一）BOT

BOT的英文全称为Build-Operate-Transfer，意思是：建设-经营-转让。这种项目融资模式的基本思路是：由项目东道国政府或其所属机构将基础设施项目建设及经营的特许权授予项目公司，然后，由项目公司负责项目融资、设计、建造和营运，项目公司在项目经营特许期内，利用项目收益偿还投资及营运支出，并获得利润。特许期满后，发展商将项目无偿转让给政府。

BOT项目融资的特点有如下几点：

（1）无追索权的或有限追索权的，举债不计入国家外债，债务偿还只能靠项目的现金流量。

（2）承包商在项目特许期内拥有项目的所有权和经营权。

（3）BOT融资项目的收入一般是当地货币，若承包商来自国外，对东道国来说，项目建成后将有大量外币流出。

（4）BOT融资项目不计入承包商的资产负债表，承包商不必暴露自身的财务情况。

（5）名义上，承包商承担了项目的全部风险，因此融资成本较高。

（6）与传统方式相比，BOT融资项目设计、建设与运营效率一般较高，因此，用户可以得到较高质量的服务。

（二）TOT

TOT全称为Transfer-Operate-Transfer，即转让-运营-转让，是通过出售现有投产项目在一定期限内的现金流量，从而获得资金来建设新项目的一种融资方式。具体说来，是东道国把已经投产运行的项目在一定期限内移交给外资经营，以该项目在期限内的现金流量为标的，一次性从外商处融得一笔资金，用于建设新项目；外资经营期满后，再把原来项目移交给东道国。

（三）ABS

ABS全称为Asset Backed Securities，即资产担保债券，它是资产证券化的一种形式，指将缺乏流动性但能产生预见现金流收入的资产汇集起来，通过结构重组和信用增级，将其转换成在金融市场上可以出售和流通的证券，借此融取资金。

（四）产品支付法融资

产品支付法融资，英文全称为Production Payment，它广泛而成功地运用于英、美等国石油、天然气和矿产品等项目的开发融资中。这一方法需要由项目发起人预先创立一个特定目的公司或特设信托机构（SPV），并由该SPV从有关项目公司购买未分割的石油、天然气、矿产品或其他产品的收益。其特点是：项目的产品是还本付息的唯一来源，贷款偿还期比项目预期可靠经济寿命短，贷款人对运营成本不提供资金。

（五）预先购买协议融资法

预先购买协议融资法，英文全称为Pre-Take Agreement，它类似于产品支付法，但比其更灵活。其贷款同样也需要设SPV来购买规定数量的未来产品或现金收益，并且项目公司支付产品或收益的进度被设计成与规定的分期还款、偿债计划相配合。同时，购销合同通常也要求项目公司必须在以下两种方式中选择一种；第一，项目公司买回产品；第二，项目公司作为贷款人的代理人，在公开市场上销售该产品，或者根据与发起人之间的合同将产品卖给第三方。

三、国际项目融资的参与者

国际项目融资依其具体类型和具体情况的不同，其结构也有所差异，但就多数国际项目融资的结构而言，其参与者主要包括以下几部分。

1.项目主办人和投资人

项目主办人是指领导、发起和前期组织项目建设的借款方当事人（不一定为借款人），它通常由项目所在国的政府机构或企业组织担任。项目投资人是指对于建设项目（或项目公司）共同进行股权性投资的当事人，通常为项目所在国的企业组织和有关的外国企业组织。在许多情况下，项目主办人同时也为项目投资人。

2.项目公司

在多数国际项目融资中，项目投资人以股权投资方式组成项目公司。项目公司是指直接实施项目投资，并直接拥有项目资产的财产权和项目营业权的公司组织。项目公司通常为有限责任公司，仅为特定项目建设而设立，仅为该项目投资。

3.贷款人和借款人

国际项目融资的贷款人通常是对拟建项目提供贷款的国际性商业银行，或者由多家银行组建的贷款银团。但由于具体的国际项目融资方式不同，在某些情况下，实际上是由负责组织国际信贷融资的金融中介机构代替贷款人参与项目融资。

国际项目融资的借款人通常为项目公司，也可以是项目主办人或项目投资人。在同一项目融资中，可以有几个借款人，他们可以是具有相同职责的共同借款人，也可以是依不同职责使用融资的其他当事人（如工程承包公司、原材料或设备供应商、产品购买人等）。

4.工程承包人

国际项目融资中的工程承包人是指依据约定全面完成拟建项目工程的建设工程公司。工程承包人通常以竞标方式确定。国际项目融资中的工程承包由一系列复杂的合同文件构成，其基本作用在于锁定工程造价、完工期限与工程质量标准。为限定工程完工风险，其违约控制与索赔条款规定得极为严格。

5.项目设备与原材料供应商

国际项目融资中的供应商是指依据项目设备与原材料供应合同，向拟投资项目定期或长期出售项目设备、提供能源或原材料供应的销售商。在国际项目融资实践中，国际贷款人往往将借款方购买其本国设备或原材料作为承诺贷款的重要条件，这不仅支持了本国企业的产品出口，而且具有分散融资风险的作用。

6.信托受托人

国际项目融资中的受托人是指根据信托文件，负责管理作为担保的项目资产、项目收入和现金流量的独立金融机构。根据信托文件，信托受托人一方面负责对项目资产进行直接管理或监督管理；另一方面负责以独立账户的形式，对项目现金流量或其中的受托管理部分进行托管，确保其中的可还贷部分首先用于清偿债务。

7.项目融资保证人与保险人

在国际项目融资中，贷款人除要求以项目资产和项目现金流量为担保外，有时还要求借款人提供信用性有限担保。项目融资的保证人即为按一定信用数额提供有限担保的当事人。国际项目融资中的保险除工程保险和项目财产保险外，更重要的是对项目所在国可能发生的战争、内乱、外汇汇率变动等事件的保险。后一类保险通常由相关国家的官方或半官方保险机构承保。

四、国际项目融资的风险

国际项目融资通常周期比较长，需要资金的数额较大，合同的参加者之间的关系复杂，所以项目融资的风险较大。风险种类包括以下几种。

1.信用风险

在大多数情况下，有限追索权的项目融资是依靠一定的信用保证结构支撑起来的。因此，组成信用保证结构的各方项目参与者是否有能力履行其合同义务，是否愿意并且能够按照法律文件的规定，在需要的时候履行各自所承担的信用保证责任，就构成了项目融资各个阶段的信用风险。

2.完工信用

项目融资中的完工，通常有其特定的含义，不同于一般项目建设意义上的完工，即它不仅是指项目按照设计建设完工，而且通常要求在所规定的成本范围内按时开工，并且达到预期的生产能力。完工风险是指因拟建项目不能按期完成建设、不能按期运营、项目建设成本超支、不能达到设计的技术经济指标而形成的风险。

3.生产和供应风险

生产和供应风险是项目试生产运行阶段中所存在的技术、资源储备、能源和原材料供应、生产经营等风险因素的总称。它是项目融资的另一个主要的核心风险。此类风险或者会影响项目的正常运营，或者会影响项目运营的正常成本，或者会影响项目运营的有效年限，这些因素均会影响贷款本息偿还的正常进行。

4.市场风险

市场风险是指项目产品的市场需求和市场价格的变化对项目收益所产生的影响，它包括价格和市场销售两个要素。项目产品的销售是项目收益的主要来源，是偿还项目贷款本息的根本保证。对于某些市场需求稳定且供不应求的项目产品而言，其市场销售风险可能仅限于市场价格风险，如黄金、白银、石油产品等。

5.政治风险

在国际项目融资中，投资者和所有投资项目、贷款银行和所贷款项目往往不在同一个国家。项目融资中的政治风险是指因项目所在国政治变动、国有化征用、法律制度变更、外汇制度变更或者政府机构给予的特许政策因客观因素而变更等原因形成的项目风险。政治风险本质上是非系统风险，并且在风险分析预测的假定前提中通常被视为不可预见的情况。

五、项目融资的利弊

（一）项目融资的有利之处

（1）扩大借债能力。项目融资不以项目主建人的资信作为主要考虑项目，只有项目的预期收益才是发放贷款的主要条件。

（2）减轻对外负债。由于偿还项目贷款的资金来源是项目本身的收入，贷款对象是承办单位，而承办单位可能是地方机构组建的，也可能是与外国资本合营的，这样就会减轻政府的直接对外负债，扩大政府对外的融资能力。

（3）降低建设成本，保证项目的经济效益。贷款项目是经过各方面精确的可行性研究确定的。因此，项目一般不会占压资金，比其他方法在时间上要快，可以保证资金使用的效果，降低建设成本，提高项目的经济效益。承办单位一般可与外商合营，便于学习国外先进管理经验，便于培养与培训干部，提高企业的经营管理水平。

（4）设备的货价或工程造价较便宜。项目贷款所取得的资金在运用过程中，一部分可采取竞争性招标方式，设备的货价与工程造价可望降低。

（二）项目融资的不利之处

（1）取得贷款手续复杂、联系面广，不如商业贷款方便。

（2）不是所有申请该项贷款的项目都能被批准。仅限于项目产品的销路好，项目本身有吸引力、能保证盈利。

（3）不如自由现汇贷款灵活，贷款仅限于在该项目上使用。

第四节 国际租赁融资

一、国际租赁的概念

国际租赁是现代租赁业务由国内向国外进一步发展的结果。按照一般的惯例，应根据租赁交易中的主要当事人——承租人与出租人的国别属性来划分国内与国际租赁交易。当承租人与出租人不为一国企业时，即为国际租赁。但是，由于现代租赁业务内在的复杂性，许多大的租赁公司在拓展其海外业务时，主要是通过在东道国设立子公司的方式来间接地实现其跨国发展的经营目标，又由于一项租赁交易的当事人除出租人与承租人外，还经常同时包括另一当事人——供货商，这就给准确界定国际租赁的概念带来了一定的困难。目前，国际与国内的租赁界对于国际租赁就有不同的定义方法。

（一）国际上关于国际租赁的定义

国际上关于国际租赁的定义有广义与狭义之分。狭义的国际租赁观点认为，国际租赁仅指跨国租赁（Cross Border Lease），亦译作跨境租赁，是指分别处于不同国家或不同法律体制之下的出租人与承租人之间的一项租赁交易。跨国租赁是一种符合一般关于国际经济交往定义方法的国际租赁形式。

广义的国际租赁观点认为，国际租赁不仅包括跨国租赁，还应包括离岸租赁（Off-Shore Lease）。离岸租赁，又称间接对外（Indirect Lease），是指一家租赁公司的海外法人企业（合资或独资）在注册地经营的租赁业务。不管承租人是否为当地用户，对这家租赁母公司而言都是离岸租赁，但对母公司的海外法人企业而言，由于其在绝大多数的情况下是与其所在国的承租人达成交易，因此，仅就他们之间的交易而言，则属于国内交易。离岸租赁是国际租赁市场上增长最快、对国际租赁业务的发展起主要推动作用的一种租赁形式。其原因主要有二：一是国外子公司便于了解所在地市场、税制等方面的情况，容易得到与当地用户同等的税收待遇，这样，由于公司将设备转租给当地或邻近国家的承租人将会比母公司直接出租更有利；二是参与国际租赁的子公司可以从母公司获得资本设备和经营经验，从而增强了自己在当地的商业竞争能力。这样，发达国家的许多租赁公司，尤其是那些附属于银行集团的租赁公司，为了既拓展海外业务又避免跨国租赁中出租双方所在国法律、税收和会计制度的复杂差异而可能引起的国际纠纷，纷纷建立起海外分支机构，在各国市场上进行租赁投资。

（二）我国关于国际租赁的定义

我国租赁界根据交易三方当事人的国别属性及合同所使用的计价货币，将租赁交易分为租赁的国内业务与国际业务。当三方当事人均为我国企业并以人民币作为合同计价货币时，即为租赁的国内业务。若三方当事人中任意一方为外国企业，并以外币作为合同计价货币时即为租赁的国际业务。多数情况下，租赁的国际业务以承租人为国内企业，出租人为合资或中资租赁公司，供货商为外国企业并以外国货币计价的形式出现。

按照科学的定义方法，租赁的国际业务不完全等同于国际租赁，其包括的范围比广义的国际租赁更为广泛。因为，当租赁国际业务中的出租人为在我国的合资租赁公司时，其交易属广义国际租赁范畴。当租赁国际业务中的出租人为我国中资租赁公司或我国可经营租赁业务的信托投资公司，但供货商为外国企业，并以外币计价时，则不属于广义国际租赁的范畴。在过去的十多年间，这种租赁的国际业务在我国迅速发展的现象，是我国租赁业借鉴学习外国租赁方式的同时，结合我国实际情况所走出的一条具有中国特色的租赁发展道路的结果。有鉴于此，本书以下所述有关国际租赁的内容，即以租赁的国际业务为代表。这样，既科学地阐述了国际租赁的内涵，又兼顾了我国租赁的实际情况。

二、国际租赁的主要形式

国际租赁的基本形式是融资租赁。在此基础之上，又派生出一些在某一方面不同于融资租赁的基本形式，但又具备融资租赁法律特征的租赁形式。

(一) 国际融资租赁

1. 国际融资租赁的概念

国际融资租赁（International Financial Lease），又叫国际金融租赁，是指企业在需要筹资购买机械设备时，租赁公司不是向其直接贷款，而是代其购入机器设备租赁给企业，从而以“融物”代替“融资”。

2. 国际融资租赁的特点

(1) 一项国际融资租赁交易至少同时涉及三方当事人——出租人、承租人和供货商，并至少由两个合同——国际贸易合同和国际租赁合同将三方当事人有机地联系在一起。

(2) 拟租赁的设备由承租人自行选定，出租人只负责按用户的要求给予融资便利，购买设备。这是融资租赁的法律特征之一。由此决定，出租人不负担设备缺陷、延迟交货等责任和设备维护的义务，承租人也不得以此为由拖欠和拒付租金。

(3) 定金付清，即出租人在基本租期内只将设备出租给一个特定的用户，出租人从该用户收取的租金总额应等于该项租赁交易的全部投资及利润，或根据出租人所在国关于融资租赁的标准，等于投资总额的一定比例，如80%。换言之，出租人在一次交易中就能收回全部或大部分该项交易的投资。

(4) 不可解约性。对承租人而言，租赁的设备是承租人根据其自身需要而自行选定的，因此，承租人不能以退还设备为条件而提前终止合同。对出租人而言，因设备为已购进商品，也不能以市场涨价为由而在租期内提高租金。总之，一般情况下，租期内租赁双方无权终止合同。

(5) 设备的所有权和使用权长期分离。设备的所有权在法律上属于出租人，设备的使用权在经济上属于承租人。

(6) 设备的保险、保养、维护等费用及设备过时的风险均由承租人负担。

(二) 国际杠杆租赁

1.杠杆租赁的概念

杠杆租赁(Leveraged Lease),亦被称为平衡租赁,是指在一项租赁交易中,出租人只需投资租赁设备购置款项20%~40%的金额,即可在法律上拥有该设备的完整所有权,享有如同对设备100%投资的同等税收待遇,设备购置款项的60%~80%由银行等金融机构提供的无追索权贷款解决,但需出租人以租赁设备作抵押,以转让租赁合同和收取租金的权利作担保的一项租赁交易,当杠杆租赁的承租人和出租人为分属两国的企业时即为国际杠杆租赁。

2.杠杆租赁的特点

(1) 杠杆租赁是一项采用特殊形式的定金付清的真实租赁,在法律上至少涉及三方当事人:出租人、承租人和长期贷款人。

(2) 贷款人提供的贷款成为该项租赁交易的基本部分,且对出租人没有追索权。

(3) 出租人购买出租的设备,至少付出其价格20%的价款。

(4) 出租人可获得出租设备100%的所有权和税收优惠。

(5) 出租人对承租人使用设备不加任何限制。

(6) 租金的偿付必须是平衡的。

(7) 租赁期满,出租人必须将设备的残值按市价售给承租人。

(三) 进口租赁与出口租赁

进口租赁与出口租赁实际是一项国际租赁的两个侧面,根据租赁设备的流向不同而划分。一项国际租赁,对于租入设备的承租人而言即为进口租赁,对于租出设备的出租人而言即为出口租赁。出口租赁又可分为承租、出租双方在租赁以外没有联系的一般出口租赁和对国外子公司的出口租赁。在我国,将出租人为外国企业的租赁交易、供货商为外国企业的租赁交易都归类为进口租赁。

(四) 综合租赁

综合租赁是将融资租赁业务与某一贸易方式相结合的租赁形式,包括租赁与补偿贸易相结合,租赁与来料加工、来件装配相结合和租赁与包销相结合三种方式。如租赁与补偿贸易相结合,出租人把机器设备租给承租人使用,承租人不是以现汇,而是以租进机器设备所产生的产品来偿付租金。

(五) 直接租赁、转租赁和回租

从出租人设备贷款的资金来源和付款对象看,租赁可分直接租赁、转租赁和回租。直接租赁是指出租人用在资金市场上筹措到的资金,向制造商购进设备后直接出租给用户;转租赁是指出租人从租赁公司或制造商租进设备后转租给用户;回租是指设备物主将自己拥有的部分资产卖给租赁公司,然后再从租赁公司租回。

（六）经营租赁

经营租赁又称服务性租赁、营运租赁或使用租赁，租期较短，出租人一次出租回收的租金不足以偿付出租人购买设备的资本支出及利润，属于承担过时风险的一种中、短期商品信贷方式。出租人负责提供设备保养和维修服务。因其租期短和灵活，故此种形式适用于技术设备使用租赁。出租人对投资未收回部分将通过再租赁的办法来弥补。

经营租赁的主要特点有如下几个方面：

（1）租赁期限较短。这种租赁方式适用于一些技术设备更新快，或不需经常使用以及只需短期使用的通用设备。如计算机、大型电子计算机、汽车、加工工业设备、医疗器械、工程建筑设备等。

（2）租期内一切维修和保养都由出租人负责。这样可以使用租物品经常保持良好状态，以便让下一个承租人利用或争取在市场上以较高的价格出售。但由于租赁公司所负担的费用和风险较大，因而租金较高。

（3）经营租赁合同期满前，经出租人同意可终止合同退还设备，以便租用更先进的设备，无须支付违约罚款。

（4）在每个出租期内，租金收入只能收回出租人对设备的部分投资。未收回的那部分投资，要通过此项设备的再出租所获得的收入来补足。因此，这种租赁方式也叫“不完全付清”租赁。

（七）维修租赁

维修租赁是指出租人向承租人提供专门的设备维修、替换等服务活动的一种融资性租赁方式。其主要适用于运输工具的租赁，尤其是汽车的租赁。它是介于融资租赁和经营租赁之间的一种中间形式。它主要具有以下特点：

（1）租赁期一般在2年左右。

（2）租赁期满，承租人必须将租赁物归还出租人。

（3）租金中包含维修、保险费用，所以租金较融资租赁高。

三、国际租赁业务的基本程序

在国际租赁融资业务中，租赁的基本程序往往视租赁方式的不同而有所差别。但业务的基本程序还是相同的，按先后顺序可大致归纳如下：

1.租赁物的选择和申请租赁

承租人可以自己选择，也可以委托租赁公司代为选择或共同选择，同国外制造商商定设备的型号、规格、品种、价格和交货期。先是承租人通过国内的租赁公司向国外租赁公司申请，然后由承租人向国内租赁公司申请租赁。

2.租赁预约

承租人与租赁公司商定租赁方式和租赁期限，租赁公司向承租人提出租赁费估价单，包括设备的费用、各种税金、银行利息、各种手续费用、租赁费、按协议分次数分摊的数额等，承租人经研究后向租赁公司提出预约租赁。

3. 租赁申请的审查

审查是指租赁公司在接受预约租赁后，可让承租人提供有关企业的经济情况资料，如企业的经营情况、财务情况及主管部门的审批情况，结合租赁公司自己掌握的企业资料进行审查。大型租赁还要委托信用调查机构对用户进行信用调查，在认为基本没有风险的情况下确定是否可以租赁。

4. 谈判签约

租赁公司一旦认为可以租赁，就可以与承租人进行谈判，在谈判中，承租人要提出可靠的付款保证，若付款不存在问题，双方意见一致，则进行签约。

5. 租赁物交接与验收

租赁合同签订后，出租人即根据合同中的规定向供应商订货，由供应商根据其与租赁公司的订货合同向承租人直接供货。租赁物交给承租人后，经过一段时间的试用，如果各方面均符合合同要求，承租人即行验收，租赁期由验收之日起计算。

6. 支付设备货款

根据订购设备合同规定的支付条件，租赁公司向卖主交纳货款。若资金不足，租赁公司也可向银行融资，以租金偿还贷款的本息。

7. 租金支付

按合同规定，按季或半年一次，在规定的期初或期末交付租金。承租者除租金外，还应直接负责支付保险费、运杂费和有关手续费。

8. 税金缴纳

税金按合同规定，分别由出租人和承租人各承担应缴的税金。减免税金则应按有关部门规定或法律规定的范围分别享受，若出租人享受减税利益，承租人也可获得减少租金的优惠。

9. 保险费的缴纳

保险费一般由租赁公司在保险机构办理，与保险机构签订设备的保险合同，并负责支付保费，若在租赁期间发生设备事故，由保险公司向租赁公司提供保险赔偿，承租人也应视事故的原因提供一定的损失赔偿。

10. 设备的维修保养

设备的维修保养及有关费用，根据合同规定而定有的由承租人负责，在某种情况下也有由出租人负责的。

11. 合同期满时租赁物件的处理

合同期满后其设备是留购、续租、转租或退回租赁公司，可以事先商定或临时协商。

四、国际租赁的作用

（一）国际租赁对承租者的作用

1. 能充分利用外资

当国内生产企业急需引进国外先进设备，又缺乏外汇资金时，国际租赁则是利用外资的有效途径。因为，利用国际信贷购买设备仍需自筹部分资金，并预付一部分的合同价款。而用租赁方式引进，生产企业可先不付现汇资金即可使用设备，留待以后分期支付租金给国外出资者，使企业资金周转不会碰到困难，从而达到提高产品质量、增加产量和扩大出口的目的。

2.能争取引进时间

国内生产企业如果向银行申请贷款和外汇，再委托进口公司购买所需设备，一般来说，时间是相当长的。而使用融资租赁的形式，通过信托公司办理，可使融资与引进同步进行，既减少了环节，又缩短了时间，使进口货物很快落实，从而达到加快引进的目的。

3.有利于企业的技术改进

企业采用租赁方式，能经常替换残旧和过时的设备，使设备保持高效率和先进性，使企业产品更具有竞争性。尤其是经济寿命较短或技术密集型的设备，用经营租赁方式引进最新设备，出资者负责维修，更能保证企业的技术改进。

4.不受国际通货膨胀的影响

在整个租期内，合同条款不会变动，即使碰到通货膨胀或国际贷款利率上浮等情况，也不能改变合同中已签订的价款、利率和租金。

5.能减少盲目引进的损失

购买引进设备，一旦发现其产品不符合国内外市场的需求和形势，要想很快脱手是相当困难的。若压价出售，会使企业蒙受不必要的经济损失；暂时闲置不用，又会使企业背上沉重的包袱，占用资金；勉强维持生产，而产品又销售不出去，则会造成更大的损失。而采用经营租赁方式，灵活方便，假如发现情况不好，则可立即收手退租，力求使企业损失降到最低程度。

6.有利于适应暂时性和季节性需要

有些设备在生产中的使用次数少，却又不可缺少，如探测仪器、仪表等；有些设备生产的季节性影响较大，使用的时间少，闲置的时间多，如农用设备等。假如购置备用，则造成积压浪费。

（二）国际租赁对出租者的作用

1.扩大设备销路

机器设备只有尽快销售出去，才能收回资金，促进生产的进一步发展。假如需要设备的用户缺乏资金又不易获得银行贷款，难以一次付清贷款，则难以达成交易。采用租赁贸易的方式，以租金的形式回收资金，是商品拥有者扩大商品销路的一条新途径。出租者承租租赁业务，起着促进达成交易的作用，并能从中获得一定的利益。

2.能获得较高的收益

出租者在设备出租期间所获得租赁费用的总和，一般都比出售该设备的价格要高。而设备的所有权仍属于出租者，使其收益更安全可靠。同时，在租赁期间内，出租者还可以向承租者提供技术服务，包括安装、调试、检测、维修、保养、咨询、培训等，也可以从中获得一定的额外收入。

3.能得到缴纳税金的优惠待遇，享受税负和加速折旧的优惠

采用融资租赁形式出租的设备，国家一般均不将其作为该企业的资产处理，因此能在本国获得减免税的待遇。

第五节　国际债券融资

债券（Bond）是证明债券持有人（即投资者）有权向债券发行人（债务人）定期收取利息并在债券到期时收回本金的债权证书。债券的种类很多，从发行地区来分，可分为国内债券和国际债券。国际债券主要分为外国债券（Foreign Bond）和欧洲债券（Euro Bond）两种。外国债券指在某个国家的债券市场上由外国借款人发行的债券，这种债券的面值货币是债券市场所在国的货币。欧洲债券是指由借款人在其本国以外的资本市场上发行，不以发行所在国的货币为面值的国际债券。

各国发行债券的形式有两种：公募（Public Issue）与私募（Private Issue）。所谓公募是指承购公司接受新发行的债券并向特定的投资者出售。这种债券可在公开市场上流通、买卖。私募是指发行者经过承购公司只向特定的投资者销售债券。这种债券不公开出售，也不在市场上流通，采取记名方式，由少数金融机构承购，因此借款人可较少地公开自己企业的资料和统计数字。

一、国际债券发行业务及其偿还

（一）国际债券的评级、上市及发行

1.债券评级

在国际债券市场上发行公开的债券，常通过专门的评级机构对发行者的偿还能力做出估价，对债券进行信誉评级，作为投资者购买债券的参考。评级机构对投资者有道义上的义务，无法律上的责任。债券评级只是对发行者信誉等级的评定，不是直接向投资者说明这项投资是否合适，更不是对购买、销售或持有一种债券的推荐。很多国家都没有对债券的评级机构。美国有五家主要的债券评估公司，最负盛名的为标准普尔公司和穆迪公司。各家评估公司对债券评级分类方法不尽相同，但分级的原则基本上是按公司对其发行的债券的本金和利息支付能力以及风险程度来划分档次。如标准-普尔公司对发行者的信誉评级有10等：AAA（最高级）、AA（高级）、A（中高级）、BBB（中级）、BB（较低级）、B（投机性）、CCC（投机性大）、CC（投机性很大）、C（可能违约）、D（违约）。信誉评级并非发行债券必须履行的手续，评级对债券发行的影响因市场不同而异。

2.上市

上市是指债券能公开在证券交易所出售。只有较高信誉的债券才能在证券交易所上市。为此，证券公司与证券交易所的代表进行会谈，提供发行者及有关债券的具体情况，争取债券上市。债券上市要交付一定的上市费用。

3.国际债券发行的条件

确定国际债券的发行额、偿还年限、利率、利率的计算方法、发行价格等，统称发行条件。债券发行条件是否有利，对于发行者的筹资成本、发行效果、未来销路等都有很大影响。

（1）发行额。发行额应根据发行者的资金需要、发行市场的具体情况、发行者的信誉水平、债券的种类、承购者的销售能力等因素做出决定。一次发行额少则百万、千万美元，多则几亿、几百亿美元。有的债券市场明文规定一次发行的最高限额。债券发行额必须适当，过少会影响发行者的资金利用，过多则会恶化发行条件，造成销售困难，不利于以后筹资。

（2）偿还年限。根据发行者使用资金需要，同时考虑不同市场传统做法与当时的法令规定，以及投资者的选择与利率等各种因素来确定债券的偿还年限。目前，由于通货膨胀和经济不稳定影响了债券价格，主要国际债券市场发行债券期限有缩短的趋势。偿还年限一般为5~20年。

（3）利率。债券利率的高低随发行市场、发行日期、发行时的国际金融形势和发行者的信誉等情况而变化，一般较难预测。利率对于发行者来说越低越好，对债券购买者来说越高越有吸引力。发行者应与承购公司协商，在不影响销售的情况下争取尽可能低的利率。

如果债券持有者的实际收益低于银行存款利率，或低于投放于其他证券所获得的收益，债券便难以销售。所以债券利率的最后确定取决于当时的银行存款利率和资金市场的行情。

债券分固定利率与浮动利率两种计息方式。固定利率即到偿还期为止，每融资半年或1年，按发行时规定的利率支付利息。浮动利率下，每融资半年则在现行的伦敦银行业同业拆放利率的基础上再加一定利差，所加利差的多少取决于筹资者的信誉和发行时的市场情况以及发行金额的大小。多数浮动利率都规定了一个最低利率。

（4）发行价格（Issue Price）。债券的发行价格是以债券的出售价格与票面金额的百分比来表示的。票面金额1 000美元的债券以1 000美元价格出售，则发行价格是100%，以990美元的价格出售是99%，以1 010美元的价格出售是101%。以100%的票面价格出售叫等价发行（At Par），以低于票面价格出售叫低价发行（Under Par），以超过票面价格出售叫超价发行（Over Par）。发行价格与利率互相配合来调整债券购买人的实际收益，以与当时的市场利率保持一致。例如，利率定得偏高时，可相应提高发行价格；利率定得偏低时，可适当降低发行价格。在国际债券市场上，固定利率债券经常实行超价或低价发行，而浮动利率债券通常实行等价发行。

4.国际债券的发行费用

国际债券筹资者除定期向债券持有人支付利息外，还需负担一定的发行费用。发行费用一般包括最初费用和期中费用两种。最初费用主要包括：承购手续费，约占债券发行额的2%～2.5%；偿还承购债券的银行所支付的实际费用；印刷费；律师费；上市费。期中费用包括：债券管理费，一般为3 000～5 000美元；付息手续费，一般为所付利息的0.25%；还本手续费，一般为偿还金额的0.125%。此外，还有注销债券和息票的手续费、财务代理人的杂费以及计划外提供服务所花去的费用。

5.国际债券的偿还方式

（1）定期偿还。经过一定宽限期后，每过半年或1年偿还一定的金额，到期满时还清余额。偿还的方法有：通过抽签确定，偿还债券后，以票面价格偿还；按市场价格从二级市场（流通市场）购回规定数量的债券。

（2）任意偿还。宽限期过后，发行者可任意偿还其债务的一部分或全部。由于这种方式由发行者单方意愿决定，使得持券者失去将来可以获得的收益，因此要超过票面价格加一个升水，对持券者的利益加以补偿。

（3）购回注销。发行者根据情况选择有利时机，甚至在宽限期内，可趁价格便宜时，从流通市场买回已发行的债券。

二、国际债券的收益率

债券的收益率，指债券的票面利率和出售价格之间的比率。一般说来，债券收益率受定期利息支付金额、债券面额和债券实际行市三方面因素的影响。债券收益率主要有三种形式及计算方法。

（1）名义收益率。名义收益率又叫息票收益率，即债券本券上规定的利息率。如一张面额为1 000美元的债券，期限为10年，利率为年息6%，每年支付一次，每次支付利息金额为60美元，则其名义收益率为6%。只有在债券的市场行市与债券面额相等时，名义收益率和实际收益率方能一致。但债券的市场行市受市场利率和债券利息收入的影响而不断变化，债券的市场行市与债券面额很少一致，所以名义收益率只能是一种理论分析，并无多大实际意义。

（2）即期收益率。即期收益率是出卖或购买债券当时的收益率，债券每年的利息收入除以该债券当时的市场价格为即期收益率。如上例，若当时债券的市场行市为950美元，则其即期收益率为60/950×100%=6.32%。

（3）迄止到期日平均收益率。迄止到期日平均收益率，是指从购买债券起至债券到期的净收益率，这是债券收益对其成本的年率，也是债券购买者的实际收益率。

三、国际债券市场

国际债券的品种很多，按债券的品种，国际债券市场要分为外国债券市场和欧洲债券市场。

（一）外国债券市场

外国债券主要集中在美国（纽约）、瑞士（苏黎世）、德国（法兰克福）和日本（东京）的金融市场上发行。在美国和日本发行的外国债券都有特定的俗称，如美国的外国债券叫作“扬基债券”，日本的外国债券称“武士债券”。由于1963年到1974年，美国为抑制资金的外流实施了利息平衡税，且在美国发行外国债券要受到美国政府的严格管制，所以“扬基债券”的发行量一直不高。1974年以后，虽有外国机构重新进入美国市场发行外国债券，但由于欧洲市场更具有竞争力，所以“扬基债券”的发行量增长都不大。相对而言，日本存在巨额的外汇顺差，对外国债券发行的限制相对宽松，但在日本发行的外国债券多为国际金融组织或欧洲市场上信誉不佳的发展中国家。不论是哪一国发行的外国债券，都需要通过债券评级机构的资信评价。

这些市场的共同特点是在某个国家的债券市场上由外国借款人发行债券。债券的面值货币是债券市场所在国的货币，债券的承保和销售由市场所在国银行组织的承保辛迪加经手，有行市，持有人可随时转让。偿还期限长，筹措到的资金得到市场所在国的批准，在法律手续上比较烦琐。

外国债券的发行程序各有不同，但一般都按以下步骤进行：（1）债券的发行人必须由当地的资信评定公司来确定所发行债券的资信级别；（2）债券发行人应当向当地政府申报注册，接受债券管理部门的审查和批准；（3）债券发行人在完成上述工作以后就可以组织一些大银行承担包销债券的工作，同时确定债券的利息和确定由哪些银行来承担还本付息义务。

（二）欧洲债券市场

欧洲债券是一种国际债券，它一般同时在两个或两个以上国家境外市场发行，且不在任何特定的资本市场注册，由国际辛迪加组织包销。它不是指地理上位于欧洲的债券市场，而是指经营“欧洲债券”的市场。

1. 欧洲债券的种类

欧洲债券的种类很多，主要有：固定利率债券，一般每6个月调整一次利率，可转换为股票债券；中期欧洲票据，它是一种没有正式发行程序的较短期的欧洲债券，利率可固定，也可浮动；多种货币债券，是一种由债权人出面，债券在还本付息时可以要求使用事先规定好的几种货币中的任意一种归还，这种债券可以使债券持有人防范汇率风险。

2. 欧洲债券的发行

发行欧洲债券首先要由几家大的国际性银行牵头组织一个国际辛迪加承保所有债券的主要部分，而承保辛迪加往往还要组织一个更大的认购集团。认购集团一般都由50家以上的代理机构组成，即首先由认购集团认购，然后再由它们转到二级市场上去出售。在进入二级市场以前，欧洲债券的发行不公开进行而是在认购集团内部分配。一般在进入二级市场时才进行宣传，其宣传方式是要在金融报纸上刊登广告。

3. 对欧洲债券的选择

欧洲债券市场的投资者投资的目的，有的注重安全性、流动性，有的注重收益。对债券的选择有以下标准：（1）对面值货币的选择。这是因为利率、汇率的变动将影响债券的市场价格，进而影响债券持有者的收益。（2）对债券期限的选择。投资者一般有两种考虑：一是本身何时需要资金；二是在预期市场条件下，采取什么方式投资最有利，即关心其流动性。（3）债券的信誉级别。（4）发行规模及流动性。一般来说，规模越大，流动性就越强，在二级市场上越容易脱手。（5）债券的计息形式。

4. 欧洲债券市场的特点

和其他债券相比，欧洲债券具有一些显著的特点：

（1）投资可靠且收益率较高。在欧洲债券市场主要的筹资者都是大公司、各国政府和国际组织，这些筹资者一般来说都有很高的信誉，且每次债券的发行都需政府、大型企业或银行作担保，所以对投资者来说是比较安全可靠的，且欧洲债券与国内债券相比收益率较高。

（2）债券种类和货币选择性强。在欧洲债券市场可以发行多种类型、期限、不同货币的债券，因而筹资者可以根据各种货币的汇率、利率和需要，选择发行合适的欧洲债券。投资者也可以根据各种债券的收益情况、风险程度来选择某一种或某几种债券。

（3）流动性强、容易兑现。欧洲债券的二级市场比较活跃且运转效率高，从而可使债券持有人比较容易地转让债券以取得现金。

（4）免缴税款和不记名。欧洲债券的利息通常免除所得税或不预先扣除借款国的税款。另外，欧洲债券是以不记名的形式发行的，且可以保存在国外，从而使投资者容易避免缴纳国内所得税。

（5）市场容量大且灵活。欧洲债券市场是一个无利率管制、无发行额限制的自由市场，且发行费用和利息成本都较低。它无须官方批准，没有太多的限制要求，所以它的吸引力就非常大，能满足各国政府、跨国公司和国际组织的多种筹资要求。

四、我国发行国际债券融资的现状

1982年11月，中国国际信托投资公司在日本首次发行100亿日元私募债券，首开新中国成立后国际债券融资之先河，此后又多次在海外发行债券融资。有关资料表明，1982—1991年，我国共发行国际债券39次，筹资折合50.62亿美元；1992年在伦敦、东京、中国香港及新加坡发行10次，共计16.6亿美元；1993年发行21次，筹资28亿美元。海外发债规模迅速扩大，这些外资主要投放于能源、交通、原材料、通信等国家重点扶持发展的建设项目。

我国发行国际债券融资有以下特点：

（1）从发行方式看，公募与私募相结合，以公募为主。公募是指经由承购公司承接新债券的发行后，向社会上的投资者广泛进行募集；私募是指债券的发行不是面向社会上一般的投资者，而是由经办人直接联系与发行者有特定关系且数量有限的投资者进行募集。公募与私募债券的区分在欧洲并不十分明显，但在日本和美国则非常严格，公募债券可上市流通、安全性高、流动性强，而私募债券则不能上市流通。我国政府所属机构在海外发债主要以公募为主。

（2）从发行主体看，我国国际债券融资的主体主要是政府所属的金融机构，如中国银行、中国国际信托投资公司等。它们是以政府信用为担保发债，在外国人眼中，它们代表“中国政府”，信用评级较高。

（3）从发行市场来看，我国海外发债以东京为主，逐步向欧洲、北美等债券市场发展。

（4）发债规模适当。国际债券融资受我国经济发展水平，尤其是创汇偿债能力的限制。用目前国际通用的标准来衡量，我国目前国际债券融资规模比较适当。

（5）发行价格合理，大多溢价发行，偿还方式多样化。

（6）以固定利率债券为主，品种比较单一。

课堂小讨论

为什么保理业务在我国还未得到推广？

本章小结

1．国际融资是指在国际金融市场上，运用各种金融手段，通过各种相应的金融机构而进行的资金融通。它按融资目的分为贸易融资、项目融资和一般融资；按融资期限分为短期融资和中长期融资；按融资资金的来源分为国际商业银行融资、国际金融机构融资、政府融资和国际租赁融资；按是否通过金融中介分为直接融资和间接融资。

2．国际短期出口融资包括：（1）进口商对出口商的商业信用：出口信用证押汇、出口托收押汇、打包放款、远期汇票贴现、透支和商品抵押放款；（2）国际短期进口融资：出口商对进口商的商业信用、信用证业务、信托收据业务、承兑信用和提货担保。

3．保付代理简称保理，又称承购应收账款。它是指出口商以商业信用方式出卖商品，在货物装船后，将发票等有关单据卖断给银行或保理公司，收进全部或大部分货款，取得资金融通。

4．出口信贷是发达国家为促进本国大型机械设备或成套项目的出口，对本国的出口给予利息补贴并提供信贷担保，以鼓励本国银行对本国出口商或外国进口商或进口商银行提供利率较低、期限在1～5年或5年以上的中长期贷款。它有买方信贷、卖方信贷、福费廷、信用安排限额、混合贷款和签订存款协议等形式。其中买方信贷与卖方信贷以及福费廷业务与保付代理业务要特别加以区别。

5．福费廷业务也称包票据，是一种没有追索权的贴现业务，即指在延期付款的大型设备中期和长期贸易中，出口商把经过进口商承兑的，期限为6个月至10

年的远期汇票或本票，在无追索权的基础上出售给出口地银行或金融公司，提前取得现金的一种融资形式。

6.国际租赁既是一种贸易融资方式，也是一种筹资手段，能起到既提供外资，又提供先进技术设备的双重作用。在现代国际租赁中，承租人除通过租赁获得出租物的使用价值外，更重要的是将租赁变为融通资金的一种手段。它主要有融资租赁和经营租赁；单一投资租赁和杠杆租赁；直接租赁、转租赁、回租赁等形式。

7.项目融资又称工程项目融资，是为某一特定工程项目而发放的贷款，它是国际中长期贷款的一种形式。BOT融资方式的概念、适用范围以及它与项目融资的区别。

8.国际债券融资：国际债券主要分为外国债券（Foreign Bond）和欧洲债券（Euro Bond）两种。外国债券指在某个国家的债券市场上由外国借款人发行的债券，这种债券的面值货币，是债券市场所在国家的货币。欧洲债券是指由借款人在其本国以外的资本市场上发行，不以发行所在国的货币为面值的国际债券。

关键概念

国际融资　国际贸易融资　保付代理　买方信贷　卖方信贷　出口信贷　福费廷　国际租赁　项目融资

综合训练

9.1　单项选择题

1.信用证被广泛使用，其中有一个重要原因在于信用证对于出口商和进口商来说有资金融通的作用，以下选项不一定是信用证对于出口商的融资方式的是(　　)。

A.打包放款　　B.汇票贴现　　C.押汇　　D.福费廷

2.对进口商不利的贸易结算汇款方式是(　　)。

A.延期付款　　B.赊销　　C.售定　　D.预付货款

3.在我国，过去是实行强制结汇制的，在2008年8月1日新《外汇管理条例》出台之后，目前，我国实行的是(　　)制。

A.强制结汇　　B.意愿结汇　　C.限额结汇　　D.全额结汇

4.我行开立信用证的期限原则上不超过(　　)天。

A.60　　B.90　　C.180　　D.365

5.信用证经开证行开立后，可以经由开证行以外的另一家银行通知给受益人，这家银行通常被称为(　　)。

A.保兑行　　B.通知行　　C.议付行　　D.付款行

9.2　多项选择题

1.福费廷业务的特点有(　　)。

A.福费廷业务属于一种买断行为

B. 福费廷业务多限于资本商品

C. 福费廷业务是中长期融资服务，其期限一般都在18个月以上，以5年期限居多

D. 福费廷业务不仅有初级市场，还有二级市场

2. 国际结算方式大体上分成（　　）。

A. 汇款　　B. 托收

C. 信用证　　D. 银行保函

E. 国际保理

3. 国际货款收付在采用非现金结算时的支付工具有（　　）。

A. 货币　　B. 票据

C. 汇票　　D. 本票

E. 支票

4. 根据项目发展的时间顺序，其风险可以划分为（　　）。

A. 项目建设开发阶段　　B. 项目试生产阶段

C. 项目生产经营阶段　　D. 项目管理阶段

5. 国际经济合作的主要方式之一是国际科技合作，其主要内容包括（　　）。

A. 国际技术转让　　B. 国际租赁

C. 国际技术援助　　D. 国际科技交流

9.3 思考题

1. 什么是保付代理？其业务程序和内容是什么？

2. 出口商在什么情况下适用保理业务？

3. 简述出口信贷的概念和特点。

4. 简述福费廷业务的概念和特点。

5. 简述融资租赁和经营租赁的特点。

6. 简述BOT融资方式的特点。

第十章

外汇交易在进出口中的应用

引例

中信泰富购买期权

中信泰富是中信集团的子公司，在中国香港联合交易所上市，公司三大主营业务为钢铁、航空、地产。由于铁矿石是钢铁产业的主要成本，中信泰富采取了直接在澳大利亚西部经营铁矿的方式以降低成本。同时为了锁定从澳大利亚和欧洲购买的设备和原材料款的外汇开支的成本，中信泰富投资累计外汇期权进行对冲。但是累计外汇期权这类合约，无论从定价到对冲机制上都很复杂，一般投资者根本不知道产品应如何估值、选择行权价和计算与控制风险，因此，很容易约定过高的行权价，同时低估其潜在的风险。在2008年7月，中信泰富签订了16份合约。当澳元兑美元的价格走势对其有利时，中信泰富最少也必须购买36亿澳元；而当价格大幅下跌时，则要被迫购买90亿澳元，但中信泰富的真实澳元需求却只有16亿澳元，其套期保值头寸远远超过了需要的套保产品头寸，这样做不仅加大了公司保证金从而扩大了对现金流的需求，而且价格波动所带来的风险也随之放大。2008年10月20日，中信泰富发出盈利预警，称由于澳元大幅贬值，其持有的累计澳元期权合约已经确认155亿港元的亏损。

那么外汇交易包括哪些业务？外汇交易对进出口有什么影响？外汇交易在进出口中有什么作用？本章将进行相应的阐述。

外汇交易是指在外汇市场上进行的买卖外汇的活动。外汇交易主要是由于对外贸易和投资需要不同的货币进行结算和支付而产生的。随着经济全球化的发展，外汇交易在整个金融市场中占据着越来越重要的地位。在当今的外汇市场上，外汇交易的种类十分丰富，主要有即期外汇交易、远期外汇交易、外汇期货交易、外汇期权交易、套汇交易与套利交易等。

外汇业务操作有多种方式，进出口商可以根据进出口业务具体情况及信贷投资要求等，利用不同的外汇交易方式，结算彼此间的债务；也可以通过不同的外汇业务操作规避外汇风险、销定交易成本、保证利润等。

2005年7月21日中国人民银行对于人民币汇率形成机制进行了改革，我国开始实行以市场供求为基础、参考一篮子货币政策进行调节、有管理的浮动汇率制度。人民币汇率不再钉住单一美元，形成了更富弹性的人民币汇率机制。随着中国金融市场的全面开放，中国汇率制度改革将会进一步深化，宏观监管的力度会加强，市场对外汇需求调节作用越来越大，人民币汇率的浮动幅度会加大，汇率风险将更加突出。这次改革是人民币汇率走向市场化的加速，同时，人民银行宣布将根据市场发育状况和经济金融形势，适时调整汇率浮动区间，但在这一过程中企业将面临日益增大的汇率风险，如何提高企业，特别是进出口企业的自身防范汇率风险能力，更好地迎接各方面的竞争，是我国进出口企业必须解决的重要课题，而了解外汇交易市场，以及各种外汇交易操作则是解决这些问题的基础。

第一节　即期与远期外汇交易

一、即期外汇交易

即期外汇交易（Spot Exchange Transaction）也称为现汇交易，是指交易双方以当天外汇市场价格成交，原则上两个营业日内办理交割的外汇交易方式。这里所说的“成交”，是指交易双方已经就外汇买卖的汇率（价格）、数额、币种等协商一致或达成协议，可以是口头协议也可以是书面协议；“交割”是指买卖成交后“钱货两清”的行为，即购买外汇者支付某种货币的现金，出售外汇者交付协定的外汇。

（一）即期外汇交易交割日

即期外汇交易主要是为了满足机构和个人因从事贸易、投资等国际经济活动而产生的对外汇的供求而进行的，由于交割时间较短，所遭受的外汇风险少，所以是外汇市场上最常见、最普遍的一种外汇交易方式。

即期汇率的交割日期又称为起息日，是交易双方交收货币并开始计算利息的日期。即期交易的交割日期可以有以下三种类型。

1.当日交割

当日交割即在买卖成交的当日办理货币的收付。港元对美元即期交易就是在当日交割的。

2.次日交割

次日交割指成交后第一个营业日办理交割。某些国家由于时差原因而采用这种方式。

3.标准交割日交割

在成交后的第二个营业日办理交割。即期外汇交易的结算日（交割日）通常在成交后的两个营业日，既剔除了时间差异的影响（符合“价值补偿”原则，即一项交易的双方必须在同一时间进行交割，以免任何一方因交割时间不同而蒙受损失），又方便了对交易的核对确认和清算，减少了信用风险。这种交易方式被大多数国家所采用。另外，交割日期必须是双方都营业的日子，以保证交易双方同时完成货币的收付，避免其中任何一方承担信用风险或利息损失。

（二）即期外汇交易的一般程序

发展至今的外汇市场已经比较规范，外汇市场的交易双方必须严格按照一定的程序进行，即期外汇交易也不例外。即期外汇交易的一般程序如下：

1.选择交易对方

一般而言，要选择资信良好、报价迅速、买卖差价小、服务水平高的外汇银行作为交易方，以保证交易的成功。

2.自报家门

与对方交易时，首先让对方知道自己银行的名称，以便对方决策。

3.询价

询价即询问即期外汇的买入价和卖出价。询问的内容要简洁、完整，包括币种、数额、交割日。询问时无须透露想买入还是卖出，以防对方抬价或压价。

4.报价

银行的外汇交易部门接到询价时，做出的相应回答即报价。报价方在报价时要参考目前的市场行情、自身的外汇头寸以及自身的交易意图来进行合理报价。报价是外汇交易的关键环节，直接关系到交易是否能成功。

5.成交

报价方给出报价后，询价方要立即答复是买进还是卖出，以及买进或卖出的货币金额。若不满意，可以谢绝交易。

6.证实

外汇交易成交后，交易双方还应该将买卖的货币、数额、汇率、交割日期，以及结算方式等外汇交易细节相互确认证实。

7.结算

交易双方将交易的文字记录交给交易后台后，后台根据交易要求指示其代理行将卖出的货币划入对方指定的银行账户。

如以电传方式表示的外汇交易的全过程（设A与B两银行间进行美元/瑞士法郎的即期外汇交易）：

A　BANK：bank of SWISS calling spot CHF for USD，pls?（瑞士银行询问瑞士法郎对美元的即期汇率）

B　BANK：1.6250/80.（买卖价1.6250/80）

A　BANK：6 YOURS.（卖出600万美元）

B　BANK：OK DONE （成交）。At 1.6250 we buy USD 6 against CHF March 10，2012，USD to Bank of CHINA NEW YORK for our A/C 544-3-21475 （B银行以1美元兑换1.6250的汇价买进600万美元，起息日2012年3月10日，美元请付纽约中国银行，账户544-3-21475）

A　BANK：CHF to bank of SWISS MILAN for our A/C 873578 （A银行要求B银行将瑞士法郎付至米兰瑞士银行，账户873578）。

通过上述例子，我们可以发现几个值得注意的问题。首先，外汇交易中的报价采用双报价制，即同时报出外汇的买入价和卖出价，报出的汇价通常由两部分组成：大数和小数。如汇价1.6250/80中，1.62为大数，50/80为小数。由于外汇交易员对各种货币的汇率都很清楚，银行间报价时，可以只报小数。此外，外汇交易在报价时一般以美元为中心，几乎全部的外汇交易都采用某种货币对美元的报价形式，除非特殊说明。其次，交易术语规范化。交易员为了节省时间而采用简语或行话交流。再者，由于市场价格瞬息变化，交易员在对方报价后应快速做出回答，否则对方可能会即刻更改汇价。一旦对方说出OK DONE，交易即宣告成立，双方必须恪守信用，交易一经成立就不得反悔、变更或要求注销。

在外汇市场每天开市前，各外汇银行都要对以下因素进行分析，以确定本行的开盘汇率。第一，其他外汇市场的汇率。借此可以了解外汇市场上最新的汇率变动趋势。第二，国内外政治和经济领域的最新发展，如是否在一些关键国家或地区出现了社会动乱、军事冲突等事件；货币的供给量、通货膨胀率、利率的新变化。第三，本行持有的外汇头寸情况。在分析上述因素后，外汇银行就可以对外汇报价（即报出汇率）进行交易了。外汇银行对所报出的价格都要遵守，无须签订合同。也就是说，外汇银行对所报出的价格要承担以此价格买进或卖出一定数量外汇的义务，只要询价者愿意按所报出的汇率进行交易，则不管这笔交易对该行是否合适都必须同意。

（三）即期外汇套算汇率的计算

套算汇率（Cross-Rate）一般是根据其他两种货币的汇率通过计算得出来的汇率。第二次世界大战后，各外汇市场上大部分交易实际上都是对美元的交易，各大银行的报价，大都以美元为基础货币，采用美元标价。在外汇市场上除非特别说明，某种货币的汇率都是指该货币与美元之间的汇率，这就产生了非美元的各种货币间汇率的计算问题。这样套算汇率在外汇市场上又多指从两种非美元货币对美元货币的汇率中计算出来的非美元货币间的汇率。

从套算汇率的后一种含义出发，其计算可分为三种情况：（1）在两种非美元货币的标价中，美元均为基础货币；（2）在两种非美元货币的标价中，美元均为标价货币；（3）在一种非美元货币的标价中美元是标价货币，在另一种非美元货币的标价中美元是基础货币。

在第（1）种情况下计算方法为交叉相除，被除数为套算汇率中标价货币的汇率，除数为套算汇率中基础货币的汇率。例如，已知瑞士法郎的汇率为USD1＝

CHF1.6230-1.6240，德国马克的汇率为USD1 = DM1.8110-1.8120（这两种汇率均以美元作为基础货币），计算以德国马克作为基础货币，瑞士法郎作为标价货币的套算汇率。

就买入价而言，外汇银行买入德国马克时必须付出瑞士法郎。银行买入德国马克的汇率（根据USD1 = DM1.8110-1.8120）为USD1 = DM1.8120。银行卖出（即付出）瑞士法郎时适用的汇率（根据USD1 = SF1.6230-1.6240）为USD1 = SF1.6230。由此可得：DM1.8120=SF1.6230，即DM1=SF1.6230/1.8120=SF0.8956。

就卖出价而言，外汇银行卖出德国马克时即收取瑞士法郎。银行卖出德国马克的汇率为USD1 = DM1.8110，买入瑞士法郎的汇率为USD1 = SF1.6240，根据这两个汇率可得：DM1=SF0.8968。

在第（2）种情况下，套算汇率的计算仍为交叉汇率相除，但被除数为套算汇率中基础货币的汇率，除数为套算汇率中标价货币的汇率。例如，已知CAN$1=USD0.8950-0.8953，GBP1=USD2.2530-2.2540，计算以英镑为基础货币，加拿大元为标价货币的套算汇率时，买入价为：GBP1=CAN$2.2530/0.8953=CAN$2.5164；卖出价为：GBP1= CAN$2.2540/0.8950=CAN$2.5184。

在第（3）种情况下，套算汇率的计算方法为同项相乘。例如，已知GBP1=USD2.2530-2.2540，USD1 = DM1.8110-1.8120，计算以德国马克为标价货币，英镑为基础货币的套算汇率时，买入价为GBP1=DM（2.2530×1.8110），即GBP1=DM4.0801；卖出价为GBP1=DM（2.2540×1.8120），即GBP1=DM4.0842。

（四）即期外汇分类

即期外汇交易根据交易方式的不同可以分为电汇、信汇和票汇三种。

1.电汇

汇款人向当地的外汇银行交付本币，再由该银行以电报或电传通知其国外分行或代理行支付外币给收款人，这样电汇的凭证是汇款银行的电报汇款委托书。在电汇方式下，银行在国内收入本币、在国外支出外汇的时间间隔较短，银行通常不能利用其客户的汇款，而且国际电报和电传的费用较高，所以电汇的汇率会较高。在浮动制汇率下，汇率波动频繁，电汇方式收付外汇的时间间隔较短，可以在一定程度上减少汇率波动带来的风险。电汇汇率已经成为外汇市场的基本汇率，其他汇率大都是以电汇汇率为标准来确定的。

2.信汇

汇款人向当地外汇银行交付本币，银行开具付款委托书，用信函的方式通知国外的外汇银行，委托其支付一定款项给指定的收款人的汇款方式，信汇的凭证是信汇付款委托书。

3.票汇

汇出银行应汇款人的申请，开立以汇入行为付款人的汇票，交由汇款人自行寄送给收款人或自行携带出国，凭票取款的汇款方式，票汇的凭证是银行汇票。

由于信汇和票汇的资金在收付过程中的时间间隔较长，银行可以在此期间利用顾客的汇款，从而信汇和票汇的汇率较电汇的要低。

二、远期外汇交易

远期外汇交易（Forward Exchange Transaction）也称期汇交易，指买卖双方先签订合同，规定买卖外汇的币种、数额、汇率和将来的交割时间，到规定的交割日期，再按合同规定办理交割的外汇交易。外汇市场的远期外汇交易的期限一般按月计算，通常为1个月、2个月、3个月、6个月、9个月或1年，最常见的是3个月期限的远期外汇交易。以上期限的外汇交易也称为标准期限外汇交易，除此以外还有远期外汇交易期限为不规则日期的远期外汇交易。个别的长达1年以上的，称为超远期，也有短至几天的（最短为3天）。

远期外汇交易的特点是：①买卖双方签订合同时，无须立即支付外币或本国货币，而是延至将来某个时间进行交割。②买卖规模比较大。③买卖的目的主要是保值、避险或进行外汇投机。④外汇银行与客户签订的合同一般须有外汇经纪人担保。同时客户还要缴纳一定数量的押金或抵押品。当汇率变化不大时，银行可以把押金或抵押品抵补应负担的损失。当汇率变化使客户的损失超过押金或抵押品时，银行就会通知客户加存押金或抵押品，否则，合同就无效。客户所有的押金，银行将视为存款，应当支付利息。

（一）远期外汇交易的分类

远期外汇交易按其交割日是否固定，可以分为以下两种：

1.固定交割日期的远期外汇交易（Fixed Maturity Dated Forward Transaction）

固定交割日期的远期外汇交易，即交易双方事先约定在未来某个确定的日期办理货币收付的远期外汇交易。这与远期外汇交易的概念相吻合，也是在实际中比较常用的远期外汇交易方式。

2.可选择交割日期的远期外汇交易（Optional Maturity Dated Forward Transaction）

可选择交割日期的远期外汇交易，又称为择期外汇交易，即买卖双方在签订远期外汇交易合约时，事先确定交易数量和汇率，但具体的交割日期不固定，只规定交割的期限范围，交割的一方可在成交日的第3天起至约定期限的任何一个营业日要求交易的另一方按双方约定的远期汇率进行交割。这类交易在交割日期上具有较大的灵活性，通常适用于难以确定收付款日期的对外贸易。

择期交易在外汇买卖中发展相当迅速。因为在固定交割日期的远期外汇交易中，由于缺乏灵活性和机动性，通常难以满足进出口商的需要。在实际交易中，进出口商往往事先不知道外汇收入或支出的准确时间。为了满足他们通过远期市场避免汇率变动的风险的需求，他们便与银行签订一项合同，保证按双方约定的汇率，在将来规定的期限内进行外汇买卖，即开展择期交易。

择期交易的特点是：①交割日期随客观形式与主观判断而转移，并不固定，它意味着客户可以在择期的第1天，也可在最后1天履行交割手续；②银行不给这类业务活动以优惠汇率。

在择期交易中，一方面，询价方得到选择交割日的权利是以放弃价格上的好处为代价的，所以，询价方应根据业务需要确定合理的选择交割日期，尽可能缩短择期的天数，以减少择期成本。另一方面，由于询价方有权选择交割日，报价银行需承担汇率波动风险及资金调度的成本。为了补偿资金调度和价格变动风险，报价银行必须报出对自己有利的汇率，即报价银行在买入基准货币时，报出较低汇率；在卖出基准货币时，报出较高的汇率。一般来说，报价银行对于择期交易的远期汇率报价应遵循以下原则：一是报价银行买入基准货币，若基准货币升水，按选择期内第1天的汇率报价；若基准货币贴水，按选择期内最后1天的汇率报价。二是报价银行卖出基准货币，若基准货币升水，按选择期内最后1天的汇率报价；若基准货币贴水，按选择期内第1天的汇率报价。

（二）无本金交割远期外汇交易（NDF）

无本金交割远期外汇交易（Non-Deliverable Forward，NDF）是一种离岸金融衍生产品，交易双方基于对汇率的不同看法，签订非交割远期交易合约，确定远期汇率、期限和金额，合约到期时只需将远期汇率与实际汇率的差额进行交割清算，与本金金额、实际收支毫无关联。产品特点是针对有外汇管制的国家或地区，无须对本金进行交割。

NDF是柜台交易的外汇衍生产品。NDF合同双方交割时不是以基础货币来交割的，而是根据合同确定的远期汇率与到期实际即期汇率之间的差额，以可自由兑换货币（一般为美元）进行净额支付。NDF与可交割的外汇远期也有所差异，因为NDF交易处于相应货币管理当局的直接管辖范围之外，其定价无须受到国内利率的限制。

无本金交割远期外汇交易与远期外汇交易的差别在于：不用备有本金的收付，只按到期日的市场汇率价格与合约约定的价格差额进行交割清算，本金实际上只是用于汇差的计算，无须实际收支，对未来现金流量不会造成影响。而远期外汇交易到期后需现汇交割。

交易活跃、规模巨大、不断发展的无本金交割远期外汇市场，主要有韩元、新台币、人民币、印度卢比、印度尼西亚卢比和菲律宾比索六种亚洲货币的交易。这些离岸市场是世界和亚洲外汇市场的重要组成部分，在资本管制情况下平衡着市场的供需。对外国投资者而言，NDF市场提供了一种对持有当地货币敞口进行套期保值的工具，或是一种离岸获得当地货币头寸的投机工具。非居民对亚洲NDF市场的利用部分反映了它们在进入国内远期市场时所受到的限制。

目前，亚洲地区的人民币、韩元、新台币等货币的非交割远期交易相当活跃。无本金交割远期外汇交易由银行充当中介机构，供求双方基于对汇率的看法（或目的）的不同，签订非交割远期交易合约，期限一般在数月至数年之间，主要的交易品种是1年期和1年以下的品种，超过1年的合约交易一般不够活跃。

（三）远期外汇交易的作用

对于外汇交易市场的参与者来说，即期外汇交易是所有外汇交易的基础，帮助人们实现货币转换，满足了国际对外支付、对外投资或对某种货币持有的需求；同时由于交割时间较短，可以帮助人们规避汇率风险。而远期外汇交易的作用则比即期外汇交易要广得多，主要表现在以下几方面。

1.利用远期外汇交易可以避免外汇风险

浮动汇率制下，汇率变动是经常性的。在出口商以短期信贷方式卖出商品，进口商以延期付款方式买进商品的情况下，进出口商从签订买卖合同到交货、付款往往需要较长的时间，而这段时间的汇率变动，对于双方来说都存在着一定的外汇风险。由于汇率的变动，出口商收回的外汇换回本币可能比预期的要少；进口商可能需要用更多的本币来兑换成外币以支付进口的货物。在国际贸易实务中，进出口商为了避免汇率波动所带来的风险，在进出口业务成交和确认后，即向外汇银行签订买卖外汇的远期外汇合同，在结算之日收付货款时，可以不受即期汇率的影响，而按约定的汇率办理交割，从而避免了外汇风险，也有利于贸易成本的核算。

有远期外汇收入的出口商可以与银行签订出卖远期外汇的合同，一定时期以后，将其外汇收入按照约定的价格卖给外汇银行，从而防止因汇率下跌，在经济上遭受损失；而有远期外汇支出的进口商业可以同银行订立购买远期外汇的合同，一定时期以后，按照签约时规定的价格向银行购买规定数额的外汇，从而防止汇率上涨而增加成本负担。

例如，有一个中国香港进口商向美国出口商购买了价值10万美元的商品，合同约定3个月后付款。假设当时市场上的即期汇率是1美元=7.7360港元，该批货物买价为77.36万港元。但3个月后，美元升值，汇率变为1美元=7.7440港元，那么这批货物的价款就会上升为77.44万港元，进口商为此要多支付0.08万港元。如果汇率再上升，中国香港进口商的进口成本也将随之上升，甚至导致经营亏损。假如，进口商为了避免因美元汇率波动而遭受损失，在订立合同的同时向外汇银行按1美元=7.7440港元的汇率买进3个月的美元期汇，那么3个月后只需付款77.44万港元。在上面同一商品交易中，美国出口商为了避免汇率变动而带来的损失，可采取相反的行为，即应与银行签订出卖远期外汇的合同。

2.利用远期外汇交易可以回避外币借款风险

借入某种外币，会给借贷双方带来汇率风险。还款期到来时，若本币贬值，偿还贷款的本币成本将上升；若本币升值，本币成本则下降。故通过远期外汇交易可以避免借款风险，而对于贷方也是一样。在现时就约定外汇汇率，预先确定借贷的成本（放贷的收益）从而防范未来市场出现对自己不利的变动时自己面临的风险。

3.远期外汇交易可以平衡银行外汇头寸

进出口商为了避免外汇风险而与银行签订远期外汇合约，这实际上是将汇率变动所带来的风险转嫁给外汇银行。外汇银行与客户进行交易后，客观上存在期汇和现汇的超买和超卖现象，外汇头寸的存在会使得银行处于汇率变动带来的风险之中。为了避免这种汇率风险，外汇银行通常会对不同期限的不同货币头寸余额进行抛售或补进，以求得外汇头寸的平衡。例如，某银行在某月的远期外汇交易中持有期汇多头，为了平衡这笔超买的期汇，它应该到外汇市场上立即抛售同期限、相等金额的期汇。

4.利用远期外汇交易可以进行远期外汇投机

浮动汇率制下，汇率波动频繁，远期外汇交易的存在给外汇投机创造了条件。外汇投机是指利用外汇市场的汇率波动赚取价差收益的外汇交易。

外汇投机的特点是：①投机者主动置身于汇率的风险之中，希望从汇率变动中获利。②投机活动并非基于对外汇的实际需求，而是想通过汇率涨落来赚取差额利润。③投机收益大小取决于本身预期的正确程度。其方式是：当投机者预期某种外汇汇率将剧烈变动时，就通过买卖现汇与买卖期汇来获取投机利润。由于买卖即期外汇投机者必须持有外汇资金，其交易规模要依资金多寡而定。为此，大部分投机者是通过买卖远期外汇来谋求利益。因为期汇投机只需要缴纳少量的保证金，无须付现汇。

外汇投机有两种形式：①先卖后买，即卖空或称为“空头”。当投机者预期某种货币将贬值或汇率将大幅度下跌时，可在外汇市场上趁该价格相对较高时先行预约卖出，到期如果该外汇的汇率真的下跌，投机者就按下跌的价格买进该外汇现汇来交割该外汇的远期，赚取差价利润。例如，有一日本投机商预期美元将贬值。当时日元3个月期汇是US$1 = JY￥120.01，他就在法兰克福外汇市场上卖出10万美元的3个月期汇，即在交割日他应付10万美元现汇，收入1 200.1万日元。3个月后，法兰克福外汇市场的美元汇率价格果然下降，跌至US$1 = JY￥117.01，这时他就以原先约定的汇率所得的1 200.1万日元中的1 170.1万日元在市场上买进10万美元现汇，来履行期汇合约。这样该投机商就可以通过卖空赚取30万日元的差价利润。当然如果汇率变动与投资者预期正好相反，该投机商就将遭受损失。②先买后卖，即买空或称为“多头”。当投机者预期某种货币将升值，就在外汇市场上趁该货币价格相对较低时先行预约买进该种货币的远期。到时该货币汇率真的上升，投机者就按上升的汇率卖出该货币的现货来交割远期，从中赚取投机利润。这种交易是续约交易。由于投机者有很多仅仅是在到期日收付汇价涨落的差额，一般不具备实足的交割资金，故称为“买空”。例如，有一美国投机商预期欧元将大幅度升值。当时欧元3个月期汇是€1= US$1.0089，他就在法兰克福外汇市场上买入10万欧元的3个月期汇，即在交割日他应付10.089万美元现汇，收入10万欧元。3个月后，法兰克福外汇市场的欧元现汇价格果然上升，升至€1=US$1.1289，这时他就以原先约定的汇率所得的10万欧元中的8.937万欧元在市场上买进10.089万美元现汇，来履行期汇合约。这样该投机商就通过买空赚取了1.063万欧元的差价利润。当然如果汇率变动与投机者预期正好相反，该投机商就将遭受损失。

卖空和买空事实上是一种反向的期汇投机活动。这种活动建立在两个基础上：一是必须有远期外汇买卖市场的存在；二是外汇汇率必须有较大、较频繁的变化。

另外，投机活动能否成功则有赖于投机者的预期是否准确，以及投机技巧和经验如何。在业务中，投机作为一种行为有其存在的必要性和合理性。在远期外汇市场上，进出口商和外汇银行通常不愿承担外汇风险，希望转嫁风险；而投机者愿意冒风险，因此成为需要转嫁风险者的最佳对象。投机者便成了远期外汇市场必要构成部分。但是，由于外汇投机不能真实地反映外汇市场供求关系的变动，过度的投机容易扰乱正常的金融秩序。

（四）远期外汇交易的报价方式

远期汇率是在即期汇率的基础上产生的。远期汇率的报价方式有两种：一种是直接标明远期汇率；另一种是差价标价，即只标出远期汇率与即期汇率的差额。瑞士和日本等国家采用前者，而英国、美国、法国和德国等采用后者。

1.直接标明远期汇率

不需要通过掉期率换算而直接报出远期汇率，这种方式与即期外汇的报价相似，只是期限不同，汇率也不同。比如，某日苏黎世外汇市场的报价如下：

美元兑瑞士法郎的即期汇率为：1.0210/30

1个月的远期汇率为：1.0225/35

2个月的远期汇率为：1.0200/15

2.差价报价

在外汇市场上，用升水（Premium）、贴水（Discount）、平价（Par）来表示远期汇率与即期汇率的差额。升水表示远期汇率高于即期汇率，贴水表示远期汇率低于即期汇率，平价则表示两者相等。由于汇率的标价方法不同，远期汇率的计算也不同：

在直接标价法下：远期汇率=即期汇率+升水

远期汇率=即期汇率-贴水

例如，某日纽约外汇市场即期汇率为1欧元=1.2481美元，3个月的欧元远期外汇升水0.32美分，则3个月欧元远期外汇汇率为1欧元=1.2481+0.0032=1.2513美元。如果3个月的欧元远期外汇贴水0.32美分，则3个月欧元远期外汇汇率为1欧元=1.2481-0.0032=1.2449美元。

在间接标价法下：远期汇率=即期汇率-升水

远期汇率=即期汇率+贴水

例如，某日纽约外汇市场即期汇率为1欧元=1.2481美元，3个月的欧元远期外汇升水0.32美分，则3个月欧元远期外汇汇率为1欧元=1.2481-0.0032=1.2449美元。如果3个月的欧元远期外汇贴水0.32美分，则3个月欧元远期外汇汇率为1欧元=1.2481+0.0032=1.2513美元。

在实际的远期外汇业务中，远期汇率与即期汇率的差额往往以汇价点表示。汇价点又称为点数（Pionts），即汇率数字中小数点后的第四位数，每一个汇价点即万分之一。表示远期汇率的点数有两栏数字，在直接标价法下，大数在前、小数在后表示为贴水；小数在前、大数在后表示为升水。在间接标价法下，大数在前、小数在后表示为升水；小数在前、大数在后表示为贴水。

例如，某日纽约外汇市场：

	即期汇率	3个月远期
英镑/美元	1.8260/65	62/45

再如在法兰克福外汇市场：

	即期汇率	3个月远期
欧元/瑞士法郎	1.4601/43	30/58

通过上述以汇价点表示的远期汇率，我们可以计算得：

纽约市场3个月的远期汇率：

英镑/美元=（1.8260-0.0062）/（1.8265-0.0045）=1.8198/1.8220

法兰克福外汇市场3个月的远期汇率：

欧元/瑞士法郎=（1.4601+0.0030）/（1.4643+0.0058）=1.4631/1.4701

（五）远期汇率与利率的关系

以上仅就远期汇率的报价形式做了介绍，那么报价方又是怎么知道某种货币是升水还是贴水以及升（贴）水额是多大呢？实际上，远期汇率的确定与两种货币的利息率水平和即期汇率密切相关。按照利率平价理论，在其他条件不变的情况下，低利率货币常常表现为远期升水，而高利率货币常常表现为远期贴水。这种状况产生的原因在于：

第一，一国利率之所以高是因为资金短缺所致，而资金短缺往往又是国际收支逆差带来的。当一国国际收支逆差时，人们往往会产生该国货币将贬值的预期，于是，为了保值纷纷卖出本国货币远期，购入外国货币远期，从而形成本币远期汇率下跌，外币远期汇率上升。

第二，为了取得利差收益，套利者都要卖出即期利率低的货币，买进即期利率高的货币。同时，为了保值，又要卖出远期高利率货币，买进远期低利率货币，从而使高利率货币表现为远期贴水，低利率货币表现为远期升水。例如，美元3个月的存款利率为20%；日元3个月的存款利率为10%。在这样的情况下，日元的远期汇率为升水，而美元的远期汇率为贴水。如果不是这样，市场上就会出现套利的机会，套利的结果也必然会把远期汇率和即期汇率之间的差额推向这一点。在此例中，我们假定远期汇率等于即期汇率，即汇差为平价。这时，投资者就会用日元买入美元，同时卖出远期美元。这样做的结果，使得该投资者在外汇市场上未付出任何成本（假定不计交易成本），而在外汇市场上可获得10%的利息收入。这便会提高美元的即期汇率，压低美元的远期汇率，从而出现美元贴水或日元升水。如果在远期外汇市场上，美元的远期汇率高于即期汇率，即汇差为升水，那么，投资者不仅可以在货币市场上获利，即取得利息收入；而且可以同时在外汇市场上获利。如果投资者都从事这种套利活动，势必使美元的远期升水趋于平价，最后趋于贴水。可见，当美元的利率高于日元时，美元趋于贴水，日元趋于升水。

第三，当银行卖出过多的远期外汇时，为了应付到期交割，就必须用本币购买一定的外币储备备用。若本币的利率高，外币的利率低，那么，银行将会受到损失。为了转移损失，银行出售远期外汇时，会提高外汇的价格，使外币的远期汇率上升，本币的远期汇率下降。

综上所述，低利率货币会趋于升水，而高利率货币会趋于贴水；这种升水或贴水的数额与两种货币之间的利率差额有着密切的关系；当两种货币的利率相等时，汇差为平价；利差朝着有利于某种货币的方向变化时，汇差则朝着不利于它的方向变化。应该注意的是，在正常情况下，两种货币的利差是决定货币升水、贴水或平价的主要因素，但并不是唯一的因素。国际政治经济形势的变化、货币所在国实施的经济政策、中央银行对外汇市场进行的干预措施，以及外汇市场的投机程度等诸多因素，都会不同程度地影响货币的远期汇率。有时，这些因素的影响会导致与上述情况相反的结果。

（六）外汇远期的定价

外汇是一种金融资产，外汇的远期定价，即远期外汇汇率的确定，主要是依据金融工程学中的无套利定价思想。比如，同一种资产在两个不同市场上进行交易，但各个市场上的交易价格不同。这时交易者就可以在一个市场上低价买进，然后立即在另一个市场上高价卖出。由于供求法则，低价市场上需求增加，价格就会上升；而高价市场上由于供给增多，价格会下跌。因此市场价格由于套利行为又重新回到均衡价格的状态。这就是无套利定价原则。其实大家如果逛过超市，就知道有的超市会承诺如果说本超市价格比其他超市高就赔多少。这中间也包含着无套利思想。一个商品，如果不考虑交易费用，应该是一个价格。

1.外汇远期的定价——利率平价

利率平价在即期和远期货币市场以及国内外证券市场之间建立了某种联系。利率平价理论的成立依赖于这样一个原则，即风险等方面相同的两笔投资具有相同的回报率。为了推导利率平价，假定存在完全资本市场。假定一位投资者将1元人民币投资于某种中国证券，其利率水平为i，到期一次性支付本息（投资1年），则这笔投资的最终收益为：$1\times(1+i)$；同理，假定该投资者可以把1元人民币按照当前的人民币兑欧元的即期汇率 S_t（直接标价法，1￡= S_t ￥）兑换成欧元，然后将所得的欧元投资购买某种德国证券。该证券同一段时间的利率水平为 i^*。与此同时，这位投资者按照当前远期汇率 F_t 出售德国证券投资的全部收入（本金和利息）。这笔德国投资的最终收益可用公式表示为：

$$1+\frac{1}{S_t}\times(1+i^*)\times F_t$$

在假定以上的两种证券除计值货币不同之外其他各方面完全一致，最终，套利将使得两笔投资获得同等的回报，公式表示为：

$$1+\frac{1}{S_t}\times(1+i^*)\times F_t=1\times(1+i)\Rightarrow\frac{F_t-S_t}{S_t}=\frac{i-i^*}{1+i^*}$$

等式左边是用百分比表示的外汇远期升水，右边是用百分比表示的利率差。

如果 $F_t > S_t$，表示欧元在远期市场上的价格较为昂贵，定义为欧元远期升水；反之，如果 $F_t < S_t$，则称欧元远期贴水。

$$1+\frac{1}{S_t}\times(1+i^*)\times F_t = 1\times(1+i)\Rightarrow\frac{F_t}{S_t}=\frac{1+i}{1+i^*}$$

例如，已知美国年利率为3.0%，日本年利率为0.5%。假定当前汇率（即期汇率）1 \$ =104JPY，到期时间为6个月，则日元对美元的远期汇率为：

$$\frac{F_t}{S_t}=\frac{(1+i\times\frac{1}{2})}{(1+i^*\times\frac{1}{2})}\Rightarrow F_t=103.846$$

利率平价表明：利率较高的货币远期汇率会回落，该货币远期贴水；利率较低的货币远期汇率会上升，该货币有远期升水。其原因在于无套利定价思想：只有高利率的货币远期汇率贴水才能抵消投资者持有高利率货币所获得的利率收益，或者只有低利率远期升水才能弥补投资者持有低利率货币所造成的利差损失。

$$\frac{F_t}{S_t}=\frac{(1+i)}{(1+i^*)}\Rightarrow f=\frac{F_t-S_t}{S_t}\approx i-i^*\Rightarrow i=i^*+f$$

利率平价也表明：远期汇率的确定是以即期汇率为基础，并根据两国货币利率变化而不断进行调整的过程。应该注意的是，在正常情况下，两国货币的利率差是决定货币升水、贴水及其数值的主要因素，但不是唯一因素。国际政治经济形式的变化、货币所在国实施的经济政策、中央银行对外汇市场的干预措施以及外汇市场的投机程度等诸多因素，都会不同程度地影响货币的远期汇率。有时，由于这些因素的影响，远期汇率的升、贴水会完全背离两种货币的利率差。

第二节　期货与期权交易

一、外汇期货交易

期货交易（Future）是指在交易所进行交易的标准化的、受法律约束并规定在将来某一特定时间和地点交割某种特定商品的合约交易。这里的期货主要可以分为商品期货和金融期货，商品期货的标的物是商品实物，而金融期货买卖的是金融工具，包括外汇、黄金、利率和股票指数等。外汇期货是金融期货的一个重要的交易品种。

（一）外汇期货交易的概念及发展

外汇期货交易（Foreign Exchange Future Transaction）也称为货币期货交易，指在有形的交易市场上，根据成交单位、交割时间标准化的原则，按约定价格购买或出售远期外汇合约，并且通过清算所进行结算的一种业务。

外汇期货交易是最早出现而且也是最为重要的一种金融期货交易。1972年5月，芝加哥商品交易所正式成立了国际货币市场分部（International Monetary Market，IMM），推出了外汇期货合约，从而揭开了期货市场创新发展的序幕。从1976年以来，外汇期货市场迅速发展，交易量激增了数十倍。1978年纽约商品交易所增加了外汇期货业务，1979年纽约证券交易所宣布，设立一个新的交易所来专门从事外币和金融期货。1981年2月，芝加哥商品交易所首次开设了欧洲美元期货交易。随后，澳大利亚、加拿大、荷兰、新加坡等国家和地区也开设了外汇期货交易市场，从此，外汇期货交易便蓬勃发展起来。目前，外汇期货交易的主要品种有：美元、英镑、日元、瑞士法郎、加拿大元、澳大利亚元等。从世界范围来看，外汇期货的主要市场在美国，其中又主要集中在芝加哥商品交易所的国际货币市场（IMM）、中美洲商品交易所（MCE）和费城期货交易所（PBOT）。此外，主要的外汇期货交易所还有伦敦国际金融期货交易所（LIFFE）、新加坡国际货币交易所（SIMEX）、东京国际金融期货交易所（TIFFE）、法国国际期货交易所（MATIF）等。每个交易所基本都有本国货币与其他主要货币的期货合约。

（二）外汇期货交易的具体内容

1.外汇期货交易的基本程序

外汇期货交易都是在专营或兼营外汇期货的交易所里进行的。任何企业和个人都可以通过外汇期货经纪人或交易商买卖外汇期货。具体而言，客户欲进行外汇期货交易，首先，必须选定代理自己交易的经纪公司，开设账户，存入保证金。然后，客户即可委托经纪公司替他办理外汇期货合约的买卖。在每一笔交易之前客户要向经纪公司发出委托指令，说明他愿意买入或卖出的外汇期货、成交的价格、合约的种类和数量等。经纪公司在接到客户的指令后，会将指令用电话或其他通信工具通知交易厅内的经纪人，由他执行。成交后，交易厅经纪人一方面把交易结果通知经纪公司和客户，另一方面将成交的订单交给清算所，进行记录并最后结算。每个交易日末，清算所计算每个清算会员的外汇头寸。由于每个交易者既可以买进也可以卖出外汇期货，因而当天的清算头寸只是买入和卖出的差价，即净头寸。

2.外汇期货市场的参与者

（1）期货交易所。期货交易所是专门的、有组织的、规范化的交易市场。它一般采用会员制并设有理事会。交易所是非营利性机构，它为期货交易者提供交易的场地，本身并不参加交易。为了使交易活动能够顺利进行，交易所有着严格的管理方式、健全的组织、完善的设施和高效率的办事速度，它还具有监督和管理职能，对交易活动起着重要的约束作用。

（2）清算所。每个交易所都指定一个清算所负责期货合约的交易与登记工作。清算所可以是独立的组织，也可以是交易所的附属机构；既可以为交易所的全部会员拥有，也可以为交易所的部分会员所拥有。若非清算所的交易所会员则必须与清算会员有账户关系，通过清算会员清算，并交纳一定佣金。

（3）期货佣金商。佣金商是代理金融机构、商业机构和一般公司进行期货交易并收取佣金的个人或组织。佣金商必须是经注册的期货交易所的会员，它们的主要任务是代表那些没有交易所会员资格的客户下达买卖指令、维护客户的利益、提供市场信息、处理账目和管理资金，以及对客户进行业务培训等。

（4）市场参与者。参加外汇期货交易的主要是一般工商企业、金融机构或个人。根据它们参加外汇期货交易的目的，可以将其分为套期保值者和投机者两类。

（三）外汇期货交易的特点

外汇期货交易具有合约的标准性、报价的独特性、实行保证金制和每日清算制度、实行会员制以及对冲交割等特点。

1.合约的标准性

外汇期货交易所买卖的对象不是外汇本身，而是期货合约，是一种标准化的买卖合约。这种标准化主要体现在以下几个方面：（1）期货合约金额的标准化。各外汇期货交易所对外汇期货合约的面额作了特别的规定，各种货币的交易量必须是合约面额的整数倍，不同的外汇期货合约往往有着不同的合约规模。例如，IMM每份英镑合约的规模为62 500英镑，瑞士法郎、欧元、加拿大元和日元等合约规模则分别为125 000瑞士法郎、125 000欧元、1 000 000加元和12 500 000日元等。（2）交割日期固定化。首先是交割月份固定。各期货交易所都规定固定的期货合约到期月份。大多数期货交易所都以3月、6月、9月和12月作为交割月份；其次是期货合约实际的交割日期固定。期货合约实际的交割日期通常为合约到期月份的某一天，不同的交易所的交割日期也可以不同。如IMM所有外汇期货合约的交割月份均为每年的3月、6月、9月和12月，合约的交割日期均为合约月份的第三个星期三。（3）最小变动价位和最小变动值固定化。外汇期货的最小变动价位用"点"来表示，但此处的"点"（Point），习惯上是指交易报价时，小数点之后的最后一位数字，由于各种交易货币小数点以后的位数不同，所以"点"在不同货币中的含义也不一样。例如，在IMM的几种交易货币中，英镑、加元、欧元、澳大利亚元和瑞士法郎的美元报价均报至小数点以后四位，即0.0001为1个 "点"，而墨西哥比索和日元则分别报至小数点以后的五位和六位，所以同样是1个"点"，墨西哥比索和日元则分别为0.000 01和0.000 001。由于不同外汇期货的合约规模以及最小变动价位不同，因此，不同外汇期货合约的最小变动值也存在着较大差异。例如，IMM英镑期货的最小变动价位是2点，即每次价格变动的最小幅度是每英镑0.0002美元，而每份英镑期货合约的规模为62 500英镑，因此每份英镑期货的最小变动值为12.5美元（62 500×0.0002）。（4）价格波动有规定幅度。为限制期货交易中可能出现的过度投机，合约还规定了最大价格波动幅度，即每日涨跌停板额，是指一份期货合约在一天之内比前一交易日结算价格高出或低过的最大波动幅度，如果规定欧元期货合约的涨跌停板额为200点，则意味着每日欧元的最大波动价格为2 500美元（200×12.5）；加元为70点，就意味着每日加元的最大波动价格为700美元（70×10）。一旦价格波动超过该幅度，交易自动停止，这样，交易者便不至于因价格的暴涨暴跌而蒙受巨大损失。

专栏10-1

表10-1为国际货币市场分部（IMM)普通外汇期货合约。

表10-1　**国际货币市场分部（IMM）普通外汇期货合约**

合约币别	英镑	加元	澳元	欧元	日元	瑞士法郎
交易代码	BP	CD	AD	EC	JY	SF
交易单位	6.25万英镑	10万加元	10万澳元	12.5万欧元	1250万日元	12.5万瑞士法郎
最小变动价位	0.0001	0.0001	0.0001	0.0001	0.000001	0.0001
最小变动值/$	6.25	10	10	12.5	12.5	12.5
合约月份	3月、6月、9月、12月					
交易时间	芝加哥时间上午7:20到下午2:00，到期合约在最后交易日于上午9:16收盘。具体细节可与交易所联系					
最后交易日	交割日前第二个营业日的上午9:16					
交割日期	合约月份的第三个星期三					
交割地点	清算所指定的货币发行国银行					

2.报价的独特性

外汇期货交易都是以美元作为报价货币进行报价的。外汇期货交易仅限于美元与另一种可自由兑换的货币的交易，其报价通常采取一个单位外币折合美元的形式，如GBP1=USD1.5252，CAD1=USD0.7386，CHF1=USD0.9357等。这是因为外汇期货与商品期货一样，作为标的物，其价值以结算货币（通常是美元）来表示。

3.实行保证金制和每日清算制度

保证金制度是期货交易的最大特点之一，它是交易者通过经纪人付给清算所的一笔资金，以确保交易者有能力支付手续费和可能的亏损。保证金分为初始保证金和维持保证金。初始保证金是外汇期货交易成交后，买卖双方需按照规定的比例交付的保证金。不同交易所规定的初始保证金金额有所不同，而且初始保证金缴纳多少通常也随着合约金额及交易者身份的不同而不同。维持保证金是指保证金账户在经过每日清算后必须维持的一个最低余额，如果账面金额低于维持保证金水平，必须追加资金使之重新达到初始保证金水平。一般情况下，维持保证金是初始保证金的70%~80%。

外汇期货交易每天由清算所结算盈亏，获利可以提走，而亏损超过维持保证金时，要立即补足。这种方法叫作每日清算制，也称“逐日盯市”，即每个交易日市场收盘以后，清算所将会对每个持有期货合约者确定当日的盈亏，这种盈亏都反映在保证金账户上。由于期货合约实行每日结算，而期货的初始保证金一般都高于期货价格每日涨跌的最大可能性，因而保证金制度大大保证了期货交易所更为安全、正常地运行。

例如，某年1月15日（星期三），A公司买入10份次年三月期瑞士法郎期货合约（以芝加哥国际货币市场为例，每份瑞士法郎期货合约的金额为CHF125 000），期货价格为CHF1 = USD0.5776，初始保证金为USD25 000，维持保证金为USD18 750。当各日外汇期货市场的期货收盘价为以下金额时，计算该套期保值者的当日损益、累计损益、保证金账户的余额以及是否要追加保证金。

1月15日，收盘的期货价格为0.5760；

1月16日，收盘的期货价格为0.5745；

1月17日，收盘的期货价格为0.5730；

1月18日，收盘的期货价格为0.5716；

1月19日，收盘的期货价格为0.5725。

表10-2计算的就是该套期保值者的当日损益、累计损益、保证金账户的余额以及是否要追加保证金的情况。

表10-2 每日清算举例

日期	收盘价	当日损益	累计损益	保证金余额	追加保证金
1月15日	0.5776 0.5760	−2 000	−2 000	25 000 23 000	
1月16日	0.5745	−1 875	−3 875	21 125	
1月17日	0.5730	−1 875	−5 750	19 250	
1月18日	0.5716	−1 750	−7 500	17 500	7 500
1月19日	0.5725	1 125	−6 375	26 125	

4.实行会员制

只有会员单位才可以在交易所内从事期货交易，而非会员只能通过会员单位代理买卖。交易所会员同时又是清算所的成员，期货交易买方和卖方都以交易所下属的清算所为成交对方。清算所既是期货合同购买方的卖方，又充当期货合同出售方的买方，因此，买卖双方无须知道对方是谁，也不必考虑对方的资信如何。

5.对冲交割

外汇期货合约的持有者，按合约规定的日期以规定的外汇量进行交割，标志着合约的履行与完结。外汇期货合约的持有者一般以对冲的方式解除合约的义务，合约未到期前可平仓，即卖出原先买入的合约，或买入原先卖出的合约。真正到期进行实物交割的大约为1%。

（四）外汇期货交易与远期外汇交易

外汇期货交易是以远期外汇交易为基础而发展起来的。正是远期外汇交易的不断发展和完善，才逐渐实现了合约的标准化和保证金制度，并成立了专门的结算机构实现每日结算，最终演变成现代的外汇期货交易。

尽管期货合约和远期合约都是当前达成的、在未来一定日期交割的协议，但两者之间有一些重要的区别：

第一，分散交易与集中交易的不同。外汇远期合约主要是银行间或银行与客户之间进行的双边交易。特别是银行间远期交易主要通过电话等交易的，一般不存在某特定的交易场所；但外汇远期交易则一定是在外汇期货交易所内进行的，即外汇期货交易都是集中交易。

第二，定做交易和标准化交易的不同。外汇远期主要是银行根据顾客（比如出口商或进口商等）的要求专门定做的交易，因此外汇远期交易可以灵活地满足客户的差异化要求，期限长短也是根据客户的要求来决定的；与此相反，期货合约交易都是高度标准化的，除了价格外，期货合约的所有条款都是预先规定好的。比如芝加哥国际货币市场外汇期货合约中的欧元合约为1.25万欧元。因此只要投资者买入欧元期货，那么每张合约的金额都是一样的，都是1.25万欧元，如果投资者需要2.5万欧元，就要买两张合约。

第三，远期交易对手的风险与期货交易的清算中心制度的区别。在远期外汇市场上，远期交易发生在银行与银行之间或银行与客户之间，交易双方都要承担交易对手的信用风险和违约风险。因此银行等交易商在签订远期协议之前必须对对手进行信用评估；而期货交易中心交易双方都是在与期货交易所进行交易，期货交易双方都不直接进行交易，都是把交易所作为交易对手方，所以期货交易所必须随时准备履行期货合约。交易所把所有期货合约的交易对手风险都标准化了，从而使买卖双方之间进行交易更加便利。期货交易这种交易特征使得外汇期货交易几乎不存在交易对手的信用风险和违约风险。

第四，远期交易的现金结算和期货交易的逐日盯市制度的区别。一般说来，外汇远期合约在到期之前不存在资金的流动，只是在合约到期时才发生现金（或一定数量的外汇）的结算。比如假定有个出口商，与外汇指定银行签订了一份3个月到期的金额为200万美元的远期美元卖出协议，签订价格为1$=6.586￥。目前是2011年1月31日星期一，签订远期协议时不需要资金的流动。3个月后该远期合约到期，需要进行结算或交割，有两种方式可以进行：一种是如果假定3个月到期的人民币兑美元汇率为1$=6.686￥，那么银行支付出口商（6.686−6.586）×200=20万元人民币；或者到期时出口商直接把得到的200万美元卖给银行收回人民币658.6万元即可。而期货合约的逐日盯市制度是期汇交易所每天都在计算保证金账户余额的一种制度。

（五）期货交易的定价

如果利率是非随机的，期货价格应该与远期价格一致；但即使利率是随机的，远期价格与期货价格也是有细微差别的，因此期货合约可以利用利率平价定理进行定价。

假定t时刻达成在$t+T$时刻交割的期货合约的价格为$z(t,T)$，则通过利率平价定理，有：$\frac{z(t,\ T)}{S_t}=\frac{(1+i\times\frac{T}{360})}{(1+i^*\times\frac{T}{360})}$，当 $T\to 0$ 时，$z(t,T)=S_t$。即合约到期时，期货价格与到期日现货价格趋同。

例如，假定美元/欧元当前汇率是1.280，美国和欧盟的年利率分别是1.50%和2.05%，则3个月美元/欧元的期货价格为：

$$\frac{z(t,T)}{1.28}=\frac{(1+0.015\times\frac{3}{12})}{(1+0.0205\times\frac{3}{12})}\Rightarrow z(t,T)=1.264$$

（六）外汇期货交易的应用举例

期货市场所提供的经济功能之一是套期保值。期货的交易对象并不是商品的实体，而是商品的标准化合约。期货交易的目的是转移价格风险或获取风险利润。进行外汇交易的主体主要有两类：一类是套期保值者，这类主体是利用期货市场规避现货可能具有的外汇风险；另一类是投机者，利用期货价格的变动来获取利益。外汇期货套期保值者的原理是：现货市场价格与期货价格一般受相同因素的影响，二者价格的变动是同一方向的，即现货市场价格上涨，期货价格上涨。当某投资者在现货市场持有现货，为了防止未来因价格下跌而遭受损失，就在期货市场上卖出期货合约。如果未来价格下跌，那么该投资者通过期货市场平仓获得的利润可以弥补现货市场的亏损。所以对套期保值者来说，其参与期货市场不是为了赚钱，而是规避风险。

1.空头套期保值

空头套期保值又称为卖出套期保值，即持有外汇现货的交易者，在期货市场上做一笔空头交易（在期货市场上卖出）。防止现货头寸价格下跌而遭受损失。

假定中国虹长公司在美国的子公司需要母公司提供500万美元的资金，期限5个月。也就是说子公司向母公司借500万美元，5个月后再归还。于是虹长母公司在现货市场上用人民币购买500万美元，然后汇给子公司。为了规避由此产生的外汇风险，虹长母公司在外汇期货市场上进行空头套期保值。假定母公司买入500万美元时，即期汇率1\$=6.658￥，支付3 329万元人民币，同时卖出5份5个月到期的美元期货合约，每份100万美元，期货价格为1\$=6.656￥；到期时，子公司汇回500万美元，即期汇率为1\$=6.558￥，收入3 279万元人民币，即在现货市场损失50万元，而在期货市场，期货合约价格1\$=6.556￥，虹长母公司从期货市场盈利50万元。这样，虹长公司在这次情况中达到了套期保值的目的。

2.多头套期保值

多头套期保值又称为买入套期保值。对于那些在国外有负债或将来某一时间必须支付外汇的进口商而言，为避免所支付的外汇升值而造成的损失，可以采取先在外汇期货市场买进同等金额的外汇期货合约（期限要匹配，或大致匹配）来规避外汇汇率上升所造成的损失。

外汇期货交易所提供的经济功能与外汇远期合约所提供的经济功能并没有本质上的区别。这两类合约都允许在现货市场上的交易者持有外汇的长头寸和短头寸。如果外汇期货合约的交易双方都是套期保值者，那么通过期货合约，交易双方都认为自己面临的外汇风险有所降低。因此期货市场的主要功能是套期保值。但由于期货合约是转移风险，并没有消除风险。因为外汇风险源自经济的内部，源于未来外汇变动的不确定性，这种不确定性是内生的。因此只有套期保值者的市场是不完全的市场。期货市场还需要愿意承担风险的投机者，投机者愿意承担某种风险。在期货市场上套期保值者把风险转移给投机者。

另外，外汇期货市场还有一个重要的经济作用是价格发现。价格发现是指透过期货市场去了解未来现货的价格。外汇期货交易是在交易所集中进行的交易，交易所作为一种有组织、规范化的统一市场，在这一市场中集中了大量的买者和卖者，通过公开、公平、公正的竞争形成价格，它基本反映了真实的外汇供求关系和外汇价格未来的变化趋势。

二、外汇期权

（一）外汇期权交易的概念及特点

外汇期权，亦称货币期权或选择权，是指期权合约的购买者享有在期权合约期满或在此之前按照事先约定的价格（执行价格或敲定价格）购买或出售约定数额的某种外汇资产的权利。

外汇期权交易以外汇期权合约为交易对象，外汇期权交易中期权合约的购买者拥有买入或卖出某种外汇资产的权利，但不承担必须买进或卖出的义务。期权的买方有权根据市场汇率的变动情况，决定是否放弃按合约规定的汇率及金额行使自己拥有的买或卖的权利。当行市对其有利时，他可以选择行使期权；当行市不利时，他可以放弃行使期权。为了获得这种选择权，他须向合约的卖方支付一笔期权费，而后者由于收取了期权费，则有义务在买方要求履行时买进或卖出该种外汇资产。

外汇期权交易与期货交易一样，也是在交易所内以公开竞价的方式进行的，也采用标准化合约的形式。一项期权合约实际上就是一种权利的买卖，应该注意的是，为了方便交易，所有的汇率均以美元表示，如1英镑等于多少美元，1瑞士法郎等于多少美元等。

期权费是期权合约的买方为了获得以确定的汇率购买或出售某种外汇资产的权利而向卖方支付的费用，是在交易所内以公开竞价的方式达成的。对合约卖方来讲，这笔费用就是他承担义务、出售权利所取得的收益。期权费不能收回，且费率不固定。期权费又称保险费、权利金，也是外汇期权的价格。期权交易的买方获得选择权，意味着卖方出售了这种权利，所以卖方要收取一定金额作为补偿；期权费在期权交易成交时由合约买方支付合约卖方，无论买方在有效期内是否行使期权，期权费均不能收回。期权费率根据多种因素决定，且不固定。它将随市场供求的变动而涨跌。

无论是购买权还是出售权，作为期权的买方所交付的期权费是不能收回的。期权合约的期权费用也是不固定的，主要依据以下因素而变化。①期权的协定价格。协定价格又称为敲定价格（Striking Price）、执行价格（Exercise Price）等，是交易双方达成的买方未来行使期权的价格。一旦确定，无论市场价是涨是跌，协定价格都不变，并以此价格最后交割。对于购买期权而言，期权费随协定价格的提高而减少（因为协定价格高对期权的买方不利）；反之亦然。对于卖出期权而言，期权费随协定价格的降低而减少（因为协定价格低对期权的卖方不利）；反之亦然。②现行汇率水平。对于购买期权而言，期权费随现行汇率的提高而提高；反之亦然。对于卖出期权而言，期权费随现行汇率的提高而减少，反之亦然。③期权期限。对合约的到期月份的规定一般与期货合约相同，由交易所固定下来，是期权合约实际执行的月份。期权合约的有效期限越长，汇率波动的可能性越大，对于期权的卖方来说，汇率风险越大，所以期权费也越高。④预期波幅。预期波幅越大，说明汇率越不稳定，那么收取的期权费就会越高。⑤利率水平。市场利率越高，期权费也越高。

外汇期权具有更大的灵活性。外汇期权交易可以使交易者有效地避免因汇率波动而导致的汇率风险。外汇期权合约的买方购买的是一种权利，即选择权。外汇期权合约的买方，首先可以选择不同的协定汇率；其次，在合约的有效期内，或约定的到期日，如果汇率对合约买方有利，他就会行使期权，按约定的汇率买进或卖出外汇，反之，则不履行。外汇期权弥补了远期外汇交易的某些弱点，更具有灵活性。

在外汇期权交易中，期权合约的内容实现标准化，如货币数量、到期日等。每份合约的金额是固定的，通常每份英镑合约为12 500，每份瑞士法郎合约为62 500，每份日元合约为6 250 000。期货合约的到期日通常是每年的3月、6月、9月和12月。

（二）外汇期权交易的种类

从不同角度可将外汇期权交易进行如下分类。

1.按交易方式划分

按交易方式划分，外汇期权交易可分为交易所外汇期权交易和场外外汇期权交易，后者又称为柜台交易。

同外汇期货合同一样，在交易所进行交易的外汇期权合同是标准化的合同，到期日、合同金额、执行价格、交割地点、保证金制度等都由交易所事先确定。持有标准化合同的客户可参与二级市场的买卖，因此合约具有较高的流动性。场外交易期权合同允许合同的卖方或开立者（银行）与买方就合同内容进行协商决定，从而可以满足不同客户的特别要求。但由于不是标准化的合约，场外市场上的合同流动性不高，也没有相应的二级市场供合同转让流通。

2.按期权性质划分

按期权性质划分，外汇期权交易分为看涨期权交易（Call Option Transaction）

和看跌期权交易（Put Option Transaction）。

买方期权，又称看涨期权，指签约一方有权在合约期满时或在合约期满前，按规定的汇率购进一定数额的外币。这种期权之所以称为看涨期权，一般是进口商或投资者预测某种货币有上涨的趋势，为避免支付增加或投资成本增加，按约定汇率买进外汇以避免汇率风险。卖方期权，又称看跌期权，指签约一方有权在合约期满时或在此以前按约定的汇率出售一定数额的外币。之所以称为看跌期权是因为出口商或有外汇收入的投资者，在预测某种货币有下跌趋势时，为避免收入减少而按约定汇率卖出外汇以避免风险。

3.按履约方式划分

按履约方式划分，外汇期权交易可分为欧式期权和美式期权。

欧式期权是指只有在合约到期日才能执行的期权，不能提前交割，大部分场外交易采用的都是欧式期权。美式期权是指可以在合同到期日或到期日之前的任何一个营业日被执行的期权，多为交易所采用。与欧式期权相比，美式期权的买者在执行合同上更具灵活性，享受的权利更多，因而支付的费用也更高。

4.按交易特点划分

（1）现汇期权。它是指期权买方有权在到期日或到期日以前协定汇率购入或售出一定数量的某种外汇。这种交易的对象是某种具体的外币现汇。

（2）外汇期货期权。它是指期权买方有权在到期日或之前，以协定的汇价购入或售出一定数量的某种外汇期货。这种交易的买卖对象是标准化的外汇期货合同，交易全部是在交易所内按照一定的规则进行的。外汇期货期权进行交割时，买方得到的是未到期的外汇期货合同，它可以在期货合同到期时交割现汇，也可以在期货合同未到期前将其卖出而平仓。与现汇期权不同的是，期货期权的行使有效期均为美式期权，即可以在到期日前任何时候使用。

（3）期货式期权。它是指外汇期权以一种期货形式进行。这种交易也在交易所内进行，与一般期货合同相近的特点是，交易双方的盈亏取决于期权行市变动的方向，且须缴存保证金，按每天期权收市价结清，即按每天收市的期权清算价对期权合同价的变动差额进行盈亏结算。

（三）期权交易与现货交易、期货交易的区别

1.期权交易与现货交易的区别

期权合约赋予买方的权利是单方面的。当价格变动对买方有利时，他就执行期权，而且在合约到期前盈利随价格变动而增加，是无限的；当价格变动对买方不利时，他可以放弃执行期权，损失是有限的，仅为其支付的期权费。但现货交易下，交易完成后，买方无权选择盈利或亏损。当价格变化对买方有利时，买方可获利；而价格变化对买方不利时，买方则亏损。

2.期权交易与期货交易的区别。

期权合约赋予买方的是权利。①在约定期内，买方可以在任何时候行使权利，也可以在任何时点上放弃权利；而期货交易只有一个交割日，而且约定期内合约不

能抵消的话，到期要进行实物交割。②期权合约的卖方只有义务，即只要在合约期内买方要行使期权的权利，卖方就应履行义务；而期货交易的履约责任是双方的，也是强迫性的。如果不抵消，到时就必须履约。③期权交易中卖方盈利随价格的有利变化而增加。若价格不利，亏损限定在期权费内；而期货交易双方银行盈亏是随价格变动而增减的，即都面临着无限的盈利和无止境的亏损。④期权的保险费是根据市场行情而定的，由买方付给卖方，买方最大的损失就是最初缴纳的保险费，不存在增加的义务；而期货合同要求双方均需缴纳初始保证金，且在交易中还须根据价格的变动要求亏损的一方追加保证金，而盈利方可适当提取多余的保证金。

第三节　套利与套汇

一、套汇交易

套汇交易（Arbitrage）是套汇者利用不同的外汇市场上，不同的货币种类和不同的交割期限的外汇在汇率上的差异而进行的外汇买卖。交易者可以利用套汇交易来调拨外汇头寸，增加外汇收益，进而防范汇率风险。在西方国家，套汇交易是外汇投机的方式之一，具有强烈的投机性。

在各个不同的外汇市场上，因外汇供求或其他关系的变动，会使不同的货币汇率在信息交流不够充分的情况下出现短暂的差异。套汇者就利用这个短暂的外汇差异，在汇率较低的市场上买进一种货币，然后在汇率较高的市场上卖出该种货币，从中获取差价利益，套汇就由此产生了。套汇交易的结果会造成汇率低的货币求大于供，原来较低的货币汇率上涨；而汇率高的货币供大于求，原本较高的货币汇率下跌，从而使不同外汇市场的汇率差异很快趋于消失。

一般来说，要进行套汇必须具备以下三个条件：①存在不同外汇市场的汇率差异；②套汇者必须拥有一定数量的资金，且在主要外汇市场拥有分支机构或代理行；③套汇者必须具备一定的技术和经验，能够判断各外汇市场汇率变动及其趋势，并根据预测采取行动。

套汇分为两种：一种是地点套汇，一种是时间套汇。

（一）地点套汇

地点套汇是指套汇者利用不同地点的外汇市场之间的汇率差异，同时在不同的地点进行外汇买卖，以赚取汇率差额的套汇交易。地点套汇又分为直接套汇和间接套汇。

1.直接套汇

直接套汇，亦称两角套汇，它是利用两个不同地点的外汇市场之间某种货币的汇率差异，在两个市场上买卖同一货币，即将资金由一个市场调往另一个市场，从中谋利的行为。其交易准则是：在汇率较低的市场买进，同时在汇率较高的市场卖出，亦称“贱买贵卖”。

例如，在纽约市场和苏黎世市场在某一时间内的汇率分别为：

纽约市场：USD1=CHF1.8010/25

苏黎世市场：USD1=CHF1.8030/45

从上述汇率可以看出，纽约的美元比伦敦便宜，套汇者选择在纽约买入美元，同时在苏黎世卖出美元。具体操作如下：在纽约市场套汇者买进1美元，支付1.8025瑞士法郎；同时在苏黎世市场卖出1美元，收进1.8030瑞士法郎。这样1美元的套汇业务可以赚取0.0005瑞士法郎。

由于从事直接套汇的交易商带有不同的目的，因而直接套汇又可分为积极型和非积极型两种。积极型直接套汇属于一种完全以赚取汇率差额为目的的套汇活动。一般来说，只要有利可图，哪怕差价再小，也会从事套汇交易。而非积极型直接套汇往往是因为自身资金国际转移的需要或以此为主要目的而利用两地不平衡的市场汇率，在一定程度上降低汇兑成本。例如，某客户因业务需要，需向伦敦电汇100 000英镑，当日伦敦外汇市场上美元电汇买入汇率为STG=USD1.72，纽约外汇市场上美元卖出汇率为STG=USD1.70，该银行有两种方法供选择：一是在伦敦当地买入以伦敦为付款地的100 000英镑，即卖出172 000美元，买进100 000英镑；二是电告在伦敦的分支机构或代理机构出售以纽约为付款地的美元并在伦敦买进100 000英镑，即卖出170 000美元，买入100 000英镑。两者不同的方法都可以达到在国际上转移资金的目的，但它们各自的资金汇兑成本不同，其中后者的汇兑成本低一些。

套汇能否成功还要考虑套汇成本，包括电传、佣金等套汇费用。如果套汇成本太高或者接近套汇利润，则没有必要进行套汇交易。另外，套汇可以促使不同市场间汇率差异的缩小，通过这种套汇交易获利的机会也不会长期存在，套汇的行为一方面会使得纽约市场美元的需求增加，其汇率上涨；另一方面也使得苏黎世市场美元的供给扩大，使其汇率下跌。加上越来越快捷的通信和支付系统的发展，各市场存在的价格偏差会很快地被纠正。

2.间接套汇

间接套汇（Indirect Arbitrage），亦称三角套汇和多角套汇，它指利用三个或多个不同地点的外汇市场中三种或多种货币之间汇率的差价，同时在这三个或多个外汇市场上进行套汇买卖，以赚取汇率差额的一种套汇交易。由于外汇市场瞬息万变，情况复杂，套汇困难，因此多角套汇一般在三者之间进行。三角套汇的准则是：判断三角汇率是否有差异，如有差异，存在套汇的机会；如没有差异，则不存在套汇的机会。一般地，判断三角汇率是否存在差异的方法是：先将三地的汇率换算成同一标价法下的汇率，然后将三个汇率连乘起来，若乘积等于1，不存在汇率差异；若乘积不等于1，则存在汇率差异，这时可以从事套汇交易。

下面举例说明具体的套汇过程。

例如，在某日的同一时间，纽约、苏黎世、伦敦三地外汇市场的现汇行情如下：

纽约：USD1=CHF1.6150/60

苏黎世：GBP1=CHF2.4050/60

伦敦：GBP1=USD1.5310/20

首先，判断三个市场是否存在套汇的机会。间接套汇的前提是三地市场的汇率不均衡，存在差价。要迅速判断三地市场的汇率是否均衡则可以利用汇价的积数判断法，即将各个市场的汇率兑换为同一标价法下的汇率，通过连乘所得的积判断是否存在差价的方法。如果各个市场应付汇率（或应收汇率）的连乘积不为1，则表明各市场的汇率不均衡或存在差价，可以进行套汇。如果积数为1，则表明各市场的汇率均衡或无差价。为简便起见，通常使用中间汇率来计算。以上三个市场的中间汇率分别为：

纽约：USD1=CHF1.6155

苏黎世：GBP1=CHF2.4055

伦敦：GBP1=USD1.5315

现在将上述标价改为同一种标价法。（都为直接标价法或都为间接标价法）

纽约：USD1=CHF1.6155

苏黎世：CHF1=GBP1/2.4055

伦敦：GBP1=USD1.5315

将所有汇率连乘，$1.6155\times1/2.4055\times1.5315=1.0285\neq1$，说明有套汇机会。

其次，寻找套汇的路线。每一个币种都有两条套汇路线，一条可以获利，另一条会有亏损。因此选对套汇路线非常重要。例如套汇者可以选择在纽约市场投入美元，也可以选择在伦敦投入美元。在纽约市场投入美元，因为$1.6155\times1/2.4055\times1.5315=1.0285>1$，则表明套汇路线为：纽约→苏黎世→伦敦，每1美元可以套取0.0285美元的收益。若在伦敦投入美元，则$1/1.5315\times2.4055\times1/1.6155=0.9723<1$，会出现亏损。

假设套汇者动用100万美元套汇。在纽约市场按USD1=CHF1.6160换成161.6万瑞士法郎，在苏黎世外汇市场将161.6万瑞士法郎按GBP1=CHF2.4060换成67.1654万英镑，然后再伦敦按GBP1=USD1.5320换成102.8974万美元，套汇利润为2.8974万美元。

（二）时间套汇

时间套汇是指套汇者利用不同交割期限所造成的外汇汇率的差异，在买入或卖出即期外汇的同时，卖出或买入远期外汇；或者在买入或卖出远期外汇的同时，卖出或买入期限不同的远期外汇，通过时间差来盈利的套汇方式。它常被称为防止汇率风险的保值手段。时间套汇实质上与掉期交易相同，不同的只是时间套汇侧重于交易的动机，而掉期交易侧重于交易的方法。时间套汇的目的是获取套汇收益，只有在不同交割期的汇率差异有利可图时，才进行套汇。而掉期交易多数是为了防范汇率风险进行保值，一般不过分计较不同交割期的汇率差异的大小。时间套汇一般在同一个外汇市场内进行。

假定，某一时点，甲货币6个月存款年利率为12.625%，乙货币6个月存款利率年率为9.25%，甲／乙即期汇率为1.6180／90，甲／乙6个月远期汇率升水为248／243。套汇者按1单位甲兑换1.6180单位乙的即期汇率，卖出100万单位甲，买入161.80万单位乙，并按当时的市场利率存6个月，到期本息合计为1695 866.25单位乙。与此同时，该套汇者以1单位甲兑换1.5937单位乙的6个月期的远期汇率卖出1 695 866.25单位乙，买入1 064 106.33单位甲。通过计算，该套汇者从事时间套汇交易比他单纯地将100万单位甲按年率12.625%、存6个月要多获利981.33单位甲。事实上，由于通信设备的迅速发展和完善，世界各地的外汇市场关系日益紧密；外汇市场和外汇交易日益全球化、同步化，那种由于地区不同、时间不同所造成的汇率差异几乎不存在了。上述几种套汇方式日益不为重视，逐渐为外汇期权交易等替代。

二、套利交易

套利交易是指利用不同国家或地区货币市场上短期利率的差异，将资金由利率较低的国家或地区转移到利率较高的国家或地区进行投资，以赚取利润的外汇交易。套利活动将外汇市场与货币市场紧密联系在一起。

由于进行套利就要承担汇率变动的风险，为此在做套利交易时，一般要做一笔远期外汇交易，如掉期交易，是套利者在获利的同时避免外汇风险。套利交易按套利者在套利是否做相反交易来轧平头寸，可以分为两种形式：

（一）抵补套利

抵补套利又称为抛补套利，是指在现汇市场买进一国货币对外投资的同时，在期汇市场上出售与投资期限相同、金额相当的该国货币的远期，借以规避风险的套利活动。

假设美国货币市场上3个月借款年利率为8%，英国货币市场上3个月借款年利率为10%，在这样的情况下，美国的套利者可以在美国以8%的年利率借入美元，在即期外汇市场上换成英镑，然后投放到英国的货币市场，以获得2%的年利差。与此同时，套利者担心3个月套利完成后，因英镑贬值，而使自己在将来英镑换回美元时遭受损失，于是套利者会在将美元兑换成英镑现汇时，卖出3个月的美元期汇，以规避风险。

（二）不抵补套利

不抵补套利又称为非抛补型套利，是指没有采取保护措施的套利交易。由于这种套利没有将兑换价格确定，投资期满后，套利资金收回时，外汇市场汇率变化会有两种：一种情况是汇率向对套利者有力的方向发展，此时套利者还将可以得到汇率方面的好处；另一种情况是汇率向对套利者不利的方向发展，此时套利者套利的利润不仅会因为汇率的下跌而被抵消，而且还可能会出现套利亏损。因此一般认为不抵补套利具有极强的投机性。

第四节　汇率的折算

一、汇率的折算与套算汇率

汇率的折算中，我们首先要考虑外币与本币的判别标准，参考外汇市场所在的国家（或地区），如某日纽约外汇市场即期汇率为1英镑=1.4270美元，此时，英镑即为外汇，美元则是本币。从已知汇率可以直接看出以美元表示的英镑价格，却没有直接显示出以英镑表示的美元价格。在国际货物贸易中，出口商经常需要按进口商的要求既报出本币价格，又报出外币价格，这时就需要进行两种货币的价格折算。以上述汇率为例，某英国出口商如以美元报价，则按换算后的结果报价为0.7008英镑／美元（1／1.4270=0.7008）。

在即期外汇交易章节中，我们讲到了即期汇率的报价及套算汇率的问题，所以在这里就不多做赘述。

二、汇率再进出口报价中的应用

（一）合理的运用买入价和卖出价

汇率的买入价与卖出价之间一般相差1%～3%，进出口商如果在货币折算对外报价与履行支付义务时考虑不周，计算不精，合同条款定得不明确，就会遭受损失。在运用汇率的买入价与卖出价时，应注意以下问题：

1.本币折算外币时，按买入价折算

如某中国香港出口商的商品底价原为本币（港元），但客户要求改用外币报价，则应按本币与该外币的买入价来折算。出口商将本币折外币按买入价折算的原因在于：出口商原收取本币，现改收外币，则需将所收外币卖予银行，换回原来的本币。出口商卖出外币，即银行买入，故按买入价折算。

2.外币折算本币时，按卖出价折算

出口商的商品底价原为外币，但客户要求改用本币报价时，则应按该外币与本币的卖出价来折算。出口商将外币折成本币按卖出价折算的原因在于：出口商原收取外币，现改收本币，则需以本币向银行买进外币。出口商买进外币，即银行卖出外币，故按卖出价折算。

3.以一种外币折算另一种外币时，按国际外汇市场牌价折算

无论是用直接标价市场的牌价，还是用间接标价市场的牌价，将外汇市场所在国家的货币视为本币。如将外币折算为本币，均按卖出价折算；如将本币折算为外币，均按买入价折算。如，×年×月×日，巴黎外汇市场（直接标价）法国法郎对美元的牌价为1美元（外币）买入价4.4350法国法郎；同日，纽约外汇市场（间接标价）美元对法国法郎的牌价为1美元（本币），卖出价为4.4400法国法郎，买入价

为4.4450法国法郎，则美元与法国法郎相互折算的方法如下：

（1）根据巴黎外汇市场（直接标价）的牌价。

1美元折合法国法郎=1×4.4350=4.4350

1法国法郎折合美元=1÷4.4350=0.2255

（2）根据纽约外汇市场（间接标价）的牌价。

1法国法郎折合美元=1÷4.4400=0.2252

1美元折合法国法郎=1×4.4450=4.4450

以上买入价、卖出价的折算原则，不仅适用于即期汇率，而且也适用于远期汇率。买入价与卖出价折算的运用是一个外贸工作者应掌握的原则，但在实际业务中，应结合具体情况，灵活掌握。例如，出口商品的竞争能力较差，库存较多，款式陈旧而市场又较呆滞，这时出口报价也可按中间汇率折算，甚至还可给予适当的折让，以便扩大商品销售，但实际工作者对这个原则要“心中有数”。

（二）远期汇率与进出口报价

如果在进出口贸易中，进口商延期付款，并同时要求出口方在原报价的基础上改报另一种货币，则出口商应首先了解两种货币的即期汇率及相应的远期汇水状况，然后根据求出的远期汇率运用买入价、卖出价折算原则，得到应改报的价格。

例如，我某公司向法国出口服装，如即期付款总货款报价60万美元，现法国进口商要求我方以英镑报价，并于货物发运后3个月付款，则我方应改报多少英镑?已知当日伦敦外汇市场英镑对美元的即期汇率为1.4213/41，3个月远期汇水为100/120。

由已知条件，可知3个月美元是升水，3个月远期汇率为（1.4213 + 0.0100）~（1.4241 + 0.0120），即1.4313~1.4361；由于是参考伦敦外汇市场汇价表折算，故英镑应被视作本币，美元为外币，根据外币折算本币按卖出价的原则，应改报600 000÷1.4313 = 419199.3英镑。

专栏10-2

外汇交易在进出口中的应用举例

一、美国公司向瑞士出口机器设备

某美国公司于6月10日向瑞士出口50万瑞士法郎的机器设备，6个月后收回货款。假设：在6月10日，现货价1美元 = 1.6120瑞士法郎，期货价1美元=1.6000瑞士法郎。在12月10日，现货价1美元 = 1.6200瑞士法郎，期货价1美元 = 1.6175瑞士法郎。为防范外汇风险，该公司可以运用期货交易进行套期保值：

（1）6月10日，该公司在现货市场上买进50万瑞士法郎、卖出310 173.70美元；

（2）6月10日，该公司在期货市场上买进312 500美元、卖出50万瑞士法郎；

（3）12月10日，该公司在现货市场上买进308 641.98美元、卖出50万瑞士法郎；

（4）12月10日，该公司在期货市场上买进50万瑞士法郎、卖出309 119.01美元。

通过上述外汇期货空头套期，该美国公司获得交易毛利为1 849.27美元。

二、美国公司从日本公司进口商品

某年1月，美国某公司与日本某公司签订了进口某商品的合同，以日元计价，货值5亿日元，交货期不迟于3月下旬。当时，东京市场日元对美元的牌价为：即期汇率美元/日元=120.00/123.00，3个月远期为118／120。进出口商双方协定，出口商将货物装船后，凭其交付的有关凭证、美国公司要求立即电汇付款。为防止日元汇价上涨，美国公司比较了远期合同、美式期权和欧式期权三种防范方法，最后决定采取其中的一种防范方法。

（1）采取远期合同法，美公司购买5亿日元3个月远期需花费美元成本4 166.3万美元；该美元成本是按照买入价计算的。

（2）远期合同法对美公司来说，可降低进口成本，合同到期日前，即使进口货物装船，该公司也无权要求银行实行交割。

（3）采用美式期权法，对美公司来说，增加其进口成本，要交期权费。但在期权合同到期日前，一旦进口货物装船，该公司有权要求银行立即实行交割。

（4）采用欧式期权法，对美公司来说，增加了进口成本，且只有在合同到期日该公司才有权要求银行立即实行交割；即期权合同到期前，即使进口货物装船，该公司也无权要求银行立即实行交割。

因此既能防止汇率波动风险，又不影响美国公司对出口商及时支付的风险方法是：美式期权法。

课堂小讨论

在外汇交易中，如何才能更好地规避汇率风险?

本章小结

1.即期外汇交易（Spot Exchange Transaction）也称为现汇交易，是指交易双方以当天外汇市场价格成交，原则上两个营业日内办理交割的外汇交易方式。

2.远期外汇交易（Forward Exchange Transaction）也称期汇交易，指买卖双方先签订合同，规定买卖外汇的币种、数额、汇率和将来的交割时间，到规定的交割日期，再按合同规定办理交割的外汇交易。远期外汇交易的特点是：①买卖双方签订合同时，无须立即支付外币或本国货币，而是延至将来某个时间进行交割；②买卖规模比较大；③买卖的目的主要是保值、避险或进行外汇投机；④外汇银行与客户签订的合同一般须有外汇经纪人担保。远期外汇交易的作用：①利用远期外汇交易可以避免外汇风险；②利用远期外汇交易可以回避外币借款风险；③远期外汇交易可以平衡银行外汇头寸；④利用远期外汇交易可以进行远期外汇投机。

3.外汇期货交易（Foreign Exchange Future Transaction）也称为货币期货交易，指在有型的交易市场上，根据成交单位、交割时间标准化的原则，按约定价格购买或出售远期外汇合约，并且通过清算所进行结算的一种业务。外汇期货市场的参与者：期货交易所、清算所、期货佣金商、市场参与者。外汇期货交易具有合约的标准性、报价的独特性、实行保证金制和每日清算制度、实行会员制以及对冲交割等特点。

4.外汇期货交易与远期外汇交易的联系：外汇期货交易是以远期外汇交易为基础而发展起来的，正是远期外汇交易的不断发展和完善，才逐渐实现了合约的标准化和保证金制度，并成立了专门的结算机构实现每日结算，最终演变成现代的外汇期货交易。外汇期货交易与远期外汇交易的区别：第一，分散交易与集中交易的不同；第二，定做交易和标准化交易的不同；第三，远期交易对手的风险与期货交易的清算中心制度的区别；第四，远期交易的现金结算和期货交易的逐日盯市制度的区别。

5.外汇期权交易的种类：①按交易方式可分为交易所外汇期权交易和场外外汇期权交易，后者又称为柜台交易；②按期权性质分为看涨期权交易（Call Option Transaction）和看跌期权交易（Put Option Transaction）；③按履约方式可分为欧式期权和美式期权；④按交易特点划分为现汇期权、外汇期货期权和期货式期权。

6.套汇交易是套汇者利用不同的外汇市场上，不同的货币种类和不同的交割期限的外汇在汇率上的差异而进行的外汇买卖。要进行套汇必须具备以下三个条件：①存在不同外汇市场的汇率差异；②套汇者必须拥有一定数量的资金，且在主要外汇市场拥有分支机构或代理行；③套汇者必须具备一定的技术和经验，能够判断各外汇市场汇率变动及其趋势，并根据预测采取行动。

7.套汇分为两种：一种是地点套汇；一种是时间套汇。地点套汇是指套汇者利用不同地点的外汇市场之间的汇率差异，同时在不同的地点进行外汇买卖，以赚取汇率差额的套汇交易。地点套汇又分为直接套汇和间接套汇。时间套汇是指套汇者利用不同交割期限所造成的外汇汇率的差异，在买入或卖出即期外汇的同时，卖出或买入远期外汇；或者在买入或卖出远期外汇的同时，卖出或买入期限不同的远期外汇，通过时间差来盈利的套汇方式。

8.套利交易是指利用不同国家或地区货币市场上短期利率的差异，将资金有利率较低的国家或地区转移到利率较高的国家或地区进行投资，以赚取利润的外汇交易。套利交易按套利者在套利时是否做相反交易来轧平头寸，可以分为两种形式：抵补套利和不抵补套利。

关键概念

即期外汇交易　远期外汇交易　外汇期货交易　外汇期权交易　套汇交易　地点套汇　时间套汇　间接套汇　直接套汇　套利交易　抵补套利　不抵补套利

综合训练

10.1 单项选择题

1.买方可以不履行外汇买卖合约的是（　　）。

A.外汇期货业务　　B.掉期业务

C.外汇期权业务　　D.远期外汇业务

2.按标准化原则进行外汇买卖的外汇业务是（　　）。

A.外汇期货业务　　B.掉期业务

C.即期外汇业务　　D.远期外汇业务

3.下列国家中使用间接标价法的是（　　）。

A.英国　　B.中国　　C.日本　　D.法国

4.亚洲最大的外汇交易中心是（　　）。

A.中国香港外汇交易市场　　B.中国外汇交易市场

C.新加坡外汇交易市场　　D.东京外汇交易市场

5.直接套汇又称（　　）。

A.三角套汇　　B.两角套汇　　C.多角套汇　　D.时间套汇

10.2 多项选择题

1.外汇期货交易与远期外汇交易的区别有（　　）。

A.分散交易与集中交易的不同

B.定做交易和标准化交易的不同

C.远期交易对手的风险与期货交易的清算中心制度的区别

D.远期交易的现金结算和期货交易的逐日盯市制度的区别

2.外汇期权按履约方式可分为（　　）。

A.看涨期权　　B.欧式期权　　C.看跌期权　　D.美式期权

3.远期汇率的计算方法有（　　）。

A.直接标价法下，加升水、减贴水　　B.直接标价法下，减升水、加贴水

C.间接标价法下，加升水、减贴水　　D.间接标价法下，减升水、加贴水

4.影响汇率波动的因素有（　　）。

A.日本央行宣布加息　　B.欧盟区经济增长速度减缓

C.英国发现北海油田　　D.人民银行宣布将再贴现率提高0.5%

5.外汇投机的特点有（　　）。

A.投机者主动置身于汇率的风险之中

B.外汇投机的风险极小

C.通过汇率涨落来赚取差额利润

D.投机收益大小取决于本身预期的正确程度

10.3 思考题

1.期权交易与现货交易、期货交易有哪些区别？

2. 套汇交易必须具备的条件有哪些？

3. 阐述无本金交割远期外汇交易（NDF）在现代的应用状况。

4. 阐述以电传方式表示的外汇交易的全过程。

5. 阐述即期外汇交易的全过程。

第十一章

人民币跨境业务

引例

人民币跨境业务实例

随着中国经济的快速发展和对外开放程度的提高，人民币作为交易媒介、储藏手段和支付手段，在中国周边国家和港澳地区的使用越来越广泛，国际化进程逐步加快。

在2011年的某次交易中，一家中资企业与一家芬兰公司的股东达成股权收购协议，以相当于9.5亿元人民币的对价收购芬兰公司40%的股权。股权转让协议约定，该股权转让款应于交割日一次性支付。

该交易在获得批准后，中方于交割前就结汇事宜向其所在地外汇主管部门进行咨询。外汇主管部门答复，其当年能给予的结汇额度非常小，约为5%。而2012年的结汇额度尚不能确定，并且需要中方企业提供使用该外汇资金用途的证明，包括相关合同、发票等材料才能结汇。这给中方结汇带来很大的困难，而且中方还要承担当年不能结汇部分欧元（相当于9.5亿元人民币的95%）的汇率风险。

经过论证，交易各方同意通过补充协议的形式，变更交易模式，更改为跨境人民币直接投资的交易模式，即由境外投资者直接支付9.5亿元人民币，并推迟交割。

这是一次典型的人民币跨境业务的办理。那么问题来了，什么是人民币跨境业务？该业务有什么特点？为什么会有越来越多的企业选择这种业务？这些问题将在本章接下来的内容当中找到答案。

第一节　人民币跨境业务的起步与发展

一、人民币跨境业务的开启

历史上我国曾经在对外贸易上实行过人民币计价结算。20世纪60年代，我国曾将英镑作为对外贸易的计价结算货币，但是英镑大幅度的贬值给我国的出口带来了巨大的损失。因此，为了避免类似情况的再次发生，从1968年开始，我国决定使用人民币作为对外贸易的计价结算货币，在出口中使用人民币进行报价结算。最初，人民币的计价结算在中国港、澳地区的贸易中试行，由于人民币对西方主要货币的汇价相对稳定，因此人民币的计价结算逐步地推广到欧洲、美国、日本和其他地区的贸易中。

20世纪90年代中期，改革开放的实行大大促进了中国经济的发展，中国的对外贸易尤其是边境贸易快速发展，与过去不同的是，人民币在边境贸易中的快速发展并不再是国营贸易体制下国家推行的产物，而是市场进行选择的结果。在优胜劣汰、竞争激烈的市场中，货币价值比较小、币值波动幅度比较大的货币难以立足于市场之中。我国周边的大多数国家经济发展比较落后，国际贸易也不算发达，这些国家的货币也没有人民币的币值稳定和坚挺，因此在同这些周边国家进行贸易往来时，往往会选择人民币作为计价、结算的货币。

近些年来中国经济迅速发展，中国的GDP已经赶超日本成为仅次于美国的世界第二大经济体。美国次贷危机爆发之后，美联储大肆印发美元，造成美元大幅贬值，以及欧洲又接连出现国家主权债务危机，人民币的地位在不断地提高。不管是在国内还是国外，已经有越来越多的人在呼吁加快人民币的国际化步伐。人民币也成了仅次于美元、欧元的硬通货。因此人民币在跨境业务中成为计价、结算的媒介也是顺理成章的事情。

二、人民币跨境业务发展情况

（一）人民币跨境业务发展大事件

人民币的跨境业务从起步到不断地发展壮大，一直受惠于国家相关部门的推波助澜，正是一些相关政策的制定、颁布才得以形成今天人民币跨境业务的良好发展的局面。下面是一些促进人民币跨境业务发展的大事件：

2009年4月8日，国务院决定在上海、广州、深圳、珠海、东莞5个城市先行试点跨境贸易人民币结算，有大约500家企业参与，境外试点主要是中国香港和东盟地区。

2009年7月1日，中国人民银行会同财政部、商务部、海关总署、税务总局、银监会五部委发布《跨境贸易人民币结算试点管理办法》。

2009年7月3日，中国人民银行发布《〈跨境贸易人民币结算试点管理办法〉实施细则》。

2010年6月17日，中国人民银行等六部委联合出台《关于扩大跨境贸易人民币结算试点有关问题的通知》，将跨境贸易人民币结算的境外地域由中国港澳、东盟地区扩展到所有国家和地区，并扩大国内试点范围至20个省区市。

2010年8月，开办人民币对马来西亚货币（林吉特）交易。

2010年11月，经中国人民银行授权，中国外汇交易中心宣布，在中国银行间外汇市场开办人民币对卢布的挂牌交易。

2011年1月，中国人民银行发布《境外直接投资人民币结算试点管理办法》，该办法允许在跨境贸易人民币结算试点地区内登记注册的境内非金融机构通过设立、并购、参股等方式，在境外设立或取得企业或项目全部或部分权益，并可以将其取得的境外直接投资利润以人民币汇回境内。

各项政策的密集推出，强有力地保证了人民币跨境业务的健康发展。同时也为人民币跨境业务能够走得更好、更远打下了坚实的基础。

（二）目前人民币跨境业务发展情况

从2009年4月8日，国务院决定在上海、广州、深圳、珠海、东莞5个城市先行试点跨境贸易人民币结算开始，人民币的跨境业务就算步入正轨了，国务院以及相关部门在探索研究中，步步为营、稳扎稳打，不断出台政策措施，使得人民币跨境业务发展到今天的高度。下面通过几个方面来阐述一下人民币跨境业务在这些年来的一些发展情况：

跨境贸易人民币结算从2009年7月开始实行到现在，其发展速度还是比较快的。2010年，总的跨境人民币结算量是5 000亿元人民币，大约占我国进出口总量的2%。2011年第一季度，跨境人民币结算量就已经达到5 300亿元，超过2010年全年总量，可以说跨境人民币结算的发展速度是非常之快的。

2008年以来，中国人民银行已与韩国、中国香港、马来西亚、白俄罗斯、印度尼西亚、阿根廷、冰岛、新加坡、新西兰、乌兹别克斯坦、蒙古国、哈萨克斯坦、泰国、巴基斯坦等14个国家和地区货币当局签署了双边本币互换协议，总的互换规模加起来有1.3万多亿元人民币。

人民币跨境业务投融资试点工作也在有条不紊地进行着。2010年1月份，中国人民银行和相关部门发布了一个境内企业持人民币到境外直接投资的试点办法。除此之外，中国的银行还在积极地做一些试点工作来为境外企业和境外项目直接提供人民币融资。

2010年8月，中国人民银行宣布允许境外银行参与中国银行间市场债券交易，这为人民币的有序回流打开了一条通道。

从2009年7月跨境人民币贸易结算开始以后，中国香港人民币业务也进入了一个比较平稳的发展期。到2011年10月底，中国香港人民币存款量是6 185亿元，而在2010年年底和2009年年底中国香港的人民币存款量分别是3 149亿元和627亿元。2011年，经中国香港银行处理的贸易人民币结算总额为14 909亿元，约占同期内地以人民币结算的全部贸易额的86%。在2011年，有71个来自亚洲和欧美等地的机构和企业在中国香港发行人民币债券，总额达926亿元人民币。可见中国香港的人民币业务发展迅速。

第二节　人民币跨境业务发展现状

一、我国人民币跨境业务发展条件基础

一国货币成为国际货币首先应发生于国际贸易计价，能否在更广范围流通，取决于该国生产资本和货币资本带动的GDP水平，并以强大的清算市场、资本市场、离岸市场决定的该国货币回流、发放、投资、储藏能力作保障。一是我国目前GDP水平已跃居全球第二。货币国际化本质上是一国经济的国际化、一国货币对外供应。经济规模决定了一国货币在国际市场的认知度和潜在使用率。研究表明：主要货币发行国在世界总产值占比每上升1%，其货币在官方储备中占比就会上升1.33%。近年来我国GDP持续较快增长受到世界瞩目，金融危机后又率先走出低谷，2009年实现8.7%增长，为跨境人民币金融业务发展提供了经济基础。二是国际收支保持经常、资本双顺差。经常、资本双顺差带动我国外汇储备持续攀升，居于世界第一位，为人民币汇率长期稳定提供了保障；2009年我国外贸总值22 072亿美元，位居全球第二，约占世界贸易总量的8.9%，但也造成外部经济不均衡；危机后国际资本寻求风险规避地大量涌入我国，造成我国外汇储备中债务性储备居多，又增加了因汇率波动储备可能损失的风险，与当年美、日启动货币国际化有类似的境况。三是国家黄金储备增加、经济货币化程度提高。至2009年年底，我国黄金储备已达1 054吨，位居全球第六，占国际黄金储备总量的1.6%，改革开放以来，我国货币化水平迅速提升，货币投放和回笼规模庞大，资产价值提高和经济货币化，必定推动经济向资本化发展，并进一步推动资本国际化，也使人民币国际化提上日程。四是人民币已在周边国家和地区部分范围流通。目前人民币已在中国港、澳地区和马来西亚、越南、俄罗斯、印尼、泰国、文莱、日本、蒙古等周边国家进行贸易计价结算、流通较广，国际上对人民币的投、融资需求也逐步提升。从总量上看我国堪称经济大国，但目前看产业链仍不完善且人均GDP居世界百名左右，推进人民币国际化必须启动，但又一定路途遥远。

二、人民币跨境业务的时机选择

从当前国际经济金融环境看，我国面临难得的内在、外在历史机遇：(1) 美元等货币信用危机要求国际储备货币多元化。这次始发于美国的金融危机，使国际货币体系改革呼声日高，国际储备货币多元化需求不断强化，人民币在周边国家的接

受度和硬通货趋势进一步增强，提升了人民币作为国际储备货币的氛围。(2) 我国在世界贸易中的地位加大了人民币国际化的推力。危机使国际贸易受阻，进一步形成了买方市场，我国投资拉动经济，加大了对国际进口品的需求，使人民币在结算国际进口中定价权、话语权提升，美、欧等货币汇率波动频繁，用人民币规避汇率风险的要求提高。(3) 我国经常、资本双顺差迫切要求通过资本输出平衡国际收支。在我国资本和金融账户大量顺差的情况下，我国对受危机国家援助、对发展中国家放款和对资源型国家投资并与多国签订货币互换协议，既是平衡国际收支的需要，也是促成人民币国际流动性和境外市场发展的大好时机。(4) 我国内需不足、外需拉动也迫切需要人民币走出去。目前国际大的跨国公司通过资本输出把产业资本输出国外，产品就地销售和从母国采购原材料，达到了带动本国产品出口和占领他国市场的目的。我国通过资本输出带动出口增长、并继而带动人民币出口结算的增长，也客观上有利于推动人民币走出去。

三、跨境贸易人民币结算的境外地域由中国港澳、东盟地区扩展到所有国家和地区

2010年6月22日，人民银行等六部委联合下发《中国人民银行 财政部 商务部 海关总署 国家税务总局 银监会关于扩大跨境贸易人民币结算试点有关问题的通知》(银发〔2010〕186号)，明确扩大跨境贸易人民币结算试点，主要包含以下几个政策要点：一是明确跨境贸易人民币结算的境外地域由港澳、东盟地区扩展到所有国家和地区。二是增加北京、辽宁、江苏、浙江、福建等18个省（自治区、直辖市）为试点地区，试点省（自治区、直辖市）的企业可以按照《跨境贸易人民币结算试点管理办法》等规定要求以人民币进行进口货物贸易、跨境服务贸易和其他经常项目结算。三是对包括辽宁省在内的16个试点省（自治区、直辖市）的出口货物贸易人民币结算实行试点企业管理制度，由各地省级政府协调当地有关部门按照有关规定推荐出口货物贸易人民币结算试点企业，人民银行、财政部、商务部、海关总署、税务总局、银监会将在总量控制的前提下，审定试点企业名单。经审定后的试点企业使用人民币结算的出口货物贸易按照有关规定办理出口报关手续，享受出口货物退（免）税政策。

四、跨境贸易人民币结算逐渐扩展至全国

从2011年8月24日起我国跨境贸易人民币结算境内地域范围扩大至全国。

中国人民银行、财政部、商务部、海关总署、税务总局和银监会近日联合发布《关于扩大跨境贸易人民币结算地区的通知》，明确河北、山西、安徽、江西、河南、湖南、贵州、陕西、甘肃、青海和宁夏等省（自治区）的企业可以开展跨境贸易人民币结算；吉林省、黑龙江省、西藏自治区、新疆维吾尔自治区的企业开展出口货物贸易人民币结算的境外地域范围，从毗邻国家扩展到境外所有国家和地区。至此，跨境贸易人民币结算境内地域范围扩大至全国。

五、人民币跨境业务近况

（一）跨境贸易人民币结算业务

跨境人民币贸易结算业务自2009年7月启动至2010年一季度，总量已达219亿元，2011年一季度业务量为184亿元，是2010年结算量的5倍。结算业务以进口为主，货物贸易项下进口结算181亿元，出口结算19亿元，服务贸易及其他经常专案结算金额20亿元，业务外来以中国香港和新加坡为主，两地实际发生的人民币收付业务占人民币结算总量的88%，反映人民币跨境贸易结算刚刚处于启动阶段。而到今年7月，人民币跨境贸易结算试点开展满一周年之际，仅上海市就累计发生跨境人民币贸易结算额189亿元，业务量增长十分迅速。

（二）人民币境外放款业务

目前，人民币境外放款仅有国家开发银行、中国银行等少数银行获得试点，在上海、深圳发展较快，业务涵盖海外工程人民币融资、大型船舶出口贸易融资和贸易信贷、境外担保以及授信业务和银行间跨境转账等方面。截至2010年4月底，上海累计办理人民币跨境拆借和账户融资业务31.6亿元。深圳办理跨境融资业务23.7亿元，其中对外担保5.34亿元，直接投资14.26亿元，证券投资2.77亿元。

（三）人民币境外投资业务

人民币境外运用既包括存、贷、汇兑等一般的银行业务，也包括人民币债券发行等最初的投资业务，目前主要以中国香港为主，截至2011年一季度，已有73家中国香港银行开办人民币业务，吸收人民币存款708亿元，在港发行人民币债券360亿元，并进一步放宽了企业开设人民币账户的限制。

（四）人民币清算及离岸市场建设情况

目前央行已为中国香港银行开办个人人民币业务提供清算服务，并进一步扩大了为中国香港银行人民币业务提供的平盘及清算安排，但人民币离岸市场无论在国内还是在国外尚属空白，制约了人民币国际化的进程。

六、人民币跨境业务概述

在改革开放以来的30多年里，中国的对外贸易伙伴国在不断地增加，与中国国土相接壤的周边邻国逐渐在中国的贸易伙伴国中占据重要的地位，这使得人民币作为交易手段在与周边邻国进行的边境贸易中有了很大的发展。同时，如前所述，人民币与其他国家的货币互换也有了较快的发展。这些都推动了人民币跨境业务的发展。

人民币真正开始大规模的流向周边国家是在1997年亚洲金融危机之后，当时中国周边国家和地区的货币相继地大幅度贬值，但是人民币的汇率水平却一直保持稳定，这给中国周边国家和地区的居民和非居民使用和持有人民币带来了极强的信心。目前，人民币在境外存量最多的地区是中国香港，其次是越南、新加坡等东南亚国家。人民币在俄罗斯、蒙古等国家也有比较突出的流通态势。下面分别进行简单的阐述。

（一）人民币在中国香港的流通情况

人民币在中国香港的流通由来已久，早在改革开放之前，内地与中国香港就已经有了经贸往来，随着改革开放的进行，两岸经贸往来和人口流动日益增多，人民币在中国香港的流通规模也不断增大。从中国香港的人民币存款量来看，人民币在中国香港的存款量从2000年年初的大约200亿元增加到2011年10月底的6 185亿元；从人员流动上看，人员的双向往来使得大量的人民币流向中国香港，尤其是在1997年香港回归之后，两地之间的人员互动愈发频繁，大量的内地旅客前往中国香港旅游和购物，而大批的中国香港人也北上到内地进行旅游、探亲访友乃至工作。尤其是随着交通的越来越便利，很多人甚至每天都要往返在中国香港和内地之间工作与生活，这也增加了人民币在中国香港的流通规模；从中国香港金融市场的人民币产品种类来看，目前，在中国香港金融市场中已经有十余种的人民币产品，其中债券产品尤为引人注目，从2007年国家开发银行首次在中国香港发行人民币债券开始，每一次在港发行的人民币债券都会增加人民币在中国香港的流通数量。

（二）人民币在越南、新加坡的流通情况

由于越南与我国在云南省和广西壮族自治区接壤，因此人民币在越南的流通开始于边境居民的相互贸易。随着边境贸易的日益活跃以及中国居民到越南旅游人次的增加，两国间的跨境人数不断增加，进而对人民币的需求不断增加，这使得人民币的流通规模不断增大。

在越南，很多领域中都会或多或少的使用到人民币，比如说贸易、旅游、投资、博彩以及留学等，交通和购物甚至可以使用人民币直接付账。在越南做生意的中国人可以直接把人民币带到越南使用。由于越南政府已经批准其出口贸易中可以使用人民币结算，因此在中越边境贸易中有95%的成交额是以人民币结算。目前，人民币在越南的使用范围极为广泛，不仅覆盖了越南的北部地区，在胡志明市等南部地区的贸易往来中也使用人民币。

从1996年开始，中国农业银行和中国工商银行先后在东兴、凭祥、河口等边境城市与越南方面开展了边境贸易结算业务。目前，我国银行的边境贸易结算网点已遍布在边境线上的国家一类口岸、国家二类口岸和边境贸易互市点，这使得中越边境贸易资金流动开始纳入正轨的银行结算渠道。

新加坡是世界有名的离岸金融中心，对人民币的流动基本不加限制。就现钞而言，新加坡从20世纪90年代开始出现人民币现钞市场，主要是从中国香港流入。目前的规模为每天平均流入150万元人民币，且多为个人持有。人民币在新加坡尚属于非自由兑换货币，但是经过新加坡金管局批准的货币兑换专营机构以及部分银行设置在机场的柜台，可以自由办理人民币现钞与其他货币的兑换。在消费时，当地部分商家接受人民币付款，比如使用银联网络刷卡、酒店前台使用人民币现钞支付费用、摊贩接受人民币现钞购买商品等。

就现汇而言，2009年7月，中国人民银行等六部委出台《跨境贸易人民币结算试点管理办法》以来，中新之间的贸易可以使用人民币结算。按照新加坡金管局的规定，新加坡的企业和个人可以在办理人民币结算的银行开立人民币账户，同时也允许境外企业在办理人民币结算的银行开立离岸账户进行结算。

（三）人民币在俄罗斯、蒙古的流通情况

人民币在俄罗斯的流通始于边境贸易，而且流通也主要基于边境贸易和人员往来。中俄两国的边界线长达4 300多千米，这是两国发展边境贸易共同具有的得天独厚的优势。在中俄边境，水路、铁路、公路互通，形成了相对应的口岸体系，并且这些口岸具有比较完备的交通、通信等基础设施，为中俄边境贸易的发展提供了良好的条件。在中俄的一些口岸，比如黑河与对岸的布拉格维申斯克，人们凭借两国居民的有效身份证件就可以自由地出入，这样使得更多的人民币流向俄罗斯。

2001年中俄两国签订的《中俄睦邻友好合作条约》，以法律的形式确定了两国关系在未来的发展方向，极大地促进了两国经贸关系健康迅速地发展。目前，俄罗斯已经批准在其出口贸易中使用人民币进行结算。

随着中俄两国边境贸易规模和范围的不断扩大，将会有越来越多的人员来往于中俄之间，这也会极大地促进人民币在俄罗斯的流通和使用。

人民币在蒙古的流通是伴随着边境贸易的发展而逐渐发展起来的，并且随着中蒙两国在经贸、投资和人员往来等方面的交流愈发频繁，人民币在蒙古的流通规模也将会日益增大。

目前，中国是蒙古的第一大贸易国，并且随着两国人员往来的不断增加，人民币在蒙古的需求量也将会逐渐增加，这将会提高人民币在蒙古的流通数量。

人民币在蒙古非常受欢迎，被人们称为“第二美元”。人民币已占蒙古当地流通现钞总量的60%以上。中蒙两国的银行都可以将对方的货币兑换成本国的货币。在蒙古的饭店、市场都可以直接使用人民币，商家也很乐意接受人民币，拥有更多的人民币可以方便他们到中国进货。人民币已经成为蒙古人使用最普遍的外币之一。

七、边境地区的人民币兑换

目前，边境地区的人民币兑换途径主要有以下三种。

（一）银行兑换

在中国周边的边境地区，大多都与中国签有货币互换协议，这样双边银行可以自由地将对方的货币兑换成本国的货币。比如，在俄罗斯做生意的中国商人可以在俄罗斯银行将人民币兑换成卢布，以便于在贸易中的使用。在现实中，货币的兑换大多数是发生在我国的境内，无论是人民币出境兑换成外币，还是外币入境兑换成人民币，这些兑换交易基本上都是在我国境内完成的。但是银行兑换的成本一般比较高，而且银行兑换点的分布密度较低，这也在一定程度上限制了银行兑换的规模。

（二）地摊银行或黑市兑换

随着中国经济的越来越强大以及人民币影响力的不断增强，一些地下钱庄便会利用其经营灵活的优势，在互市点、边境口岸等摆摊设点，提供人民币兑换业务。在一些边境地区，很多商业银行外面就坐着进行人民币兑换生意的人，类似于街边的地摊，它们没有固定的营业场所，有专门给来往客商提供双边货币兑换的人坐在路边，因此俗称“地摊银行”。这种“地摊银行”在我国西南边境地区的互市贸易区内分布极广，提供货币兑换服务。

在我国北方的边境地区，也存在着大量依靠人民币兑换而谋生的人，但是这些人并不是在外面摆设摊点，而是往往通过熟人介绍向有兑换需要的人提供双边货币的兑换服务，俗称为黑市兑换。进行黑市兑换，其安全性往往无法得到保证。

（三）企业兑换点兑换

从2008年8月20日开始，我国国家外汇管理局对个人本外币兑换业务进行试点，我国境内的一些非金融类的一般工商企业在经过批准后可以在试点地区向境内外个人提供人民币兑换外汇以及外汇兑换人民币的双向兑换服务，并且随着人民币在国际上的影响力不断地增大，该项试点的范围也正在逐步地扩大。

课堂小讨论

人民币国际化还需要做好哪些基础工作？

第三节　现阶段跨境人民币业务需创新拓展的渠道

跨境人民币业务是一个复杂的系统工程，必须从更高的层次、以更宽的视野来做出制度安排，推动业务创新，更好地适应经济全球化的需要。

开展跨境人民币业务，目的在于实现贸易和投资的便利化，关键是要提高境外交易对手使用人民币的意愿，为此需要创新拓展人民币资金来源、投资和清算三个渠道。

一、允许境外有资格的市场主体在境内发行人民币债券

创新拓展人民币资金来源渠道的途径包括：大力发展国债市场；开放银行间债券市场；鼓励中国银行业的海外分支机构大力吸收人民币存款；允许海外人民币回流；创新拓展人民币资金清算渠道，一方面，要鼓励有条件的商业银行加快海外机构延伸步伐，扩大直接服务范围，另一方面，鼓励商业银行扩大代理行网络，充分利用代理行资源完善覆盖全球的人民币清算渠道。

二、大力发展离岸市场，拓宽资金来源

创新拓展人民币资金投资渠道，可以通过离岸市场提供交易渠道。

银行作为跨境金融服务的主要提供者，必须主动顺应这一发展趋势，积极抢占

新的制高点，以获得经济全球化带来的广阔市场空间和战略空间，同时推动客户、产品和渠道的转型与优化，提升银行价值，实现持续发展。

三、通过货币互换满足境外企业的部分资金需求。

据统计，到2011年6月末，中国银行境内机构累计办理各类跨境贸易人民币结算业务1 457笔，金额247亿元，中国银行在中国香港及东盟、日本、澳大利亚、美国、英国等国家和地区的海外分支机构共办理跨境贸易人民币结算业务2 613笔，金额372亿元，在境内同业中占主要地位。

第四节　中国香港地区人民币离岸市场

一、离岸金融市场是扩大人民币跨境贸易结算规模的基础

目前，在中国贸易顺差及国际债权国地位将在一定时期内持续存在的情况下，要想扩大跨境贸易人民币结算规模，就必须首先解决两个问题：一是激发外国出口商接受人民币的意愿；二是解决外国进口商的人民币来源问题。这两个问题存在因果循环的关系。如果理顺有关机制，中国进出口商自然乐意使用人民币，因此问题的关键就在于如何使外国进、出口商乐意接受和使用人民币。若想解决这一难题，最基本环节在于，假设人民币能够在海外被接受和使用，那么外国进、出口商的净回流渠道在哪里？在贸易顺差格局下，从总体上看，国际贸易是人民币的净回流渠道，也就是说在实体经济活动中，外国人总体上要向中国净付出货币。因此，要扩大人民币的贸易结算规模，就必须开拓人民币净流出渠道，为跨境贸易人民币结算的推广提供货币来源方面的支撑。

与之相关的问题就是，要使外国人愿意持有人民币，就必须为其开辟人民币投资渠道。由于中国资本管制短期内不能取消，我们不可能主要依靠国内金融市场满足外国居民的投融资需求。从这个意义上说，发展人民币离岸市场是推进跨境贸易人民币结算的关键。

二、中国香港具备人民币离岸市场的独特优势

基于中国国情和构建人民币离岸市场的目标要求，中国香港具有内地各城市无可比拟的优势，主要体现在以下几个方面：

第一，政治和经济优势。在“一国两制”的背景下，从政治上说，与国内其他地区相比，中国香港具有非常特殊的地位：既属于境内又属于境外，既背靠内地又面向世界。中国香港属于境内，与内地密切相连，不可分割，具有共同的国家利益，从而使其在构建人民币离岸市场方面具有其他城市无法相比的天然优势。从经济上说，中国香港是分离于内地的相对独立的经济体，有不同于内地的经济制度、运行机制、金融体系和金融市场，从这个意义上说，在此建立的人民币离岸金融市

场应属于境外市场，即欧洲人民币市场。这不仅有利于促进人民币国际化，而且能在离岸市场与国内市场之间形成一道天然防火墙，将会使部分投机人民币的国际资金驻留在中国香港，使中国香港在一定程度上可起到境外人民币资金流量的“蓄水库”作用，可有效防止国际上人民币资金大量流动对内地经济和金融市场造成过度冲击，是天然的内外分离型人民币离岸金融市场，这一点是内地任何一个城市都做不到的。

第二，金融体制优势。中国香港拥有完善的市场经济制度，法律制度健全，法律体系公开透明，拥有低税率及简明的税制结构，没有资本管制、利率管制，货币自由兑换，享有“国际自由港”的美誉，对国际投融资者具有巨大的吸引力。

第三，人民币业务的先发优势。自21世纪初以来，中国香港人民币离岸业务已经进入自发、快速、全方位发展阶段，具有进一步发展的坚实基础。2004年2月25日人民币清算安排正式启动后，得到中国香港金融管理局授权的持牌银行开始正式开办个人人民币存款、兑换和汇款业务，之后，存款替代现金，成为在港人民币的主要存在形式，其规模迅速扩大。表11-1是2003—2011年一些中国香港人民币业务的相关政策内容。

表11-1 中国香港人民币业务一览表

年份	政策内容
2003	11月19日，中国人民银行与中国香港金管局签署《中国人民银行与香港金融管理局关于香港个人人民币业务发展的合作备忘录》，宣布为中国香港提供人民币清算安排 11月24日，中国人民银行委任中国银行（香港）有限公司为香港人民币业务清算行
2004	2月25日，中国香港银行开展包括存款、兑换、汇款在内的个人人民币业务
2005	11月1日，中国人民银行决定扩大为中国香港银行办理人民币业务提供平盘及清算安排的范围，人民币业务范围扩展
2007	6月8日，中国人民银行、国家发展改革委共同制定《境内金融机构赴香港特别行政区发行人民币债券管理暂行办法》
2009	1月20日，中国人民银行与中国香港金管局签署货币互换协议，为后者提供最高可达2 000亿元人民币的流动性支持，协议实施有效期为三年。9月28日，财政部首次在中国香港发行价值60亿元人民币国债
2010	2月，中国香港金管局颁布政策规定，参加银行需“根据监管及香港市场条件要求开发（人民币）业务，只要这些业务不造成（人民币）资金回流大陆”，并“可参照其他外币业务的通行做法，开展（人民币）业务”。这些指引为人民币在中国香港的自由流通创造了条件。7月19日，中国人民银行与中银香港签署修订后的《香港银行人民币业务的清算协议》，为人民币金融产品的推出扫清障碍。8月16日，中国人民银行发布《关于境外人民币清算行等三类机构运用人民币投资银行间债券市场试点有关事宜的通知》，向境外机构有限开放人民币债券市场，人民币资金回流机制出台
2011	1月13日，中国人民银行发布了《境外直接投资人民币结算试点管理办法》

三、中国香港人民币离岸市场的作用

中国香港人民币离岸市场形成与发展的特殊优势和已经形成的业务规模，令其具有比一般离岸市场更加丰富的功能，总结起来主要有以下四个方面：

第一，充当境外人民币资金的集散地。随着中国经济实力稳步增强以及人民币国际化进程的发展，流通以及沉淀在境外的人民币资金将逐步增加，中国香港已经建立了处理人民币资金的基本设施和机制，包括先进的结算系统、官方的资金回流与拆借渠道，将比其他境外金融市场更有效率地处理和运用人民币资金，成为服务全球的离岸人民币业务运营的基地。

第二，充当境外的人民币投融资的基地。中国香港在人民币兑换及融资方面已经打开通道，目前的业务范围可基本满足市场需求。未来，中国香港可经营的人民币产品及服务将有序展开，逐步实现多元化，并形成一个具有规模效益的交易市场，这是可以预期的发展趋势。

第三，有助于促进人民币资金效益，增强人民币吸引力。从欧洲美元市场的发展来看，该市场之所以有持续的发展活力，主要是因为可以比在岸市场提供更为优惠的存款利率及贷款利率，更有效率地使用美元资金，从而提高了持有美元的投资者的投资回报，并强化了美元作为国际储备货币的功能。中国香港离岸人民币市场的发展与成熟，也可以通过价格和服务的优势，在提高人民币资金效益方面发挥促进作用。

第四，充当人民币国际化的试验场。这一功能在离岸金融市场中是很特殊的。中国香港可以利用其离岸人民币市场与在岸市场的特殊关系，在人民币实现自由兑换及发展成为国际性货币的过程中发挥三方面作用：一是帮助人民币发现其在国际市场的价值，包括利率与汇率水平；二是帮助人民币建立起在国际市场的计价、交易以及作为国际储备的功能；三是为国家判断人民币国际化过程中所涉及的金融风险，制定相关发展战略，并提供战略依据。

四、发展中国香港人民币离岸市场的对策建议

首先，发展人民币债券市场。债券市场是货币交易和储藏的主要载体，其国际化程度对货币的国际地位影响重大。以澳大利亚元为例，20世纪70年代澳大利亚元实施钉住美元的固定汇率制，到20世纪80年代成为国际货币，在10年时间里，澳大利亚元迅速地成为国际货币与澳大利亚元债券市场的国际化密不可分。美元国际储备货币的地位也正是依靠国际化程度较高的美元国债市场得以实现的，特别是依靠巨额的海外美元债券才得以维持的。

理论上讲，债券市场之所以重要，基本的原因在于其所形成的收益率曲线对金融市场的交易具有重要的指标性作用。众所周知，收益率曲线是一条反映债券收益率和债券期限之间关系的曲线，其纵轴为债券的收益率，横轴为期限。由于通常期限越长，收益率越高，因此收益率曲线都是向右上方倾斜的。广义上讲，收益率曲线关注的通常是国债的收益率曲线。这是因为，一个国家的中央政府对其发行的以

本币标价的债券发生违约的可能性极低，因为中央政府可以印发更多的本币来偿还本币债务。也就是说，一个国家以本币发行的国债的收益率曲线，实际上反映了在几乎没有信贷风险的情况下投资者愿意接受的利率。因此，以国债市场为代表的债券市场的发展对一国金融市场产品的交易和开发具有重要的影响作用，直接决定着市场的成熟程度和活跃程度。

其次，创新人民币投资产品。在中国香港人民币离岸市场的建设中，人民币投资产品的开发设计无疑是其中最关键的环节之一。这些产品的设计和开发的基础，应以所能发挥的功能为基本的指导原则。

从目前人民币国际化的情况和条件来看，中国香港人民币产品的设计和开发可设计为短期、中期和长期“三步走”的方针。在短期内，主要是以贸易信贷和人民币债券市场的发展为中心。中国香港银行业应积极开拓以贸易融资为主的人民币非居民贷款市场，使在中国香港的人民币存款得到充分应用，而不是回存境内人民币清算行；同时开放中国香港银行之间的人民币银行间拆借、以人民币债券或票据为抵押的人民币回购业务。可对贸易企业开放存款和贷款，并同步开放对这些企业的人民币与外汇兑换业务。在中期内，即在人民币利率市场化有实质进展以及人民币汇率改革深入推进之后，逐步允许在中央银行提供人民币流动性之外的另一渠道，增加境外人民币利率市场的流动性和有效性，并将外汇市场开放给FDI投资者。从长期看，在贷款方面，取消对人民币贷款的真实贸易需求；取消对个人人民币兑换的上限；取消对企业人民币兑换条件的限制。允许各种金融机构参与人民币汇率市场。同时允许人民币货币市场中以外币固定收益资产为抵押的人民币回购业务并允许更多类型金融机构参与债券市场。除此之外，还要充分发挥在中国香港金融机构信息渠道畅通、管理经验丰富和金融服务专业等优势，重点拓展人民币衍生品的设计和营销能力，吸引海外人民币到中国香港投资。这样，产品越多元化，投资机会就越多，海外投资者越愿意持有人民币，海外人民币资金也越愿意汇聚中国香港，形成良性循环，中国香港人民币离岸市场的发展也会越来越好。

第五节　人民币跨境业务未来发展趋势

一、人民币跨境贸易结算试点的推进情况

2010年国家扩大人民币结算试点之后，各地人民银行及相关政府部门积极响应，为试点工作的推进做了大量准备工作：一是成立跨境贸易人民币结算试点工作领导小组，并明确了相关职责和工作办法。领导小组成员通常由人行、财政、商务、海关、国税、银监局等工作人员组成，办公室一般设在人民银行分行（中心分行）；二是拟订试点实施方案，出台了诸如《跨境贸易人民币结算试点操作指引》《境外机构境内人民币银行结算账户管理暂行办法》《跨境贸易人民币结算试点企业

管理办法》等配套政策，筛选了参与试点的进出口企业；三是在巩固原有边贸项下跨境贸易人民币结算工作成果的基础上，对有开展人民币结算意愿的企业和银行进行调查和政策宣讲；四是积极搭建跨境贸易人民币结算渠道。支持境内商业银行与对方商业银行建立合作伙伴关系。与此同时，中资银行也在积极探索和解决与东南亚、南亚、中亚各国银行间合作问题，搭建银行边贸渠道。例如，2009年9月，中国建设银行云南分行与缅甸经济银行签订了《人民币清算协议》，并通过多次与合作银行接触、谈判，基本理顺了资金结算流程。人行瑞丽中心支行牵头，联合当地海关、税务、外事办、边防、检验检疫等部门，解决了中缅现钞跨境调运问题，并正式办理了边贸银行汇票结算。

二、跨境贸易人民币结算特点

第一，边贸活动中人民币接受程度较一般贸易和服务贸易为高。例如云南的跨境贸易人民币结算中，边贸人民币结算的比重占到86%，一般贸易和服务贸易仅占14%。

第二，边贸人民币结算业务在很大程度上受到地域特征的影响。例如在云南地区，中外居民比邻而居，民族相通，华商众多。加上对方国家普遍美元短缺，因而对人民币接受程度就高。云南瑞丽口岸，使用人民币结算的比例甚至高达92%。而在新疆地区，中外居民相隔数百千米，加上中亚国家进出口客商普遍存在以美元计价结算的偏好，对人民币的接受程度就低。国家外管局伊犁中心支局对部分外贸企业的调查结果显示，国外贸易伙伴选择美元计价结算的比重达到90%。

第三，跨境贸易人民币结算中的85%来自进口业务。其原因，一是国内出口试点企业受限。而且与进口方相比，出口企业选择币种的影响力相对较低，出口的单笔平均金额也小于进口。二是由于存在中长期人民币升值的预期，境外对人民币的需求旺盛。因此，下一步结算量的增长情况还有待观察。

第四，跨境贸易人民币结算业务量90%左右来自中国香港和新加坡，表明其他地区对人民币的接受程度还相当有限。

三、人民币跨境业务目前存在的问题

人民币跨境业务开展以来虽呈较好发展势头，但仍存在如下问题：一是我国出口主要以欧美市场为主，制约了人民币结算量。目前人民币结算占五个试点城市外贸总量不足1%，虽与试点时间短、试点地区窄、试点企业少有关，但根本原因是我国外贸主要以欧美市场为主，而这些国家货币早已为国际贸易所接受。虽然我国出口中国香港较多，但中国香港转口贸易多，港商与国内企业采用人民币结算、再转口给欧美国家需要承担汇率风险，因此中国香港企业更愿选择美元等结算货币，缺乏人民币使用意愿。二是优势货币习惯和人民币认知度低决定了市场接受度。与美、欧等早已具备完善的清算系统、避险工具和交易网络相比，人民币交易市场、清算市场、离岸市场缺乏并且人民币尚未完全可兑换，导致手持人民币交易者货币没有出口，也影响下一交易、循环。而且买方市场下我国以初级、低端产品出口居多，也限制了人民币定、议价能力和结算范围。据对部分外汇指定银行的问卷显示，84%的银行认为交易习惯制约了人民币结算使用，56%的银行认为人民币清算市场尚不完善，制约了业务发展，52%的银行反映企业对人民币结算需求有限也是制约因素之一。三是境内机构境外分支少限制了交易网络建设。交易网络主要指境外可供交易的人民币金融工具和提供工具的金融机构，我国境外网点少，境外企业获得人民币资金后，由于人民币不能自由兑换，只能卖给本国商业银行或回流用于贸易结算，限制了境外企业以人民币再投资。问卷显示：44%的银行认为人民币境外投资渠道单一。中资银行境外分支机构铺设尚未做好充分准备，也为境外企业选择人民币结算带来了障碍。境外参加行在境内代理行开立的人民币同业往来账户资金用途单一，也造成参加行对人民币结算业务不踊跃。四是发展人民币离岸市场目前缺乏法律支撑。发布于2003年的《离岸银行业务管理办法》及其细则，法规层级、内容主旨已无法适应发展要求，离岸市场建设多年仍未见实质性进展，各监管部门也对此项推动态度不一。问卷显示：各银行都对开展人民币离岸业务兴趣浓厚，但由于长期以来仅限4家执牌银行，既不符合公平竞争法则，也未形成加快发展的氛围，因此多希望参照NRA账户允许境内银行均可办理离岸业务。随着人民币跨境金融业务扩大，这一需求将更加迫切。五是跨境人民币业务要求货币政策、利率、汇率进一步市场化。跨境人民币业务将在一定程度上打通国内外资本市场，最后实现人民币自由流动，必定增加货币当局政策中介目标货币供应量的调控难度。根据蒙代尔“不可能三角”理论，资本自由流动、货币政策独立性和汇率稳定只能兼顾其二，因此人民币汇率尚未市场化与人民币国际化要求不适应，另外境外代理机构对人民币利、汇率也必定要求按国际规则市场化定价，还有，为抑制在岸市场与离岸市场因资金价格不同而出现套利活动，都对利、汇率市场化提出要求。六是人民币跨境纳入跨境资金管理增加了当局监管难度。我国对跨境资金按经常和资本项目管理，以国际收支申报和结售汇管理为手段，而对境内人民币资金管理采取对私业务、对公业务账户管理模式，本外币管理模式不同。跨境人民币金融业务将人民币也纳入跨境资金管理，需要有效区分跨境人民币是经常项目交易还是资本项目交易，境内人民币来源于境外还是境内本币，增加了本外币联动管理的难度，突破了以往跨境资金管理模式。跨境贸易人民币结算还将带动境外对人民币投资和贮藏的需求，也将催生人民币离岸市场发展。七是人民币携带出境的限额问题。目前，我国对于人民币的携带出境还有着比较严格的限制，从2005年开始人民币携带出境的限额由原来的6 000元调整为2万元，虽然限额有所放宽，但是面对着不断增加的出国留学、旅游人数以及边境贸易中人民币使用量的不断增加，这种数量限制已经不能满足人民币的境外需求，如果用于边境贸易的人民币过于紧缺，将会影响边境贸易的正常进行。八是人民币的兑换问题。人民币在境外的流通范围有限，有时候必须进行货币兑换，但是由于到银行进行兑换手续相对复杂，往往需要耗费较多的人力和时间，许多“板凳银行”“地摊银行”就在一些边境地区应运而生了，甚至在一些地方，由于此类银行的规模很大，都可以影响到人民币兑换当地货币的汇率了。九是人民币以地下方式流到境外的现象严重。每年都会有大量的人民币通过走私、洗钱、贩毒等地下非法手段流出境，特别是在一些东南亚的周边国家，由于法律法规松懈，缺乏必要的执法监督，这类现象尤为严重。

四、人民币跨境业务路径选择

按货币国际化的一般经验和权威人士估计，人民币国际化大约需经15~20年时间，首先发生于跨境贸易人民币结算，继而手持人民币交易主体对人民币投融资和保值、储存提出更多需求，呈现三个依次递进的选择路径：一是在国际贸易中作为载体货币，发挥计价、流通和支付手段职能；二是在资本交易中作为计价、结算货币，被官方作为本币汇率钉住的主要货币；三是以投资货币被私人部门作为金融资产使用和作为储备货币，因货币国自然禀赋、经济实力、国际地位和推动力度不同，各国又呈不同特点。（1）国内试点经验借鉴。从我国试点推进特点看：上海在规范跨境贸易人民币结算流程的同时，积极探索交叉币种、服务贸易人民币结算路径和境外投资、担保、股权转让等人民币支付新业务，借助金融危机下进口定价能力强的优势和抓大银行、大企业策略，大力推动进口项下人民币结算，并通过系统开发与海关、税务接口，来实现14个模块人民币跨境业务信息采集。广州因毗邻港澳，呈现了充分利用中国香港国际金融中心的枢纽和辐射作用，由近及远推进跨境贸易人民币结算，不断扩大企业参与范围，满足港澳企业开立人民币账户需求以及依托中国银行香港分行加强境外人民币清算体系建设，推动中国香港人民币离岸中心建设等递次推进路径；深圳银行还借道中国香港率先启动了人民币出口保理业务、进口押汇融资以及人民币证券投资业务等，为人民币业务在更广的范围推开提供了基础设施支持和先行经验，也为繁荣中国香港人民币业务提供了支撑。可见人民币跨境金融业务从一开始，就呈现了多层面、宽领域的发展势头，并随着其金融形态增多，货币国际化程度越来越高，也就会被更广泛地接受。（2）进一步推进设想。在不违背货币国际化一般规律的同时，政府推动力度和货币控制能力也很重要，我国应超前谋划、战略带动，找准突破口，力求跨越式发展。一是在国家实施区域经济带动的规划下，长三角、珠三角、环渤海经济圈共同推动。以长三角经济圈打造上海国际金融中心为先发优势，推动以浦东新区带动的特殊经济区域人民币国际化第一波，以珠三角深圳毗邻港澳东南亚、建设深圳人民币离岸中心为人民币国际化带动第二波，以环渤海经济圈天津与蒙日韩近邻和被赋予金融改革创新试点城市、建设境内人民币离岸市场为第三波，推进人民币国际化首先在国内特殊经济区域贸易领域全面推开。二是加快中国香港人民币离岸中心建设，借助中国香港国际金融中心地位和港人治港、统属于中华人民共和国优势，以最优惠措施、最大力度推进、最优人民币交易环境，使人民币成为中国香港最大交易货币。积极建立与国际标准同一的资金清算系统，用于离岸人民币资金清算。可考虑将场内交易人民币清算纳入连续性链接结算系统，通过这一国际广泛接受的应用系统，把清算风险、结算风险控制在最低，并为人民币在更广范围流通的系统铺设探索路子。三是加快上海、深圳、天津在岸人民币离岸市场建设。一则上海浦东、深圳、天津具备完善的特殊区域形态，国际加工、物流配送、货物中转、保税仓储等业态齐全，具备完整的产业链；二则众多大型跨国公司依托着高端产业结构，有着资本市场发展的良好产业支撑；三则上海为我国最重要的外贸港口；深圳是我国改革开放的排头兵和发展最快的特区；天津则地处环渤海中心区是我国北方第一大港，对内地有较强辐射能力，形成了大宗出口商品如原油、煤炭、铁合金、螺纹钢等国内商品市场交易价格和产品定价权；四则上海具有上海证券交易所，深圳具有深圳证券交易所；金融租赁、船舶基金和股权交易所等在天津形成氛围，科技金融、低碳金融、消费金融也在重笔勾划中；五则天津东疆保税港区按照国内最大自由贸易区运作、塘汉大合并使滨海行政区整合以及国家金融综合配套改革放在天津，都使天津金融改革如虎添翼。因此在上海、深圳、天津同时推进在岸人民币离岸市场建设，是我国与韩国釜山欲建离岸金融中心的比拼，是国际金融中心按时差布局的需要和选择，必将有力推动我国人民币金融业务发展。

五、人民币跨境业务政策建议

（一）在试点基础上全国推广，允许在一切贸易领域以人民币计价结算

美国通过贸易扩张、资本扩张和货币制度安排，实现了货币金融霸权；日本虽致力于金融外延，但忽视了工业化和资本输出，导致了国际定价权降低和货币国际化终止；欧洲打造经济共同体，但受限于成员国财经纪律松懈，降低了货币的国际信用。因此我国应抓住时机，推广人民币贸易结算范围，同时做好境内外交易网点和联络点铺设，完善清算、沟通机制。

（二）开辟更广泛伙伴市场，以品牌战略及高端产业链助推资本走出去

大力发展民族工业，避免对外资依赖和产业空心化；通过产业品质升级，使境内外资更多通过就地采购供其境内生产链，减少加工贸易占出口的份额；推动品牌战略和资本输出，增强走出去企业人民币定价和产品就地销售能力；借鉴欧洲美元、石油美元和东京日元离岸市场等货币国际化经验，形成多元化境内外人民币离岸市场，打破传统国际主要交易货币习惯，提升人民币优势货币地位。

（三）质量引资福祉国民，杜绝肥水外流，打造大国公信力

一是坚决杜绝外资超国民待遇，使国民有与外资同等机会，坚决取缔对外资让利，保证国民财富惠及国民；二是按国家分经济区规划统一招商引资政策，不能各地优惠攀比、政出不一、破坏财经纪律，重塑泱泱大国一言九鼎、重言守信形象；三是提高外资准入门槛，健全工会组织和劳动保护法，对盘榨我国劳工的企业坚决关停，保证劳动者价值与GDP增长同比例提升。

（四）战略上重视、战术上简化操作，促进人民币交易、清算便利化

推进人民币国际化具有战略意义，但就贸易结算看无非增加了一个结算币种，应遵从与国际主要货币一致和更便利原则，将人民币贸易结算纳入银行、海关、外汇等已联网跨境资金监测系统，有利于更快推进人民币结算。对人民币其他跨境业

务，可设计完整的业务流程和监测系统与CLS接口，使人民币跨境交易监测无障碍。通过准确监测，使境内外人民币投放、流量与经济适应。

六、人民币跨境业务发展趋势

（一）跨境贸易人民币结算业务展望

一是业务量将会进一步增长。目前20个试点地区已占我国进出口贸易的绝对比重，以庞大的贸易量为基础，跨境贸易人民币结算业务规模将继续扩大。

二是试点政策有望进一步宽松。随着我国人民币跨境收付政策体系的完善，相关政策将本着促进贸易便利化的原则进一步宽松。比如人民币跨境资本交易将进一步规范和放开，未来用人民币做跨境资本交易会更加便利。

三是试点环境条件有望进一步优化。比如随着人民币境内金融市场（在岸市场）和境外离岸市场（中国香港）的发展，人民币境外来源和使用渠道问题有望进一步得到解决。

（二）未来人民币跨境业务中应关注的问题

1.坚持步骤优化的推进原则，避免国际化走弯路。

人民币跨境业务是促进我国强盛的战略选择，必须以稳健的经济作依托，但不能存在非此即彼的思想，作“先发展经济、后推动国际化”的思维定式。人民币国际化不能等，势在必推，推则必广，不能有丝毫的松怠和不坚定，但推动初期又须以递次性推动、规范化发展、跳跃式快进为布局，避免国际对本币国际化的抵制。

2.作好充足的黄金准备，以本币坚挺提升对外驾驭力。

与任何一个与黄金脱钩的货币一样，人民币也同样面临发行失衡和对外公信力问题，因此充足的黄金准备必不可少。应提早准备，储存与大国经济相匹配的黄金实力。在当前人民币升值压力加大的情况下，既不为压力屈服，又不可一味反作，关键视我国国情，确定符合自身的汇率机制，提升本外币、境内外经济驾驭力。

3.明确推进时间表，切不可谋早起晚、坐失良机。

一要大力推进人民币结算，按照先周边、后区域、继之主要贸易伙伴全都使用人民币结算，使人民币结算和储备在世界占比超过我国经济总量和贸易占比；二要人民币结算、交易、投资、储备全功能发展，配套推进资本项目可兑换，使境内外人民币资本和离岸市场取得实质性进展；三是定期评估、阶段推进，保证进程不受阻。

4.完善法律法规准备，以及时跟进的姿态建设政策储备库。

人民币国际化和与之配套要求的资本项目可兑换，使我国经济与世界的连接更加紧密，境外代理和经营机构对人民币利、汇率也必然要求市场化定价，离、在岸市场也因资金价格不同而出现套利可能，都对法规更新和制度跟进提出更高要求，因此必须提早研究。

本章小结

1．人民币的跨境业务从起步到不断发展壮大，一直受惠于国家相关部门的推波助澜，正是一些相关政策的制定、颁布才得以形成今天人民币跨境业务的良好发展的局面。

2．一国货币成为国际货币首先应生发于国际贸易计价，能否在更广范围流通，取决于该国生产资本和货币资本带动的GDP水平，并以强大的清算市场、资本市场、离岸市场决定的该国货币回流、发放、投资、储藏能力作保障。

3．在改革开放以来的30多来里，中国的对外贸易伙伴在不断地增加，与中国国土相接壤的周边邻国逐渐在中国的贸易伙伴国中占据重要的地位，这使得人民币作为交易手段在与周边邻国进行的边境贸易中有了很大的发展。

4．目前，边境地区的人民币兑换途径主要有以下三种：(1) 银行兑换。(2) 地摊银行或黑市兑换。(3) 企业兑换点兑换。

5．开展跨境人民币业务，目的在于实现贸易和投资的便利化，关键是要提高境外交易对手使用人民币的意愿，为此需要创新拓展人民币资金来源、投资和清算三个渠道。

6．目前，在中国贸易顺差及国际债权国地位将在一定时期内持续存在的情况下，要想扩大跨境贸易人民币结算规模，就必须首先解决两个问题：(1) 激发外国出口商接受人民币的意愿。(2) 解决外国进口商的人民币来源问题。

7．基于中国国情和构建人民币离岸市场的目标要求，中国香港具有内地各城市无可比拟的优势。

8．中国香港人民币市场形成与发展的特殊优势和已经形成的业务规模，令其具有比一般离岸市场更加丰富的功能，总结起来主要有以下四个方面：(1) 充当境外人民币资金的集散地。(2) 充当境外的人民投融资的基地。(3) 有助于促进人民币资金效益，增强人民币吸引力。(4) 充当人民币国际化的试验场。

9．跨境贸易人民币结算特点：(1) 边贸活动中人民币接受程度较一般贸易和服务贸易为高。(2) 边贸人民币结算业务在很大程度上受到地域特征的影响。(3) 跨境贸易人民币结算中的85%来自进口业务。(4) 跨境贸易人民币结算业务量90%左右来自中国香港和新加坡，表明其他地区对人民币的接受程度还相当有限。

10．人民币跨境业务政策建议：(1) 在试点基础上全国推广，允许在一切贸易领域以人民币计价结算。(2) 开辟更广泛的伙伴市场，以品牌战略及高端产业链助推资本走出去。(3) 质量引资福祉国民，杜绝肥水外流，打造大国公信力。(4) 战略上重视、战术上简化操作，促进人民币交易、清算便利化。

关键概念

人民币跨境业务　国际储备　结算试点　结算业务　境外放款业务　境外投资

业务　清算及离岸市场建设　兑换　拓展渠道　中国香港人民币离岸市场　对策建议　路径选择

综合训练

11.1　单项选择题

1.20世纪60年代，我国曾将（　　）作为对外贸易的计价结算货币。

A.美元　　B.英镑　　C.日元　　D.瑞士法郎

2.人民币也成了仅次于美元、（　　）的硬通货。因此人民币在跨境业务中成为计价、结算的媒介也是顺理成章的事情。

A.美元　　B.英镑　　C.日元　　D.欧元

3.2008年以来，中国人民银行已与韩国、中国香港、马来西亚、白俄罗斯、印度尼西亚、阿根廷、冰岛、新加坡、新西兰、乌兹别克斯坦、蒙古国、哈萨克斯坦、泰国、巴基斯坦等的（　　）个国家和地区货币当局签署了双边本币互换协议，总的互换规模加起来有1.3万多亿元人民币。

A.14　　B.15　　C.16　　D.17

4.在中国周边的边境地区，大多都与中国签有（　　），这样双边银行可以自由地将对方的货币兑换成本国的货币。

A.货币互换协议　　B.利率互换协议

C.商品互换协议　　D.武器互换协议

5.基于中国国情和构建人民币离岸市场的目标要求，（　　）具有内地各城市无可比拟的优势。

A.中国香港　　B.中国澳门　　C.南京　　D.北京

11.2　多项选择题

1.2009年4月8日，国务院决定在上海、（　　）、东莞5个城市先行试点跨境贸易人民币结算。

A.广州　　B.深圳　　C.珠海　　D.北京

2.从当前国际经济金融环境看，我国面临难得的内在、外在历史机遇有（　　）。

A.美元等货币信用危机要求国际储备货币多元化

B.我国在世界贸易中的地位加大了人民币国际化的推力

C.我国经常、资本双顺差迫切要求通过资本输出平衡国际收支

D.我国内需不足、外需拉动也迫切需要人民币走出去

3.目前，边境地区的人民币兑换途径主要有（　　）。

A.银行兑换　　B.地摊银行或黑市兑换

C.企业兑换点兑换　　D.私人借款

4.开展跨境人民币业务，目的在于实现贸易和投资的便利化，关键是要提高境外交易对手使用人民币的意愿，为此需要创新拓展人民币（　　）三个渠道。

A.资金来源　　　B.投资　　　　C.清算　　　　D.结算

5.跨境贸易人民币结算特点有（　　）。

A.边贸活动中人民币接受程度较一般贸易和服务贸易为高

B.边贸人民币结算业务在很大程度上受到地域特征的影响

C.跨境贸易人民币结算中的85%来自进口业务

D.跨境贸易人民币结算业务量90%左右来自中国香港和新加坡，表明其他地区对人民币的接受程度还相当有限

11.3　思考题

1.什么是人民币跨境业务?

2.请论述我国人民币跨境业务发展的基础条件。

3.中国香港为何能成为成熟的人民币离岸市场?

4.人民币跨境业务目前存在哪些问题?

5.简述人民币跨境业务发展趋势。

参考文献

［1］卜伟，等.国际贸易与国际金融［M］.北京：清华大学出版社，2005：45-52.

［2］陈岱孙，厉以宁.国际金融学说史［M］.北京：中国金融出版社，1991：113-118.

［3］王佩真.货币金融理论与政策［M］.北京：中国金融出版社，2005：98-104.

［4］刘柏.国际收支理论的演变［J］.社会科学战线，2006（1）：264-267.

［5］吴恒煜.货币危机理论评述［J］.生产力研究，2002（2）：186-187.

［6］张伟.国际货币危机理论综述［J］.经济师，2005（6）：255-256.

［7］余旭.我国宏观经济政策措施对国际收支平衡的影响分析［J］.金融发展研究，2009（6）：55-57.

［8］李春峰，寇文红.关于内外均衡的政策搭配的两个常见误解及修正［J］.湖南工程学院学报，2001（12）：19-24.

［9］金洪飞.货币危机理论综述［J］.当代经济科学，2001（5）：34-43.

［10］潘洁.改善国际收支平衡状况问题研究［J］.西部金融，2008（12）：34-35.

［11］陈汉琪.我国国际收支平衡状况分析［J］.科技信息，2010（28）：67-69.

［12］陈永昌，黄振.我国国际收支失衡与对策分析［J］.现代经济信息，2010（14）：56-58.

［13］胡卓群.金融仓储业务风险研究及其规避措施［J］.现代商业，2010（27）.

［14］李毅学，等.中国仓储金融服务分析与展望［J］.物流工程与管理，2009（12）.

［15］李扬.国际货币体系的改革及中国的机遇［J］.新金融，2008（7）.

［16］李舯.论建立超主权国际货币的路径和前景［J］.学术研究，2010（7）.

［17］向松祚.国际货币体系改革何去何从［J］.中国金融，2010（11）.

［18］陈安.国际经济法资料选粹［M］.北京：高等教育出版社，2007.

［19］吴春庆.从分权和比例原则看 WTO 与 IMF 职能冲突之解决［J］. 南通职业大学学报，2008（4）.

［20］特里芬.黄金与美元危机［M］. 陈尚霖，雷达，译.北京：商务印书馆，1997：66–71.

［21］蒙代尔.蒙代尔经济学文集［M］. 向松祚，译.北京：中国金融出版社，2003：134–162.

［22］杨飞.牙买加体系缺陷及其改革思路［J］. 现代经济，2010（2）.

［23］曹勇.人民币国际化论纲［J］. 金融教学与研究，2005（5）.

［24］李华民.基于人民币性质的中国货币国际化战略安排［J］. 金融与保险，2006（1）.

［25］蒙代尔.汇率与最优货币区［G］. 蒙代尔. 蒙代尔经济学文集. 向松祚，译. 北京：中国金融出版社，2003.

［26］周荣芳.2008 年我国金融市场发展回顾及 2009 年展望［J］. 中国金融，2009（1）.

［27］朱静芳.对我国金融市场发展与产品创新的几点思考［J］. 北方经济，2007（12）.

［28］毕立民，朱秉兴.我国金融市场的现状及发展［J］. 消费导刊，2008（16）.

［29］周荣芳.我国金融市场发展回顾与展望［J］. 中国金融，2010（1）.

［30］姜波克.国际金融新编［M］. 2 版.上海：复旦大学出版社，2012.

［31］刘义杰，袁媛.欧洲货币市场的兴起与发展［J］. 商场现代化，2006（35）：12–15.

［32］国际货币基金组织.国际资本市场发展前景和主要政策问题［M］. 北京：中国金融出版社，2000.

［33］项卫星，王达.新兴市场国家金融部门 FDI 增长中的“传染效应”研究［J］. 国际金融研究，2010（2）：54–61.

［34］张明.新兴市场国家如何应对资本流入：中国案例［J］. 国际经济评论，2011（2）：89–99.

［35］张明，郑英.透视新一轮资本管制浪潮：成因、工具及对中国的启示［R］. 中国社会科学院世界经济与政治研究所国际金融研究中心工作论文，No.2011.023，2011.

［36］庄起善，吴玮丽.为什么中东欧国家是全球金融危机的重灾区［J］. 国际经济评论，2010（2）：29–39.

［37］宗良.国际资本出现新流向［N］. 人民日报，2011-03-02.

［38］宗良，廖淑萍.全球经济再平衡中的新兴市场资本流动格局［J］. 银行家，2010（6）：78–81.

［39］麦金农.美元本位下的汇率——东亚高储蓄两难［M］. 王信，何为，译. 北京：中国金融出版社，2005：10.

[40] GAO.Financial Derivatives: Actions Needed to Protect the Financial System [M]. General Accounting Office (Washington, D.C), 1994.

[41] Group of 30. Derivatives: Practices and Principle.Appendix II [M]. Global Derivatives Study Group (Washington, D.C), 1994.

[42] BIS.Central Bank Survey of Foreign Exchange and Derivatives Markets Activity [M]. (Basal), 1999.

[43] Goodhart. Financial Regulation: Why, How and Where Now [M]. Routledge, 1998.

[44] Hull J.Options, Futures and other Derivative Securities [M]. Prentice Hall, 1996.

[45] Abiad, Abdul, Leigh, Mody.International Finance and Income Convergence: Europe Is Different [R]. IMF Working Paper, No.07/64, 2007.

[46] Atoyan, Ruben.Beyond the Crisis: Revisiting Emerging Europe's Growth Model [R]. IMF Working Paper, No.10/92, 2010.

[47] Dobson, Masson. Will the Renminbi Become a World Currency [J]. China Economic Review, 2009 (20) .